MODELAÇÃO DE SÉRIES TEMPORAIS FINANCEIRAS

COLECÇÃO ECONÓMICAS – 2ª Série

Coordenação da Fundação Económicas

António Romão (org.), *A Economia Portuguesa – 20 Anos Após a Adesão*, Outubro 2006

Manuel Duarte Laranja, *Uma Nova Política de Inovação em Portugal? A Justificação, o modelo os instrumentos*, Janeiro 2007

Daniel Müller, *Processos Estocásticos e Aplicações*, Março 2007

Rogério Fernandes Ferreira, *A Tributação dos Rendimentos*, Abril 2007

Carlos Alberto Farinha Rodrigues, *Distribuição do Rendimento, Desigualdade e Pobreza: Portugal nos anos 90*, Novembro 2007

João Ferreira do Amaral, António de Almeida Serra e João Estêvão, *Economia do Crescimento*, Julho 2008

Amélia Bastos, Graça Leão Fernandes, José Passos e Maria João Malho, *Um Olhar Sobre a Pobreza Infantil*, Maio 2008

Helena Serra, *Médicos e Poder. Transplantação Hepática e Tecnocracias*, Julho 2008

Susana Santos, *From the System of National Accounts (SNA) to a Social Accounting Matrix (SAM) – Based Model. An Application to Portugal*, Maio 2009

João Ferreira do Amaral, *Economia da Informação e do Conhecimento*, Maio 2009

Fernanda Ilhéu, *Estratégia de Marketing Internacional*, Agosto 2009

Jorge Afonso Garcia e Onofre Alves Simões, *Matemática Actuarial. Vida e Pensões*, Janeiro 2010

Maria Eugénia Mata e Nuno Valério, *The Concise Economic History of Portugal: A Comprehensive Guide*, Fevereiro 2011

António Romão, Manuel Ennes Ferreira, Joaquim Ramos Silva, *Homenagem ao Professor Doutor Adelino Torres*, Dezembro 2010

Tanya Vianna de Araújo, *Introdução à Economia Computacional*, Março 2011

José Passos, Carla Machado, Amélia Bastos (Coord.), *Números com Esperança – Abordagem Estatística da Pobreza Infantil em Portugal*

Daniel Müller, *Probabilidade e Processos Estocásticos: uma abordagem rigorosa com vista aos modelos em Finanças*, Outubro 2011

COLECÇÃO ECONÓMICAS – 1ª Série

Coordenação da Fundação Económicas

Vítor Magriço, *Alianças Internacionais das Empresas Portuguesas na Era da Globalização. Uma Análise para o Período 1989-1998*, Agosto 2003

Maria de Lourdes Centeno, *Teoria do Risco na Actividade Seguradora*, Agosto 2003

António Romão, Manuel Brandão Alves e Nuno Valério (orgs.), *Em Directo do ISEG*, Fevereiro 2004

Joaquim Martins Barata, *Elaboração e Avaliação de Projectos*, Abril 2004

Maria Paula Fontoura e Nuno Crespo (orgs.), *O Alargamento da União Europeia. Consequências para a Economia Portuguesa*, Maio 2004

António Romão (org.), *Economia Europeia*, Dezembro 2004

Maria Teresa Medeiros Garcia, *Poupança e Reforma*, Novembro 2005

1ª Série publicada pela CELTA Editora

JOÃO NICOLAU
ISEG/UTL & CEMAPRE

MODELAÇÃO DE SÉRIES TEMPORAIS FINANCEIRAS

ALMEDINA

MODELAÇÃO DE SÉRIES TEMPORAISFINANCEIRAS
AUTOR
João Nicolau
EDITOR
EDIÇÕES ALMEDINA, S.A.
Rua Fernandes Tomás, nºs 76, 78 e 79
3000-167 Coimbra
Tel.: 239 851 904 · Fax: 239 851 901
www.almedina.net · editora@almedina.net
DESIGN DE CAPA
FBA.
PRÉ-IMPRESSÃO
G.C. – GRÁFICA DE COIMBRA, LDA.
Palheira Assafarge, 3001-453 Coimbra
producao@graficadecoimbra.pt
IMPRESSÃO E ACABAMENTO
PENTAEDRO, LDA.
Setembro, 2012
DEPÓSITO LEGAL
348986/12

Apesar do cuidado e rigor colocados na elaboração da presente obra, devem os diplomas legais dela constantes ser sempre objeto de confirmação com as publicações oficiais.
Toda a reprodução desta obra, por fotocópia ou outro qualquer processo, sem prévia autorização escrita do Editor, é ilícita e passível de procedimento judicial contra o infrator.

 GRUPOALMEDINA

BIBLIOTECA NACIONAL DE PORTUGAL – CATALOGAÇÃO NA PUBLICAÇÃO
NICOLAU, João
Modelação de séries temporais financeiras
(Económicas ; 18)
ISBN 978-972-40-4856-7
CDU 519
    336

Conteúdo

NOTAS PRÉVIAS 9

PARTE 1
INTRODUÇÃO

CAPÍTULO 1
PROCESSOS ESTOCÁSTICOS APLICADOS ÀS FINANÇAS 17

CAPÍTULO 2
PREÇOS E RETORNOS 27
2.1. Retornos Discretos 29
2.2. Retornos Contínuos 37
2.3. Retornos Contínuos vs. Retornos Discretos 44

CAPÍTULO 3
FACTOS EMPÍRICOS ESTILIZADOS DE SÉRIES TEMPORAIS
FINANCEIRAS 47
3.1. Regularidade Empíricas relacionadas com a Distribuição Marginal 48
3.2. Regularidade Empíricas relacionadas com a Distribuição Condicional 76

CAPÍTULO 4
PROCESSOS ESTOCÁSTICOS: REVISÕES 93
4.1. Processo Estocástico e Filtração 93
4.2. Valores Esperados Condicionais: Principais Resultados 94
4.3. Distribuição Condicional versus Distribuição Marginal 99
4.4. Processos Estocásticos Elementares, Estacionaridade e Fraca Dependência 104

6 | Modelação de Séries Temporais Financeiras

PARTE 2
MODELOS ESTATÍSTICOS

CAPÍTULO 5
O PROBLEMA DA ESPECIFICAÇÃO 121
    5.1. O Axioma da Correcta Especificação do Modelo 121
    5.2. Modelação da Média Condicional e Modelos Dinamicamente
        Completos 123
    5.3. Modelação da Variância Condicional 126
    5.4. Distribuição de Condicional 127

CAPÍTULO 6
MODELAÇÃO DA MÉDIA: ABORDAGEM LINEAR 129
    6.1. Definições Preliminares 130
    6.2. Processos Lineares Estacionários 134
    6.3. Processos Lineares Não Estacionários 160
    6.4. Modelação ARMA 173
    6.5. Variáveis *Impulse-Dummy* em Modelos de Regressão: Cuida-
        dos a Observar 178
    6.6. Previsão 186
    6.7. Processos ARMA Sazonais 222

CAPÍTULO 7
MODELAÇÃO DA MÉDIA: ABORDAGEM NÃO LINEAR 227
    7.1. Introdução 227
    7.2. Estabilidade em Equações às Diferenças Finitas Determinís-
        ticas 231
    7.3. Processos Não Lineares e Estacionaridade Estrita 259
    7.4. Modelo Limiar Autoregressivo (*Threshold AR* – TAR) 282
    7.5. Modelo Markov-Switching 298

CAPÍTULO 8
MODELAÇÃO DA HETEROCEDASTICIDADE CONDICIONADA
– CASO UNIVARIADO 323
    8.1. Introdução 323
    8.2. Modelo ARCH 331
    8.3. Modelo GARCH 341
    8.4. Modelo IGARCH 346
    8.5. Modelo CGARCH 356
    8.6. Modelo GJR-GARCH 358
    8.7. Modelo GARCH-M 360

8.8. Modelo de Heterocedasticidade Condicionada com Variáveis Explicativas 361
8.9. Estimação 362
8.10. Ensaios Estatísticos 374
8.11. Previsão 382
8.12. Problema dos Erros de Especificação na Média Condicional. 392
8.13. Modelos Não Lineares na Média combinados com o GARCH 394
8.A. Estabilidade de EDF e a Estacionaridade (Caso modelo ARCH) 399

CAPÍTULO 9
MODELAÇÃO DA HETEROCEDASTICIDADE CONDICIONADA – CASO MULTIVARIADO 403
9.1. Introdução 403
9.2. Densidade e Verosimilhança 405
9.3. Modelo VECH (ou VEC) 406
9.4. Modelo *Diagonal VECH* 410
9.5. Modelo BEKK 413
9.6. Modelo de Correlações Condicionais Constantes 413
9.7. Modelo "Triangular" 416
9.8. GARCH Ortogonal 428
9.9. Testes de Diagnóstico 434

PARTE 3
APLICAÇÕES

CAPÍTULO 10
EFICIÊNCIA DO MERCADO DE CAPITAIS 439
10.1. Introdução e Definições 439
10.2. Teste à Eficiência Fraca de Mercado 441
10.3. Teste à Eficiência Semi-Forte de Mercado 450

CAPÍTULO 11
SELECÇÃO DE PORTFOLIOS 455
11.1. Portfolio Baseado em Momentos Marginais 455
11.2. Portfolio Baseado em Momentos Condicionais 464

CAPÍTULO 12
RISCO DE MERCADO E O VALOR EM RISCO 469
12.1. Introdução 469
12.2. Abordagem Não Paramétrica 472

12.3. Abordagem Paramétrica 475
12.4. Generalização: *Portfolio* com m Activos 485
12.5. Abordagem pela Teoria dos valores Extremos 487
12.6. Avaliação do VaR (*Backtesting*) 493

BIBLIOGRAFIA 501

Notas Prévias

Este texto resultou dos apontamentos construídos ao longo dos últimos anos durante a leccionação, no Instituto Superior de Economia e Gestão, das cadeiras de Econometria Financeira (licenciatura de Finanças), Métodos de Previsão para Finanças (mestrado de Finanças), Séries Temporais e Previsão II (mestrado de Econometria Aplicada e Previsão) e Séries Temporais Financeiras (mestrado de Econometria Aplicada e Previsão). Versões anteriores a este texto circularam com a designação de Econometria Financeira. Todavia, parece-me que o presente título – Modelação de Séries Temporais Financeiras – é mais adequado, pois a enfâse do documento centra-se exactamente na modelação estatística de séries financeiras. Concretamente, este livro trata da análise empírica de séries temporais financeiras em tempo discreto (para dados diários semanais ou mensais). Damos especial enfase às regularidades empíricas habitualmente observadas em séries temporais financeiras e aos modelos estatísticos que podem captar essas regularidades empíricas, mas não descuramos as aplicações, tratadas na última parte do trabalho. A modelação de séries financeiras pode ser vista como um fim em si mesmo (análise da dinâmica do processo estocástico subjacente), ou como suporte a variadíssimos estudos, como por exemplo, a avaliação do risco (por exemplo, através do *Value at Risk*), a avaliação de obrigações, opções, etc., a previsão da volatilidade, a gestão de *portfolios*, a análise da previsibilidade e eficiência dos mercados, etc. São relevantes todos os métodos estatísticos que de uma forma ou outra se apliquem a dados financeiros. De todo o modo, os dados mais relevantes em econometria financeira são de natureza temporal. Estuda-se, por exemplo, a evolução temporal das cotações, taxas de câmbio, taxas de juro, etc. Por esta razão, este livro analisa essencialmente métodos econométricos para séries temporais, sobretudo os métodos que se adequam às características próprias das séries financeiras (como sejam, a não linearidade e a não normalidade).

A leitura deste documento supõe conhecimentos de Estatística e Matemática ao nível de uma licenciatura de Economia, Gestão ou Finanças.

O autor disponibiliza no *site*

http://pascal.iseg.utl.pt/~nicolau/myHP/gauss.htm

várias rotinas GAUSS que permitem implementar a grande maioria dos métodos econométricos descritos neste livro.

O leitor poderá ainda encontrar no site

http://pascal.iseg.utl.pt/~nicolau/myHP/mstf.htm

actualizações, correcções e exercícios envolvendo as matérias do livro.

Notação e Convenções

Escreve-se $f(x)$ para designar a função densidade de probabilidade (fdp) de uma variável aleatória X. Quando estão em causa duas variáveis aleatórias X e Y; escreve-se, geralmente, f_x e f_y para designar, respectivamente, as fdp de X e Y ($f(x)$ e $f(y)$ é, em princípio, incorrecto). O uso simultâneo das notações $f(x)$ (fdp de X) e $f(x;y)$ (fdp conjunta de $(X;Y)$) é conflituoso, pois f ou é uma aplicação de $\mathbb{R}$ em $\mathbb{R}^+$ ou é uma aplicação de $\mathbb{R}^2$ em $\mathbb{R}^+$ (e, portanto, f não poderá designar simultaneamente ambas as aplicações). A rigor deverá escrever-se f_x e $f_{x;y}$: No entanto, se não existir perigo de confusão, opta-se pela notação mais simples e habitual $f(x)$ e $f(x, y)$. Escreve-se também $f(y|x)$ ou $f_{y|x}$ para designar a fdp condicionada de Y dado $X = x$. Em suma, nesta versão do documento, adoptam-se as notações que se entendem necessárias e convenientes de forma a não causar confusão. Por exemplo, num certo contexto, pode escrever-se $f(x,y)$ e, noutro diferente, pode escrever-se $f_{y,x}$.

O processo estocástico $\{y_t, t = 1, 2, \ldots\}$ escreve-se indiferentemente como $\{y_t\}$ ou y.

$a := b$ significa, a é igual a b por definição. Por exemplo, se quisermos identificar a letra μ como a média de X; escrevemos $\mu := E(X)$. Para este tipo de relações, certos autores usam $\mu \equiv E(X)$.

Em séries temporais usamos os termos "amostra grande" (ou "amostra pequena") para identificar séries temporais longas (ou curtas).

Acrónimos e Siglas Frequentemente Usados

$A_n \overset{a}{\sim} N$ - A_n tem distribuição aproximadamente normal (usamos $\overset{d}{\longrightarrow}$ para a convergência em distribuição).

EE   – Estritamente estacionário.

EDF   – Equação às diferenças Finitas.

EQM – Erro Quadrático Médio.

ESO   – Estacionário de segunda ordem ou Estacionaridade de Segunda Ordem.

FAC   – Função de Autocorrelação.

FACP – Função de Autocorrelação Parcial.

fdp   – Função Densidade de Probabilidade.

HC   – Heterocedasticidade Condicional.

IC   – Intervalo de Confiânça (ou de previsão, consoante o contexto).

i.i.d. – Independente e Identicamente Distribuído.

RB   – Ruído Branco.

v.a.   – Variável Aleatória.

PARTE 1
INTRODUÇÃO

Capítulo 1

Processos Estocásticos Aplicados às Finanças

Este capítulo, baseado em Nicolau (2008), aborda a relação entre os processos estocásticos e as finanças numa perspectiva histórica (o leitor poderá saltar este primeiro capítulo sem perda de continuidade).

Bachelier, um matemático Francês na viragem do século XX, é visto por muitos como o fundador da moderna Matemática Financeira. Na sua tese de doutoramento ("Teoria da Especulação") lança as bases do movimento Browniano como modelo do comportamento das cotações em bolsa e usa esse modelo para avaliar opções sobre acções. Historicamente, é um dos primeiros trabalhos a usar explicitamente processos estocásticos no âmbito das finanças. Passado mais de um século sobre a "Teoria da Especulação", pode-se dizer que os processos estocásticos, em tempo discreto e contínuo, estão na base da economia financeira, por uma razão simples: tempo, risco e incerteza são os elementos centrais que influenciam o comportamento dos agentes económicos e dos mercados financeiros em geral e, por essa via são indissociáveis da teoria financeira.

A área dos processos estocásticos, em geral, é vastíssima, e tem sido aplicada em quase todos os ramos da ciência e da tecnologia. No âmbito das finanças, estes desenvolvimentos têm sido muito significativos e, como resultado, têm aparecido disciplinas novas, como por exemplo, Econometria Financeira, Séries Temporais Financeiras, Finanças Computacionais (a Matemática Financeira, como disciplina, é mais antiga e deve a sua projecção e visibilidade fundamentalmente aos trabalhos de Fisher Black, Eugene Fama, Harry Markowitz, Robert Merton, Myron Scholes, entre outros). Provavelmente, nenhuma outra área da economia se desenvolveu tão rapidamente nos últimos anos como a dos processos estocásticos aplicados a problemas financeiros. Algumas razões para este desenvolvimento: (1) Tem-se assistido em muitos países, sobretudo desde a década de 60/70, a uma liberalização e globalização progressiva dos mercados financeiros e não financeiros. Como resultado, o sistema financeiro cresceu exponencialmente. Mas aumentou também de complexidade (na relação entre os agentes, na diversidade produtos financeiros, etc.). Esta crescente complexidade do sistema financeiro, foi acompanhada pelo desenvolvimento de métodos quantitativos adequados à natureza das transacções financeiras e dos instrumentos financeiros criados. Estes métodos têm sido desenvolvidos nas universidades e, sobretudo, nas grandes instituições financeiras. Na indústria financeira são bem conhecidos os *quants* (ou *quantitative analysts*). Tratam-se de indivíduos com forte formação matemática que se dedicam aos problemas financeiros de base quantitativa. Uma característica singular destes métodos quantitativos é o de se basearem em grande parte em processos estocásticos porque o risco e a incerteza estão presentes em todos os mercados financeiros. (2) Assistiram-se também a progressos muito significativos na modelação quantitativa dos mercados financeiros. Merecem especial destaque autores como Fisher Black, John Cox, Eugene Fama, John Lintner, Harry Markowitz, Robert Merton, Franco Modigliani, Merton Miller, Stephen Ross, Paul Samuelson, Myron Scholes, William Sharpe, Rober Engle, entre outros, cujas contribuições lançaram as fundações da moderna análise financeira quantitativa. Todas as principais contribuições envolveram explicitamente os processos estocásticos, porque (como já argumentámos) o risco e a incerteza, presentes em todos os mercados financeiros, não podem ser dissociados das finanças. (3) O progresso informático (nas vertentes hardware e software) tem sido muito importante em todas as áreas da estatística.

Muitas das técnicas e métodos estatísticos propostos nos últimos anos teriam sido complemente irrelevantes e, certamente, condenados ao esquecimento sem os recursos informáticos existentes. Naturalmente, este argumento justifica o desenvolvimento dos métodos estatísticos em geral, mas é particularmente válido no âmbito das séries temporais financeiras. (4) Outro factor relevante para o desenvolvimento dos processos estocásticos no âmbito das finanças é a grande oferta de séries financeiras. Nenhuma outra área da economia dispõe de tantas e variadas séries temporais como a área financeira. É possível, hoje em dia, obter facilmente (sem custos) séries financeiras longas com periodicidades extremamente elevadas (e.g. observações diárias e intradiárias) praticamente isentas de erros de observação. Por exemplo, o website da Yahoo Finance fornece, a título gratuito, centenas de milhares de cotações nacionais e estrangeiras com periodicidade diária, semanal ou mensal. É possível também, a baixo custo, adquirir bases de dados de cotações *tick-by-tick* de títulos de acções, taxas de câmbio e taxas de juro compostas por milhões de observações. Esta disponibilidade de dados permite ao investigador validar, confirmar e experimentar novas técnicas e métodos e descobrir novas regularidades empíricas.

O objecto de estudo pertinente em Séries Temporais Financeiras e áreas afins (e.g. Econometria Financeira) é o preço financeiro observado ao longo do tempo (poderá ser, por exemplo, uma cotação de uma acção, um índice bolsista, uma taxa de câmbio, uma taxa de juro, etc.). Este preço poderá depois ser convertido em rendibilidade ou retorno caso se trabalhe em tempo discreto. Quase sempre este preço é estudado no quadro de uma teoria financeira. Esta interligação entre finanças e os processos estocásticos é ilustrada a seguir. (1) Uma das aplicações mais importantes da teoria dos processos estocásticos às finanças é a que respeita à determinação do preço justo ou prémio de uma opção. Fisher Black e Myron Scholes, assumindo um movimento Browniano geométrico, deduziram uma fórmula matemática para o prémio da opção. Esta fórmula, simples e extremamente útil, ainda nos dias de hoje, é considerada por muitos economistas como uma das maiores realizações da teoria financeira. (2) A volatilidade é um tópico fundamental em finanças. O conceito de volatilidade está presente na gestão do risco, na afectação e selecção de activos, na valorização e *hedging* das opções e derivados e em muitas outras operações e estratégias financeiras. A área da modelação e da previsão da volatilidade assenta, naturalmente, em processos estocásticos. A literatura é muita vasta nesta área, e inclui variadíssimos modelos em tempo discreto (e.g. modelos ARCH e modelos de volatilidade estocástica) e em tempo contínuo (e.g. processos de difusão univariados com coeficiente de difusão não constante e processos de difusão de segunda ordem de volatilidade estocástica). (3) A gestão do risco consiste, grosso modo, em identificar as fontes de risco e em medir, controlar e gerir esse mesmo risco. Nesta área, um conceito fundamental é o Value at Risk ou VaR (como é usualmente conhecido na literatura). O VaR representa a perda que pode ocorrer num lapso de tempo determinado, com uma certa probabilidade α, supondo que o portfolio não é gerido durante o período de análise. Em termos probabilísticos, o VaR é o quantil de ordem da distribuição teórica de ganhos e perdas. Estes ganhos e perdas evoluem ao longo do tempo e, portanto, são susceptíveis de serem modelados através de processos estocásticos. (4) Uma discussão já longa na literatura debate a eficiência dos mercados financeiros. O mercado de capitais diz-se eficiente se os preços dos produtos financeiros reflectirem toda a informação disponível. Quando é libertada uma informação relevante (por exemplo, um anúncio de distribuição de dividendos de valor superior ao esperado, um anúncio de fusões ou aquisições, etc.) num mercado eficiente os agentes reagem imediatamente comprando ou vendendo de acordo com a informação e os preços ajustam-se imediatamente. Se o mercado é eficiente o preço ajusta-se rapidamente e não há oportunidades para a realização de rendibilidades anormais. Neste caso, o retorno não é previsível e, portanto, deverá ser não autocorrelacionado. Naturalmente esta discussão faz-se no âmbito de um modelo probabilístico de processos estocásticos. (5) Um problema importante em finanças é o da selecção e constituição de portfolios de acordo com o princípio geral da obtenção da máxima rendibilidade com a menor volatilidade (risco) possível. Existem várias abordagens para obter a rendibilidade e a volatilidade mas a mais conveniente e adequada diz respeito às previsões (temporais) de rendibilidade e volatilidades associadas aos activos que constituem o portfolio. Com efeito, a decisão sobre constituição de portfolio dependerá da rendibilidade e da volatilidade futura dos activos financeiros que constituem o portfolio. Trata-se, portanto, de um problema de previsão que deve ser tratado, naturalmente, no âmbito dos processos estocásticos.

Os exemplos discutidos no ponto anterior ilustram a forte ligação entre as finanças e a teoria dos processos estocásticos. No entanto, a teoria financeira não se tem limitado a aplicar métodos e procedimentos já estabelecidos na teoria dos processos estocásticos. Tem também expandido a análise dos processos estocásticos, quer propondo novos modelos ou processos estocásticos quer propondo novas metodologias de estimação e inferência. Para ilustrar este tópico tomam-se alguns exemplos. (1) Como referimos anteriormente, a volatilidade é uma das variáveis mais importantes em finanças. A questão é como medir, estimar e prever a volatilidade. O modelo ARCH (*Autoregressive Conditional Heteroskedasticity*), devido a Robert Engle, é um produto das séries temporais financeiras. O modelo, definido em tempo discreto, propõe uma especificação dinâmica para a variância condicional de um processo estocástico. A estimação do modelo, normalmente realizada no quadro da estimação de máxima verosimilhança, permite medir, estimar e prever a volatilidade. Não é exagero dizer-se que têm sido produzidos centenas de artigos sobre estas questões. Muitos destes artigos têm refinado a abordagem ARCH, por exemplo, propondo especificações alternativas e testes estatísticos, discutindo as propriedades assimptóticas dos estimadores e testes, etc. Outros modelos de volatilidade, baseados em pressupostos alternativos, têm sido propostos, sendo, provavelmente o mais importante, o modelo de volatilidade estocástica. Estes modelos envolvem questões difíceis de estimação que também têm sido tratados por investigadores da área das finanças. (2) As transacções nos mercados financeiros não ocorrem, naturalmente, de forma espaçada. Se registarmos todas as alterações do preço de um activo, obtemos, para mercados suficientemente líquidos, uma sucessão de observações, de altíssima frequência onde o intervalo entre observações consecutivas pode ser encarado como um processo estocástico, susceptível de ser modelado. Na área das Séries Temporais Financeiras vários modelos têm sido propostos para modelarem o intervalo entre observações, sendo talvez o mais relevante o modelo *Autoregressive Conditional Duration*. (3) Processos estocásticos em tempo contínuo, especialmente processos de difusão, tem sido largamente usados em finanças. Todavia, todos os modelos envolvem parâmetros ou funções desconhecidas que devem ser estimados a partir de observações discretas do processo. A inferência estatística é, pois, crucial em todas as aplicações, particularmente em finanças. Sob certas condições gerais, o método da máxima verosimilhança para processos de difusão baseados em observações discretas apresenta as habituais boas propriedades (consistência, eficiência e distribuição assimptótica normal dos estimadores). Infelizmente, as densidades de transição necessárias para construir a função de verosimilhança são geralmente desconhecidas. Nestas circunstâncias, várias abordagens alternativas têm sido propostas, muitas delas vindas da área das finanças. A título de exemplo, citam-se as seguintes abordagens: método dos momentos generalizados baseados no operador infinitesimal; função martingala de estimação; aproximação da verosimilhança via expansão de Hermite; aproximação da verosimilhança via aproximação numérica da equação progressiva de Kolmogorov; aproximação da verosimilhança via simulação; métodos Bayesianos; métodos baseados em modelos auxiliares (inferência indirecta e método dos momentos eficientes). (4) Os investigadores matemáticos da área das finanças têm expandido os modelos em tempo contínuo, focando sobretudo o caso em que o coeficiente de difusão da equação dos preços é modelado através de uma outra equação diferencial estocástica, governada por outro processo de Wiener, eventualmente correlacionado com o processo de Wiener associado à equação dos preços. Este tipo de modelos é adequado para modelar preços de activos onde se suspeite que a volatilidade dos preços é ela também uma função estocástica. Ainda na área da modelação dos preços, tem sido dada especial atenção aos processos de difusão com saltos de Poisson, por se entender que estes modelos se adequam aos processos sujeitos a alterações bruscas da trajectória, devido, por exemplo, a crashes bolsistas ou ataques especulativos súbitos. Estes modelos têm sido aplicados no apreçamento das opções e na estimação e previsão da volatilidade. (5) Como referimos, nenhuma outra área da economia dispõe de tantas e variadas séries temporais como a área financeira. É possível obter sem custos, séries financeiras longas com periodicidades extremamente altas (por exemplo, de segundo a segundo). A disponibilidade destas novas séries mostrou novas regularidades empíricas e lançou as bases da teoria da microestrutura de mercado. Em particular foi revelado a existência de um ruído de mercado impossível de detectar com frequência de amostragem inferior. Esta questão tem sido discutida no âmbito da *Realized Volatility* que é uma medida da volatilidade baseada na variação quadrática de uma semimartingala. (6) Importantes contribuições têm também surgido no âmbito dos processos estocásticos não lineares na média em tempo discreto (nota: interpretamos modelos não lineares na média quando a média condicional é uma função não linear dos seus argumentos). Estas contribuições têm incidido sobretudo nos modelos do tipo regime-switching. Estes tipos de modelos adequam-se, por exemplo, em situações onde existem alterações bruscas e inesperadas nas trajectórias dos processos (e.g., ataques especulativos, crashes bolsistas, anúncios públicos de medidas do governo, eventos políticos e, em geral, eventos extraordinários não antecipados) ou onde existem alterações da dinâmica do processo sem alterações bruscas nas trajectórias. Para este tipo de fenómenos, têm sido discutidos dois tipos de modelos: 1) modelos onde a mudança de regime é função de uma variável observável, como por exemplo, os modelos com variáveis impulso, os modelos limiares ou *Threshold* AR (TAR), os modelos onde os coeficientes associados às componentes AR são funções não lineares dos valores passados (STAR, *Smoothed Transition* AR), entre outros; 2) modelos onde a mudança de regime não é observada, incluindo-se, nesta classe, os modelos onde os regimes são independentes entre si (como, por exemplo, os modelos *Simple Switching* ou de Bernoulli) e os modelos onde existe dependência entre os regimes (como por exemplo, os modelos *Markov-Switching*). (7) A área da estimação não paramétrica tem estado também muito activa em finanças. Em certos casos, a teoria e os dados são insuficientes para especificar parametricamente o modelo de interesse. Nestes casos considerase uma abordagem não paramétrica. No âmbito dos modelos de difusão, tem sido particularmente estudada a estimação dos coeficientes infinitesimais (tendência e difusão) e das densidades de transição e estacionárias (quando existam). Estas estimativas têm sido empregues para testar a especificação paramétrica de vários modelos. Outras aplicações incluem, por exemplo, o estudo da homogeneidade dos coeficientes (concretamente, serão os coeficientes infinitesimais dependentes apenas do estado do processo ou, eventualmente, dependem também do tempo?) e do apreçamento das opções (concretamente estuda-se se o preço das opções é consistente com os seus valores teóricos, baseados em modelos paramétricos). Muitos outros exemplos poderiam ser acrescentados (por exemplo, na teoria dos valores extremos para modelar cenários de risco e valores em perda, redes neuronais, etc.).

Dada a importância dos processos estocásticos no âmbito das finanças, é pois natural que o ensino o das séries temporais financeiras e disciplinas afins (econometria financeira, métodos de previsão para finanças, etc.) estejam já firmemente presentes nas principais faculdades de economia, gestão e finanças do mundo, em todos os níveis do ensino superior (licenciatura, mestrado e doutoramento). Uma breve consulta na Internet mostra que centenas de universidades em todo o mundo oferecem Séries Temporais Financeiras, Econometria Financeira ou Matemática Financeira. Em Portugal várias universidades oferecem também unidades curriculares na área de ligação entre as finanças e os processos estocásticos.

No ISEG/UTL (*Instituto Superior de Economia e Gestão*) têm sido leccionadas as seguintes unidades curriculares: Econometria Financeira (licenciatura), Séries Temporais para Finanças (mestrado) e Métodos de Previsão para Finanças (mestrado); na Universidade Nova de Economia, Introduction to Financial Econometrics (mestrado); no ISCTE (Instituto Superior das Ciências do Trabalho e da Empresa), Métodos e Estudos Empíricos em Finanças (Doutoramento); na Faculdade de Economia da Universidade de Algarve, Econometria Financeira (MBA); na Faculdade de Economia da Universidade de Coimbra, Análise de Séries Financeiras (mestrado).

Capítulo 2

Preços e Retornos

O ponto de partida para a análise estatística é normalmente uma série de preços (por exemplo, a série das cotações de fecho do Banco XYZ num certo intervalo de tempo). De uma forma geral, o preço pode ser, por exemplo, o valor a que um intermediário financeiro informa estar disposto a pagar pela compra de um determinado activo, opção ou futuro (*bid price*), o valor a que um intermediário financeiro informa estar disposto a receber pela venda de um determinado activo, opção ou futuro (*ask price*), o valor final da transacção, o valor definido num mercado de futuros, entre outros.

O intervalo de tempo entre dois preços consecutivos é uma variável aleatória com valores em $\mathbb{R}^+$. Isto significa que se poderia considerar uma sucessão de preços $\{P_{t_1}, P_{t_2}, ..., P_{t_n}\}$ com $\delta_i = t_i - t_{i-1}$ não constante. Não obstante, prefere-se normalmente trabalhar com uma periodicidade fixa. Por exemplo, se análise empírica de certo fenómeno aconselha o tratamento diário dos preços, a sucessão pertinente passará a ser $\{P_1, P_2, ..., P_n\}$ onde P_t representa habitualmente o valor de fecho no dia t. O tratamento estatístico do caso em que $\delta_i = t_i - t_{i-1}$ é encarado como uma variável aleatória, é um pouco mais delicada, e insere-se na área dos modelos de muita alta-frequência.

Depois de coligidos os preços, calculam-se os retornos associados (veremos nos pontos seguintes duas fórmulas alternativas de cálculo). Na figura 2.1 apresentam-se preços e retornos da Microsoft no período Janeiro de 1988 a Fevereiro de 2006.

28 | Modelação de Séries Temporais Financeiras

Prefere-se geralmente a sucessão dos retornos ou das rendibilidades à sucessão dos preços. Por um lado, a sucessão dos retornos fornece tanta informação sobre a oportunidades de investimento quanto a sucessão dos preços. Deste ponto de vista é indiferente trabalhar-se com qualquer das sequências. Há, todavia, uma razão de peso para se preferir a sucessão dos retornos: esta é mais fácil de modelar. Veremos adiante, com mais pormenor, que a sucessão dos preços é quase sempre não estacionária, ao passo que a sucessão dos retornos é tendencialmente *estacionária* (facilitando, por isso, a aplicação de resultados essenciais, como sejam, a lei dos grande números e o teorema do limite central)[1].

Há duas formas de obtermos o retorno associado ao preço que descreveremos a seguir.

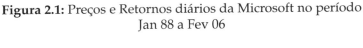

Figura 2.1: Preços e Retornos diários da Microsoft no período Jan 88 a Fev 06

---

[1] Taxas de câmbio real e taxas de juro podem ser analisadas nos níveis e não nas primeiras diferenças, se existir evidência de estacionaridade.

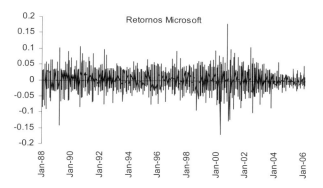

2.1 Retornos Discretos

Seja P_t a cotação de um certo activo no momento t. Suponhamos que P é observado nos momentos $t = 1, 2, ..., n$ (podemos supor que temos n observações diárias).

2.1.1 Retorno Simples

O retorno simples em tempo discreto de um certo investimento no momento t (retorno do dia $t - 1$ para o dia t) é definido como

$$R_t = \frac{P_t - P_{t-1}}{P_{t-1}} = \frac{P_t}{P_{t-1}} - 1 \qquad (2.1)$$

(na literatura anglo-saxónica R_t é designado por *simple net return* e $1 + R_t = P_t/P_{t-1}$ como *simple gross return*). Naturalmente, também se tem

$$P_t = P_{t-1}(1 + R_t).$$

Esta última expressão mostra que R_t representa, efectivamente, a taxa de rendibilidade de um certo investimento, adquirido por P_{t-1} e vendido por P_t. Se P_{t-1} representa o preço unitário de um activo financeiro e K o número de acções adquiridas em $t - 1$, a taxa de rendibilidade do investimento de valor KP_{t-1} é também, naturalmente, R_t, pois $P_t = P_{t-1}(1 + R_t) \Leftrightarrow P_t K = P_{t-1}K(1 + R_t)$.

2.1.2 Retorno Multi-Períodos

Suponha-se que $\{P_1, P_2, ..., P_n\}$ é a sucessão de preços diários. Podemos estar interessados, por exemplo, no retorno semanal e, para o efeito, basta considerar

$$R_t(5) = \frac{P_t - P_{t-5}}{P_{t-5}}$$

(admitindo que se observam cinco preços por semana). De uma forma geral,

$$R_t(m) = \frac{P_t - P_{t-m}}{P_{t-m}} = \frac{P_t}{P_{t-m}} - 1. \tag{2.2}$$

Para calcular $R_t(m)$ basta atender à expressão (2.2). Suponhamos, no entanto, que P_t e P_{t-m} não são conhecidos. A questão é, como calcular $R_t(m)$ a partir dos retornos simples em $t = 1, 2, ...$? Pode-se provar[2]

$$R_t(m) = \frac{P_t - P_{t-m}}{P_{t-m}} = \prod_{j=t-m+1}^{t} (1 + R_j) - 1.$$

---

[2] Como calcular $R_t(m)$ a partir dos retornos simples em $t = 1, 2, ...$? Basta considerar

$$R_t(m) = \frac{P_t - P_{t-m}}{P_{t-m}}$$

$$= \frac{P_t}{P_{t-1}} \frac{P_{t-1}}{P_{t-2}} ... \frac{P_{t-m+1}}{P_{t-m}} - 1$$

2.1.3 Retornos de Portfolios

Admita-se que o capital em $t-1$ é igual K (unidades monetárias) e existem dois activos A e B; cujas taxas de rendibilidade são, respectivamente, $R_{A,t}$ e $R_{B,t}$. Um certa fracção do capital, ω_A, é investido em A e, a parte restante, $\omega_B = 1 - \omega_A$, é investido em B. Desta forma, o valor do investimento no período seguinte, t, é igual a

$$K\left(\omega_A\left(1 + R_{A,t}\right) + \omega_B\left(1 + R_{B,t}\right)\right)$$

e o retorno do *portfolio* é

$$
\begin{aligned}
R_{p,t} &= \frac{K\left(\omega_A\left(1 + R_{A,t}\right) + \omega_B\left(1 + R_{B,i}\right)\right.}{K} \\
&= \omega_A\left(1 + R_{A,t}\right) + \omega_B\left(1 + R_{B,t}\right) - \\
&= \omega_A R_{A,t} + \omega_B R_{B,t}.
\end{aligned}
$$

Com m activos, tem-se $\omega_1 + ... + \omega_m = 1$ e

$$
\begin{aligned}
R_{p,t} &= \omega_1 R_{1,t} + \omega_2 R_{2,t} + ... + \omega_m R_{m,t} \\
&= \sum_{i=1}^{m} \omega_i R_{i,t}.
\end{aligned}
\qquad (2.3)
$$

Conclui-se que o retorno de um *portfolio* é igual a uma média ponderada dos vários retornos do *portfolio*.

$$
\begin{aligned}
&= \left(1 + \frac{P_t}{P_{t-1}} - 1\right)\left(1 + \frac{P_{t-1}}{P_{t-2}} - 1\right) ... \left(1 + \frac{P_{t-m+1}}{P_{t-m}} - 1\right) - 1 \\
&= \left(1 + R_t\right)\left(1 + R_{t-1}\right) ... \left(1 + R_{t-m+1}\right) - 1 \\
&= \prod_{j=t-m+1}^{t} \left(1 + R_j\right) - 1.
\end{aligned}
$$

32 | Modelação de Séries Temporais Financeiras

A variância do retorno de um *portfolio* tende a ser inferior à variância dos retornos do portfolio. Para analisar esta questão, considere-se

$$
\begin{aligned}
\text{Var}\,(R_{p,t}) &= \text{Var}\left(\sum_{i=1}^{m}\omega_i R_{i,t}\right)\\
&= \sum_{i=1}^{m}\text{Var}\,(\omega_i R_{i,t}) + 2\sum_{j=1}^{m-1}\sum_{i=j+1}^{m}\text{Cov}\,(\omega_i R_{i,t},\omega_{i-j}R_{i-j,t})\\
&= \omega_i^2\sum_{i=1}^{m}\text{Var}\,(R_{i,t}) + 2\sum_{j=1}^{m-1}\sum_{i=j+1}^{m}\omega_i\omega_{i-j}\,\text{Cov}\,(R_{i,t},R_{i-j,t}).
\end{aligned}
$$

Simplifique-se esta expressão. Admita-se que os retornos têm variância igual a $\text{Var}\,(R_{i,t}) = \sigma^2$ e que os pesos são iguais a $\omega_i = 1/m$ (estas hipóteses significam que se tomam títulos com idêntica variabilidade e com o mesmo peso na carteira).
Seja

$$
\hat{\gamma} = \frac{\sum_{j=1}^{m-1}\sum_{i=j+1}^{m}\text{Cov}\,(R_{i,t},R_{i-j,t})}{\frac{m(m-1)}{2}}
$$

a "covariância média", isto é, a média aritmética dos valores de todas as covariâncias distintas (que são em número de $m\,(m-1)\,/2$). Sob estas hipóteses, vem

$$
\text{Var}\,(R_{p,t}) = \frac{\sigma^2}{m} + 2\frac{1}{m^2}\frac{\hat{\gamma}N\,(m-1)}{2} = \frac{\sigma^2}{m} + \frac{\hat{\gamma}\,(m-1)}{m}.
$$

Nestas circunstâncias, é fácil verificar que $\text{Var}\,(R_{p,t}) < \text{Var}\,(R_{i,t})$ é equivalente a $\sigma^2 > \hat{\gamma}$. Assim, se a variabilidade dos activos (tomados isoladamente) for superior à média aritmética dos valores de todas as covariâncias distintas, o retorno do *portfolio* apresenta menor variância do que a dos activos que a constituem. A desigualdade $\sigma^2 > \hat{\gamma}$ verifica-se trivialmente se os retornos forem independentes ($\hat{\gamma} = 0$) ou se as covariâncias forem negativas ($\hat{\gamma} < 0$). A desigualdade $\sigma^2 > \hat{\gamma}$ tende a verificar-se quando as covariâncias são baixas e/ou existem várias covariâncias negativas. Deve notar-se que a hipótese de independência é inverosímil, pois os activos partilham aspectos comuns relacionados com o comportamento geral do mercado (*risco de mercado*).

Uma forma mais convincente de sugerir $\mathrm{Var}\,(R_{p,t}) < \mathrm{Var}\,(R_{i,t})$ é a seguinte. Assuma-se: (i) os retornos têm variância igual, $\mathrm{Var}\,(R_{i,t}) = \sigma^2$ (ii) os pesos são iguais, $\omega_i = 1/m$ e (iii) as covariâncias são iguais. Resulta por construção que a $\mathrm{Var}\,(R_{p,t}) < \mathrm{Var}\,(R_{i,t})$. Com efeito, comece-se por observar que $\mathrm{Cov}\,(R_{i,t}, R_{i-j,t}) = \rho\sigma^2$ (ρ é o coeficiente de correlação). Nestas condições vem $\sum_{j=1}^{m-1} \sum_{i=j+1}^{m} \rho\sigma^2 = \rho\sigma^2 m\,(m-1)/2$ e, portanto,

$$\mathrm{Var}\,(R_{p,t}) = \frac{\sigma^2}{m} + 2\frac{1}{m^2}\frac{\rho\sigma^2 m\,(m-1)}{2}.$$

Verifica-se agora que $\mathrm{Var}\,(R_{p,t}) < \mathrm{Var}\,(R_{i,t})$ é equivalente a $\rho < 1$. Como, por definição ρ é menor do que 1, a desigualdade $\mathrm{Var}\,(R_{p,t}) < \mathrm{Var}\,(R_{i,t})$ verifica-se sempre, sob as hipóteses assumidas. Claro que, na prática, nenhuma das hipóteses (i), (ii) e (iii) se verifica de forma exacta, mas é seguro dizer-se que, em condições gerais, a diversificação (i.e. $m > 1$) baixa a variabilidade do *portfolio*.

2.1.4 Retornos Ajustados aos Dividendos

Se no período t (ou se algures entre $t-1$ e t) há lugar ao pagamento de dividendos, o retorno deve reflectir esse acréscimo de rendimento. O retorno *total* vem

$$R_t = \frac{P_t + D_t - P_{t-1}}{P_{t-1}}$$

$$= \frac{P_t - P_{t-1}}{P_{t-1}} + \frac{D_t}{P_{t-1}}$$

onde $(P_t - P_{t-1})/P_{t-1}$ é, por vezes, referido como *capital gain* e D_t/P_{t-1} como *dividend yield*.

2.1.5 Retornos Ajustados à Inflação

Até agora considerámos retornos nominais. Em certos estudos, sobretudo de carácter macroeconómico, tem interesse analisar o retorno real. Para obtermos este retorno, é necessário expurgar do ganho de capital o efeito do crescimento geral de preços. Suponhamos que a inflação foi de 4% e o retorno (anualizado) foi de 3%. Houve ganho real no investimento realizado? Se atendermos ao efeito crescimento geral de preços a resposta é negativa. É tentador dizer que a perda real é de 1%. Efectivamente é quase 1%, mas não chega, como se mostra a seguir. Para obtermos o retorno real, R_t^{real} (ajustado, portanto, da inflação), considera-se

$$R_t^{\text{real}} = \frac{P_t^{\text{real}} - P_{t-1}^{\text{real}}}{P_{t-1}^{\text{real}}}, \qquad P_t^{\text{real}} = \frac{P_t}{IPC_t}$$

sendo IPC_t o índice de preços ao consumidor (índice construído pelo INE, Instituto Nacional de Estatística). Observe-se que P_t^{real} é o preço deflacionado ou simplesmente o preço real do activo. Simples álgebra, permite concluir que

$$R_t^{\text{real}} = \frac{P_t^{\text{real}} - P_{t-1}^{\text{real}}}{P_{t-1}^{\text{real}}} = \frac{P_t}{P_{t-1}} \frac{IPC_{t-1}}{IPC_t} - 1 = \frac{R_t - \pi_t}{\pi_t + 1}$$

onde $\pi_t = (IPC_t - IPC_{t-1})/IPC_{t-1}$. Retomemos o exemplo acima, com $R_t = 0.03$ e $\pi_t = 0.04$; logo,

$$R_t^{\text{real}} = \frac{0.03 - 0.04}{0.04 + 1} = -0.0096$$

isto é, os retornos reais caiem aproximadamente 1%, para sermos mais exactos, caiem 0.96%. Quando a inflação é relativamente baixa (por exemplo, se R_t^{real} são retornos reais mensais) é válida a aproximação,

$$R_t^{\text{real}} \simeq R_t - \pi_t.$$

Como o IPC está, no máximo, disponível mensalmente, não é possível calcular-se retornos reais diários.

2.1.6 Retornos Anualizados

Para compararmos, por exemplo, o retorno diário do investimento A com o retorno mensal do investimento B, é necessário converter as diferentes taxas de rendibilidades a um mesmo período. Toma-se normalmente como período de referência o ano pelo que, as taxas de rendibilidade depois de convertidas em rendibilidades anuais dizem-se anualizadas. Suponhamos que um certo investimento de valor P_0 foi realizado no momento 0. Ao fim de T anos (T pode ser por exemplo 0.5, isto é, 6 meses) o mesmo investimento vale P_n. A questão que deveremos colocar é a seguinte: qual é a taxa de rendibilidade anual, R_A, tal que, aplicada a um investimento P_0 permite ao fim de T anos obter o investimento P_n? Ou seja, qual é o valor R_A que resolve a equação

$$P_0 \left(1 + R_A\right)^T = P_n \ ?$$

Tomando R_A como incógnita, facilmente se obtém

$$R_A = \left(\frac{P_n}{P_0}\right)^{\frac{1}{T}} - 1. \tag{2.4}$$

Se os preços $P_0, P_1, ... P_n$ são diários e se admitirmos que num ano se observam 250 preços, então $T = n/250$ (por exemplo, com $n = 500$ observações diárias, o período de investimento corresponde a dois anos, $T = 500/250 = 2$). Nestas condições, a fórmula (2.4) pode-se reescrever na forma

$$R_A = \left(\frac{P_n}{P_0} \right)^{\frac{250}{n}} - 1.$$

Em termos gerais, se num ano se observam N preços (por exemplo, $N = 12$ se as observações são mensais) e dispomos de n observações sobre os preços, então $T = n/N$ e

$$R_A = \left(\frac{P_n}{P_0} \right)^{\frac{N}{n}} - 1. \qquad (2.5.)$$

EXEMPLO 2.1.1. *Queremos comparar os seguintes investimentos:*

- *O investimento 1 foi adquirido ao preço 1.5. Ao fim de 800 dias (isto é, $800/250 = 3.2$ anos) valia 1.9.*
- *O investimento 2 foi adquirido ao preço 105. Ao fim de 50 meses (isto é, $50/12 = 4.17$ anos) valia 121.*

Questão: qual dos investimento foi preferível? Para os investimento 1 e 2, as taxa de rendibilidade anualizadas foram respectivamente de

$$R_{A,1} = \left(\frac{1.9}{1.5} \right)^{\frac{250}{800}} - 1 = 0.0766$$

e,

$$R_{A,2} = \left(\frac{121}{105} \right)^{\frac{12}{50}} - 1 = 0.034,$$

ou seja de 7.66% para o investimento 1 e 3.4% para o investimento 2. O investimento 1 foi, portanto, preferível.

Quando o período de observação dos preços é relativamente curto as taxas de rendibilidade anualizadas podem fornecer valores aberrantes. Por exemplo, se numa semana, devido à variabilidade dos preços, se observar $P_0 = 1$ e $P_5 = 1.1$, a taxa anualizada é de 1046.7%.

2.2 Retornos Contínuos

Sejam P_0 e P_1 respectivamente o capital inicial e o capital ao fim de um período. Se o capital se valorizou continuamente nesse período, qual é a taxa de rendibilidade instantânea associada? Para discutirmos esta questão, admita-se, para simplificar, que o período é o ano. Se a capitalização fosse anual, a taxa de rendibilidade R_a resultaria da resolução da equação $P_1 = P_0 (1 + R_a)$ em ordem a R_a. Se a capitalização fosse semestral, a taxa de rendibilidade (semestral) R_s resultaria da resolução da equação

$$P_1 = P_0 \left(1 + \frac{R_s}{2}\right) \left(1 + \frac{R_s}{2}\right) = P_0 \left(1 + \frac{R_s}{2}\right)^2$$

em ordem a R_s. De igual forma, numa capitalização trimestral, ter-se-ia $P_1 = P_0 (1 + R_{tr}/4)^4$. Se a capitalização é contínua (capitalização minuto a minuto, segundo a segundo, etc.) então o capital P_1 pode interpretar-se como o limite de

$$P_1 = \lim_{n \to \infty} P_0 \left(1 + \frac{r}{n}\right)^n.$$

Como $\lim_{n \to \infty} \left(1 + \frac{r}{n}\right)^n = e^r$ a taxa de rendibilidade instantânea r resulta da resolução da equação $P_1 = P_0 e^r$ em ordem a r (pode-se obter $P_1 = P_0 e^r$ resolvendo a equação diferencial $P_t' = r P_t$)[3]. Logaritmizando a equação e resolvendo em ordem a r, obtém-se

---

[3] Seja P_t o valor de um certo capital no momento t (podemos convencionar: $t = 1$ representa um ano). Se o capital se valoriza em tempo discreto, a variação do capital P_t num certo intervalo de tempo $\Delta > 0$ pode ser traduzida pela igualdade $(P_{t+\Delta} - P_t)/P_t = r\Delta$ (r é a taxa de retorno) ou seja

$$r = \log P_1 - \log P_0.$$

Considere-se agora uma sucessão de preços $\{P_1, P_2, ..., P_n\}$. Define-se a taxa de rendibilidade instantânea ou simplesmente o retorno contínuo de um certo investimento no momento t como

$$r_t = \log P_t - \log P_{t-1}.$$

Naturalmente esta expressão é equivalente a

$$r_t = \log P_t - \log P_{t-1} = \log \frac{P_t}{P_{t-1}} = \log\left(1 + \frac{P_t}{P_{t-1}} - 1\right) = \log(1 + R_t).$$

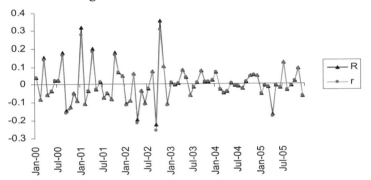

Figura 2.2: Retornos mentais da IBM

Para dados diários, semanais ou mensais pode assumir-se $r_t \simeq R_t$[4]. Na figura 2.2 as diferenças entre R_t e r_t são relativamente

$$\frac{P_{t+\Delta} - P_t}{\Delta} = rP_t$$

Se o capital se valoriza continuamente, i.e., se assumirmos $\Delta \to 0$, o lado esquerdo da equação anterior é a derivada de P em ordem a t, i.e., P'. Desta forma tem-se a equação diferencial linear de primeira ordem (determinística) $P'_t = rP_t$, que estabelece a forma como P_t evolui em tempo contínuo. Pode-se provar que a solução geral desta equação é $P_t = ce^{rt}$, $c \in \mathbb{R}$ (c depende do capital inicial). Com o capital inicial P_0, a solução particular é $P_t = P_0 e^{rt}$. Ao fim de um período $t = 1$ o capital vale $P_1 = P_0 e^r$. Resolvendo esta equação em ordem a r vem $r = \log(P_1/P_0) = \log P_1 - \log P_0$.

[4] A série de Taylor da função $\log(1 + R_t)$ em torno de $R_t = 0$ é, como se sabe,

pequenas. Se os dados fossem diários as diferenças seriam ainda mais pequenas.

2.2.1 Retorno Multi-Períodos

Suponha-se que $\{P_1, P_2, ..., P_n\}$ é a sucessão de preços diários. Podemos estar interessados, por exemplo, no retorno semanal e, para o efeito, basta considerar

$$r_t(5) = \log\left(\frac{P_t}{P_{t-5}}\right)$$

(admitindo que se observam cinco preços por semana). De uma forma geral,

$$r_t(m) = \log\left(\frac{P_t}{P_{t-m}}\right) = \log(P_t) - \log(P_{t-m}).$$

Seguindo o mesmo raciocínio que vimos atrás, suponhamos, no entanto, que P_t e P_{t-m} não são conhecidos. A questão é, como calcular $r_t(m)$ a partir dos retornos contínuos em $t = 1, 2, ...$? Para exemplificar, suponha-se que se têm retornos diários e procura-se o retorno semanal, i.e., admita-se o seguinte:

$$r_t = \log(1 + R_t) = R_t - \frac{1}{2}R_t^2 + \frac{1}{3}R_t^3 - ...(-1)^{n-1}\frac{R_t^n}{n} + ...$$

Este desenvolvimento em série de potência de R_t é válido para todo o R_t tal que $|R_t| < 1$. Quando R_t é relativamente pequeno, os termos R_t^2, R_t^3, etc., são ainda mais pequenos (por exemplo, $R_t = 0.005$ implica $R_t^2 = 2.5 \times 10^{-5}$, $R_t^3 = 1.25 \times 10^{-7}$, etc.) pelo que, nestas circunstâncias, $R_t^2 \simeq 0$, $R_t^3 \simeq 0$, etc., e, assim, $r_t \simeq R_t$. Se os dados são diários, semanais ou mensais as rendibilidades R são geralmente pequenas (quando comparadas com as rendibilidades anuais). Assim, para este tipo de rendibilidades, pode assumir-se $r_t \simeq R_t$.

retorno 2ª feira	$r_1 = \log P_1 - \log P_0$
retorno 3ª feira	$r_2 = \log P_2 - \log P_1$
retorno 4ª feira	$r_3 = \log P_3 - \log P_2$
retorno 5ª feira	$r_4 = \log P_4 - \log P_3$
retorno 6^a feira	$r_5 = \log P_5 - \log P_4$
retorno da semana	$\log P_5 - \log P_0 = r_1 + r_2 + ... + r_5$

A tabela anterior sugere que o retorno da semana é igual à soma dos retornos da semana. Com efeito,

$$\log P_5 - \log P_0 = \underbrace{\log P_5 - \log P_4}_{r_5} + \underbrace{\log P_4 - \log P_3}_{r_4} + \underbrace{\log P_3 - \log P_2}_{r_3}$$
$$+ \underbrace{\log P_2 - \log P_1}_{r_2} + \underbrace{\log P_1 - \log P_0}_{r_1}$$

(observe-se que no lado direito da expressão anterior, apenas os termos $\log P_5$ e P_0 não cancelam). Em termos gerais,

$$r_t(m) = r_t + r_{t-1} + ... + r_{t-m+1}.$$

2.2.2 Retornos de Portfolio

Pode imaginar-se o retorno contínuo do *portfolio* como sendo o valor $r_{p,t}$ tal que, aplicado ao capital inicial K (i.e., $Ke^{r_{p,t}}$) permite obter o valor do *portfolio* calculado através dos m retornos (i.e., $K\sum_{i=1}^{m}\omega_i e^{r_{i,t}}$). Assim, $r_{p,t}$ é tal que $K\sum_{i=1}^{m}\omega_i e^{r_{i,t}} = Ke^{r_{p,t}}$. Resolvendo esta equação em função de $r_{p,t}$ obtém-se $r_{p,t} = \log\left(\sum_{i=1}^{m}\omega_i e^{r_{i,t}}\right)$. Tendo em conta que $r_{i,t} = \log\left(1 + R_{i,t}\right)$ e $\sum_{i=1}^{m}\omega_i = 1$ podemos ainda escrever

$$r_{p,t} = \log\left(\sum_{i=1}^{m}\omega_i e^{r_{i,t}}\right) = \log\left(\sum_{i=1}^{m}\omega_i\left(1 + R_{i,t}\right)\right)$$
$$= \log\left(1 + \sum_{i=1}^{m}\omega_i R_{i,t}\right) = \log\left(1 + R_{p,t}\right).$$

Ao contrário dos retornos discretos, o retorno contínuo do portfolio não é igual à soma ponderada dos retornos contínuos dos vários activos, i.e., $r_{p,t} \neq \sum_{i=1}^{n} \omega_i r_{i,t}$. Este facto constitui uma desvantagem da versão contínua dos retornos. No entanto, quando $R_{p,t}$ não é muito alto, $r_{p,t} \approx R_{p,t}$.

2.2.3 Retornos Ajustados aos Dividendos

O retorno contínuo ajustado aos dividendos é definido como

$$r_t = \log\left(\frac{P_t + D_t}{P_{t-1}}\right) = \log\left(P_t + D_t\right) - \log\left(P_{t-1}\right).$$

Note-se também:

$$r_t = \log\left(1 + R_t\right), \qquad R_t = \frac{P_t + D_t - P_{t-1}}{P_{t-1}}.$$

2.2.4 Retornos Ajustados à Inflação

O retorno contínuo ajustado à inflação é definido como

$$r_t^{\text{real}} = \log\left(\frac{P_t/IPC_t}{P_{t-1}/IPC_{t-1}}\right) = \log\left(\frac{P_t}{P_{t-1}}\right) - \log\left(\frac{IPC_t}{IPC_{t-1}}\right) = r_t - \pi_t$$

onde agora a taxa de inflação π_t é definida como $\pi_t = (IPC_t/IPC_{t-1})$. Note-se também:

$$r_t^{\text{real}} = \log\left(1 + R_t^{\text{real}}\right).$$

2.2.5 Retornos Anualizados

Tal como no caso dos retornos discretos, também no caso dos retornos contínuos é possível obter uma taxa de rendibilidade (agora instantânea) anualizada ou simplesmente retorno anualizado, r_A. Pode começar-se por perguntar: qual é a taxa de rendibilidade anual, r_A, tal que, aplicada a um investimento P_0 permite ao fim de T anos (de valorização contínua) obter o investimento P_n? Ou seja, qual é o valor r_A que resolve a equação

$$P_0 e^{r_A T} = P_n \ ?$$

Tomando r_A como incógnita, facilmente se obtém

$$r_A = \frac{1}{T} \log \left(\frac{P_n}{P_0} \right). \tag{2.6}$$

Também se chega a esta expressão a partir da definição habitual $r_A = \log(1 + R_A)$. Com efeito,

$$r_A = \log(1 + R_A) = \log \left(1 + \left(\frac{P_n}{P_0} \right)^{\frac{1}{T}} - 1 \right) = \log \left(\left(\frac{P_n}{P_0} \right)^{\frac{1}{T}} \right) = \frac{1}{T} \log \left(\frac{P_n}{P_0} \right)$$

(T representa o número de anos do investimento).

Se os preços $P_0, P_1, ... P_n$ são diários e se admitirmos que num ano se observam 250 preços, então deduz-se a relação $T = n/250$. Nestas condições, a fórmula (2.6) pode-se reescrever na forma

$$r_A = \frac{250}{n} \log \left(\frac{P_n}{P_0} \right).$$

Em termos gerais, se num ano se observam N preços (por exemplo, $N = 12$ se as observações são mensais) e dispomos de n observações sobre os preços, então $T = n/N$ e

$$r_A = \frac{N}{n} \log \left(\frac{P_n}{P_0} \right).$$

Em muitas aplicações estuda-se uma sucessão de retornos $\{r_1, r_2, ..., r_n\}$ e obtém-se de seguida um conjuntos de estatísticas, como por exemplo a média empírica dos retornos,

$$\bar{r} = \frac{1}{n} \sum_{i=1}^{n} r_i.$$

Uma questão interessante consiste em obter r_A como função de $\bar{r}$. Tendo em conta que $\log (P_n/P_0) = \sum_{i=1}^{n} r_i$ tem-se

$$r_A = \frac{N}{n} \log \left(\frac{P_n}{P_0} \right) = \frac{N}{n} \sum_{i=1}^{n} r_i = N\bar{r}.$$

Uma forma alternativa de obtermos $r_A = N\bar{r}$ e que tem a vantagem de fornecer também uma medida para o valor da volatilidade anualizada é a seguinte. Suponha-se, tal como anteriormente, que num ano é possível observar N preços. Então, a variável aleatória que representa o retorno anual é dado por

$$X = \log P_N - \log P_0 = \sum_{t=1} r_t.$$

Supondo $E(r_1) = E(r_2) = ... = E(r_N)$ tem-se que o retorno médio anual é dado por

$$E(X) = N\,E(r_t).$$

Logo, uma estimativa de $E(X)$ é, precisamente, $r_A = N\bar{r}$. Por outro lado, suponha-se que a sucessão $\{r_t\}$ é não autocorrelacionada e que $\text{Var}(r_t) = \sigma^2$. Nestas condições, a variância anual (i.e., a variância associada a $r_t(N)$) é dada por

$$\text{Var}(X) = \text{Var} \left(\sum_{t=1}^{N} r_t \right) = N\sigma^2. \tag{2.7}$$

Resulta da equação (2.7) a famosa *square root of time rule* segundo a qual, a volatilidade anual de um activo obtém-se a partir da regra $\sqrt{N}\sigma$ onde σ é o desvio padrão associado a um medida intra anual (assume-se o desvio padrão como medida da volatilidade). Por exemplo, se os dados são diários, a regra estabelece $\sqrt{250}\sigma_d$ (σ_d é o desvio padrão associado aos dados diários); se os dados são mensais, vem $\sqrt{12}\sigma_m$ (σ_m é o desvio padrão associado aos dados mensais). A informação anualizada pode ser dada em percentagem:

$$N\bar{r} \times 100\%, \qquad \sqrt{N}\sigma \times 100\%.$$

Note-se, finalmente, que o retorno anualizado na versão discreta é uma função do retorno anualizado na versão contínua, dada pela expressão $R_A = e^{r_A} - 1$ (veja a equação (2.5)).

2.3 Retornos Contínuos vs. Retornos Discretos

Neste documento dá-se preferência à análise dos retornos contínuos. Por várias razões:

- A esmagadora maioria dos investigadores usa r_t. Se queremos que os nossos resultados sejam comparáveis devemos usar r_t.
- Como vimos, os retornos contínuos multi-períodos são aditivos (por exemplo, o retorno contínuo entre o período 5 e 0 é igual à soma dos retornos contínuos entre o período 5 e 0). Já os retornos discretos multi-períodos não são. Em certas aplicações é necessário modelar retornos multi-períodos a partir do conhecimento das distribuições de r ou R. Neste caso, prefere-se interpretar o retorno na sua versão contínua, pois a modelação de uma soma

$$\log P_t - \log P_0 = \sum_{i=1}^{t} r_i$$

é bem mais fácil do que a modelação de um produto

$$\frac{P_t - P_0}{P_0} = \prod_{j=1}^{t} (1 + R_j) - 1.$$

Além disso, a soma $\sum_{i=1}^{t} r_i$ preserva propriedades que podem ser interessantes. Por exemplo, se $\{r_i\}$ é uma sucessão de v.a. i.i.d. com distribuição $N(\mu, \sigma^2)$, segue-se imediatamente que $\log P_t - \log P_0 = \sum_{i=1}^{t} r_i$ tem ainda distribuição normal $N(t\mu, t\sigma^2)$. Já no caso discreto, se $\{R_i\}$ é uma sucessão de v.a. i.i.d. com distribuição normal, a v.a. $(P_t - P_0)/P_0 = \prod_{j=1}^{t} (1 + R_j) - 1$ não tem distribuição normal.

O facto dos retornos discretos não ser aditivos pode conduzir a conclusões erradas. Considere-se o seguinte exemplo (veja-se a tabela 1). No momento $t = 0$ um certo activo vale 100, depois em $t = 1$ vale 110 e, finalmente, em $t = 2$ volta a valer 100. Obviamente que o retorno de $t = 0$ para $t = 2$ é zero, quer se considere a fórmula $(P_2 - P_0)/P_0$ ou $\log P_2 - \log P_0$. No entanto, a média empírica dos retornos discretos é positiva, podendo sugerir, incorrectamente, que o activo se valorizou entre o período $t = 0$ e $t = 2$. Já a média empírica dos retornos contínuos traduz correctamente a valorização do activo.

- O retorno discreto aplicado a um investimento inicial pode sugerir que o investimento possa vir negativo. Isto é uma impossibilidade. Suponha-se $P_0 = 100$. O pior cenário no período 1 é $P_1 = 0$ (perde-se todo o investimento). Mas, aplicando o retorno discreto pode-se obter $P_1 < 0$ se $R_1 < -1$. Por exemplo, se $R_1 = -1.05$ tem-se

$$P_1 = (1 - 1.05) P_0 = -0.05 \times 100 = -5.$$

É um impossibilidade obter-se $P_1 < 0$ e, este facto, traduz uma fraqueza teórica do modelo de retorno discreto. No caso do retorno contínuo, não há possibilidade de P_1 ser negativo, pois, $r_1 = \log(P_1) - \log(P_0)$ implica $P_1 = P_0 e^r > 0$ por definição.

O retorno discreto conserva, no entanto, uma vantagem apreciável: o retorno discreto do portfolio é igual à soma ponderada dos retornos discretos dos vários activos e, esta propriedade, não é partilhada, como vimos, pelo retorno contínuo do portfolio.

Tabela 1: Retornos discretos não são aditivos – mais um exemplo

t	P_t	$R_t = \frac{P_t - P_{t-1}}{P_{t-1}}$	$r_t = \log P_t - \log P_{t-1}$
0	100		
1	110	0.10 (10%)	0.0953
2	100	-0.0909 (-9.09%)	-0.0953
média		> 0	$= 0$

Capítulo 3

Factos Empíricos Estilizados de Séries Temporais Financeiras

É conveniente distinguir séries temporais de natureza macroeconómica das de natureza financeira. As principais diferenças são as seguintes:

- dados de natureza macroeconómica (consumo, produto, taxa de desemprego) podem ser observados mensalmente, trimestralmente ou anualmente; dados financeiros, como por exemplo, retornos de acções ou taxas de câmbio podem ser observados com uma frequência muito superior, nalguns casos, com intervalos de minutos ou segundos entre duas observações consecutivas;
- como consequência do ponto anterior, o número de observações disponíveis de dados financeiros situa-se na ordem das centenas de milhares. Normalmente, prefere-se trabalhar com dados diários (evitando-se os problemas das microestruturas de mercado); nestes casos trabalham-se com algumas unidades de milhares de observações. Com as séries macroeconómicas raramente se passam das poucas centenas de observações (quando, na melhor das hipóteses, se têm observações mensais);
- os dados macroeconómicos são menos fiáveis, i.e., estão mais sujeitos a erros de medição. Com efeito, os valores apurados não resultam de valores efectivamente observados no

48 | Modelação de Séries Temporais Financeiras

mercado, como sucede com a generalidade das séries financeiras, mas antes de valores apurados de acordo com certa metodologia e decorrentes de inquéritos preliminares;

- todavia, a principal diferença qualitativa decorre das propriedades estatísticas dos dois tipos de séries. Ao contrário das séries macroeconómicas, as séries financeiras exibem habitualmente fortes efeitos não lineares e distribuições não normais. As propriedades estatísticas das séries financeiras serão estudadas neste capítulo.

Vários estudos empíricos têm documentado que há um conjunto de regularidades empíricas que são partilhadas por um leque grande de séries temporais financeiras observadas com frequência elevada (diária ou semanal). Essas regularidades têm a ver com características das distribuições marginais e condicionais que são comuns a muitas séries temporais financeiras.

3.1 Regularidade Empíricas relacionadas com a Distribuição Marginal

Comece-se por considerar a fdp marginal[5] f de um certo retorno f. Estamos interessados em saber algo sobre f (que é geralmente desconhecida). Obtém-se alguma informação sobre f calculando vários momentos da amostra. É este o procedimento que começaremos por seguir. Pelo método dos momentos, os parâmetros populacionais desconhecidos,

$$\mu = \mathrm{E}\left(r\right), \ \sigma = \sqrt{\mathrm{Var}\left(r\right)}, \ sk = \frac{\mathrm{E}\left(\left(r - \mu\right)^3\right)}{\sigma^3}, \ k = \frac{\mathrm{E}\left(\left(r - \mu\right)^4\right)}{\sigma^4}$$

---

[5] Para simplificar, admite-se que f é homogénea com respeito ao tempo, i.e., não depende de t. Desta forma, $f\left(r_t\right) = f\left(r_{t-1}\right) = \ldots = f\left(r_1\right)$. Como consequência é indiferente escrever $f\left(r_t\right)$ ou simplesmente $f\left(r\right)$ (e, por um raciocínio similar, é indiferente escrever $\mathrm{E}\left(r_t\right)$ ou simplesmente $\mathrm{E}\left(r\right)$).

podem ser estimados de forma consistente (sob certas condições de regularidade), respectivamente, pelos estimadores

$$\bar{r} = \frac{\sum_{t=1}^{n} r_t}{n}, \ \hat{\sigma} = \sqrt{\frac{\sum_{t=1}^{n} (r_t - \bar{r})^2}{n}},$$

$$\widehat{sk} = \frac{n^{-1} \sum_{t=1}^{n} (r_t - \bar{r})^3}{\hat{\sigma}^3}, \ \hat{k} = \frac{n^{-1} \sum_{t=1}^{n} (r_t - \bar{r})^4}{\hat{\sigma}^4}.$$

Os factos empíricos estilizados que descreveremos a seguir envolvem explicitamente estes momentos. Concretamente, mostraremos a seguir que

- $\bar{r}$ tende a ser maior do que o retorno do investimento sem risco;
- $\hat{\sigma}$ depende da natureza do activo financeiro;
- $\widehat{sk}$ tende a ser negativo;
- $\hat{k}$ tende a ser superior a 3.

3.1.1 Prémio de Risco Positivo

De acordo com a teoria financeira o valor esperado do retorno de um investimento no mercado de capitais deve exceder, no longo prazo, o retorno do investimento sem risco. A essa diferença designa-se prémio de risco (*Equity Risk Premia*). Este prémio deve ser positivo pois, caso contrário, não haveria motivação para aceitar um investimento com retornos incertos, quando a alternativa é um retorno garantido.

A estimação do prémio de risco deve envolver um período relativamente longo (o retorno de um investimento no mercado de capitais é estável no médio/longo prazo, mas instável no curto prazo – pode até ser fortemente negativo em curtos períodos de tempo). Dimson, Marsh e Staunton (2002) fizeram o seguinte exercício, com base em dados financeiros norte-americanos: se tivesse sido investido 1 dólar em acções norte americanas (digamos, num

50 | Modelação de Séries Temporais Financeiras

índice representativo do mercado de acções norte-americano) e 1 dólar em bilhetes do tesouro (investimento sem risco), ambos no início do ano 1900, quais seriam os retornos desses investimentos ao fim de 101 anos (i.e. se fossem levantados no final do ano 2000). Os resultados apurados mostram que o investimento de 1 dólar em

Tabela 1: Estatísticas Descritas de Algumas Acções,
índices e Taxas de Câmbio

	$r_A\%$	$\hat{\sigma}_A\%$	$\widehat{sk}$	$\hat{k}$	$\frac{\hat{P}(|r_t-\bar{r}|>3\hat{\sigma})}{P(|Z|>3)}$
Cotações de Acções					
Microsoft (01-88 a 7-05)	23.9%	36.3%	-.097	6.8	3.85
Coca-Cola (11-86 a 12-05)	7.2%	33.2%	-0.97	18.1	4.53
PT (6-95 a 12-05)	12.3%	33.2%	-0.06	6.39	5.02
Índices Bolsistas					
Dax (11-90 a 11-05)	8.4%	22.1%	-0.196	6.66	5.79
CAC40 (03-90 a 11-05)	5.7%	20.5%	-0.101	5.77	5.61
Nikkei225 (01-84 a 11-05)	1.6%	20.5%	-0.116	10.77	3.71
FTSE100 (04-84 a 11-05)	7.3%	15.8%	-0.545	11.12	2.44
PSI20 (01-93 a 03-06)	8.6%	15.8%	-0.61	10.9	5.99
Taxas de Câmbio					
USD/EUR(12-98 a 11-05)	0.1%	7.9%	-0.05	4.86	4.55
YEN/USD (1-71 a 7-05)	-3.4%	9.4%	-0.78	14.2	1.67

Na última coluna assume-se que $Z \sim N(0,1)$; $\hat{\sigma}_A\% = \sqrt{250}\hat{\sigma}100\%$

acções seria vendido por 16797 dólares em 2000 (apesar das inúmeras crises económicas e financeiras durante o século, como por exemplo, as duas guerras mundiais, a grande depressão, os choques petrolíferos, etc.), enquanto os bilhetes de tesouro seriam vendidos por 119 dólares. Os retornos anualizados (usando a fórmula R_A) seriam de 10.1% para as acções, i.e.

$$R_A 100\% = \left((16797)^{\frac{1}{101}} - 1\right) 100\% = 10.1\%$$

e de 4.8% para os bilhetes do tesouro (valores nominais, i.e. não descontando a inflação).

Ver Taylor (2005) para mais detalhes sobre o prémio de risco.

3.1.2 Desvios Padrão Diferentes Consoante os Activos

A tabela 1 mostra que os activos com maior variabilidade (e, portanto com maior risco associado) são os títulos de empresas, seguidos dos índices bolsistas e taxas de câmbio (bilhetes do tesouro – resultados não apresentados – apresentam a menor variabilidade). No âmbito dos títulos de acções, vários estudos indicam (ver por exemplo, Taylor, 2005) que a variabilidade dos retornos tende a diminuir à medida que a dimensão das empresas aumenta (títulos de empresas pequenas apresentam maior variabilidade).

3.1.3 Retornos de Acções e de Índices tendem a Apresentar Assimetria Negativa

A assimetria de uma distribuição é normalmente aferida através do coeficiente de assimetria sk anteriormente definido. Diz-se que a distribuição de r é assimétrica negativa (positiva) se $sk < 0$ (> 0). Se $sk = 0$ a distribuição é simétrica (em relação à média populacional).

Podemos ter uma estimativa $\widehat{sk}$ negativa se as variações negativas fortes forem mais acentuadas do que as variações positivas fortes. Quando assim sucede, os desvios negativos $(r_t - \bar{r})^3 < 0$ tendem a dominar os desvios positivos $(r_t - \bar{r})^3 > 0$ na soma $\sum (r_t - \bar{r})^3$ e, por isso, a estimativa $\widehat{sk}$ é negativa. Observe-se ainda que os desvios cúbicos são divididos por $\hat{\sigma}^3$; desta forma, elimina-se a possibilidade do coeficiente depender das unidades em que a variável é observada (por exemplo, se multiplicarmos r por 100, para termos uma medida em percentagem, $\widehat{sk}$ não sofre alteração).

A tabela 1 mostra que as distribuições empíricas das rendibilidades de acções e índice bolsistas em análise são assimétricas negativas. Esta assimetria negativa está obviamente relacionada com *crashes* bolsistas. De uma forma geral constata-se que os retornos de índices de acções tendem a apresentar distribuições assimétricas negativas, enquanto os retornos de acções podem apresentar, nalguns casos, distribuições assimétricas positivas. Uma possível explicação para o retorno de acções não apresentar necessariamente assimetria negativa é a seguinte: as más notícias não são libertadas de uma vez só, pelo que o mercado ajusta-se gradualmente a essa informação. Já as boas notícias são libertadas de uma vez só e podem implicar ajustamentos rápidos e significativos. Hong e Stein (2003) argumentam que restrições de *short-selling*, altos volumes de transacção e forte correlação dos activos quando o mercado está em queda, podem explicar assimetria negativa ao nível de retornos de índices.

Sob certas hipóteses, incluindo $\{r_t\}$ é uma sucessão de v.a. homocedásticas com distribuição normal, a estatística de teste

$$Z_1 = \sqrt{n}\frac{\widehat{sk}}{\sqrt{6}}$$

tem distribuição assimptótica $N(0,1)$. A hipótese nula H_0: $sk = 0$ pode ser testada a partir deste resultado[6]. Mas as hipóteses de partida, normalidade e homocedasticidade, são relativamente severas. Na prática, isto significa que a rejeição de H_0 pode dever-se à ausência de normalidade e/ou homocedasticidade e não necessariamente à falha de simetria da distribuição. Desta forma, é necessário ter algum cuidado na interpretação dos resultados quando H_0 é rejeitada.

O estimador $\widehat{sk}$ é por vezes criticado por não ser robusto face à presença de valores extremos. Na verdade, em certos casos, a ocorrência de apenas uma única variação negativa excepcionalmente forte pode resultar num valor negativo para $\widehat{sk}$ (os títulos que incluem na sua amostra o *crash* do dia 19 de Outubro de 1987 tendem a apresentar um valor estimado para sk negativo). Por esta razão, é aconselhável usar-se medidas de assimetria robustas contra a presença de *outliers*. Uma medida nestas condições é proposta por Groeneveld and Meeden (1984)

---

[6] A única hipótese nula possível é $H_0 : sk = 0$. Por exemplo, não faria sentido testar $H_0 : sk = 1$ porque a estatística de teste é obtida sob a hipótese de normalidade e $sk = 1$ é claramente incompatível com essa hipótese.

$$sk_{GM} = \frac{\mathrm{E}\,(r) - q_{0.5}}{\mathrm{E}\,(|r - q_{0.5}|)}$$

onde $q_{0.5}$ é o quantil de ordem 0.5, o que significa que $q_{0.5}$ é a mediana. O parâmetro $\mathrm{E}\,(|r - q_{0.5}|)$ fornece uma medida de dispersão dos dados. Esta medida tem a vantagem de variar entre −1 e 1, i.e. $-1 < sk_{GM} < 1$. Sob certas condições, sk_{GM} pode ser estimado de forma consistente através da estatística

$$\widehat{sk_{GM}} = \frac{\bar{r} - m}{n^{-1} \sum_{t=1}^{n} |r_t - m|}$$

sendo m a mediana empírica. Outra medida robusta é o coeficiente de assimetria de Pearson,

$$sk_P = \frac{\mathrm{E}\,(r) - q_{0.5}}{\sigma}.$$

Note-se, finalmente, que para as taxas de câmbio não há razão especial para esperar $sk > 0$ ou $sk < 0$. Com efeito, suponha-se que S_t é a taxa de câmbio do Dólar/Euro e $r_t = \log\,(S_t/S_{t-1})$. Se a distribuição de r_t é assimétrica negativa então a distribuição dos retornos associados à taxa de câmbio do Euro/Dólar, $1/S_t$ (seja $\tilde{r}_t$ esse retorno) é assimétrica positiva, pois

$$\tilde{r}_t = \log\left(\frac{1/S_t}{1/S_{t-1}}\right) = -\log\left(\frac{S_t}{S_{t-1}}\right) = -r_t$$

(note-se: se x tem distribuição com assimetria negativa, $-x$ tem distribuição com assimetria positiva). Assim a assimetria positiva ou negativa nas taxas de câmbio depende da forma como a taxa de câmbio está definida (não podendo, portanto, inferir-se qualquer regularidade empírica).

3.1.4 Retornos Apresentam Distribuições Leptocúrticas

O achatamento de uma distribuição é normalmente aferida através do coeficiente de achatamento k (também designado por *kurtosis* ou curtose). Diz-se que a distribuição f é mesocúrtica se $k = 3$, platicúrtica se $k < 3$ e leptocúrtica se $k > 3$. O valor de referência 3 é o que resulta da distribuição normal (assim, a distribuição normal ou Gaussiana é mesocúrtica). Valores altos de $\hat{k}$ (acima de 3) indicam que certos valores da amostra se encontram muitos afastados da média, comparativamente aos demais valores da amostra. Observe-se que os desvios $(r_t - \bar{r})^4$ são muito sensíveis aos valores extremos da amostra. Por exemplo, a existência de *outliers* faz aumentar a estatística $\hat{k}$. Para ilustrar o impacto dos *outliers* no valor da estatística $\hat{k}$, considere-se a figura 3.1. Pode-se observar que variância da série y_1 é menor do que a da série y_2. No entanto, o valor $\hat{k}$ da série y_2 é de apenas 1.5, ao passo que o da série y_1 é de 5.5. Os valores da série y_2 não se encontram, em termos relativos, muitos afastados da sua média. Já na série y_1 há um valor que se destaca dos demais e que é responsável pelo valor alto de $\hat{k}$. Para compararmos graficamente duas séries é necessário estandardizá-las (isto é transformá-las em séries de média zero e variância 1). Continuando o exemplo, considere-se agora as mesmas variáveis estandardizadas:

$$z_1 = \frac{y_1 - \bar{y}_1}{\hat{\sigma}_{y_1}}, \qquad z_2 = \frac{y_2 - \bar{y}_2}{\hat{\sigma}_{y_2}}.$$

Na figura figura 3.2 ambas as séries possuem a mesma variância, mas agora é claro o valor extremo da série y_1

Observa-se para a generalidade das séries financeiras que os retornos muitos altos e muito baixos ocorrem com maior frequência do que seria de esperar se os retornos seguissem uma distribuição normal. Uma forma de confirmar esta ideia consiste em comparar a estimativa do coeficiente de *kurtosis* (curtose) dos retornos com o valor 3, que é o valor de *kurtosis* da distribuição normal.

Figura 3.1: Qual das duas séries tem *kurtosis* estimada mais alta?

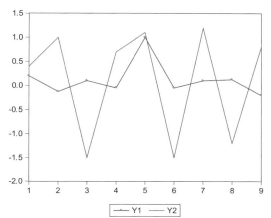

Figura 3.2: Séries y_1 e y_2 estandardizadas (ver figura 3.1)

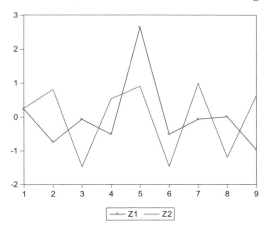

Na generalidade dos casos o coeficiente k estimado vem quase sempre (bastante) acima de 3, o que sugere que a distribuição dos retornos (de cotações, índice, taxas de câmbio e mesmo taxas de juro) é leptocúrtica. Nas figuras 3.3 e 3.4 (esta última é uma ampliação da figura 3.3) mostra-se a diferença entre uma distribuição mesocúrtica ($k = 3$) e uma distribuição leptocúrtica ($k > 3$). A figura

3.4 mostra claramente por que razão a distribuição leptocúrtica é também designada de distribuição de caudas pesadas. O ensaio H_0: $k = 3$ [$y \sim Normal$ & y é $i.i.d$] pode ser conduzido pela estatística de teste

$$Z_1 = \sqrt{n}\frac{\left(\hat{k} - 3\right)}{\sqrt{24}} \xrightarrow{d} N(0,1).$$

Por exemplo, para a Microsoft (tabela 1) e sabendo que no período considerado se observaram 4415 dados diários (n = 4415) tem-se

$$z_1 = \sqrt{4415}\frac{(6.8 - 3)}{\sqrt{24}} = 51.54.$$

Figura 3.3: Comparação de duas densidades (normal vs. leptocúrtica)

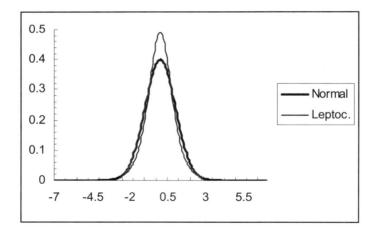

Figura 3.4: Ampliação da figura 3.3

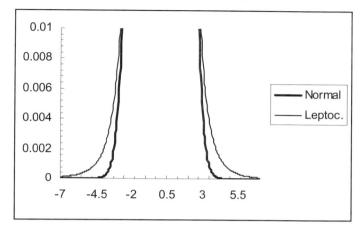

O valor-p é $P(|Z_1| > 51.54) \approx 0$. Existe forte evidência contra H_0.

Podemos também confirmar a existência de caudas pesadas calculando o rácio

$$\frac{\hat{P}(|r_t - \bar{r}| > 3\hat{\sigma})}{P(|Z| > 3)}. \qquad (3.1)$$

Se $Z \sim N(0,1)$ então $P(|Z| > 3) = 0.0027$. Esta é, aproximadamente, a probabilidade associada a eventos *extremos* quando Z tem distribuição $N(0,1)$. Se a distribuição de r_t possuísse caudas normais deveríamos esperar que

$$P(|r_t - \mathrm{E}(r_t)|/\sigma > 3) \simeq P(|Z| > 3)$$

(observe-se que $(r_t - \bar{r})/\hat{\sigma}$ são os retornos estandardizados) e, portanto, o rácio (3.1) deveria ser aproximadamente igual a um. No entanto, a tabela 1 mostra que esse rácio tende a ser significativamente superior a um. Isto sugere que os retornos muitos altos e muito baixos tendem a ocorrer com maior frequência do que seria de esperar se a variável seguisse uma distribuição normal.

Figura 3.5: Painel Esquerdo: retornos diários do Dow Jones no período 02/10/1928 a 3/02/2011 (20678 observações). Painel direito retornos estandardizados, $z_t = (r_t - \bar{r})/\hat{\sigma}$

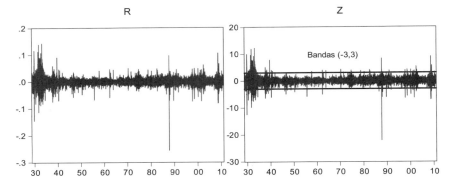

OBSERVAÇÃO 3.1.1. *Como estimar a probabilidade* $P(|r_t - E(r_t)|/\sigma > 3)$? *Primeiro substituímos* $E(r_t)$ *e* $\sigma = \sqrt{\text{Var}(r_t)}$ *pelas respectivas estimativas consistentes,* $\bar{r}$ *e* $\bar{\sigma}$. *Depois, calculamos a proporção de vezes (na amostra) em que ocorre* $|r_t - \bar{r}|/\bar{\sigma} > 3$. *Obtém-se assim uma estimativa para* $P(|r_t - E(r_t)|/\sigma > 3)$. *Em termos analíticos:*

$$\hat{P}(|r_t - \bar{r}|/\bar{\sigma} > 3) = \frac{1}{n}\sum_{t=1}^{n}\mathcal{I}_{\{|r_t - \bar{r}|/\bar{\sigma} > 3\}}$$

onde $\mathcal{I}_{\{|r_t-\bar{r}|/\bar{\sigma}>3\}} = 1$ *se ocorre* $|r_t - \bar{r}|/\bar{\sigma} > 3$ *e zero no caso contrário.*

Apresenta-se a seguir mais um exemplo envolvendo o rácio (3.1). No painel esquerdo da figura 3.5 apresentam-se os retornos diários do Dow Jones no período 02/10/1928 a 3/02/2011 (20678 observações). No painel direito da mesma figura apresentam-se os retornos estandardizados juntamente com as rectas −3 e 3. Se os retornos seguissem uma distribuição normal seria de esperar que $z_t = (r_t - \bar{r})/\hat{\sigma}$ excedesse os limiares 3 e −3 em cerca de 0.27% das vezes, tendo em conta, como já vimos, que $P(|Z| > 3) = 0.0027$, supondo $Z \sim N(0,1)$. Ora, na verdade z_t excede os limiares 3 e –3 em cerca de 1.73% das observações (z_t excede os limiares 359 vezes, em 20678 observações).

Tem-se assim

$$\frac{\hat{P}(|r_t - \bar{r}| > 3\hat{\sigma})}{P(|Z| > 3)} = \frac{0.017}{0.0027} = 6.29$$

Finalmente, podemos ainda testar a hipótese conjunta H_0: $k = 3$ & $sk = 0$ [assumindo $r \sim$ Normal & r é i.i.d.] através da estatística de Bera-Jarque

$$Z_1^2 + Z_2^2 = n\left(\frac{\left(\hat{k} - 3\right)^2}{24} + \frac{\widehat{sk}^2}{6}\right) \xrightarrow{d} \chi^2_{(2)}$$

Figura 3.6: QQ Plot (retornos do PSI20 normalizados)

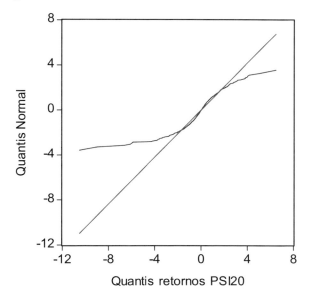

3.1.4.1 Gráfico QQ-Plot

Outra forma de compararmos a distribuição normal com a distribuição dos retornos consiste em analisar o gráfico QQ-plot. O gráfico QQ-plot é o gráfico dos pares ordenados

$$\{(q_\alpha, \tilde{q}_\alpha), \alpha \in (0,1)\}$$

onde q_α é o quantil de ordem α da distribuição $Z \sim N(0,1)$ (eventualmente outra) e $\tilde{q}_\alpha$ é o quantil da distribuição empírica associada à variável estandardizada

$$x_t = \frac{r_t - \bar{r}}{\bar{\sigma}},$$

isto é

$$q_\alpha \;\; : \;\; P(Z < q_\alpha) = \alpha, \qquad Z \sim N(0,1)$$
$$\tilde{q}_\alpha \;\; : \;\; \tilde{P}(x_t < \tilde{q}_\alpha) = \alpha, \qquad x_t.$$

Assim, se x_t tem a mesma distribuição de Z, então $q_\alpha \approx \tilde{q}_\alpha$ e o gráfico

$$\{(q_\alpha, \tilde{q}_\alpha), \alpha \in (0,1)\}$$

é uma recta de 45°. Se, pelo contrário, as distribuições de x_t e Z são diferentes o gráfico afasta-se da recta de 45° (poderíamos também comparar a distribuição de x_t com outra qualquer). A figura 3.6 permite concluir que a distribuição dos retornos é leptocúrtica e assimétrica. O gráfico sugere, por exemplo, que $P(Z < -3.9) \simeq P(x_t < -8)$. A distribuição é leptocúrtica pois o gráfico tem a forma de um "S" sobre a recta de 45°. A distribuição é assimétrica porque o "S" não é simétrico sobre a recta de 45°.

3.1.5 Aumento da Frequência das Observações Acentua a Não Normalidade das Distribuições

Diz-se que a frequência das observações aumenta quando, se passa, por exemplo, de observações mensais para observações semanais ou destas para diárias. A tabela 2 mostra que o coeficiente de *kurtosis* aumenta quando se passa de observações semanais para observações diárias. Assim, a distribuição marginal dos retornos diários apresenta um maior afastamento face à distribuição normal. É possível fazer um raciocínio inverso: a diminuição da frequência das observações (por exemplo, quando se passa de observações diárias para observações semanais ou mensais) atenua o afastamento da distribuição dos retornos relativamente à distribuição normal. Uma possível explicação teórica para este facto é descrita a seguir.

Tabela 2: Índices Bolsistas (6-Jan-86 a 31-Dez-97)

	$\bar{r}$	$\hat{\sigma}$	$\widehat{sk}$	$\hat{k}$
Retornos Diários				
Frankfurt	0.00035	0.0123	-0.946	15.0
Hong Kong	0.00057	0.0169	-5.0	119.24
Londres	0.00041	0.0092	-1.59	27.4
Nova York	0.00049	0.0099	-4.30	99.68
Paris	0.00026	0.0120	-0.53	10.56
Tóquio	0.00005	0.0136	-0.213	14.798
Retornos Semanais				
Frankfurt	0.00169	0.0264	-1.06	8.09
Hong Kong	0.00283	0.0370	-2.19	18.25
Londres	0.00207	0.0215	-1.478	15.54
Nova York	0.00246	0.0206	-1.37	11.25
Paris	0.0028	0.0284	-0.995	9.16
Tóquio	0.00025	0.0288	-0.398	4.897

Sejam P_0, P_1, P_2, ... os preços diários. Se a frequência de observações baixa, passamos a observar P_0, P_h, P_{2h}, ... sendo h um inteiro maior do que 1. Por exemplo, se passarmos para dados semanais ($h = 5$) passamos a observar P_0, P_5, P_{10}, ... (imagine-se que $t = 0$ é uma segunda-feira; passados 5 dias observa-se a segunda-feira seguinte que corresponde a $t = 5$). Neste caso, os retornos semanais são:

$$\underbrace{\log P_h - \log P_0}_{\text{retorno } 1^a \text{ semana}}, \underbrace{\log P_{2h} - \log P_h}_{\text{retorno } 2^a \text{ semana}}, \dots \text{ com } h = 5$$

Para h geral, o primeiro retorno observado é $\tilde{r}_1 = \log P_h - \log P_0$. Como os retornos contínuos são *time-additive*, resulta

$$\tilde{r}_1(h) = \log P_h - \log P_0 = r_1 + r_2 + \dots + r_h = \sum_{i=1}^{h} r_i$$

(r_i são os retornos diários). Mesmo que r_i não tenha distribuição normal, o retorno associados a uma frequência de observação mais baixa, $\tilde{r}(h)$, tenderá a ter distribuição normal pelo teorema do limite central. Com efeito, sob certas condições (relacionadas com a variância de r_i e a memória temporal de r) tem-se

$$\frac{\sum_{i=1}^{h} r_i - \mathrm{E}\left(\sum_{i=1}^{h} r_i\right)}{\sqrt{\mathrm{Var}\left(\sum_{i=1}^{h} r_i\right)}} \xrightarrow{d} N(0,1)$$

quando $h \to \infty$[7]. Para h suficientemente alto resulta[8]

$$\sum_{i=1}^{h} r_i \overset{a}{\sim} N\left(\mathrm{E}\left(\sum_{i=1}^{h} r_i\right), \mathrm{Var}\left(\sum_{i=1}^{h} r_i\right)\right).$$

---

[7] Se for possível garantir que $\mathrm{E}\left(\sum_{i=1}^{h} r_i\right) = n\,\mathrm{E}(r_i)$ e $\mathrm{Var}\left(\sum_{i=1}^{h} r_i\right) = h\sigma^2$ então este resultado pode escrever-se na forma habitual $\sqrt{h}\left(\tilde{r} - \mathrm{E}(r_i)\right)/\sigma \xrightarrow{d} N(0,1)$ (quando $h \to \infty$).

[8] Observe-se: $z_n \xrightarrow{d} N(0,1)$ se no limite, quando $n \to \infty$, z_∞ tem distribuição $N(0,1)$. Assim, para n razoavelmente alto, z_n tem distribuição aproximadamente normal, i.e. $z_n \overset{a}{\sim} N(0,1)$.

Assim, espera-se que a diminuição da frequência amostral atenue a não normalidade observada nas séries de retornos de alta frequência.

3.1.6 Efeitos de Calendário

Designamos efeitos de calendário quando a rendibilidade e/ou a volatilidade varia com o calendário. Por exemplo, se certo título regista maior rendibilidade e/ou volatilidade às segundas-feiras, temos um efeito de calendário (efeito dia da semana). Tem-se estudado a forma como a rendibilidade e a volatilidade varia com o dia da semana, dia do mês, com o mês do ano e com a proximidade dos feriados. Certos autores qualificam estes efeitos de calendário como anomalias. Com efeito, se o mercado é eficiente todas as anomalias depois de detectadas são rapidamente incorporadas nas decisões dos investidores e, tendem, por isso, a desaparecer. Para ilustrar a ideia, suponha-se, por exemplo, que a rendibilidade do título ABC tende a aumentar às 14h de todas as terças-feiras. Todos os investidores que detectem essa anomalia vendem o título da empresa ABC às terças-feiras às 14h. Como resultado o preço da empresa ABC tenderia a cair por volta dessa hora e a anomalia desaparecia. De uma forma geral, se os investidores são racionais e dispõem de toda a informação passada sobre o mercado, as anomalias relacionadas com as rendibilidades dependentes do calendário, tendem a desaparecer, logo que sejam detectadas. Na prática, subsistem certas anomalias que não desaparecem mas que, em geral, não permitem obter rendibilidades anormais, depois de deduzidos os custos de informação e transacção. Podem assim permanecer no mercado anomalias ou ineficiências para as quais o benefício de explorar essas ineficiências não compensa os custos adicionais associados.

3.1.6.1 *Dia da Semana*

À partida espera-se que os retornos à segunda-feira sejam um pouco mais altos face aos demais dias da semana, pois a posse de títulos à segunda-feira representa um investimento de 72 horas face à última sexta-feira, tendo em conta que o mercado fecha aos fins-de-semana. Analiticamente observe-se que se o retorno diário r_t tem média μ então, para um investimento de 3 dias (de sexta a segunda-feira) o retorno associado, $r_t + r_{t+1} + r_{t+2}$, deverá ter média 3μ. Assim, o retorno à segunda-feira deveria ser, em média, três vezes superior ao retorno dos demais dias da semana. Taylor (2005) reporta vários estudos com conclusões contraditórias (para certos títulos e para determinados períodos é possível que o retorno à segunda-feira seja mais elevado, mas não se pode concluir em geral que o retorno às segundas seja necessariamente superior ao dos demais dias da semana).

Por outro lado, um investimento a 3 dias deve ser mais volátil do que um investimento a um dia. Se r_t tem variância σ^2 e $\{r_t\}$ é uma sucessão de v.a. não autocorrelacionadas, $r_t + r_{t+1} + r_{t+2}$, tem variância igual a $3\sigma^2$. Portanto, espera-se que às segundas-feiras o retorno apresente maior variabilidade. No entanto, argumenta-se que a (verdadeira) variância associada aos retornos de segunda-feira não pode ser tão alta como o valor $3\sigma^2$ sugere, pois durante o fim-de-semana as notícias que movimentam o mercado (e produzem volatilidade) são, em geral, escassas e pouco relevantes. De todo o modo, regista-se, para um número considerável de activos, um aumento de volatilidade à segunda-feira.

A melhor forma de testar estes efeitos passa pela modelação ARCH (cap. 8). Uma forma menos eficiente de testar estes efeitos consiste em calcular a média e a variância dos retornos nos vários dias da semana. Por exemplo, para analisar se as médias dos retornos são iguais nos vários dias da semana, faz-se a regressão,

$$r_t = \beta + \delta_1 ter_t + \delta_2 qua_t + \delta_3 qui_t + \delta_4 sex_t + u_t \qquad (3.2)$$

onde *ter*, *qua*, etc. são variáveis *dummy* que assumem o valor um se t corresponde, respectivamente, a uma terça-feira, quarta-feira, etc. (note-se que o grupo base é a segunda-feira). Sendo o grupo base a segunda-feira, β é a média do retorno à segunda-feira ($\mathrm{E}\left(r_t|\,seg_t = 1\right) = \beta$). Por outro lado, δ_i, para $i = 1, ..., 4$ representam as diferenças da média do retorno dos outros dias face à segunda-feira (por exemplo, se $\delta_3 = -0.01$ então o retorno médio à quinta-feira é igual a $\beta - 0.01$ e δ_3 representa a diferença face à segunda-feira).

O ensaio H_0: $\delta_1 = \delta_2 = ... = \delta_4 = 0$ corresponde a testar a não existência de diferenças nas médias dos retornos dos vários dias da semana. A estatística habitual para o caso em análise (em que H_0 estabelece a nulidade de todos os parâmetros com excepção do termo constante) é

$$F = \frac{R^2 / \left(k - 1\right)}{\left(1 - R^2\right) / \left(n - k\right)}$$

onde k é o número de regressores (incluindo o termo constante) e R^2 é o coeficiente de determinação. Sob H_0 (homocedasticidade e ausência de autocorrelação) a estatística F tem distribuição $F\left(k - 1, n - k\right)$. Na presença de heterocedasticidade, os teste t e F habituais são inválidos. Uma solução para este problema consiste na estimação da equação (3.2) através dos modelos da família ARCH (veremos este aspecto no capítulo 8). Outra solução passa pela utilização de erros padrão robustos (ou da estatística F robusta) contra a presença de heterocedasticidade[9].

---

[9] Erros padrão (de White) robustos contra heterocedasticidade obtêm-se a partir da matrix $\widehat{\mathrm{Var}}\left(\hat{\beta}\right) = \left(\mathbf{X'X}\right)^{-1}\mathbf{X'WX}\left(\mathbf{X'X}\right)^{-1}$ onde $\mathbf{W}$ é uma matriz diagonal com elementos $\left\{\hat{u}_1^2, ..., \hat{u}_n^2\right\}$. A estatística robusta, na versão do teste de Wald, para ensaiar H_0 : $\mathbf{R}\beta = \mathbf{r}$, é $\left(\mathbf{R}\hat{\beta} - \mathbf{r}\right)'\left(\mathbf{R}\widehat{\mathrm{Var}}\left(\hat{\beta}\right)\mathbf{R'}\right)^{-1}\left(\mathbf{R}\hat{\beta} - \mathbf{r}\right)$, e tem distribuição assimptótica $\chi^2_{(q)}$ onde q é o número de restrições. Nota sobre o programa EVIEWS (versão 6 e 7): a opção White em Heteroskedasticity consistent coefficient covariance que aparece depois de se seleccionar Quick/Estimate/ Options fornece no output erros padrão robustos, mas não, infelizmente, a estatís-

Figura 3.7: Abas da *t*-Student (– *v* = 4:1; - - *v* = 5; ... *v* = 30)

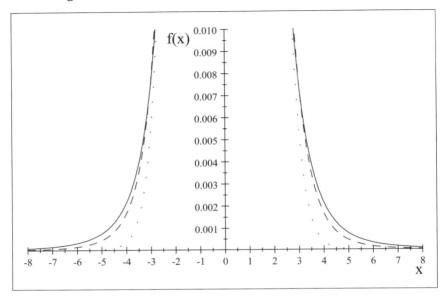

Em Taylor (2005) descrevem-se outras anomalias associadas ao calendário.

3.1.7 Distribuições Teóricas para os Retornos

3.1.7.1 *Distribuição t-Student*

É bem conhecida a distribuição t-Student com v graus de liberdade, $t(v)$. A fdp é

---

tica F robusta. É possível obter esta estatística robusta fazendo o seguinte: escolhe-se a opção White em Heteroskedasticity consistent coefficient covariance e estima-se o modelo. Em seguida realiza-se o teste Wald seleccionando View/Coefficient Tests/Wald, introduzindo-se depois as restrições a ensaiar.

$$f(x) = \frac{\Gamma\left(\frac{v+1}{2}\right)}{\sqrt{v\pi}\Gamma\left(\frac{v}{2}\right)} \left(1 + \frac{x^2}{v}\right)^{-\frac{v+1}{2}}.$$

Como se sabe, se $X \sim t(v)$, então $E(X) = 0$, $\mathrm{Var}(X) = v/(v-2)$, $sk = 0$ e $k = 3 + 6/(v-4)$. Como $k > 3$ conclui-se que a distribuição $t(v)$ tem caudas pesadas. Por vezes tem interesse trabalhar com uma variável aleatória ε com distribuição t-Student de média zero mas variância igual a um. Se $X \sim t(v)$ a solução passa pela transformação

$$\varepsilon = X\sqrt{(v-2)/v}.$$

É fácil constatar que $\mathrm{Var}(\varepsilon) = 1$, $k_\varepsilon = k_x = 3 + \frac{6}{v-4}$. Note-se que a fdp de ε é

$$g(x) = \frac{1}{\sqrt{\pi(v-2)}} \frac{\Gamma\left(\frac{v+1}{2}\right)}{\Gamma\left(\frac{v}{2}\right)} \left(1 + \frac{x^2}{v-2}\right)^{-\frac{v+1}{2}}.$$

Quando mais baixo for o número de graus de liberdade mais pesadas são as caudas. No caso $v = 4$ o momento de ordem 4 não existe e, portanto, também não existe o coeficiente de *kurtosis* (quer dizer, neste caso, o integral impróprio $\int_\mathbb{R} x^4 g(x)\, dx$ não é finito porque a expressão $x^4 g(x)$ não tende para zero com suficiente rapidez).

3.1.7.2 *Mistura de Normais*

Considere-se uma distribuição mistura de normais: $\alpha 100\%$ de $N\left(\mu_1, \sigma_1^2\right)$ e $(1-\alpha)\%$ de $N\left(\mu_2, \sigma_2^2\right)$. Por exemplo, imagine-se que se faz uma extracção de números aleatórios da seguinte forma: atira-se uma moeda ao ar. Se cair caras simula-se uma variável X_1 com distribuição $N\left(\mu_1, \sigma_1^2\right)$; se cair coroas, simula-se X_2 com distribuição $N\left(\mu_2, \sigma_2^2\right)$. De uma forma geral, a variável X, que representa a mistura de normais, pode escrever-se da seguinte forma:

$$X = UX_1 + (1 - U)X_2.$$

onde U tem distribuição de Bernoulli. Sejam f, f_u e $f_{x|u}$ respectivamente a fdp de X, a função de probabilidade de U e a fdp condicional de X dado $U = u$. Para obter a fdp de X usa-se a expressão bem conhecida da estatística: $f(x) = \sum_{u=0}^{1} f_{x|u}(x|u) f_u(u)$. A distribuição de X dado $U = u$ é imediata, tendo em conta que uma soma de normais é ainda uma normal:

$$X|U = u \sim N\left(\mathrm{E}\left(X|U = u\right), \mathrm{Var}\left(X|U = u\right)\right),$$

onde

$$\begin{aligned}
\mathrm{E}\left(X|U = u\right) &= u\mu_1 + (1 - u)\mu_2 \\
\mathrm{Var}\left(X|U = u\right) &= u^2\sigma_1^2 + (1 - u)^2\sigma_2^2 + 2u(1 - u)\,\mathrm{Cov}\left(X_1, X_2\right)
\end{aligned}$$

Assim, $f_{x|u}(x|u)$ é a função de densidade da normal de média $\mathrm{E}(X|U = u)$ e variância $\mathrm{Var}(X|U = u)$. Desta forma,

$$f(x) = \alpha f_{x|u}(x|0) + (1 - \alpha) f_{x|u}(x|1),\ 0 \le \alpha \le 1$$

sendo $f_{x|u}(x|0)$ a fdp da distribuição $N\left(\mu_1, \sigma_1^2\right)$ e $f_{x|u}(x|1)$ a fdp da distribuição $N\left(\mu_2, \sigma_2^2\right)$. No exemplo da moeda ao ar, α é 0.5. É interessante observar que uma mistura de normais conduz a uma distribuição não normal. Em particular a mistura pode ser assimétrica e leptocúrtica. Com efeito, pode-se mostrar que,

- $\mathrm{E}(X) = \alpha\mu_1 + (1 - \alpha)\mu_2$;
- $\mathrm{Var}(X) = \alpha\sigma_1^2 + (1 - \alpha)\sigma_2^2 + \alpha(1 - \alpha)(\mu_1 - \mu_2)^2$;
- $\mathrm{E}\left((X - \mathrm{E}(X))^3\right) = \alpha(1 - \alpha)(\mu_1 - \mu_2) \times$
  $$\left((1 - 2\alpha)(\mu_1 - \mu_2)^2 + 3\left(\sigma_1^2 + \sigma_2^2\right)\right);$$
- $k = 3 + \dfrac{3\alpha(1 - \alpha)\left(\sigma_1^2 - \sigma_2^2\right)^2}{\left(\alpha\sigma_1^2 + (1 - \alpha)\sigma_2^2\right)^2} > 3$

supondo, para simplificar, que $\mu_1 = \mu_2 = 0$.

Na figura 3.8 representa-se $f(x)$ para $\alpha = 0.5$, $\mu_1 = -1$, $\mu_2 = 1$, $\sigma_1 = 1/5$, $\sigma_2 = 5$. A fdp traçada é assimétrica e leptocúrtica.

3.1.7.3 Distribuição com Caudas de Pareto

A fdp de Pareto é

$$g(y) = \alpha c^\alpha y^{-(\alpha+1)}, \qquad y > c.$$

À primeira vista pode parecer que esta distribuição não serve pois o nosso objectivo é modelar os retornos e o espaço de estados desta variável é claramente $\mathbb{R}$ (os retornos podem assumir qualquer valor em $\mathbb{R}$). Ora, sucede que g apenas está definida para $y > c$ (e, portanto, não atribui probabilidades quando $y < c$). No entanto, o que procuramos neste momento é caracterizar probabilisticamente os eventos extremos, i.e. os eventos que se encontram bem afastados da média. Estamos, portanto, concentrados nas abas da distribuição e, para o efeito, o que é relevante é o que se passa para $y > c$.

Figura 3.8: Mistura de Normais

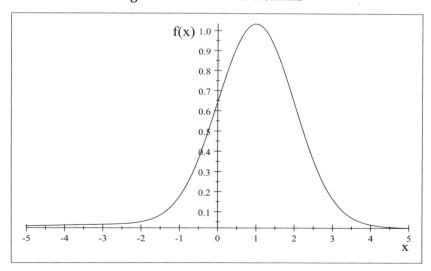

70 | Modelação de Séries Temporais Financeiras

Diz-se que uma fdp $f(y)$ tem distribuição com caudas de Pareto (mesmo que não seja uma distribuição de Pareto) se

$$f(y) \sim Cy^{-(\alpha+1)}, \qquad \alpha > 0$$

(C é uma constante). O sinal "$\sim$" significa aqui que

$$\lim_{y\to\infty} f(y) / Cy^{-(\alpha+1)} = 1.$$

Esta última equação diz-nos que para valores grandes de y, $f(y)$ é "praticamente igual" a $Cy^{-(\alpha+1)}$ (no limite é igual). Para valores "pequenos" de y, $f(y)$ pode ser completamente diferente de $Cy^{-(\alpha+1)}$. A similaridade está nas caudas, quando $y \to \infty$ (existem definições mais gerais, baseadas em funções *slowly varying at* ∞). Pode-se concluir que $f(y)$ tem um decaimento polinomial para zero (decaimento lento para zero) e, portanto, caudas pesadas. Já a distribuição normal tem um decaimento exponencial (recorde-se que no caso Gaussiano, $f(y) = C \exp\{-y^2/2\}$) e a fdp tende para zero muito rapidamente quando y tende para $\pm\infty$. A figura 3.9 compara uma cauda Gaussiana com uma cauda de Pareto.

Uma vez que a fdp com caudas pesadas do tipo $f(y) \sim Cy^{-(\alpha+1)}$ não tende rapidamente para zero, certos valores esperados podem não existir. De facto, se $\alpha < k$ então os momentos de ordem igual ou superior a k não existem. Com efeito, seja D o espaço de estados de y_t (valores que y pode assumir). Para um certo $c \in D$ e $c > 0$, vem:

$$
\begin{aligned}
\mathrm{E}\left(|y_t|^k\right) &= \int_D |y|^k f(y)\,dy \\
&\geq \int_c^\infty |y|^k f(y)\,dy \\
&= \int_c^\infty |y|^k Cy^{-(\alpha+1)}\,dy \\
&= C \int_c^\infty |y|^{-\alpha-1+k}\,dy = \infty
\end{aligned}
$$

Figura 3.9: Cauda de Pareto vs. Cauda Gaussiana

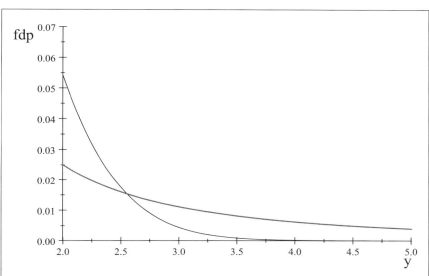

se $-\alpha-1+k > -1$ ou seja, se $\alpha < k$. Por exemplo, $\text{Var}(y_t)$ não existe se $\alpha < 2$.

Suponha-se $f(y) \sim Cy^{-(\alpha+1)}$. Como estimar α? Antes de propormos um estimador para α, admita-se um cenário mais simples: $f(y)$ tem distribuição (exacta) de Pareto, $y \sim Pareto(c, \alpha)$, ou seja

$$f(y) = \frac{\alpha c^\alpha}{y^{\alpha+1}}, \qquad y > c.$$

Assuma-se que $\{y_t; t = 1, 2, ..., n\}$ é uma sucessão de v.a. i.i.d. com distribuição de $Pareto(\alpha, c)$. A função de log-verosimilhança corresponde à expressão

$$\log L(\alpha, c) = \sum_{t=1}^{n} \log f(y_t) = n \log(\alpha) + n\alpha \log(c) - (\alpha + 1) \sum_{t=1}^{n} \log(y_t).$$

Diferenciando $\log L$ com respeito a α e igualando a zero obtém-se

$$\hat{\alpha} = \frac{n}{\sum_{t=1}^{n} \log (y_t/c)}. \tag{3.3}$$

$\hat{\alpha}_n$ é maximizante, pois $\partial^2 \log L/\partial^2 \alpha = -n/\alpha^2 < 0$. Tem-se ainda $\sqrt{n}\,(\hat{\alpha}_n - \alpha) \xrightarrow{d} N\left(0, I(\alpha)^{-1}\right)$ onde

$$I(\alpha_0) = -\,\mathrm{E}\left(\frac{\partial^2 \log f(y_t)}{\partial \alpha^2}\right) = \frac{1}{\alpha^2}.$$

O estimador de máxima verosimilhança de c é $\hat{c} = \min_{t=1,...,n} \{y_t\}$[10].

Retome-se agora a hipótese $f(y) \sim Cy^{-(\alpha+1)}$. Se uma distribuição tem caudas de Pareto, mas não é uma distribuição de Pareto, então o estimador para α acima apresentado não pode ser utilizado. Nestas circunstâncias, se estamos apenas interessados em estimar o índice de cauda α (supondo que y tem distribuição com caudas de Pareto, mas não segue essa distribuição), devemos aparar a amostra $\{y_t; t = 1, 2, ..., n\}$, por exemplo, considerando apenas os dados y_t tais que $y_t > q$ (onde q pode ser interpretado como um quantil de y, geralmente um quantil de ordem superior a 0.95). Analisa-se, portanto, o comportamento de y apenas para os valores muitos altos (ou muito baixos) de y.

O estimador de α, designado por estimador de Hill, para a aba direita da distribuição é

$$\hat{\alpha}(q) = \frac{n(q)}{\sum_{t=1}^{n} \log (y_t/q)\, \mathcal{I}_{\{y_t > q\}}}, \qquad n(q) = \sum_{t=1}^{n} \mathcal{I}_{\{y_t > q\}} \tag{3.4}$$

---

[10] Embora a derivada da função $\log L(c, \alpha)$ com respeito a c não se anule (verifique), pode-se concluir que no intervalo de valores admissíveis de c, isto é, $c \leq \min_{t=1,...,n} \{y_t\}$, a função $\log L$ (fixado α) atinge o máximo em $\hat{c} = \min_{t=1,...,n} \{y_t\}$.

onde $\mathcal{I}_{\{y_t>q\}} = 1$ se $y_t > q$ e $\mathcal{I}_{\{y_t>q\}} = 0$ no caso contrário. Pode--se pensar neste estimador como se fosse o estimador (3.3), mas aplicado apenas aos valores da amostra que verificam $y_t > q$.

O estimador de α para a aba esquerda da distribuição é o que resulta da equação (3.4) depois de se substituir $\mathcal{I}_{\{y_t>q\}}$ por $\mathcal{I}_{\{y_t<q\}}$, sendo q agora um quantil de ordem 0.05 ou inferior.

Pode-se mostrar

$$\sqrt{n(q)}\left(\hat{\alpha}(q) - \alpha(q)\right) \xrightarrow{d} N\left(0, \alpha^2\right),$$

quando $n \to \infty$, $n(q) \to \infty$ e $n(q)/n \to 0$. Observe-se $\mathrm{Var}(\hat{\alpha}(q)) = \alpha^2/n(q)$. Como α é desconhecido podemos tomar como estimador de $\mathrm{Var}(\hat{\alpha}(q))$ a expressão $\hat{\alpha}^2/n(q)$. Estes resultados assimptóticos são obtidos num contexto i.i.d. Kearns e Pagan (1997) mostram todavia que a variância assimptótica de $\hat{\alpha}$ aumenta consideravelmente na presença de dependência.

EXEMPLO 3.1.1. *Resulta do quadro seguinte que* $\hat{\alpha}(0.01) = 3/5.193 = 0.577$

y_t	$\mathcal{I}_{\{y_t>0.01\}}$	$\log(y_t/0.01)\,\mathcal{I}_{\{y_t>0.01\}}$
-0.110	0	0
0.090	1	2.197
0.100	1	2.303
-0.100	0	0
0.020	1	0.693
0.005	0	0
$\sum$	3	5.193

Qual é o valor do *threshold* q que devemos escolher? Temos um dilema de enviesamento *versus* variância:

- se q é alto a estimação de $\hat{\alpha}(q)$ é baseada em poucas observações, i.e., $n(q)$ é baixo, pelo que a variância de $\hat{\alpha}(q)$ é alta (observe-se $\mathrm{Var}(\hat{\alpha}(q)) = \alpha^2/n(q)$);

74 | Modelação de Séries Temporais Financeiras

- se q é baixo, perde-se a hipótese $f(y) \sim Cy^{-(\alpha+1)}$ e, como consequência, o estimador $\hat{\alpha}(q)$ é enviesado e mesmo inconsistente (recorde-se que $\hat{\alpha}(q)$ é baseado na hipótese $f(y) \sim Cy^{-(\alpha+1)}$).

EXEMPLO 3.1.2. *Na tabela seguinte apresentam-se estimativas do índice da cauda de retornos bolsistas sectoriais do mercado norte-americano no período 03/1/1994 a 21/01/2011 (4292 observações).*

	Aba Esq. $\hat{\alpha}(q_{0.0.025})$	Aba Dir. $\hat{\alpha}(q_{0.975})$	Retorno	Volat.	Skew.	Kurt.
obs.efect.usadas:	*108*	*108*	*Anual.*	*Anual.*		
Petróleo e Gás	*2.29*	*3.16*	*9.45%*	*25.79%*	*-0.25*	*13.98*
Matérias-Primas	*2.81*	*3.15*	*6.77%*	*25.90%*	*-0.29*	*10.32*
Indústria	*2.91*	*3.00*	*7.42%*	*21.90%*	*-0.25*	*8.441*
Consumo (bens)	*3.37*	*2.93*	*2.34%*	*19.82%*	*-0.15*	*9.025*
Saúde	*2.90*	*3.52*	*7.12%*	*17.29%*	*-0.08*	*11.44*
Comunicações	*3.10*	*3.26*	*1.37%*	*22.31%*	*0.09*	*9.962*
Utilities	*3.06*	*2.78*	*1.86%*	*19.10%*	*0.04*	*14.19*
Financeiras	*2.68*	*2.37*	*5.02%*	*29.02%*	*-0.10*	*15.58*
Tecnologia	*3.77*	*3.07*	*9.42%*	*30.44%*	*0.16*	*7.065*
Fonte: Datastream						

Algumas conclusões podem ser retiradas:

- *Em todos os casos é razoável admitir que a variância existe. Os momentos de ordem 4 podem não existir.*
- *Os índices de cauda estimados são relativamente baixos o que sugere que existe uma massa de probabilidade considerável associada a valores extremos na amostra.*

Figura 3.10: Estimativa da fdp dos retornos do DowJones no período Out/1988-Jan/2010 e fdp normal de média e variância estimadas a partir dos retornos

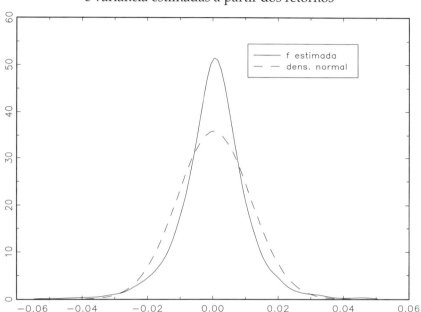

3.1.8 Estimação Não Paramétrica da Função Densidade de Probabilidade

A forma mais simples de estimar $f(x)$ consiste em obter o histograma das frequências relativas. Existem, no entanto, estimadores preferíveis. Uma estimativa não paramétrica de $f(x)$ pode ser dada por

$$\hat{f}(x) = \frac{1}{nh} \sum_{i=1}^{n} K\left(\frac{x - x_i}{h}\right)$$

onde $K(u)$ é uma fdp. Sob certas condições, incluindo $h \to 0$, $n \to \infty, nh \to \infty$ pode-se provar $\hat{f}(x) \xrightarrow{p} f(x)$. Na figura 3.10

apresenta-se uma estimativa não paramétrica da fdp marginal dos retornos do Dow Jones no período Out/1988-Jan/2010 (na verdade, estão representadas várias estimativas: $f(x_1), f(x_2), ..., f(x_k)$, sendo $\{x_k\}$ uma sucessão de valores igualmente espaçado no intervalo $(-0.07; 0.06)$ – veja-se o eixo das abcissas da figura 3.10). Na figura representa-se também a fdp da $N(\bar{r}, \hat{\sigma}^2)$ onde $\bar{r}$ e $\hat{\sigma}^2$ são as estimativas dos dois primeiros momentos dos retornos do Dow Jones no período considerado.

Comparando $\hat{f}$ com a densidade normal, conclui-se que $\hat{f}$ atribui maior massa de probabilidade na vizinhança da média empírica e nos intervalos associados aos valores extremos da amostra, e atribui reduzida massa de probabilidade no intervalo dos valores moderados da amostra, digamos no intervalo $(-0.03, -0.01)$ e $(0.01, 0.03)$.

3.2 Regularidade Empíricas relacionadas com a Distribuição Condicional

Neste ponto discutimos regularidades que envolvem especificações dinâmicas relacionadas com a distribuição condicional dos retornos ou de uma função dos retornos (por exemplo, veremos como o retorno depende dos seus valores passados, ou como o quadrado dos retornos depende do quadrado dos retornos passados, entre outras especificações).

3.2.1 Autocorrelações Lineares Baixas entre os Retornos

A correlação entre as variáveis X e Y é dada por

$$\rho = \frac{\mathrm{Cov}(X, Y)}{\sqrt{\mathrm{Var}(X)\,\mathrm{Var}(Y)}}, \qquad -1 \leq \rho \leq 1.$$

O coeficiente ρ mede o grau de associação linear entre Y e X. Quanto mais alto for $|\rho|$ maior é a relação entre X e Y. Podemos também medir a associação linear entre y_t e y_{t-1} ou entre y_t e y_{t-2} etc.

$$\rho_s = \frac{\text{Cov}\,(y_t, y_{t-s})}{\sqrt{\text{Var}\,(y_t)\,\text{Var}\,(y_{t-s})}}.$$

Como ρ_s pode ser visto como uma função de s, ρ_s é designado por função de autocorrelação (FAC) (ou ACF em inglês). Se assumirmos $\text{Var}\,(y_t) = \text{Var}\,(y_{t-s})$ vem

$$\rho_s = \frac{\text{Cov}\,(y_t, y_{t-s})}{\sqrt{\text{Var}\,(y_t)\,\text{Var}\,(y_{t-s})}} = \frac{\text{Cov}\,(y_t, y_{t-s})}{\sqrt{(\text{Var}\,(y_t))^2}} = \frac{\text{Cov}\,(y_t, y_{t-s})}{\text{Var}\,(y_t)}.$$

Pelo método dos momentos, a estimação de ρ_s pode fazer-se através do estimador

$$\hat{\rho}_s = \frac{\frac{1}{n-s}\sum_{t=s+1}^{n}(y_t - \bar{y})(y_{t-s} - \bar{y})}{\frac{1}{n}\sum_{t=1}^{n}(y_t - \bar{y})^2}.$$

O coeficiente ρ_s pode ser também obtido no contexto do modelo de (auto)regressão

$$y_t = c + \rho_s y_{t-s} + u_t$$

onde se admite que $\{u_t\}$ é uma sucessão de v.a. independentes e $\text{E}\,(u_t|\,y_{t-s}) = 0$. O rácio-t associado à estimativa de ρ_s permite ensaiar $H_0\colon \rho_s = 0$. Em alternativa temos os seguintes testes *standard* válidos sob a hipótese i.i.d.

Teste Kendal e Stuart $H_0\colon \rho_k = 0$

$$\sqrt{n}\,(\hat{\rho}_k + 1/n) \xrightarrow{d} N\,(0,1)\,, \qquad \hat{\rho}_k \approx N\left(-\frac{1}{n}, \frac{1}{\sqrt{n}}\right)$$

78 | Modelação de Séries Temporais Financeiras

Rejeita-se H_0 ao nível de significância de (aprox.) 5% se $|\hat{\rho}_k| > 2/\sqrt{n}$ (supondo $1/n \approx 0$).

Teste Ljung-Box H_0: $\rho_1 = ... = \rho_m = 0$

$$Q_m = n(n+2) \sum_{k=1}^{m} \frac{1}{n-k} \hat{\rho}_k^2 \xrightarrow{d} \chi^2_{(m)}$$

Figura 3.11: Funções de autocorrelação dos retornos diários
(Microsoft 1986-2006)

Included observations: 5177

Autocorrelation	Partial Correlation		AC	PAC	Q-Stat	Prob
		1	-0.036	-0.036	6.6149	0.010
		2	-0.032	-0.034	11.993	0.002
		3	-0.043	-0.045	21.524	0.000
		4	-0.003	-0.007	21.564	0.000
		5	0.006	0.003	21.772	0.001
		6	0.001	-0.001	21.777	0.001
		7	0.004	0.004	21.878	0.003
		8	0.026	0.027	25.484	0.001
		9	-0.005	-0.002	25.601	0.002
		10	-0.014	-0.012	26.657	0.003
		11	-0.010	-0.009	27.168	0.004
		12	0.012	0.011	27.976	0.006
		13	0.016	0.015	29.370	0.006
		14	0.020	0.021	31.391	0.005
		15	-0.020	-0.016	33.404	0.004
		16	0.004	0.005	33.509	0.006
		17	0.003	0.005	33.569	0.010
		18	-0.017	-0.018	35.143	0.009
		19	-0.008	-0.009	35.506	0.012
		20	0.015	0.012	36.613	0.013

Em geral os coeficientes de autocorrelação dos retornos são baixos. Na figura 3.11 as estimativas da FAC dos retornos diários da Microsoft 1986 a 2006 são relativamente baixas.

Imagine-se uma situação hipotética em que se tem um coeficiente de correlação negativo e alto (em módulo), por exemplo, $\rho_1 = -0.9$ para dados diários. Suponha-se ainda, para simplificar a análise, que $E(r_t) = 0$. Se o retorno hoje é positivo, amanhã o retorno tenderá a ser negativo e vice-versa. Nestas circunstâncias, se o retorno hoje é alto vende-se hoje e compra-se amanhã. Existe, portanto, uma forte possibilidade de ganho (arbitragem) com base na observação passada dos preços. Se outros participantes do mercado compram e vendem com base neste padrão de autocorrelação, o processo de arbitragem reduzirá rapidamente a correlação (se o retorno hoje é alto e positivo muitos participantes vendem hoje e compram amanhã; como consequência o preço tenderá a diminuir hoje e aumentar amanhã e a correlação tenderá a esbater-se). Portanto, não é credível, supor-se $\rho_1 = -0.9$.

Retome-se a figura 3.11. A coluna Q-Stat fornece os valores de Q_m para $m = 1, ..., 20$. Fixe-se por exemplo, $m = 20$. Tem-se $Q_{20} = 36.613$. O valor-p associado é 0.013, isto é, $P(Q_{20} > 36.613) = 0.013$. Logo existe evidência contra a hipótese nula H_0: $\rho_1 = ... = \rho_{20} = 0$. Esta conclusão parece contraditória com a ideia de baixas autocorrelações dos retornos. No entanto, é preciso observar o seguinte:

- em amostras muito grandes, como é aquela que analisamos, qualquer pequeno desvio face à hipótese nula implica a sua rejeição;
- os coeficientes estimados embora (pareçam) estatisticamente significativos estão, ainda assim, muito perto de zero e não oferecem informação suficiente para realizar mais-valias anormais (depois de deduzidos os custos de transacção e informação);
- os testes foram utilizados sob a hipótese irrealista de os retornos serem i.i.d. Esta suposição não é válida sobretudo devido à presença de heterocedasticidade condicionada.

80 | Modelação de Séries Temporais Financeiras

Figura 3.12: Funções de autocorrelação dos retornos diários
estandardizados (Microsoft 1986-2006)

Autocorrelation	Partial Correlation		AC	PAC	Q-Stat	Prob
		1	-0.017	-0.017	1.4495	0.229
		2	-0.009	-0.010	1.8905	0.389
		3	-0.007	-0.007	2.1546	0.541
		4	-0.005	-0.006	2.3040	0.680
		5	-0.009	-0.010	2.7699	0.735
		6	-0.013	-0.013	3.6259	0.727
		7	0.000	-0.001	3.6259	0.822
		8	0.009	0.008	4.0296	0.854
		9	0.014	0.014	5.0949	0.826
		10	0.007	0.007	5.3206	0.869
		11	-0.008	-0.008	5.6878	0.893
		12	0.012	0.012	6.3912	0.895
		13	0.024	0.025	9.3486	0.746
		14	0.013	0.015	10.241	0.744
		15	-0.005	-0.004	10.396	0.794
		16	0.005	0.006	10.533	0.837
		17	0.009	0.010	10.967	0.858
		18	-0.015	-0.014	12.205	0.836
		19	-0.007	-0.006	12.446	0.866
		20	0.010	0.010	12.922	0.881

Uma forma de mitigar a presença de heterocedasticidade consiste em estandardizar os retornos,

$$r_t^* = \frac{r_t - \bar{r}}{\hat{\sigma}_t}$$

onde $\hat{\sigma}_t$ é uma estimativa da volatilidade no momento t (r_t^* pode ser encarado como os retornos expurgados de heterocedasticidade). Como obter $\hat{\sigma}_t$? Discutiremos esta questão com alguma profundidade no capítulo 8. É suficiente agora usar uma especificação relativamente simples (mas subóptima):

$$\hat{\sigma}_t^2 = (1 - \lambda)\, r_{t-1}^2 + \lambda \hat{\sigma}_{t-1}^2, \quad \lambda = 0.96$$

Na figura 3.12 apresentam-se os coeficientes de autocorrelação de r_t^*. Observa-se que os coeficientes de autocorrelação continuam muitos baixos mas agora não existe evidência contra a hipótese $\rho_1 = ... = \rho_{20} = 0$.

Figura 3.13: Funções de autocorrelação
de $y_t = \log(GNP_t/GNP_{t-1})$
onde GNP é o PIB dos EUA (dados trimestrais de 1947 a 2003).

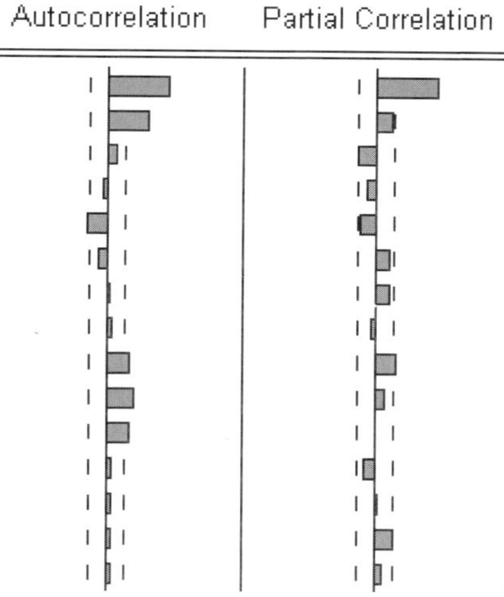 Autocorrelation	Partial Correlation		AC	PAC	Q-Stat	Prob
		1	0.461	0.461	48.583	0.000
		2	0.305	0.118	70.041	0.000
		3	0.069	-0.141	71.137	0.000
		4	-0.030	-0.062	71.340	0.000
		5	-0.162	-0.131	77.479	0.000
		6	-0.063	0.103	78.415	0.000
		7	0.023	0.112	78.541	0.000
		8	0.039	-0.036	78.909	0.000
		9	0.178	0.161	86.434	0.000
		10	0.212	0.078	97.115	0.000
		11	0.177	-0.000	104.62	0.000
		12	0.038	-0.092	104.97	0.000
		13	0.026	0.023	105.13	0.000
		14	0.038	0.136	105.47	0.000
		15	0.039	0.042	105.85	0.000

Séries macroeconómicas geralmente exibem moderada ou forte autocorrelação. Veja-se, por exemplo, a figura 3.13 onde se representa a FAC de $y_t = \log(GNP_t/GNP_{t-1})$ sendo GNP (*Gross National Product*) o PIB dos EUA (dados trimestrais de 1947 a 2003).

3.2.2 *Volatility Clustering*

Já vimos que valores muitos altos e muito baixos ocorrem frequentemente (com maior frequência do que seria de esperar se as variáveis seguissem uma distribuição normal). Este valores extremos não ocorrem isoladamente: tendem a ocorrer de forma seguida (*volatility clustering*). Na figura 3.14 representam-se os retornos diários associados ao índice Dow Jones (1926-2006). Na figura 3.15 apresentam-se os mesmos retornos mas agora dispostos por ordem aleatória no tempo. Algumas estatísticas destas duas sucessões são obviamente iguais (média, desvio padrão, coeficientes de assimetria e de achatamento). No entanto existem diferenças significativas. Só no verdadeiro cronograma (figura 3.14) aparece uma das propriedades mais importantes dos retornos: fortes (baixas) variações são normalmente seguidas de fortes (baixas) variações em ambos os sentidos (*volatility clustering*)

Figura 3.14: Retornos diários do Dow Jones (1928-2006)

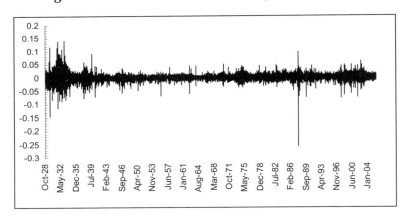

Se fortes (baixas) variações são normalmente seguidas de fortes (baixas) variações em ambos os sentidos, então r_t^2 deve estar correlacionado[11] com r_{t-i}^2 ($i = 1, 2, ...$).

---

[11] Esta correlação poderia, em princípio, dever-se à presença de uma média condicional não constante. Por exemplo, se r_t seguisse um AR(1), $r_t = \phi r_{t-1} + u_t$ onde u_t é um ruído branco, então, por construção, ter-se-ia Corr $(r_t^2, r_{t-1}^2) > 0$. Se fosse este o caso, a melhor forma de continuarmos com o nosso argumento seria centrar r_t, usando a média condicional, i.e. tomaríamos $\tilde{r}_t = r_t - \mu_t$. Viria agora Corr $(\tilde{r}_t^2, \tilde{r}_{t-1}^2) = 0$ se r_t fosse genuinamente um AR(1); no caso contrário, se Corr $(\tilde{r}_t^2, \tilde{r}_{t-1}^2) > 0$, teríamos evidência em favor do nosso argumento. Todavia, a centragem $\tilde{r}_t = r_t - \mu_t$ é desnecessária, pois em séries financeiras de acções ou de índices de acções a média condicional é, geralmente, aproximadamente igual a uma constante.

Figura 3.15: Retornos diários do Dow Jones dispostos por ordem aleatória

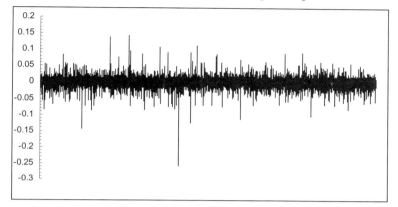

A figura 3.16, onde se apresentam as funções de autocorrelação de r_t^2 onde r é o retorno associado ao índice Dow Jones, confirma esta ideia.

Nesta secção identifica-se o quadrado do retorno com a volatilidade. Não é inteiramente correcta esta analogia, embora seja admissível associar-se momentos de grande (baixa) volatilidade a valores altos (baixos) de r_t^2. De qualquer forma, a principal conclusão mantém-se: fortes (baixas) variações são normalmente seguidas de fortes (baixas) variações em ambos os sentidos e identificamos este fenómeno como *volatility clustering*.

3.2.3 Forte Dependência Temporal da Volatilidade

Nos pontos precedentes observámos o seguinte: (1) valores muitos altos e muito baixos ocorrem frequentemente e (2) estes valores extremos aparecem de forma seguida (*volatility clustering*). Neste ponto reforça-se a ideia de *volatility clustering*: não só os valores extremos tendem a aparecer de forma seguida como também há alguma persistência neste fenómeno. Isto é, se a volatilidade é alta (baixa), então é razoável esperar que a volatilidade se mantenha

84 | Modelação de Séries Temporais Financeiras

Figura 3.16: Funções de autocorrelação dos quadrados
dos retornos (Dow Jones)

Included observations: 19405

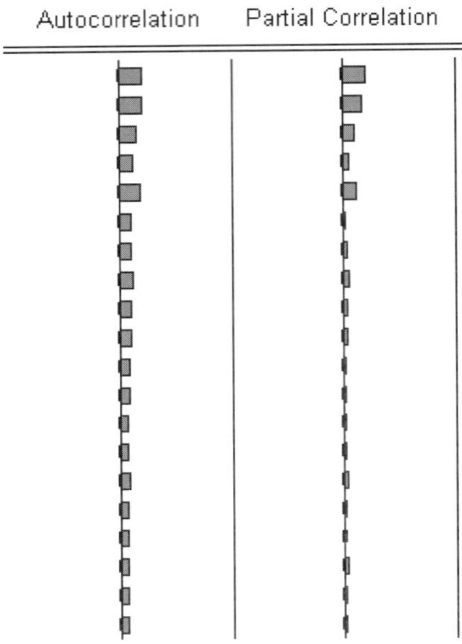

Autocorrelation	Partial Correlation		AC	PAC	Q-Stat	Prob
		1	0.205	0.205	819.60	0.000
		2	0.211	0.177	1687.0	0.000
		3	0.164	0.099	2207.3	0.000
		4	0.123	0.048	2500.6	0.000
		5	0.181	0.119	3138.2	0.000
		6	0.107	0.024	3361.2	0.000
		7	0.106	0.025	3578.1	0.000
		8	0.124	0.056	3876.5	0.000
		9	0.107	0.037	4098.3	0.000
		10	0.104	0.025	4306.9	0.000
		11	0.094	0.024	4479.6	0.000
		12	0.084	0.016	4616.4	0.000
		13	0.078	0.009	4734.4	0.000
		14	0.071	0.009	4832.9	0.000
		15	0.086	0.031	4977.0	0.000
		16	0.074	0.014	5084.2	0.000
		17	0.066	0.006	5168.3	0.000
		18	0.078	0.025	5287.8	0.000
		19	0.076	0.022	5398.6	0.000
		20	0.072	0.013	5500.6	0.000

alta (baixa) durante bastante tempo. Na figura 3.17 apresentam-
-se os retornos diários do Dow Jones no período Janeiro de 1928 a
Fevereiro de 2006. Estão identificados alguns períodos de grande
volatilidade. Estes períodos prolongam-se por vários anos!

Para confirmarmos a ideia de forte dependência temporal da
volatilidade deveríamos calcular a FAC da volatilidade. Como a
estimação da volatilidade cabe num capítulo posterior, tomamos
agora como *proxy* da volatilidade o valor absoluto dos retornos $|r_t|$
(também poderíamos considerar r_t^2 como fizemos no ponto precedente). Calcule-se, assim, a FAC associado aos valores absolutos
dos retornos do Dow Jones no período acima considerado. A fi-
gura 3.18 mostra que a FAC de $|r_t|$ apresenta um decaimento lento
para zero, sugerindo forte dependência temporal da volatilidade.

É interessante observar que a autocorrelação entre, por exemplo, $|r_t|$ e $|r_{t-500}|$ se situe ainda próximo de 0.1 (observe-se que o desfasamento corresponde aproximadamente a dois anos).

Figura 3.17: Retornos diários do Dow Jones (Jan-1928 a Fev-2006)

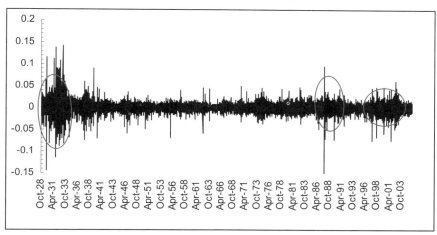

Para processos ARMA e processos de Markov em geral, o decaimento da FAC é do tipo

$$|\rho_k| \leq Ca^k, \qquad 0 < C < \infty, \, 0 < a < 1.$$

Tem-se, portanto, um decaimento exponencial[12]. A figura 3.18 não sugere um decaimento exponencial; sugere antes um decaimento hiperbólico da FAC que é uma característica de processos de memória longa. Concretamente, um decaimento hiperbólico da FAC é do tipo

$$|\rho_k| \approx C \, |k|^{-\beta}, \qquad \beta > 0$$

---

[12] Pode parecer estranho dizer-se que a função Ca^k apresenta um decaimento exponencial para $0 < C < \infty$ e $0 < a < 1$. Mas observe-se, para $C = 1$ (simplificando), que $a^k = e^{\log a^k} = e^{k \log a}$ e tem-se assim um decaimento exponencial, em função de k dado que $\log a < 0$.

Figura 3.18: FAC de jrtj onde rt é o retorno diário do Dow Jones (Jan. 1928 a Fev. 2006)

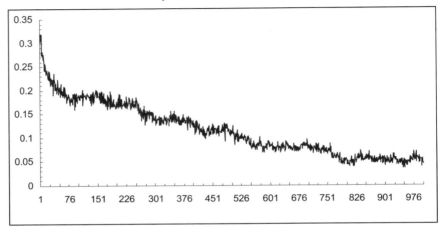

Figura 3.19: Decaimento Exponencial (0.9^k) vs. Hiperbólico ($k^{-0.5}$)

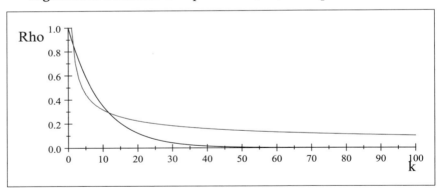

Por exemplo, com $\rho_k = 1/k$ ($\beta = 1$) tem-se um decaimento hiperbólico (veja-se a figura 3.19).

3.2.4 Efeito Assimétrico

Tem-se observado existir alguma correlação entre a volatilidade e a ocorrência de perdas significativas nos mercados de capitais. Designa-se esta relação por efeito assimétrico.

Concretamente, quando $r_{t-1} < 0$ espera-se, em média, um aumento de volatilidade para o período seguinte. Se tomarmos como *proxy* da volatilidade a variável $|r_t|$ ou r_t^2 devemos esperar que $\text{Corr}\,(r_{t-1}, |r_t|) < 0$ ou $\text{Corr}\,(r_{t-1}, r_t^2) < 0$. A tabela 3 parece confirmar a existência de um efeito assimétrico apenas para índices bolsistas (e, por extensão, também para cotações de acções).

Veremos no capítulo 8 uma forma bastante mais eficiente de estimar o efeito assimétrico e de testar se os coeficientes são ou não estatisticamente significativos. Não obstante, uma forma expedita de verificar se os coeficientes são estatisticamente significativos consiste em fazer a regressão de r_t^2 sobre r_{t-1},

$$r_t^2 = \beta_0 + \beta_1 r_{t-1} + u_t \tag{3.5}$$

e depois ensaiar $H_0: \beta_1 = 0$ contra $H_1: \beta_1 < 0$. Com efeito, na equação anterior, β_1 representa $\beta_1 = \text{Cov}\,(r_{t-1}, r_t^2) / \text{Var}\,(r_{t-1})$. Desta forma, $\beta_1 < 0$ implica $\text{Corr}\,(r_{t-1}, r_t^2) < 0$.

Tabela 3: Efeito Assimétrico

Índices Bolsistas	$\widehat{\text{Corr}}\,\left(r_{t-1}, r_t^2\right)$
Amesterdão	-0.049
Frankfurt	-0.095
Hong Kong	-0.081
Nova York	-0.199
Taxas de Câmbio	
Libra Britânica	0.074
Dólar Canadiano	0.041
Yen	-0.008
Franco Suíço	0.014

88 | Modelação de Séries Temporais Financeiras

Como a heterocedasticidade está invariavelmente presente nas séries temporais financeiras, convém empregar erros padrão robustos contra heterocedasticidade (uma possibilidade neste sentido é a utilização da matriz de White). Recorda-se que, sob condições gerais, a heterocedasticidade não afecta a consistência do estimador OLS (afecta sim, como vimos, os erros padrão).

Várias explicações têm sido propostas para o efeito assimétrico.

- Uma explicação designada por *volatility feedback effect* baseia-se na seguinte ideia. Quando a volatilidade de uma activo aumenta, o risco agrava-se, e a rendibilidade exigida para esse activo aumenta. Isto significa que o activo é menos atractivo e, portanto, a sua procura diminui, fazendo cair o respectivo preço. Esta explicação pressupõe que o aumento da volatilidade precede a queda do preço (isto é, esquematicamente, $\uparrow \sigma^2_{t-1} \Rightarrow \downarrow P_t$, podendo t aqui ter uma interpretação intra-diária). Contudo, o facto estilizado envolve a implicação contrária, $\downarrow P_{t-1} \Rightarrow \uparrow \sigma^2_t$ (a diminuição do preço é que precede o aumento da volatilidade).
- Outra explicação sustenta que o efeito assimétrico deve-se à existência de investidores *naives* (*uninformed traders*) que vendem os seus títulos quando o mercado está cair. Este comportamento conduz não só a uma queda mais acentuada do preço como também a um aumento de volatilidade.
- Outra possibilidade é a seguinte. A diminuição do preço aumenta o risco de mercado (dado que o centro de gravidade da distribuição condicional dos retornos de desloca para a esquerda). O aumento do risco obriga a ajustamentos imediatos no *portfolio* (através de compras e vendas de activos que façam a cobertura do risco perdido). Este acréscimo da actividade nos mercados financeiros aumenta a volatilidade. Já variações positivas nos preços não têm o mesmo impacto sobre o risco e, como tal, ajustamentos no *portfolio* não são prementes.

Figura 3.20: Índices Bolsistas

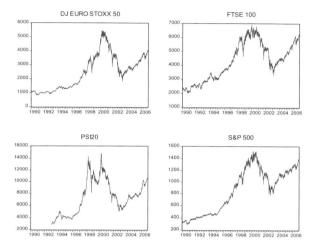

3.2.5 Aumento da Frequência das Observações Acentua a Não Linearidade

Vários estudos indicam que os coeficientes de autocorrelações de r_t^2 e de $|r_t|$ tendem a aumentar com o aumento da frequência das observações.

3.2.6 Co-Movimentos de Rendibilidade e Volatilidade

Ao se analisarem duas ou mais séries financeiras de retornos ao longo do tempo, geralmente observam-se co-movimentos de rendibilidade e volatilidade, isto é, quando a rendibilidade e a volatilidade de uma série aumenta (diminui), a rendibilidade e a volatilidade das outras tende, em geral, a aumentar (diminuir). Estas características são relativamente evidentes nas figuras 3.20 e 3.21. A figura 3.20 mostra que os índices sobem e descem em sintonia (co-movimento de rendibilidade). A tabela 4, onde se apresen-

90 | Modelação de Séries Temporais Financeiras

tam os coeficientes de correlação (marginal) dos retornos diários, corrobora o co-movimento de rendibilidade. A figura 3.21 mostra que os períodos de alta e baixa volatilidade são aproximadamente coincidentes (co-movimento de volatilidade). A tabela 5, onde se apresentam os coeficientes de correlação (marginal) dos retornos ao quadrado, corrobora o co-movimento de volatilidade.

Figura 3.21: Retornos de Índices

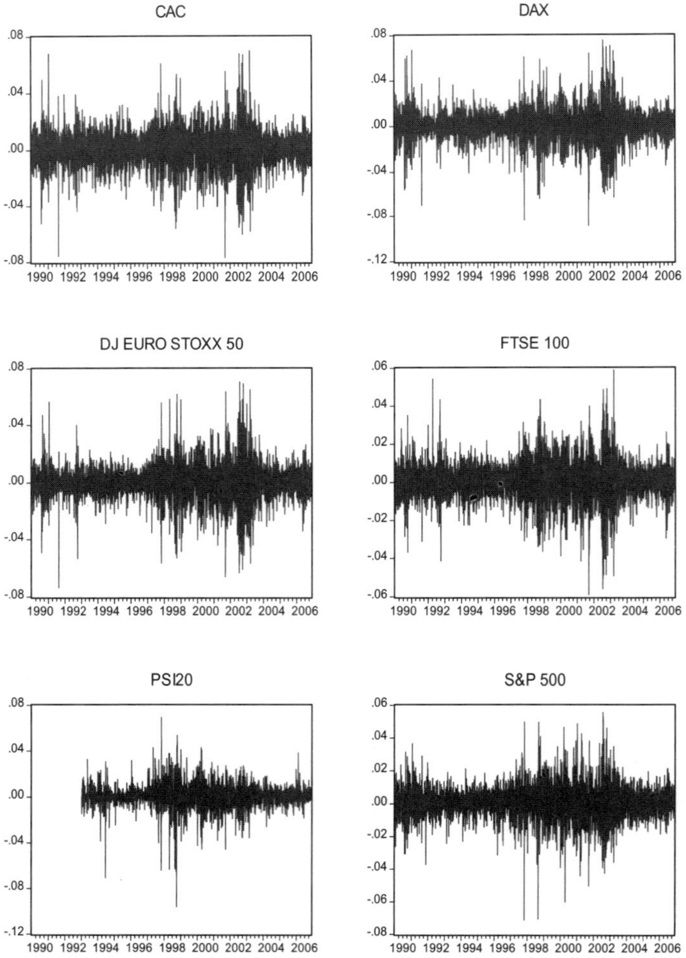

Tabela 4: Matriz de correlações dos retornos diários
(Jan 90-Nov 06)

	CAC	DAX	DJ EURO 50	FTSE 100	PSI 20	S&P 500
CAC	1					
DAX	0.78	1				
DJ EURO 50	0.92	0.89	1			
FTSE 100	0.79	0.70	0.81	1		
PSI 20	0.52	0.50	0.57	0.47	1	
S&P 500	0.43	0.47	0.46	0.41	0.25	1

Tabela 5: Matriz de correlações dos retornos diários ao quadrado
(Jan 90-Nov 06)

	CAC	DAX	DJ EURO 50	FTSE 100	PSI 20	S&P 500
CAC	1					
DAX	0.74	1				
DJ EURO 50	0.91	0.85	1			
FTSE 100	0.77	0.66	0.78	1		
PSI 20	0.39	0.39	0.43	0.30	1	
S&P 500	0.38	0.44	0.41	0.35	0.21	1

Capítulo 4

Processos Estocásticos: Revisões

4.1 Processo Estocástico e Filtração

Um processo estocástico é um modelo matemático para descrever, em cada momento, depois de um instante inicial, um fenómeno aleatório. Este fenómeno é definido num espaço de probabilidade $(\Omega, \mathcal{F}, P)$, onde, Ω é o conjunto de todos os estados da natureza (ou cenários de mercado), $\mathcal{F}$ é uma σ-álgebra de subconjuntos de Ω e P é uma probabilidade sobre $\mathcal{F}$. Um processo estocástico é então uma colecção de variáveis aleatórias $y = \{y_t(\omega), t \in \mathbb{Z}, \omega \in \Omega\}$, definidas sobre um espaço de probabilidade $(\Omega, \mathcal{F}, P)$. Para cada t, $y_t(\cdot)$ é uma variável aleatória. Para cada $\omega \in \Omega$ (cenário) fixo, $y_\bullet(\omega)$ é uma trajectória ou realização do processo. Para simplificar escreve-se y_t em lugar de $y_t(\omega)$. A observação de um fenómeno ao longo do tempo conduz normalmente à observação de uma particular trajectória do processo. Uma sucessão cronológica é apenas uma trajectória entre as infinitas possíveis.

$\mathcal{F}$ tem estrutura de σ-álgebra no seguinte sentido: (i) se $A \in \mathcal{F} \Rightarrow A^c \in \mathcal{F}$; (ii) se $A_i \in \mathcal{F} \Rightarrow \bigcup A \in \mathcal{F}$; (iii) $\Omega, \emptyset \in \mathcal{F}$. O estudo dos processos estocásticos faz-se, usualmente, incluindo o conceito de σ-álgebra. Por um lado, as probabilidades são definidas sobre σ-álgebras e as variáveis aleatórias, assume-se, são mensuráveis com respeito a essas σ-álgebras.

Existe, no entanto, uma razão não técnica para incluir o estudo das σ-álgebras no estudo dos processos estocásticos: os processos estocásticos, ao descreverem a evolução estocástica de um fenómeno ao longo do tempo, sugerem que, em cada momento $t \geq 0$, é possível falar de um passado, presente e futuro. Um observador do fenómeno, pode falar da história do processo, daquilo que observa no presente e daquilo que poderá observar no futuro. Com vista, a caracterizar o quanto se sabe sobre o processo, é usual, equipar o espaço $(\Omega, \mathcal{F}, P)$ com uma filtração, i.e., uma família $\{\mathcal{F}_t; t \geq 0\}$ de sub σ-álgebras de $\mathcal{F}$: $\mathcal{F}_s \subseteq \mathcal{F}_t \subseteq \mathcal{F}$ para $0 \leq s < t < \infty$.

$\mathcal{F}_t = \sigma(y_s; s \leq t)$ pode ser identificado como a história do processo y até ao momento t. Certos autores, para simplificar, escrevem

$$\mathcal{F}_t = \{y_t, y_{t-1}, ..., y_1\} \text{ ou } \mathcal{F}_t = \{y_t, y_{t-1}, ...\}.$$

4.2 Valores Esperados Condicionais: Principais Resultados

Começamos com um resultado trivial: $\mathrm{E}(y_t|\mathcal{F}_t) = y_t$. Com efeito, y_t pertence ao conjunto $\mathcal{F}_t$[13] (também se diz, y_t é mensurável com respeito a $\mathcal{F}_t$), logo y_t pode ser tratado como uma constante dado $\mathcal{F}_t$.

PROPOSIÇÃO 4.2.1. *Suponha-se que Y é uma v.a. tal que* $\mathrm{E}(|Y|) < \infty$, Z *é uma v.a. mensurável com respeito a $\mathcal{G}$ e* $\mathrm{E}(|ZY|) < \infty$ *então com probabilidade um tem-se*

$$\mathrm{E}(ZY|\mathcal{G}) = Z\,\mathrm{E}(Y|\mathcal{G}).$$

EXEMPLO 4.2.1. *Considere-se $y_t = x_t y_{t-1} + u_t$ onde $\{u_t\}$ é uma sucessão v.a. i.i.d. de média nula. Suponha-se $\mathcal{F}_t = \sigma(x_s, y_s; s \leq t)$. Então*

$$\mathrm{E}(y_t|\mathcal{F}_{t-1}) = \mathrm{E}(x_t y_{t-1}|\mathcal{F}_{t-1}) = y_{t-1}\,\mathrm{E}(x_t|\mathcal{F}_{t-1})$$

---

[13] Em termos técnicos, o evento (ou cenário de mercado) $\omega \in \Omega$ que determinou y_t é que pertence a $\mathcal{F}_t$. Para simplificar, assume-se $\mathcal{F}_t = \{y_t, y_{t-1}, ..., y_1\}$ ou $\mathcal{F}_t = \{y_t, y_{t-1}, ...\}$ e, neste caso, já pode-se dizer "y_t pertence a $\mathcal{F}_t$".

Note-se que y_{t-1} é mensurável com respeito a $\mathcal{F}_{t-1}$ mas x_t não ($\mathcal{F}_{t-1}$ "desconhece" os acontecimentos ocorridos em t).

EXEMPLO 4.2.2. *No âmbito da estatística clássica também se sabe que*

$$\mathrm{E}\left(XY\,|\,X=x\right)=x\,\mathrm{E}\left(Y\,|\,X=x\right).$$

Com efeito,

$$\mathrm{E}\left(XY\,|\,X=x\right)=\int xy f_{y|x}\left(y\,|\,x\right)dy=x\int y f_{y|x}\left(y\,|\,x\right)dy=x\,\mathrm{E}\left(Y\,|\,X=x\right).$$

PROPOSIÇÃO 4.2.2. *Seja $g:\mathbb{R}\to\mathbb{R}$ uma função convexa num intervalo $B\subset\mathbb{R}$ e Y uma v.a. tal que $P\left(Y\in B\right)=1$. Se $\mathrm{E}\left(|Y|\right)<\infty$ e $\mathrm{E}\left(|g\left(Y\right)|\right)<\infty$ então*

$$\mathrm{E}\left(g\left(y\right)|\,\mathcal{G}\right)\geq g\left(\mathrm{E}\left(y\,|\,\mathcal{G}\right)\right).$$

Se g é côncava então

$$\mathrm{E}\left(g\left(Y\right)|\,\mathcal{G}\right)\leq g\left(\mathrm{E}\left(Y\,|\,\mathcal{G}\right)\right). \tag{4.1}$$

DEM. (esboço) Prove-se $\mathrm{E}\left(g\left(y\right)\right)\geq g\left(\mathrm{E}\left(y\right)\right)$ e suponha-se (para simplificar) que g' é continua em B. Como g é convexa e g' é continua, tem-se

$$g\left(x\right)\geq g\left(a\right)+g'\left(a\right)\left(x-a\right),\qquad \forall x,a\in B.$$

Escolha-se para a a constante $\mathrm{E}\left(Y\right)$, onde Y uma v.a. tal que $P\left(Y\in B\right)=1$. Resulta,

$$g\left(x\right)\geq g\left(\mathrm{E}\left(Y\right)\right)+g'\left(\mathrm{E}\left(Y\right)\right)\left(x-\mathrm{E}\left(Y\right)\right)$$

ou

$$g\left(Y\right)\geq g\left(\mathrm{E}\left(Y\right)\right)+g'\left(\mathrm{E}\left(Y\right)\right)\left(Y-\mathrm{E}\left(Y\right)\right).$$

Como o lado direito da desigualdade é uma função linear em Y ($g(\mathrm{E}(Y))$, $g'(\mathrm{E}(Y))$ e $\mathrm{E}(Y)$ são constantes), tem-se, aplicando o operador de valor esperado a ambos os termos da desigualdade,

$$\mathrm{E}\left(g\left(Y\right)\right) \geq \mathrm{E}\left(g\left(\mathrm{E}\left(Y\right)\right) + g'\left(\mathrm{E}\left(Y\right)\right)\left(Y - \mathrm{E}\left(Y\right)\right)\right) = g\left(\mathrm{E}\left(Y\right)\right).$$

$\square$

OBSERVAÇÃO 4.2.1. *Nas condições da proposição 4.2.2 tem-se:*

g é convexa $\Rightarrow \mathrm{E}\left(g\left(Y\right)\right) \geq g\left(\mathrm{E}\left(Y\right)\right)$;

g é côncava $\Rightarrow \mathrm{E}\left(g\left(Y\right)\right) \leq g\left(\mathrm{E}\left(Y\right)\right)$.

EXEMPLO 4.2.3. *Atendendo à observação anterior conclui-se:*

$g\left(x\right)$	Conc./Conv.	Desigualdade
x^2	*convexa*	$\mathrm{E}\left(Y^2\right) \geq \left(\mathrm{E}\left(Y\right)\right)^2$
$\frac{1}{x}$, $x > 0$	*convexa*	$\mathrm{E}\left(\frac{1}{Y}\right) \geq \frac{1}{\mathrm{E}(Y)}$
$\log x$, $x > 0$	*côncava*	$\mathrm{E}\left(\log\left(Y\right)\right) \leq \log\left(\mathrm{E}\left(Y\right)\right)$

Também se conclui $\mathrm{E}\left(Y^2\right) \geq \left(\mathrm{E}\left(Y\right)\right)^2$ *a partir da igualdade* $\mathrm{Var}\left(Y\right) = \mathrm{E}\left(Y^2\right) - \left(\mathrm{E}\left(Y\right)\right)^2$ *pois, por definição,* $\mathrm{Var}\left(Y\right) \geq 0$.

PROPOSIÇÃO 4.2.3. (Lei do Valor esperado Iterado I) *Suponha-se* $\mathrm{E}\left(\left|Y\right|\right) < \infty$. *Então*

$$\mathrm{E}\left(Y\right) = \mathrm{E}\left(\mathrm{E}\left(Y \,|\, \mathcal{G}\right)\right).$$

Também se tem

$$\mathrm{E}\left(Y\right) = \mathrm{E}\left(\mathrm{E}\left(Y \,|\, X\right)\right).$$

Com efeito, identificando f_x, f_y, $f_{y|x}$ e $f_{y,x}$ como as funções de densidade de probabilidade, respectivamente de X, Y, $Y|X$ e (Y, X), tem-se,

$$
\begin{aligned}
\mathrm{E}\left(\mathrm{E}\left(Y\,|\,X\right)\right) &= \int\left(\int y f_{y|x}\left(y\,|\,x\right)dy\right)f_x\left(x\right)dx \\
&= \int y\left(\int f_{y|x}\left(y\,|\,x\right)f_x\left(x\right)dx\right)dy \\
&= \int y\left(\int f_{y,x}\left(y,x\right)dx\right)dy \\
&= \int y f_y\left(y\right)dy \\
&= \mathrm{E}\left(Y\right).
\end{aligned}
$$

EXEMPLO **4.2.4.** *Suponha-se que Y dado X tem distribuição condicional de Poisson de parâmetro $\lambda = \theta X$. Suponha-se ainda que X tem distribuição do Qui-Quadrado com um grau de liberdade. Logo, pela proposição 4.2.3, vem*

$$
\mathrm{E}\left(Y\right) = \mathrm{E}\left(\mathrm{E}\left(Y\,|\,X\right)\right) = \mathrm{E}\left(\theta X\right) = \theta.
$$

EXEMPLO **4.2.5.** *Considere-se o modelo $y_t = \beta x_t + u_t$. Seja $\mathcal{F}_t^X = \{x_t, x_{t-1}, \ldots\}$. Suponha-se $\mathrm{E}\left(u_t\,|\,\mathcal{F}_t^X\right) = 0$. Como se sabe $\mathrm{E}\left(y_t\,|\,\mathcal{F}_t^X\right) = \beta x_t$. Logo*

$$
\begin{aligned}
\mathrm{E}\left(y_t\right) &= \mathrm{E}\left(\mathrm{E}\left(\beta x_t + u_t\,|\,\mathcal{F}_t^X\right)\right) \\
&= \mathrm{E}\left(\mathrm{E}\left(\beta x_t\,|\,\mathcal{F}_t^X\right)\right) + \mathrm{E}\left(\mathrm{E}\left(u_t\,|\,\mathcal{F}_t^X\right)\right) \\
&= \beta\,\mathrm{E}\left(x_t\right).
\end{aligned}
$$

Neste exemplo, também se obtém esta expressão considerando $\mathrm{E}\left(y_t\right) = \mathrm{E}\left(\beta x_t + u_t\right) = \beta\,\mathrm{E}\left(x_t\right)$

EXEMPLO **4.2.6.** *Considere-se $y_t = a + x_t y_{t-1} + u_t$. Suponha-se que $\mathrm{E}\left(u_t\,|\,\mathcal{F}_{t-1}\right) = 0$, $\mathrm{E}\left(x_t\,|\,\mathcal{F}_{t-1}\right) = \mu_x$ e $\mathrm{E}\left(y_t\right) = \mathrm{E}\left(y_{t-1}\right)$. Obtenha-se $\mathrm{E}\left(y_t\right)$. Tem-se, pela lei do valor esperado iterado,*

98 | Modelação de Séries Temporais Financeiras

$$
\begin{aligned}
\mathrm{E}\left(y_t\right) &= \mathrm{E}\left(\mathrm{E}\left(y_t \mid \mathcal{F}_{t-1}\right)\right) \\
&= \mathrm{E}\left(\mathrm{E}\left(a + x_t y_{t-1} + u_t \mid \mathcal{F}_{t-1}\right)\right) \\
&= \mathrm{E}\left(a + \mathrm{E}\left(x_t y_{t-1} \mid \mathcal{F}_{t-1}\right) + \mathrm{E}\left(u_t \mid \mathcal{F}_{t-1}\right)\right) \\
&= \mathrm{E}\left(a + y_{t-1}\,\mathrm{E}\left(x_t \mid \mathcal{F}_{t-1}\right) + 0\right) \\
&= \mathrm{E}\left(a + y_{t-1}\mu_x\right) \\
&= a + \mu_x\,\mathrm{E}\left(y_{t-1}\right) = a + \mu_x\,\mathrm{E}\left(y_t\right)
\end{aligned}
$$

Logo $\mathrm{E}\left(y_t\right) = a + \mu_x\,\mathrm{E}\left(y_t\right) \Rightarrow \mathrm{E}\left(y_t\right) = a/\left(1 - \mu_x\right).$

Um resultado mais geral é dado pela proposição seguinte.

Proposição 4.2.4. (Lei do Valor Esperado Iterado II). *Suponha-se* $\mathrm{E}\left(|Y|\right) < \infty$ *e* $\mathcal{G} \subset \mathcal{H}$. *Então*

$$
\mathrm{E}\left(Y \mid \mathcal{G}\right) = \mathrm{E}\left(\mathrm{E}\left(Y \mid \mathcal{H}\right) \mid \mathcal{G}\right).
$$

Exemplo 4.2.7. *Considere-se* $y_t = a + \phi y_{t-1} + u_t$, $|\phi| < 1$ *onde* $\{u_t\}$ *é uma sucessão v.a. i.i.d. de média nula. Obtenha-se* $\mathrm{E}\left(y_t \mid \mathcal{F}_{t-2}\right)$. *Como* $\mathcal{F}_{t-2} \subset \mathcal{F}_{t-1}$, *tem-se*

$$
\begin{aligned}
\mathrm{E}\left(y_t \mid \mathcal{F}_{t-2}\right) &= \mathrm{E}\left(\mathrm{E}\left(y_t \mid \mathcal{F}_{t-1}\right) \mid \mathcal{F}_{t-2}\right) \\
&= \mathrm{E}\left(a + \phi y_{t-1} \mid \mathcal{F}_{t-2}\right) \\
&= a + \phi\,\mathrm{E}\left(y_{t-1} \mid \mathcal{F}_{t-2}\right) \text{ (\textit{note-se agora} } y_{t-1} = a + \phi y_{t-2} + u_{t-1}) \\
&= a + \phi\,\mathrm{E}\left(a + \phi y_{t-2} + u_{t-1} \mid \mathcal{F}_{t-2}\right) \\
&= a + \phi\left(a + \phi\,\mathrm{E}\left(y_{t-2} \mid \mathcal{F}_{t-2}\right)\right) \\
&= a + \phi\left(a + \phi y_{t-2}\right) \\
&= a + \phi a + \phi^2 y_{t-2}\,.
\end{aligned}
$$

Facilmente se conclui serem válidas relações do tipo

$$
\begin{aligned}
\mathrm{E}\left(y_t \mid \mathcal{F}_{t-3}\right) &= \mathrm{E}\left(\mathrm{E}\left(y_t \mid \mathcal{F}_{t-2}\right) \mid \mathcal{F}_{t-3}\right) \\
&= \mathrm{E}\left(\mathrm{E}\left(\mathrm{E}\left(y_t \mid \mathcal{F}_{t-1}\right) \mid \mathcal{F}_{t-2}\right) \mid \mathcal{F}_{t-3}\right) \\
\mathrm{E}\left(y_t \mid \mathcal{F}_{-\infty}\right) &= \mathrm{E}\left(\mathrm{E}\left(\mathrm{E}\left(\mathrm{E}\left(y_t \mid \mathcal{F}_{t-1}\right) \mid \mathcal{F}_{t-2}\right) \mid \mathcal{F}_{t-3}\right) \ldots\right).
\end{aligned}
$$

Figura 4.1: A fdp $f(y_t|\mathcal{F}_{t-1})$ varia ao longo do tempo

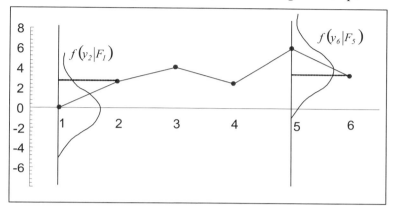

4.3 Distribuição Condicional versus Distribuição Marginal

Seja $f(y_t|\mathcal{F}_{t-1})$ a fdp condicionada[14] de y_t dada toda informação até ao momento $t-1$. Comparativamente à fdp marginal (ou não condicional), $f(y_t)$, a fdp $f(y_t|\mathcal{F}_{t-1})$ é bastante mais informativa, pois esta última usa toda a informação disponível $\mathcal{F}_{t-1}$, ao passo que a distribuição marginal, por definição, ignora a informação $\mathcal{F}_{t-1}$. A fdp $f(y_t|\mathcal{F}_{t-1})$ pode ser entendida como uma reavaliação de $f(y_t)$ perante a evidência $\mathcal{F}_{t-1}$.

Considere-se a amostra $\{y_1, ..., y_n\}$. Um elemento da amostra escolhido ao acaso tem fdp $f(y)$. Mas observando $\mathcal{F}_{t-1}$, a v.a. y_t tem fdp $f(y_t|\mathcal{F}_{t-1})$.

Na figura 4.1 traçam-se duas hipotéticas fdp condicionadas. Para se discutir a figura, suponha-se que y é governado genericamente por dois atributos: (1) y_{t-1} e y_t para todo o t tendem a estar "próximos"; por exemplo, se y_{t-1} é "alto", y_t tenderá também a ser "alto" (trata-se de uma forma de dependência temporal) e (2) y_t reverte para zero, $E(y_t) = 0$. Suponha-se ainda que y

---

[14] Certos autores identificam $f(y_t|\mathcal{F}_{t-1})$ como $f(y_t|y_{t-1}, y_{t-2}, ..., y_1)$.

é estacionário. A fdp marginal é constante ao longo do tempo. No entanto, as densidades condicionais variam. Considere-se a fdp $f(y_2|\mathcal{F}_1)$ traçada na figura 4.1. Esta função atribui probabilidades associadas à variável y_2 dado $\mathcal{F}_1$. Perante a observação y_1 (e ainda sem se conhecer a realização y_2), a fdp $f(y_2|\mathcal{F}_1)$ tem moda aproximadamente igual a y_1: é natural esperar que o valor de y_2 venha próximo de y_1 – dada a hipótese (1); a fdp $f(y_6|\mathcal{F}_5)$ usa a informação disponível no momento $t = 5$. Como, $y_5 > 0$ a densidade desloca-se um pouco na direcção de y_5, pois y_6 tenderá a estar "próximo" de y_5. Todavia, como y reverte para zero, é mais provável o evento $\{y_6 < y_5|y_5\}$ do que $\{y_6 > y_5|y_5\}$ i.e., y_6 deverá em princípio aproximar-se do valor para o qual y reverte, $\text{E}(y_t) = 0$. Nestas condições, a fdp $f(y_6|\mathcal{F}_5)$ embora se desloque na direcção de y_5, continua a atribuir massa de probabilidade significativa a intervalos próximos de zero.

Dois parâmetros fundamentais de $f(y_t|\mathcal{F}_{t-1})$ são

$$\mu_t = \text{E}(y_t|\mathcal{F}_{t-1}) = \int y_t f(y_t|\mathcal{F}_{t-1})\,dy_t$$

$$\sigma_t^2 = \text{Var}(y_t|\mathcal{F}_{t-1}) = \int (y_t - \mu_t)^2 f(y_t|\mathcal{F}_{t-1})\,dy_t.$$

Valem as seguintes propriedades.

PROPOSIÇÃO 4.3.1. *A melhor previsão de* y_{n+1} *dado* $\mathcal{F}_n$ *de acordo com Erro Quadrático Médio, é* $\text{E}(y_{n+1}|\mathcal{F}_n)$, *i.e.*

$$\text{E}\left((y_n - \text{E}(y_{n+1}|\mathcal{F}_n))^2\right) \leq \text{E}\left((y_n - g(\mathcal{F}_n))^2\right)$$

onde $g(\mathcal{F}_n)$ *é um qualquer outro previsor* $\mathcal{F}_n$ *mensurável (i.e. que usa também toda a informação disponível até ao momento* n).

DEM. Tem-se

$$
\begin{aligned}
\mathrm{E}\left((y_n - g\left(\mathcal{F}_n\right))^2\right) &= \mathrm{E}\left[(y_n - \mathrm{E}\left(y_{n+1}|\,\mathcal{F}_n\right) + \mathrm{E}\left(y_{n+1}|\,\mathcal{F}_n\right) - g\left(\mathcal{F}_n\right))^2\right] \\
&= \mathrm{E}\left((y_n - \mathrm{E}\left(y_{n+1}|\,\mathcal{F}_n\right))^2\right) + \mathrm{E}\left((\mathrm{E}\left(y_{n+1}|\,\mathcal{F}_n\right) - g\left(\mathcal{F}_n\right))^2\right) \\
&\quad + \mathrm{E}\left[(y_n - \mathrm{E}\left(y_{n+1}|\,\mathcal{F}_n\right))\left(\mathrm{E}\left(y_{n+1}|\,\mathcal{F}_n\right) - g\left(\mathcal{F}_n\right)\right)\right]
\end{aligned}
$$

Como o terceiro termo é zero (deixa-se como exercício essa demonstração) vem

$$
\begin{aligned}
\mathrm{E}\left((y_n - g\left(\mathcal{F}_n\right))^2\right) &= \mathrm{E}\left((y_n - \mathrm{E}\left(y_{n+1}|\,\mathcal{F}_n\right))^2\right) + \mathrm{E}\left((\mathrm{E}\left(y_{n+1}|\,\mathcal{F}_n\right) - g\left(\mathcal{F}_n\right))^2\right) \\
&\geq \mathrm{E}\left((y_n - \mathrm{E}\left(y_{n+1}|\,\mathcal{F}_n\right))^2\right).
\end{aligned}
$$

$\square$

O valor $\mathrm{E}\left(y_{n+1}\right)$ é também um previsor não enviesado de y_{n+1} mas, como não usa a informação disponível $\mathcal{F}_{t-1}$, pode demonstrar-se que é bastante menos preciso do que o previsor $\mathrm{E}\left(y_{n+1}|\,\mathcal{F}_n\right)$.

Pode-se também provar

$$
\mathrm{E}\left((y_{n+h} - \mathrm{E}\left(y_{n+h}|\,\mathcal{G}\right))^2\right) \leq \mathrm{E}\left((y_{n+h} - \mathrm{E}\left(y_{n+h}|\,\mathcal{H}\right))^2\right), \qquad \mathcal{H} \subseteq \mathcal{G}.
$$

Esta desigualdade resulta do facto de em $\mathcal{G}$ existir mais informação. É natural esperar que um previsor que use mais informação face a um outro, tenha um EQM inferior. Têm-se ainda os seguintes casos limites quando o previsor é um valor esperado condicionado.

$$
\mathcal{G} = \mathcal{F} = \mathcal{F}_\infty \Rightarrow \mathrm{E}\left((y_{n+h} - \mathrm{E}\left(y_{n+h}|\,\mathcal{G}\right))^2\right) = \mathrm{E}\left((y_{n+h} - y_{n+h})^2\right) = 0
$$

e

$$
\mathcal{H} = \varnothing \Rightarrow \mathrm{E}\left((y_{n+h} - \mathrm{E}\left(y_{n+h}|\,\mathcal{H}\right))^2\right) = \mathrm{E}\left((y_{n+h} - \mathrm{E}\left(y_{n+h}\right))^2\right).
$$

102 | Modelação de Séries Temporais Financeiras

EXEMPLO 4.3.1. *Considere: A) Tem-se uma sucessão de retornos do PSI20 e retira-se aleatoriamente um elemento da sucessão. Suponha-se que a média e a variância desse retorno são conhecidas. B) Suponha que os retornos do PSI20 registaram hoje uma forte quebra e uma forte volatilidade. Q1: Qual é a informação mais relevante se o objectivo é prever os retornos do PSI20 e a volatilidade para o dia de amanhã? A ou B? Q2: Neste caso, qual é a fdp que interessa estudar? $f\left(y_t|\,\mathcal{F}_{t-1}\right)$ ou $f\left(y_t\right)$? Q3: Qual é a informação relevante se o objectivo é conhecer as características gerais da série dos retornos (ou prever os retornos e a volatilidade para um horizonte de vários anos)? Q4: Neste caso, qual é a fdp que interessa estudar? $f\left(y_t|\,\mathcal{F}_{t-1}\right)$ ou $f\left(y_t\right)$?*

Considere o modelo de séries temporais,

$$y_t = c + \phi y_{t-1} + u_t, \qquad |\phi| < 1$$

onde $\{u_t\}$ é uma sucessão de v.a. i.i.d. com distribuição $N\left(0, \sigma^2\right)$. Determine-se a distribuição de $y_t|\,\mathcal{F}_{t-1}$. Dado $\mathcal{F}_{t-1}$, y_{t-1} pode ser tratado como uma constante. Logo $y_t|\,\mathcal{F}_{t-1}$ tem distribuição normal,

$$y_t|\,\mathcal{F}_{t-1} \sim N\left(\mathrm{E}\left(y_t|\,\mathcal{F}_{t-1}\right), \mathrm{Var}\left(y_t|\,\mathcal{F}_{t-1}\right)\right)$$

onde

$$
\begin{aligned}
\mathrm{E}\left(y_t|\,\mathcal{F}_{t-1}\right) &= c + \phi y_{t-1} \\
\mathrm{Var}\left(y_t|\,\mathcal{F}_{t-1}\right) &= \mathrm{E}\left(\left(y_t - \mathrm{E}\left(y_t|\,\mathcal{F}_{t-1}\right)\right)^2 \Big|\,\mathcal{F}_{t-1}\right) = \mathrm{E}\left(u_t^2|\,\mathcal{F}_{t-1}\right) = \sigma^2
\end{aligned}
$$

Assim,

$$y_t|\,\mathcal{F}_{t-1} \sim N\left(c + \phi y_{t-1}, \sigma^2\right) \tag{4.2}$$

Determine-se a distribuição marginal. No modelo em análise verifica-se $\mathrm{E}\left(y_t\right) = \mathrm{E}\left(y_{t-1}\right)$. Logo

$$\mathrm{E}\left(y_t\right) = c + \phi\,\mathrm{E}\left(y_t\right) \Rightarrow \mathrm{E}\left(y_t\right) = \frac{c}{1 - \phi}$$

e, seguindo um raciocínio similar,

$$\text{Var}(y_t) = \frac{\sigma^2}{1 - \phi^2}.$$

Atendendo à representação MA(∞) do processo AR(1)[15],

$$y_t = \frac{c}{1 - \phi} + u_t + \phi u_{t-1} + \phi^2 u_{t-2} + \dots$$

imediatamente se conclui que y tem distribuição marginal normal (uma soma de v.a. normais tem distribuição normal). Também se conclui, a partir da representação MA(∞), que $\text{E}(y_t) = c/(1 - \phi)$ e $\text{Var}(y_t) = \sigma^2/(1 - \phi^2)$. Assim, a distribuição marginal de y é

$$y_t \sim N\left(\frac{c}{1 - \phi}, \frac{\sigma^2}{1 - \phi^2}\right). \tag{4.3}$$

EXEMPLO 4.3.2. *Considere-se* $y_t = 0.9 y_{t-1} + u_t$ *onde* $u_t \sim N(0, 1)$. *Sabendo que no período* $t - 1$ *se observou* $y_{t-1} = -2$ *e tendo em conta (4.2) e (4.3) tem-se*

$$y_t \sim N(0, 5.26)$$
$$y_t | \mathcal{F}_{t-1} \sim N(-1.8, 1).$$

Procura-se avaliar a probabilidade de y_t *assumir um valor positivo. Assim,*

$$P(y_t > 0) = 0.5$$
$$P(y_t > 0 | \mathcal{F}_{t-1}) = P(y_t > 0 | y_{t-1} = -2) = 0.0359.$$

As probabilidade são bem diferentes. Com efeito, no período $t - 1$ *registou-se* $y_{t-1} = -2$. *Como a autocorrelação é forte (ϕ é alto) é natural esperar que no período t o valor de* y_t *ainda se encontre abaixo de zero.*

---

[15] A forma mais intuitiva de obter este resultado, consiste em aplicar o método recursivo (iterando y_t *ad infinitum*). Por exemplo, $y_t = c + \phi y_{t-1} + u_t = c + \phi(c + \phi y_{t-2} + u_{t-1}) + u_t$, e assim sucessivamente.

104 | Modelação de Séries Temporais Financeiras

Por esta razão, a probabilidade condicional confere pouca evidência ao evento $\{y_t > 0\}$. Pelo contrário, a probabilidade marginal, ignora o acontecimento $\{y_{t-1} = -2\}$ e, por isso, atribui uma probabilidade razoável ao evento $\{y_t > 0\}$.

EXEMPLO 4.3.3. *Retome-se o exemplo 4.3.2 e suponha-se que se têm n observações e se pretende obter uma previsão para o período $n+1$. Podemos usar uma infinidade de previsores, mas analisem-se apenas os seguintes:*

$$
\begin{aligned}
\mathrm{E}\left(y_{n+1} | \mathcal{F}_n\right) &= 0.9 y_n \\
\mathrm{E}\left(y_{n+1}\right) &= 0.
\end{aligned}
$$

De acordo com a discussão anterior, o previsor $\mathrm{E}\left(y_{n+1} | \mathcal{F}_n\right)$ é mais preciso do que $\mathrm{E}\left(y_{n+1}\right)$. A precisão é aqui aferida através do erro quadrático médio (EQM) e, com efeito, observa-se que

$$
\begin{aligned}
\mathrm{E}\left(\left(y_{n+1} - \mathrm{E}\left(y_{n+1} | \mathcal{F}_n\right)\right)^2\right) &= \sigma^2 = 1 < \\
\mathrm{E}\left(\left(y_{n+1} - \mathrm{E}\left(y_{n+1}\right)\right)^2\right) &= \frac{\sigma^2}{1 - \phi^2} = 5.263
\end{aligned}
$$

4.4 Processos Estocásticos Elementares, Estacionaridade e Fraca Dependência

4.4.1 Processos Estocásticos Elementares

DEFINIÇÃO 4.4.1. *u é um processo[16] ruído branco (RB) se*

$$
\begin{aligned}
\mathrm{E}\left(u_t\right) &= 0 \\
\mathrm{Var}\left(u_t\right) &= \mathrm{E}\left(u_t^2\right) = \sigma^2 \\
\mathrm{E}\left(u_t u_s\right) &= 0, \ \forall s \neq t
\end{aligned}
$$

---

[16] Recorde-se a notação $u = \{u_t\} = \{u_t; t = 1, 2, ...\}$.

Figura 4.2: Qual é a trajectória do processo ruído branco?

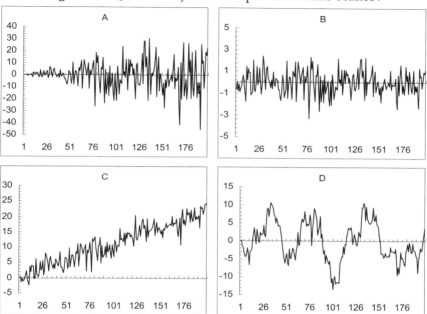

Procure identificar o processo ruído branco na figura 4.2.

DEFINIÇÃO 4.4.2. *u é um processo ruído branco independente se*

$$E(u_t) = 0,$$
$$E(u_t^2) = \sigma^2,$$
u_t e u_s são independentes $\forall s \neq t$

Se adicionalmente $u_t \sim N(0, \sigma^2)$ *então* u_t *um ruído branco Gaussiano.*

O processo $\{u_t\}$ pode ser não autocorrelacionado, i.e., $\text{Corr}(u_t, u_s) = 0$, $\forall s \neq t$ e, mesmo assim, u_t e u_s não serem independentes. Por exemplo, pode suceder $\text{Corr}(u_t^2, u_s^2) \neq 0$ e, neste caso, existe uma óbvia ligação entre os valores u_t^2 e u_s^2. Contudo,

106 | Modelação de Séries Temporais Financeiras

existe um caso notável onde $E(u_t u_s) = 0$, $\forall s \neq t$ implica independência. É o caso de ruídos brancos com distribuição Gaussiana.

DEFINIÇÃO 4.4.3. *u é um processo diferença de martingala se*

$$E(|u_t|) < \infty,$$
$$E(u_t|\mathcal{F}_{t-1}) = 0.$$

PROPOSIÇÃO 4.4.1. *Se u é uma diferença de martingala, então* $E(u_t) = 0$ *e* $E(u_t u_s) = 0$, $\forall s \neq t$.

DEM. Deixa-se como exercício concluir que $E(u_t) = 0$. Suponha-se, sem perda de generalidade que $s < t$. Tem-se

$$\begin{aligned}
E(u_t u_s) &= E(E(u_t u_s | \mathcal{F}_s)) \text{ (pela proposição 4.2.3)} \\
&= E(u_s E(u_t | \mathcal{F}_s)) \\
&= E(u_s E(E(u_t | \mathcal{F}_{t-1}) | \mathcal{F}_s)) \text{ (pela proposição 4.2.4)} \\
&= E(u_s E(0 | \mathcal{F}_s)) = 0.
\end{aligned}$$

$\square$

DEFINIÇÃO 4.4.4. *u é um processo passeio aleatório (random walk ou RW) se*

$$y_t = y_{t-1} + u_t$$

e u_t é um RB. y_t diz-se um processo passeio aleatório com deriva (random walk with drift) se

$$y_t = y_{t-1} + \delta + u_t, \qquad \delta \neq 0.$$

Pode-se provar que um *random walk* verifica:

$$E(y_t | \mathcal{F}_{t-1}) = y_{t-1},$$
$$E(y_t) = E(y_0), \qquad E(y_t^2) = E(y_0^2) + \sigma^2 t, \qquad E(y_t y_{t-k}) = \sigma^2 (t - k).$$

Figura 4.3: Processo RW e $\widehat{\text{Var}}(y_t) = \sum_{i=1}^{t}(y_i - \bar{y}_t)^2/t$

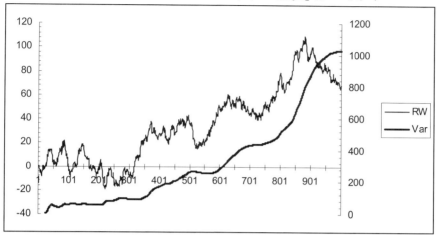

Na figura 4.3 apresenta-se um processo RW e $\widehat{\text{Var}}(y_t) = \sum_{i=1}^{t}(y_i - \bar{y}_t)^2/t$.

4.4.2 Estacionaridade

DEFINIÇÃO 4.4.5. *y é um processo estacionário de segunda ordem (ESO) se*

$$\begin{aligned}
\text{E}(y_t) &= \mu, & \text{(não depende de t)} \\
\text{Var}(y_t) &= \sigma^2, & \text{(não depende de t)} \\
\text{Cov}(y_t, y_{t\pm h}) &= \gamma(h) & \text{(não depende de t)}.
\end{aligned}$$

Na definição de processo ESO está implícito não só que os momentos não dependem de t como também são finitos. Por exemplo, se $\text{Var}(y_t) = \infty$, então y_t não é ESO. Um RB, RB independente ou um RB Gaussiano são processos estacionários de segunda ordem. Uma diferença de martingala pode ser ou não um processo ESO. É um processo ESO se o segundo momento for finito e não depender de t. Identifique na figura 4.2 as trajetórias de processos aparentemente não estacionários.

Figura 4.4: Função densidade de probabilidade de Cauchy

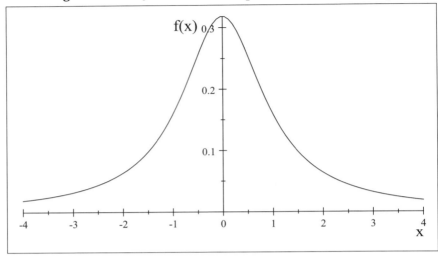

Naturalmente o processo passeio aleatório não é ESO.

Geralmente entende-se que um processo não é ESO quando a média, a variância ou as covariâncias dependem de t. Mas a estacionaridade de segunda ordem (ESO) pode também falhar se não existir a média e/ou a variância. Por exemplo, considere o processo $y_t = 10 + u_t$, onde $\{u_t\}$ é uma sucessão de v.a. i.i.d. com distribuição de Chauchy. A função densidade de probabilidade (fdp) de Cauchy é

$$f(x) = \frac{1}{\pi(1+x^2)}.$$

y não é um processo ESO porque $\mathrm{E}(|u_t|)$ não existe. Com efeito,

$$\mathrm{E}(|u_t|) = \int_{\mathbb{R}} |x| f(x) \, dx = \int_{\mathbb{R}} |x| \frac{1}{\pi(1+x^2)} dx$$

não converge e, portanto, $\mathrm{E}(|u_t|)$ não está definido (i.e. não existe). Na figura 4.4 traça-se a função $f(x)$. Como a fdp tem abas muitos pesadas atribui uma massa de probabilidade considerável para valores muito afastados da média. Isto significa que embora o centro de gravidade da fdp seja zero, valores muito afastados de zero podem ocorrer com probabilidade não nula (veja-se a figura 4.5).

DEFINIÇÃO 4.4.6. *y é um processo estritamente estacionário (EE) se as distribuições conjuntas de*

$$(y_1, y_2, ..., y_s) \ e \ (y_{k+1}, y_{k+2}, ..., y_{k+s})$$

são iguais para qualquer $s \in \mathbb{N}$ e $k \in \mathbb{Z}$.

No ponto 7.3 discute-se com maior profundidade este conceito.

OBSERVAÇÃO 4.4.1. *Um processo estritamente estacionário deve verificar, em particular, a seguinte condição:*

$$f_{y_1}(x) = f_{y_2}(x) = ... = f_{y_n}(x) = f(x) \tag{4.4}$$

(as densidade marginais de $y_1, y_2, ..., y_n$ são iguais para todo o t). Esta condição decorre da aplicação da definição anterior para $s = 1$. Resulta de (4.4) que se $\mathrm{E}(|g(y_t)|) < \infty$, então $\mathrm{E}(|g(y_t)|)$ é constante e não depende de t pois

$$\mathrm{E}(|g(y_t)|) = \int |g(x)| \, f_{y_t}(x) \, dx = \int |g(x)| \, f(x) \, dx, \qquad \forall t.$$

Ambas as definições de estacionaridade basicamente exigem que a estrutura probabilística se mantenha constante ao longo do tempo. No entanto, enquanto a estacionaridade estrita exige que toda a estrutura probabilística se mantenha constante ao longo do tempo, a ESO apenas faz essa exigência para os dois primeiros momentos e para a autocovariância.

EXEMPLO 4.4.1. *Considere-se o processo,*

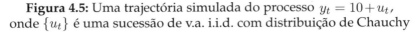

Figura 4.5: Uma trajectória simulada do processo $y_t = 10 + u_t$, onde $\{u_t\}$ é uma sucessão de v.a. i.i.d. com distribuição de Chauchy

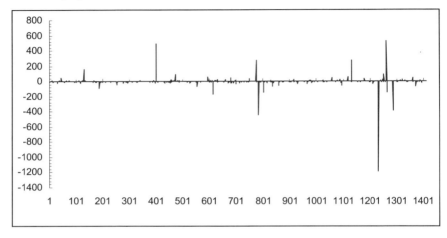

$$y_t = 0.2 y_{t-1} + u_t, \qquad |\phi| < 1 \tag{4.5}$$

onde

$$u_t = \begin{cases} \xi_t & se\ t \leq 2000 \\ \sqrt{\frac{k-2}{k}} \zeta_t & se\ t > 2000 \end{cases} \tag{4.6}$$

sendo ξ_t e ζ_s independentes $\forall t, s$, e $\xi_t \overset{iid}{\sim} N(0,1)$ e $\zeta_s \overset{iid}{\sim} t_{(k)}$. Para $t \leq 2000$ tem-se

$$\begin{aligned} \mathrm{E}(u_t) &= \mathrm{E}(\xi_t) = 0, \\ \mathrm{Var}(u_t) &= \mathrm{Var}(\xi_t) = 1 \end{aligned}$$

e para $t < 2000$,

$$\begin{aligned} \mathrm{E}(u_t) &= \mathrm{E}\left(\sqrt{\frac{k-2}{k}} \zeta_t\right) = 0, \\ \mathrm{Var}(u_t) &= \mathrm{Var}\left(\sqrt{\frac{k-2}{k}} \zeta_t\right) = \frac{k-2}{k} \frac{k}{k-2} = 1. \end{aligned}$$

Figura 4.6: Uma trajectória simulada a partir de um processo estacionário de segunda ordem mas não estritamente estacionário – confiram-se as equações (4.5) e (4.6)

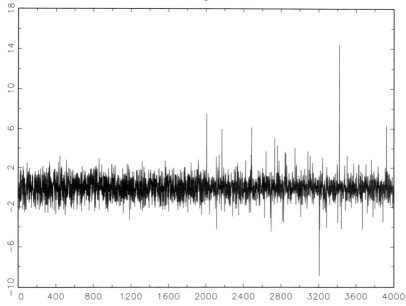

Como a autocovariância de u_t não depende de t (na verdade é zero, para qualquer t) e $\mathrm{E}(u_t)$ e $\mathrm{Var}(u_t)$ são constantes, para todo o t, conclui-se que $\{u_t\}$ é um processo ESO. No entanto, não é EE, pois a distribuição marginal de u_t para $t \leq 2000$ não coincide com a distribuição marginal de u_t para t > 2000 (no primeiro caso é normal; no segundo é t-Student). Não se cumpre assim a condição (4.4). A mesma conclusão se aplica a y: é ESO mas não EE. Na figura 4.6 representa-se uma trajectória simulada a partir das equações (4.5) e (4.6), com $k = 3$ (graus de liberdade). Observe-se que a partir de t = 2000 começam a aparecem valores muito altos e muitos baixos (outliers) já que os erros passam a ter distribuição t-Student com 3 graus de liberdade (embora a variância dos erros se mantenha sempre igual a 1). Observa-se, portanto, uma alteração da estrutura probabilística do processo a partir de t > 2000 que implica a não estacionaridade estrita do processo.

Alguns factos:

- Se $E\left(y_t^2\right) < \infty$ e y é estritamente estacionário (EE), então y é ESO.
  Com efeito, tem-se $f_{y_t}(y) = f(y)$, $\forall t$ (por hipótese) e, portanto,

$$
\begin{aligned}
E\left(y_t\right) &= \int x f_{y_t}(x) \, dx \\
&= \int x f(x) \, dx = E(y), \\
\operatorname{Var}\left(y_t\right) &= \int \left(x - E\left(y_t\right)\right)^2 f_{y_t}(x) \, dx \\
&= \int \left(x - E(y)\right)^2 f(x) \, dx = \operatorname{Var}(y).
\end{aligned}
$$

Por outro lado, $f_{y_t, y_{t+h}}(x, y) = f_{y_s, y_{s+h}}(x, y)$, $\forall t, s$ (por hipótese) e, portanto, a expressão

$$
\begin{aligned}
E\left(y_t y_{t+h}\right) &= \int \int x y f_{y_t, y_{t+h}}(x, y) \, dx \, dy \\
&= \int \int x y f_{y_s, y_{s+h}}(x, y) \, dx \, dy = E\left(y_s y_{s+h}\right).
\end{aligned}
$$

não depende de t (nem de s).

- Se y é ESO e tem distribuição normal, então y é EE.
- A estacionaridade estrita é geralmente uma condição mais forte do que a ESO, mas não implica necessariamente ESO. Por exemplo, se $y_t = 10 + u_t$ onde $\{u_t\}$ é uma sucessão de v.a. com distribuição de Cauchy, y não é, como vimos, ESO; no entanto, pode-se provar que y é EE: a estrutura probabilística mantém-se imutável ao longo do tempo.

4.4.3 Fraca Dependência

A propriedade fraca dependência é crucial para se invocar resultados limites como sejam a lei dos grandes números e o teorema do limite central. Considere-se, por exemplo, a média empírica $\bar{y}_n = n^{-1} \sum_{t=1}^n y_t$. Sob certas condições, a lei fraca dos grandes números estabelece $\bar{y}_n \xrightarrow{p} E(y)$. Este resultado pode ser provado da seguinte forma: se $\lim_n E(\bar{y}_n) = E(y)$ e $\lim_n \text{Var}(\bar{y}_n) = 0$ então $\bar{y}_n \xrightarrow{p} E(y)$. Exigir que a variância de $\bar{y}_n$ convirja para zero (no limite $\bar{y}_n$ reduz-se a uma constante) envolve a suposição de que a sucessão $\{y_t\}$ é fracamente dependente num sentido que precisaremos a seguir. Com efeito,

$$
\begin{aligned}
\text{Var}(\bar{y}_n) &= \frac{1}{n^2} \text{Var}\left(\sum_{t=1}^n y_t\right) \\
&= \frac{1}{n^2} \left(\sum_{t=1}^n \text{Var}(y_t) + 2 \sum_{j=1}^{n-1} \sum_{i=j+1}^n \text{Cov}(y_i, y_{i-j})\right).
\end{aligned}
$$

Sem hipóteses adicionais não é garantido que estas duas somas convirjam. Comece-se por assumir que $\{y_t\}$ é ESO. Nestas condições a covariância $\text{Cov}(y_i, y_{i-j})$ só depende de $j = i - (i-j)$ e não de i (veja a definição 4.4.5). Assim, pode-se escrever, $\text{Cov}(y_i, y_{i-j}) = \gamma(j)$. Vem,

$$
\begin{aligned}
\text{Var}(\bar{y}_n) &= \frac{1}{n^2} \left(n\sigma^2 + 2 \sum_{j=1}^{n-1} \sum_{i=j+1}^n \gamma(j)\right) \\
&= \frac{\sigma^2}{n} + \frac{2}{n^2} \sum_{j=1}^{n-1} \gamma(j) \sum_{i=j+1}^n 1 \ (\gamma(j) \text{ não depende de } i) \\
&= \frac{\sigma^2}{n} + \frac{2}{n^2} \sum_{j=1}^{n-1} \gamma(j)(n-j) \\
&= \frac{\sigma^2}{n} + \frac{2}{n} \sum_{j=1}^{n-1} \gamma(j)\left(1 - \frac{j}{n}\right).
\end{aligned}
$$

114 | Modelação de Séries Temporais Financeiras

O primeiro termo σ^2/n converge para zero, mas o segundo termo pode convergir ou não. É necessário não só que $\gamma(j)$ convirja para zero, mas também que essa convergência seja relativamente rápida. Note-se de passagem que a estacionaridade não garante fraca dependência.

As condições de aplicação do teorema do limite central são ainda mais exigentes. Sob certas condições tem-se, como se sabe, $\sqrt{n}\,(\bar{y}_n - \mathrm{E}\,(y)) \xrightarrow{d} N\,(0, \eta^2)$, onde η^2 uma constante finita, definida como $\eta^2 = \lim_n \mathrm{Var}\,(\sqrt{n}\,(\bar{y}_n - \mathrm{E}\,(y))) = \lim_n \mathrm{Var}\,(\sqrt{n}\bar{y}_n)$. Se $\{y_t\}$ é estacionário, tem-se

$$\mathrm{Var}\,(\sqrt{n}\bar{y}_n) = \sigma^2 + 2\sum_{j=1}^{n-1} \gamma(j)\left(1 - \frac{j}{n}\right)$$

e, agora, comparativamente ao caso anterior, $\gamma(j)$ tem de convergir ainda mais rapidamente para zero para que a soma $S_n = \sum_{j=1}^{n-1} \gamma(j)\left(1 - \frac{j}{n}\right)$ convirja. Por exemplo, uma função de autocorrelação do tipo $\gamma(j) = 1/j$ resulta numa soma S_n divergente. A soma converge se a função de autocorrelação for, por exemplo, do tipo $\gamma(j) = a^j$, com $|a| < 1$.

Existem várias definições de processos fracamente dependentes envolvendo os chamados *mixing coefficients* (α-mixing, β-mixing, ρ-mixing entre outros) que permitem avaliar e medir o grau de dependência recorrendo a diferentes interpretações do conceito de independência. Vamos adoptar uma definição alternativa para caracterizarmos um processo fracamente dependente baseada na definição de Wooldridge (1994):

DEFINIÇÃO 4.4.7. *y é um processo fracamente dependente se* $\lim_n \mathrm{Var}\,(\sqrt{n}\bar{y}_n) = c > 0.$

Infelizmente esta definição tem a seguinte desvantagem: se y é fracamente dependente no sentido da definição 4.4.7, e g é uma função com boas propriedades, não é possível concluir, em termos gerais, que $z_t = g(y_t)$ é ainda um processo fracamente dependente. Já se y_t é β-mixing é possível inferir, sob certas condições gerais, que $z_t = g(y_t)$ é ainda β-mixing (digamos, a transformação g preserva a propriedade de fraca dependência do processo quando baseada no conceito dos *mixing coefficients*).

Comentários Finais

Por que razão é importante o estudo da estacionaridade e da fraca dependência (em séries temporais)? Apontam-se algumas razões:

- A aplicação do teorema central e a lei dos grandes números são dois pilares da inferência estatística. Considere-se, por exemplo,

$$\bar{y}_n = \frac{1}{n} \sum_{t=1}^{n} y_t.$$

Sob certas condições, a aplicação da lei dos grandes números e do teorema do limite central, permite obter, respectivamente

$$\bar{y}_n \xrightarrow{p} \mathrm{E}(y), \qquad \frac{\bar{y}_n - \mathrm{E}(y)}{\sqrt{\mathrm{Var}(\bar{y}_n)}} \xrightarrow{d} N(0,1).$$

No entanto, se y não é estacionário e fracamente dependente não é possível invocar estes resultados clássicos (e a inferência assimptótica habitual não pode ser utilizada).
- De uma forma geral, se a estrutura probabilística se altera ao longo do tempo (i.e., se y não é estacionário), todas as conclusões que se retirem para um certo período não são extrapoláveis para o futuro.

116 | Modelação de Séries Temporais Financeiras

- A estacionaridade também é relevante no âmbito da previsão: processos estacionários são limitados em probabilidade e a amplitude dos intervalos de previsão não diverge quando o horizonte de previsão tende para mais infinito. Pelo contrário, processos não estacionários, por exemplo, I (1), são extremamente difíceis de prever no longo prazo, dado que a amplitude dos intervalos de previsão aumenta com o horizonte de previsão.
- Em termos de política económica é também relevante saber se um processo é estacionário ou não. Medidas de política económica que tenham como objectivo alterar a trajectória de processos estacionários, estão em geral condenadas ao fracasso, pelo menos no médio/longo prazo, pois choques induzidos em processos dessa natureza tendem a se autocorrigir ao longo do tempo (e a reverterem para a uma medida de tendência central).

Convém sublinhar o seguinte. Embora muitas séries temporais sejam não estacionárias, é possível, na maior parte dos casos, estacionarizá-las, mediante transformações apropriadas do processo.

* * *

Para terminar esta secção, tecem-se algumas considerações críticas aos modelos de séries temporais baseados em pressupostos estacionários.

Serão as séries temporais financeiras e económicas verdadeiramente estacionárias? Como já argumentámos, a estacionaridade envolve uma determinada hipótese de estabilidade da estrutura probabilística do processo. Esta estrutura depende de uma miríade de factores, como por exemplo, dos agentes económicos (privados e públicos) e das suas relações, da tecnologia, da informação, do puro acaso (entre outros factores). Apenas o puro acaso pode ser considerado imutável ao longo do tempo; tudo o resto evolui ao longo do tempo, pelo que é um mito supor-se que a estrutura probabilística de uma série temporal financeira ou económica permanece constante ou aproximadamente constante ao longo do(s) tempo(s). Suponha-se que se estuda a taxa de variação relativa anual do PIB português $(y_t = \log(PIB_t) - \log(PIB_{t-1}))$. Aparentemente, y é estacionário se o período de referência forem alguns dezenas de anos (isto é, praticamente todos os testes estatísticos disponíveis, apontariam nessa direcção). Mas, se alargarmos a amostra para várias centenas de anos (supondo que tal era possível), é extremamente implausível y ser estacionário (a história diz-nos que as condições e os factores de produção evoluem ou sofrem rupturas ao longo do tempo). Sob esta perspectiva, não existem processos de natureza económica e financeira estacionários. Poderemos então concluir que a análise da estacionaridade acaba por ser inútil? Embora, em termos rigorosos, o conceito de estacionaridade envolva o passado e o futuro distante (o "$-\infty$" e o "$+\infty$"), normalmente limitamos o período de análise. Para esse período, assume-se que a série apresenta características estacionárias e a previsão relevante que estabelecemos aplica-se, supostamente, a um futuro próximo, governado, no essencial, pelas mesmas leis que determinaram o processo no período amostral. Com esta ressalva, a estacionaridade é importante, porque assegura uma forma de estabilidade probabilística que é essencial na inferência estatística.

PARTE 2
MODELOS ESTATÍSTICOS

Capítulo 5

O Problema da Especificação

5.1 O Axioma da Correcta Especificação do Modelo

Seja y_t o valor de uma variável económica no momento t. Em termos abstractos temos a sucessão (ou colecção) de variáveis aleatórias $\{y_t, t \in \mathbb{Z}\}$ ou $\{y_t, t \in \mathbb{N}_0\}$. Uma série económica é apenas uma subsucessão de $\{y_t, t \in \mathbb{N}_0\}$. A série económica depende de inúmeros factores: leis económicas, choques externos, puro acaso, etc.

O verdadeiro comportamento de y_t é desconhecido. Pode ser caracterizado por aquilo a que se chama *data generation process* (DGP) e é definido como a lei de probabilidade conjunta de $\{y_t, y_{t-1}, ...\}$:

$$F_t^0 (y_t, y_{t-1}, ...) \text{ ou } f_t^0 (y_t, y_{t-1}, ...).$$

A distribuição conjunta ou a densidade conjunta (que se admite existir) descrevem completamente a sucessão em termos probabilísticos (incorpora tudo o que influencia y_t). Note-se que as funções F_t^0 ou f_t^0 são desconhecidas. Além disso, dependem de t, porque se admite a possibilidade de y ser não estacionário. O DGP pode ser equivalentemente descrito pelas densidades condicionais (supondo que existem)

$$\left\{ f_t^0 (y_t | \mathcal{F}_{t-1}) \right\}, \qquad t = ..., -1, 0, 1, ...$$

122 | Modelação de Séries Temporais Financeiras

Com efeito (usando a propriedade $P\left(A \cap B\right) = P\left(A|\,B\right)P\left(B\right)$),

$$
\begin{aligned}
f_t^0\left(y_t, y_{t-1}, ...\right) &= f_t^0\left(y_t|\, y_{t-1}, ...\right) f_{t-1}^0\left(y_{t-1}, y_{t-2}...\right) \qquad\qquad (5.1)\\
&= f_t^0\left(y_t|\, y_{t-1}, ...\right) f_{t-1}^0\left(y_{t-1}|\, y_{t-2}, ...\right) f_{t-2}^0\left(y_{t-2}, y_{t-3}...\right)\\
&= ...\\
&= f_t^0\left(y_t|\, y_{t-1}, ...\right) f_{t-1}^0\left(y_{t-1}|\, y_{t-2}, ...\right) ...f_1^0\left(y_1|\, y_0, ...\right)...
\end{aligned}
$$

Logo a sucessão $\left\{f_t^0\left(y_t|\,\mathcal{F}_{t-1}\right)\right\}$ fornece a mesma informação que $f^0\left(y_t, y_{t-1}, ...\right)$. Por exemplo, suponha-se que se simula o seguinte modelo:

$$
y_t = 0.5y_{t-1} + \varepsilon_t, \qquad \varepsilon_t \text{ é um ruído branco } N\left(0, 1\right), \qquad t = 2, 3
$$

Logo, o DGP da simulação é

$$
\begin{aligned}
f^0\left(y_3, y_2, y_1\right) &= f^0\left(y_3|\, y_2, y_1\right) f^0\left(y_2, y_1\right)\\
&= f^0\left(y_3|\, y_2, y_1\right) f^0\left(y_2|\, y_1\right) f^0\left(y_1\right)\\
&= f^0\left(y_3|\,\mathcal{F}_2\right) f^0\left(y_2|\,\mathcal{F}_1\right) f^0\left(y_1\right),
\end{aligned}
$$

e, portanto, pode ser completamente caracterizado pela distribuição condicional $y_t|\,\mathcal{F}_{t-1} \sim N\left(0.5y_{t-1}, 1\right)$ e pela distribuição do valor inicial (se o processo fosse iniciado em $t = -\infty$ o DGP seria caracterizado apenas pela distribuição condicional).

Um modelo econométrico, definido pelo investigador, procura aproximar o melhor possível o DGP através de um modelo do tipo

$$
M\left(y_t, y_{t-1}, ...; \mathbf{d}_t; \boldsymbol{\theta}\right)
$$

onde $\boldsymbol{\theta}$ é um vector de parâmetros e $\mathbf{d}_t$ inclui variáveis não aleatórias que procuram modelar alterações no DGP ao longo do tempo (como por exemplo, variáveis artificiais determinísticas, tendências, etc.).

Este modelo encerra uma hipótese quanto à fdp condicional, $f_t\left(y_t|\,\mathbf{d}_t, \mathcal{F}_{t-1}, \boldsymbol{\theta}\right)$ e, portanto, quanto aos momentos condicionais, como por exemplo $\mathrm{E}\left(y_t|\,\mathbf{d}_t, \mathcal{F}_{t-1}, \boldsymbol{\theta}\right)$ e $\mathrm{Var}\left(y_t|\,\mathbf{d}_t, \mathcal{F}_{t-1}, \boldsymbol{\theta}\right)$. O axioma da correcta especificação do modelo M traduz-se da seguinte forma: existe um $\boldsymbol{\theta}_0$ tal que

$$f_t\left(y_t|\,\mathbf{d}_t, \mathcal{F}_{t-1}, \boldsymbol{\theta}_0\right) = f_t^0\left(y_t|\,\mathcal{F}_{t-1}\right).$$

De forma análoga, os dois primeiros momentos condicionais estão correctamente especificados se existir um $\boldsymbol{\theta}_0$ tal que

$$\mathrm{E}\left(y_t|\,\mathbf{d}_t, \mathcal{F}_{t-1}, \boldsymbol{\theta}_0\right) = \int y f_t^0\left(y|\,\mathcal{F}_{t-1}\right) dy$$

$$\mathrm{Var}\left(y_t|\,\mathbf{d}_t, \mathcal{F}_{t-1}, \boldsymbol{\theta}_0\right) = \int y^2 f_t^0\left(y|\,\mathcal{F}_{t-1}\right) dy - \left(\int y f_t^0\left(y|\,\mathcal{F}_{t-1}\right) dy\right)^2.$$

Na prática, a hipótese da correcta especificação é implausível, embora seja geralmente conveniente invocá-la como forma de estruturar e interpretar os resultados estatísticos. De todo o modo, o objectivo é claro: devemos procurar uma fdp $f_t\left(y_t|\,\mathbf{d}_t, \mathcal{F}_{t-1}, \hat{\boldsymbol{\theta}}_0\right)$ que esteja o mais próximo possível da verdadeira mas desconhecida densidade $f^0\left(y_t|\,\mathcal{F}_{t-1}\right)$.

5.2 Modelação da Média Condicional e Modelos Dinamicamente Completos

5.2.1 Modelos Dinamicamente Completos

Generalize-se a análise e admita-se que a y_t depende dos valores correntes e passados de x_t. Seja $\mathcal{I}_t = \mathcal{F}_{t-1} \cup \mathcal{F}_t^X$ onde $\mathcal{F}_t^X$ é o conjunto de informação contendo todas as variáveis explicativas até ao período t. Assim, $\mathcal{I}_t = \{y_{t-1}, y_{t-2}, ...; x_t, x_{t-1}, ...\}$. O primeiro passo na construção do modelo M é geralmente o da definição da média condicional, o que significa que devemos identificar todas as variáveis explicativas de y_t. Por exemplo, suponha-se que as variáveis relevantes para explicar um certo fenómeno y_t são x_t e y_{t-1}. Normalmente expressamos esta nossa convicção sobre o poder explicativo x_t e y_{t-1} escrevendo $y_t = \beta_1 + \beta_2 x_t + \phi y_{t-1} + u_t$, sendo u_t é o termo de erro. É importante sublinhar que nada de relevante é dito sobre o modelo se não adiantarmos uma hipótese sobre o comportamento de u_t. Se dissermos que $\mathrm{E}(u_t) = 0$ apenas podemos concluir que $\mathrm{E}(y_t) = \beta_1 + \beta_1 \mathrm{E}(x_t) + \phi \mathrm{E}(y_{t-1})$. Se adicionalmente dissermos que $\mathrm{Cov}(u_t, x_t) = \mathrm{Cov}(u_t, y_{t-1}) = 0$ então (pode-se provar que) $\beta_1 + \beta_2 x_t + \phi y_{t-1}$ é o melhor previsor linear de y_t. Se a nossa hipótese é $\mathrm{E}(u_t | \mathcal{I}_t) = 0$ acrescentamos bastante mais informação: de facto, reclamamos que a média condicional é $\mathrm{E}(y_t | \mathcal{I}_t) = \beta_1 + \beta_2 x_t + \phi y_{t-1}$. Todavia, nenhuma suposição é feita quanto a distribuição condicional de y_t.

Seja $\mathbf{x}_t$ o vector das variáveis explicativas. No exemplo anterior tem-se $\mathbf{x}_t = (x_t, y_{t-1})$ e pode-se verificar que $\mathrm{E}(y_t | \mathbf{x}_t) = \mathrm{E}(y_t | \mathcal{I}_t)$. De uma forma geral, quando é válida a igualdade $\mathrm{E}(y_t | \mathbf{x}_t) = \mathrm{E}(y_t | \mathcal{I}_t)$ diz-se que o modelo é dinamicamente completo. Veja um caso onde o modelo não é dinamicamente completo. Considere-se,

$$y_t = \beta_1 + \beta_2 x_t + \beta_3 y_{t-1} + u_t, \qquad u_t = \phi_2 u_{t-2} + \varepsilon_t \qquad (5.2)$$

sendo $\{\varepsilon_t\}$ um RB. Este modelo não é dinamicamente completo, pois

$$\mathrm{E}(y_t | \mathcal{I}_t) = \beta_1 + \beta_2 x_t + \beta_3 y_{t-1} + \phi u_{t-2}$$

não coincide com

$$\mathrm{E}(y_t | \mathbf{x}_t) = \mathrm{E}(y_t | x_t, y_{t-1}) = \beta_1 + \beta_2 x_t + \beta_3 y_{t-1}.$$

No entanto, é fácil obter um modelo dinamicamente completo a partir de (5.2). Como

$$\begin{aligned} u_t &= y_t - (\beta_1 + \beta_2 x_t + \beta_3 y_{t-1}) \Rightarrow \\ u_{t-2} &= y_{t-2} - (\beta_1 + \beta_2 x_{t-2} + \beta_3 y_{t-3}) \end{aligned}$$

tem-se, a partir da representação (5.2),

$$
\begin{aligned}
y_t &= \beta_1 + \beta_2 x_t + \beta_3 y_{t-1} + u_t \\
&= \beta_1 + \beta_2 x_t + \beta_3 y_{t-1} + \phi_2 u_{t-2} + \varepsilon_t \\
&= \beta_1 + \beta_2 x_t + \beta_3 y_{t-1} + \phi_2 \left(y_{t-2} - (\beta_1 + \beta_2 x_{t-2} + \beta_3 y_{t-3}) \right) + \varepsilon_t \\
&= \beta_1 - \beta_1 \phi_2 + \beta_2 x_t + \beta_3 y_{t-1} + \phi_2 y_{t-2} - \beta_2 \phi_2 x_{t-2} - \beta_3 \phi_2 y_{t-3} + \varepsilon_t.
\end{aligned}
$$

A equação anterior pode ainda escrever-se na forma

$$
y_t = \gamma_1 + \gamma_2 x_t + \gamma_3 y_{t-1} + \gamma_4 y_{t-2} + \gamma_5 x_{t-2} + \gamma_6 y_{t-3} + \varepsilon_t. \quad (5.3)
$$

O vector $\mathbf{x}_t$ passa agora a ser $\mathbf{x}_t = (x_t, y_{t-1}, y_{t-2}, x_{t-2}, y_{t-3})$ e o modelo (5.3) é dinamicamente completo pois

$$
\mathrm{E}\left(y_t | \mathcal{I}_t \right) = \mathrm{E}\left(y_t | \mathbf{x}_t \right) = \gamma_1 + \gamma_2 x_t + \gamma_3 y_{t-1} + \gamma_4 y_{t-2} + \gamma_5 x_{t-2} + \gamma_6 y_{t-3}.
$$

Num modelo dinamicamente completo, o conjunto das variáveis explicativas $\mathbf{x}_t$ capta toda a dinâmica da média condicional do processo, de tal forma que os erros não são autocorrelacionados (vale a pena acrescentar que um modelo dinamicamente completo não pode ter erros autocorrelacionados).

Que diferenças existem entre os modelos (5.2) e (5.3)? O estimador OLS aplicado a (5.3) é consistente; mas aplicado a (5.2) é inconsistente, pois o regressor y_{t-1} está correlacionado com os erros u_t ($\mathrm{E}\left(u_t | \mathbf{x}_t \right) \neq 0$). Claro que no modelo (5.2) deve usar-se um método de estimação consistente, como por exemplo, o método FGLS ou o método da máxima verosimilhança. Quando são usados métodos de estimação apropriados, do ponto de vista estatístico – por exemplo, previsão ou ajustamento – os modelos acima discutidos são (quase) equivalentes (e, portanto, é indiferente usar-se um ou o outro). Do ponto de vista da interpretação económica o modelo (5.3) pode ser preferível, pois identifica claramente todos os regressores influentes na explicação das variações de y. Mas, também pode suceder o contrário! Suponha-se que a teoria económica postula para certo fenómeno a relação $y_t = \beta_1 + \beta_2 x_t + u_t$. É esta a relação que queremos estimar, mesmo que u_t possa exibir autocorrelação.

5.2.2 Média Condicional Não Linear

Suponha-se que a média condicional é dada por

$$\mathrm{E}\left(y_t \mid \mathcal{F}_{t-1}\right) = g\left(y_{t-1}, y_{t-2}, .., y_{t-p}; u_{t-1}, u_{t-2}, ...u_{t-q}\right)$$

(não estando presente a variável explicativa x_t a σ-algebra relevante é $\mathcal{F}_t$ e não $\mathcal{I}_t$, como no exemplo anterior). Diz-se que o modelo

$$y_t = g\left(y_{t-1}, y_{t-2}, .., y_{t-p}; u_{t-1}, u_{t-2}, ...u_{t-q}\right) + u_t$$

é não linear na média se g é uma função não linear dos seus argumentos. Vejamos alguns exemplos. No caso

$$y_t = \phi y_{t-1} + \log\left(1 + y_{t-1}^2\right) + u_t, \qquad \mathrm{E}\left(u_t \mid \mathcal{F}_{t-1}\right) = 0,$$

tem-se um modelo não linear na média, pois, $\mathrm{E}\left(y_t \mid \mathcal{F}_{t-1}\right) = \phi y_{t-1} + \log\left(1 + y_{t-1}^2\right)$ é uma função não linear de y_{t-1}. Também

$$y_t = \xi u_{t-1} u_{t-2} + u_t, \qquad \mathrm{E}\left(u_t \mid \mathcal{F}_{t-1}\right) = 0$$

é um modelo não linear, pois $\mathrm{E}\left(y_t \mid \mathcal{F}_{t-1}\right) = \xi u_{t-1} u_{t-2}$ é não linear nos valores passados de u_t. Outro exemplo é Modelo *Threshold*

$$y_t = \begin{cases} \phi_1 y_{t-1} + u_t & \text{se } y_{t-1} > k \\ \phi_2 y_{t-1} + u_t & \text{se } y_{t-1} \leq k. \end{cases}$$

com $\mathrm{E}\left(u_t \mid \mathcal{F}_{t-1}\right) = 0$. Desenvolveremos modelos não lineares com algum detalhe no capítulo 7.

5.3 Modelação da Variância Condicional

Definida a média condicional, pode haver interesse em explicar a variabilidade de y_t ao longo do tempo n. No modelo clássico de séries temporais assume-se que a variância condicional é constante ao longo do tempo. Essa hipótese não é credível em séries temporais financeiras. No capítulo 8 discutiremos esta questão em detalhe. Uma forma de introduzir um modelo de variância condicional não constante consiste em definir o termo de erro da equação $y_t = \mathrm{E}\left(y_t|\,\mathcal{F}_{t-1}\right) + u_t$ da seguinte forma $u_t = \sigma_t \varepsilon_t$, onde ε_t é um ruído branco de variância igual a 1 ou, mais geralmente, uma diferença de martingala (com variância finita igual a 1). Resulta

$$\mathrm{Var}\left(y_t|\,\mathcal{F}_{t-1}\right) = \mathrm{Var}\left(u_t|\,\mathcal{F}_{t-1}\right) = \mathrm{Var}\left(\sigma_t \varepsilon_t|\,\mathcal{F}_{t-1}\right) = \sigma_t^2.$$

A tarefa do investigador é a de definir uma função adequada para σ_t^2. No capítulo 8 aborda-se de forma detalhada esta questão.

5.4 Distribuição de Condicional

Definida a média condicional e a variância condicional e, eventualmente, outros momentos condicionais, pode haver interesse em modelar toda a estrutura probabilística do processo. Para o efeito é necessário no contexto da equação $y_t = \mathrm{E}\left(y_t|\,\mathcal{F}_{t-1}\right) + u_t$ com $u_t = \sigma_t \varepsilon_t$ especificar uma distribuição para ε_t. Por exemplo, se a proposta do investigador é $\varepsilon_t \sim N\left(0, 1\right)$ resulta que distribuição condicional de y_t é

$$y_t|\,\mathcal{F}_{t-1} \sim N\left(\mathrm{E}\left(y_t|\,\mathcal{F}_{t-1}\right), \mathrm{Var}\left(y_t|\,\mathcal{F}_{t-1}\right)\right),$$

e toda a estrutura probabilística fica definida. No contexto do ponto 5.1, a densidade definida para $y_t|\,\mathcal{F}_{t-1}$ representa a função $f_t\left(y_t|\,\mathbf{d}_t, \mathcal{F}_{t-1}, \boldsymbol{\theta}\right)$.

Capítulo 6

Modelação da Média: Abordagem Linear

Neste capítulo vamos focar modelos lineares na média. Considere-se o modelo

$$y_t = \mu_t + u_t \tag{6.1}$$

onde u_t são os erros e $\mu_t = g\left(y_{t-1}, y_{t-2}, .., y_{t-p}; u_{t-1}, u_{t-2}, ...u_{t-q}\right)$ é a média condicional. De acordo com a regra adoptada adiante, entende-se que o modelo (6.1) é linear na média se a função g é linear nos seus argumentos. Por exemplo, a especificação $\mu_t = \phi y_{t-1} + \theta u_{t-1}$ é linear (a função g é $g\left(x_1, x_2\right) = \phi x_1 + \theta x_2$) ao passo que $\mu_t = \phi y_{t-1}^2 (g\left(x\right) = \phi x^2)$ é não linear.

Toma-se como variável dependente y (pode ser um retorno de um título, a variação da taxa de câmbio, uma taxa de juro, etc.). Começaremos por admitir que a única informação que dispomos sobre y é a própria série. Como explicar y_t a partir da informação $\mathcal{F}_{t-1} = \{y_{t-1}, y_{t-2}, ...\}$? Se y_t não está correlacionado de alguma forma com os seus valores passados $y_{t-1}, y_{t-2}, ...$ a abordagem de séries temporais é inútil. Pelo contrário, se existe evidência de autocorrelação, então os valores passados da série podem explicar parcialmente o movimento de y e um modelo linear na média pode ser apropriado. Na prática, teremos de escolher um modelo concreto. Por exemplo, $y_t = c + \phi y_{t-1} + u_t$ ou $y_t = c + \phi_1 y_{t-1} + \phi_2 y_{t-2} + u_t$ ou $y_t = c + \theta_1 u_{t-1} + u_t$ entre muitos outros. Como seleccionar o modelo apropriado? A autocorrelação (total) e auto-

130 | Modelação de Séries Temporais Financeiras

correlação parcial são dois conceitos chave na fase da identificação do modelo. Iremos analisá-los de seguida.

6.1 Definições Preliminares

6.1.1 Autocorrelação de Ordem s (FAC)

Suponha-se que y é um processo ESO. Para medir a associação linear entre y_t e y_{t-s} já vimos que se toma o coeficiente de autocorrelação de ordem s,

$$\rho_s = \frac{\text{Cov}(y_t, y_{t-s})}{\sqrt{\text{Var}(y_t)\,\text{Var}(y_{t-s})}}$$

onde

$$\begin{aligned}
\text{Cov}(y_t, y_{t-s}) &= \text{E}\left((y_t - \text{E}(y_t))(y_{t-s} - \text{E}(y_{t-s}))\right) \\
&= \text{E}(y_t y_{t-s}) - \text{E}(y_t)\,\text{E}(y_{t-s}).
\end{aligned}$$

Convencione-se chamar γ_s a $\text{Cov}(y_t, y_{t-s})$ e γ_0 a $\text{Var}(y_t)$ [17] Como $\text{Var}(y_t) = \text{Var}(y_{t-s})$ vem

$$\rho_s = \frac{\text{Cov}(y_t, y_{t-s})}{\sqrt{\text{Var}(y_t)\,\text{Var}(y_{t-s})}} = \frac{\gamma_s}{\sqrt{\gamma_0^2}} = \frac{\gamma_s}{\gamma_0}.$$

Naturalmente, devido à desigualdade de Chaucy-Schwarz[18], tem-se

$$|\rho_s| \leq 1.$$

---

[17] Na verdade, adoptando a convenção $\gamma_s = \text{E}\left((y_t - \text{E}(y_t))(y_{t-s} - \text{E}(y_{t-s}))\right)$ resulta, por definição, $\gamma_0 = \text{E}\left((y_t - \text{E}(y_t))(y_t - \text{E}(y_t))\right) = \text{Var}(y_t)$.

[18] Suponha-se que $\text{E}(|X|^2) < \infty$ e $\text{E}(|Y|^2) < \infty$. Então $\text{E}(|XY|) \leq \text{E}(|X|^2)^{1/2}\,\text{E}(|Y|^2)^{1/2}$.

6.1.2 Autocorrelação Parcial de Ordem s (FACP)

Quando se calcula a correlação entre, por exemplo, y_t e y_{t-2} por vezes sucede que a correlação detectada se deve ao facto de y_t estar correlacionado com y_{t-1}, e y_{t-1}, por sua vez, estar correlacionado com y_{t-2}. Com a autocorrelação parcial procura-se medir a correlação entre y_t e y_{t-s} eliminando o efeito das variáveis intermédias, $y_{t-1}, ..., y_{t-s+1}$. A análise desta forma de autocorrelação é importante na medida em que permite, juntamente com a FAC, identificar o processo linear subjacente.

No âmbito do modelo de regressão linear, sabe-se que uma forma de medir a associação parcial *ceteris paribus* entre, por exemplo, y e x_1 consiste em considerar a regressão $y = \beta_0 + \beta_1 x_1 + \beta_2 x_2 + ... + \beta_k x_k + u$. Com este procedimento β_1 representa o efeito *ceteris paribus* de uma variação unitária de x_1 sobre y. Mede-se, portanto, o impacto de x_1 sobre y depois do efeito das variáveis $x_2, ..., x_k$ ter sido removido ou controlado. Para obtermos as autocorrelações parciais seguimos um procedimento similar.

Considere-se:

$$
\begin{aligned}
y_t &= c + \phi_{11} y_{t-1} + \xi_t \\
y_t &= c + \phi_{21} y_{t-1} + \phi_{22} y_{t-2} + \xi_t \\
y_t &= c + \phi_{31} y_{t-1} + \phi_{32} y_{t-2} + \phi_{33} y_{t-3} + \xi_t \\
&\quad ... \\
y_t &= c + \phi_{s1} y_{t-1} + \phi_{s2} y_{t-2} + ... + \phi_{ss} y_{t-s} + \xi_t
\end{aligned}
$$

A autocorrelação parcial de ordem i é dada pelo coeficiente ϕ_{ii}. Por exemplo, a autocorrelação parcial de ordem 2 é dada pelo coeficiente ϕ_{22} na regressão

$$
y_t = c + \phi_{21} y_{t-1} + \phi_{22} y_{t-2} + \xi_t. \tag{6.2}
$$

Podemos usar o OLS para obter $\hat{\phi}_{22}$. Este coeficiente mede a relação entre y_t e y_{t-2} depois do efeito de y_{t-1} ter sido removido. ϕ_{kk} também pode ser estimado através da expressão

$$\hat{\phi}_{kk} = \frac{\sum_t r_{t,k} y_t}{\sum_t r_{t,k}^2}$$

onde $r_{t,k}$ é o resíduo da regressão linear de y_{t-k} sobre um termo constante e $(y_{t-1}, ..., y_{t-k+1})$. Os resíduos $r_{t,k}$ podem ser interpretados como a variável y_{t-k} depois dos efeitos das variáveis $(y_{t-1}, ..., y_{t-k+1})$ terem sido removidos. Assim, $\hat{\phi}_{kk}$ mede o efeito entre y_t e y_{t-k} depois do efeito das variáveis intermédias ter sido removido.

Apresenta-se a seguir uma forma de obter ϕ_{ii} como função dos $\rho's$. Considere a regressão linear

$$y_{t+s} = \phi_{s1} y_{t+s-1} + \phi_{s2} y_{t+s-2} + ... + \phi_{ss} y_t + \xi_{t+s}$$

e suponha-se que $\mathrm{Var}(y_t) = 1$ e $\mathrm{E}(y_t) = 0$ (a correlação parcial e total é independente da origem e da escala das variáveis). Multiplicando ambos os termos por y_{t+s-j}, $j = 1, 2, ..., s$, tomando os valores esperados e dividindo por γ_0 obtém-se o sistema,

$$\rho_j = \phi_{s1} \rho_{j-1} + ... + \phi_{ss} \rho_{j-s} \qquad j = 1, 2, ..., s. \tag{6.3}$$

Para obter ϕ_{11} considera-se a equação (6.3) para $s = 1$,

$$\rho_1 = \phi_{11} \rho_0 \qquad (\rho_0 = 1).$$

Donde,

$$\phi_{11} = \rho_1.$$

Para obter ϕ_{22} considera-se o sistema (6.3) com $s = 2$,

$$\begin{cases} \rho_1 = \phi_{21} + \phi_{22} \rho_1 \\ \rho_2 = \phi_{21} \rho_1 + \phi_{22} \end{cases}$$

e resolve-se em ordem a ϕ_{22} (e em ordem a ϕ_{21}). Aplicando, por exemplo, a regra de Cramer obtém-se

$$\phi_{22} = \frac{\begin{vmatrix} 1 & \rho_1 \\ \rho_1 & \rho_2 \end{vmatrix}}{\begin{vmatrix} 1 & \rho_1 \\ \rho_1 & 1 \end{vmatrix}} = \frac{\rho_2 - \rho_1^2}{1 - \rho_1^2}.$$

Utilizando o mesmo procedimento pode-se concluir que

$$\phi_{33} = \frac{\begin{vmatrix} 1 & \rho_1 & \rho_1 \\ \rho_1 & 1 & \rho_2 \\ \rho_2 & \rho_1 & \rho_3 \end{vmatrix}}{\begin{vmatrix} 1 & \rho_1 & \rho_2 \\ \rho_1 & 1 & \rho_1 \\ \rho_2 & \rho_1 & 1 \end{vmatrix}} = \frac{\rho_3 - 2\rho_1\rho_2 + \rho_1^3 + \rho_1\rho_2^2 - \rho_1^2\rho_3}{2\rho_1^2\rho_2 - \rho_2^2 - 2\rho_1^2 + 1}.$$

Estimativas consistentes de ϕ_{kk} podem ser naturalmente obtidas a partir dos coeficientes estimados $\hat{\rho}_i$, usando as expressões anteriores.

Pode-se provar que sob H_0: $\phi_{kk} = 0$,

$$Z = \sqrt{n}\hat{\phi}_{kk} \xrightarrow{d} N(0,1).$$

6.1.3 Operador de Diferença e de Atraso

O operador diferença Δ é bem conhecido:

$$\begin{aligned} \Delta y_t &= y_t - y_{t-1}, \\ \Delta^2 y_t &= \Delta(\Delta y_t) = \Delta(y_t - y_{t-1}) = \Delta y_t - \Delta y_{t-1} \\ &= y_t - y_{t-1} - (y_{t-1} - y_{t-2}) = y_t - 2y_{t-1} + y_{t-2}. \end{aligned}$$

O operador de atraso ou de desfasamento L (*lag*) define-se como

$$L y_t = y_{t-1}.$$

Resulta da definição,

$$
\begin{aligned}
L^2 y_t &= L\left(L y_t\right) = L y_{t-1} = y_{t-2}, \\
L^p y_t &= y_{t-p}, \\
L^p u_t &= u_{t-p}.
\end{aligned}
$$

Naturalmente, podemos combinar os operadores. Por exemplo,

$$
L\Delta y_t = L\left(y_t - y_{t-1}\right) = y_{t-1} - y_{t-2}.
$$

Com o operador L podemos escrever, por exemplo,

$$
y_t - \phi_1 y_{t-1} - \phi_2 y_{t-2} = \mu + \theta_1 u_{t-1} + u_t
$$

na forma,

$$
\begin{aligned}
y_t - \phi_1 L y_t - \phi_2 L^2 y_t &= \mu + \theta_1 L u_t + u_t \\
\left(1 - \phi_1 L - \phi_2 L^2\right) y_t &= \mu + \left(1 + \theta_1 L\right) u_t \\
\phi_2\left(L\right) y_t &= \mu + \theta_1\left(L\right) u_t.
\end{aligned}
$$

Naturalmente, $\phi_2\left(L\right) = 1 - \phi_1 L - \phi_2 L^2$ e $\theta_1\left(L\right) = 1 + \theta_1 L$ são polinómios em L (em lugar de L também se usa a letra B (*backshift*)).

6.2 Processos Lineares Estacionários

A decomposição de Wold fornece uma motivação para os modelos de médias móveis (ver a seguir). Wold mostrou que um processo y ESO pode escrever-se na forma

$$
y_t = V_t + u_t + \psi_1 u_{t-1} + \psi_2 u_{t-2} + \dots \tag{6.4}
$$

onde u_t é um RB, V_t é um processo determinístico e $\sum_{i=1}^{\infty} \psi_i^2 < \infty$.

A decomposição destaca que qualquer processo ESO tem uma representação linear nos erros de regressão ocorridos no passado. No entanto, o modelo (6.4) não pode ser implementado porque existem infinitos parâmetros para estimar. Em aplicações é necessário procurar representações lineares parcimoniosas, inspiradas em (6.4), como por exemplo,

$$
\begin{aligned}
y_t &= u_t + \theta_1 u_{t-1} & (\psi_1 = \theta_1, \psi_2 = \psi_3 = \dots = 0) \\
y_t &= u_t + \theta_1 u_{t-1} + \theta_2 u_{t-2} & (\psi_1 = \theta_1, \psi_2 = \theta_2, \psi_3 = \psi_4 = \dots = 0)
\end{aligned}
$$

Modelos do tipo $y_t = c + \phi y_{t-1} + u_t$ podem também escrever-se na forma (6.4) (com restrições sobre os ψ_i). Veremos que a melhor aproximação linear parcimoniosa que podemos efectuar à estrutura (6.4), supondo $V_t = 0$, baseia-se no chamado modelo ARMA.

6.2.1 Processos Média Móvel

6.2.1.1 Processo MA(1)

O processo MA(1) é dado por

$$
y_t = \mu + \theta u_{t-1} + u_t = \mu + (1 + \theta L) u_t
$$

onde u_t é um ruído branco. Este modelo representa y_t como uma combinação linear de choques aleatórios (u_{t-1} e u_t). Outra forma de interpretarmos o modelo consiste em imaginar que y_t resulta de um mecanismo de correcção: podemos utilizar o erro cometido no período anterior, u_{t-1} como regressor (i.e., como variável explicativa) do modelo (por exemplo, veremos que a previsão de y baseia-se, em parte, no erro de previsão cometido no período anterior). Este modelo é indicado para modelar fenómenos de memória muito curta pois a autocorrelação de y extingue-se muito rapidamente, como veremos a seguir.

Momentos Marginais

Os primeiros momentos marginais (ou não condicionais) são

$$
\begin{aligned}
\mathrm{E}\,(y_t) &= \mathrm{E}\,(\mu + \theta u_{t-1} + u_t) = \mu \\
\mathrm{Var}\,(y_t) &= \mathrm{Var}\,(\mu + \theta u_{t-1} + u_t) = \theta^2 \sigma^2 + \sigma^2.
\end{aligned}
$$

Covariâncias e Autocorrelações

$$
\begin{aligned}
\gamma_1 &= \operatorname{Cov}(y_t, y_{t-1}) = \operatorname{E}\left((y_t - \mu)(y_{t-1} - \mu)\right) \\
&= \operatorname{E}\left((\theta u_{t-1} + u_t)(\theta u_{t-2} + u_{t-1})\right) \\
&= \operatorname{E}\left(\theta^2 u_{t-1} u_{t-2} + \theta u_{t-1}^2 + \theta u_t u_{t-2} + u_t u_{t-1}\right) \\
&= 0 + \theta \sigma^2 + 0 + 0
\end{aligned}
$$

Pode-se provar

$$
\gamma_s = 0 \text{ para } s > 1.
$$

O processo y_t é ESO pois $\operatorname{E}(y_t)$ e (y_t) são constantes e γ_s não depende de t. Conclui-se agora que as autocorrelações são dadas por

$$
\begin{aligned}
\rho_1 &= \frac{\gamma_1}{\gamma_0} = \frac{\theta \sigma^2}{\theta^2 \sigma^2 + \sigma^2} = \frac{\theta}{\theta^2 + 1}. \\
\rho_s &= 0 \text{ para } s > 1.
\end{aligned}
$$

Relativamente às autocorrelações parciais tem-se

$$
\phi_{11} = \rho_1 = \frac{\theta}{\theta^2 + 1},
$$

e (pode-se provar)

$$
\phi_{ss} = \frac{\theta^s\left(1 - \theta^2\right)}{1 - \theta^{2(s+1)}}.
$$

Momentos Condicionais

Os momentos condicionais são imediatos:

$$
\begin{aligned}
\operatorname{E}(y_t \mid \mathcal{F}_{t-1}) &= \operatorname{E}(\mu + \theta u_{t-1} + u_t \mid \mathcal{F}_{t-1}) = \mu + \theta u_{t-1}. \\
\operatorname{Var}(y_t \mid \mathcal{F}_{t-1}) &= \operatorname{E}\left((y_t - \operatorname{E}(y_t \mid \mathcal{F}_{t-1}))^2 \mid \mathcal{F}_{t-1}\right) = \operatorname{E}(u_t^2 \mid \mathcal{F}_{t-1}) = \sigma^2.
\end{aligned}
$$

Se u_t é um ruído branco Gaussiano então

$$
y_t \mid \mathcal{F}_{t-1} \sim N\left(\mu + \theta u_{t-1}, \sigma^2\right)
$$

Invertibilidade

Considere-se um processo MA(1) (sem perda de generalidade) de média nula, $y_t = \theta u_{t-1} + u_t$ onde u_t é um ruído branco. Naturalmente, y pode escrever-se na forma

$$y_t = (1 + \theta L)\, u_t \text{ ou } y_t \,(1 + \theta L)^{-1} = u_t$$

Atendendo ao desenvolvimento em série de potência de $(1 + \theta L)^{-1}$,

$$\frac{1}{1 + \theta L} = 1 - \theta L + \theta^2 L^2 - ..., \qquad |\theta| < 1$$

tem-se, para $|\theta| < 1$,

$$y_t \,(1 + \theta L)^{-1} = u_t$$
$$y_t \left(1 - \theta L + \theta^2 L^2 - ...\right) = u_t \tag{6.5}$$
$$y_t = \theta y_{t-1} - \theta^2 y_{t-2} + ... + u_t.$$

Diz-se neste caso, com $|\theta| < 1$ que y_t é invertível, isto é, tem representação autoregressiva[19]. O facto do processo MA(1) (e, mais geralmente, o processo MA(q)) ter representação do tipo (6.5) explica por que razão a função de autocorrelação parcial ϕ_{ii} é não nula para todo o i (porquê?).

A invertibilidade é uma propriedade exigível na previsão: garante que a informação remota sobre o processo é irrelevante. Imagine-se o caso contrário, i.e. o processo não invertível. Isto significa que $|\theta| > 1$ e, pela equação (6.5), a informação mais atrasada tem mais peso na previsão y (a rigor a representação (6.5) não está bem definida no caso $|\theta| > 1$; no entanto, a ideia essencial mantém-se).

Um processo não invertível pode transformar-se num processo invertível com funções de autocorrelação e autocorrelações parciais

---

[19] No caso $y_t = \mu + \theta u_{t-1} + u_t, |\theta| < 1$, a representação autoregressiva é $y_t = \frac{\mu}{1+\theta} + \theta y_{t-1} - \theta^2 y_{t-2} + ... + u_t$.

138 | Modelação de Séries Temporais Financeiras

iguais. Com efeito, associado a um processo MA(1) não invertível existe sempre um outro processo MA(1) invertível com a mesma FAC e FACP. Por exemplo, considere-se o processo MA(1) não invertível.

$$y_t = 4u_{t-1} + u_t, \qquad \theta = 4. \tag{6.6}$$

Este modelo não serve para previsão pois a representação autoregressiva não está bem definida. O processo (6.6) verifica:

$$\rho_1 = \frac{\theta}{\theta^2 + 1} = \frac{4}{4^2 + 1} = \frac{4}{17}$$
$$\rho_s = 0 \text{ para } s > 1$$

e

$$\phi_{11} = \rho_1 = \frac{\theta}{\theta^2 + 1} = \frac{4}{17}$$
$$\phi_{ss} = \frac{\theta^s \left(1 - \theta^2\right)}{1 - \theta^{2(s+1)}} = 15 \frac{4^s}{1 - 4^{2s+2}}.$$

Ora, o processo

$$\tilde{y}_t = \frac{1}{4}\tilde{u}_{t-1} + \tilde{u}_t, \qquad \tilde{\theta} = \frac{1}{4}$$

tem a mesma FAC e FACP do processo y. Com efeito,

$$\tilde{\rho}_1 = \tilde{\phi}_{11} = \frac{\tilde{\theta}}{\tilde{\theta}^2 + 1} = \frac{\frac{1}{\theta}}{\left(\frac{1}{\theta}\right)^2 + 1} = \frac{\theta}{\theta^2 + 1} = \frac{4}{17}$$
$$\tilde{\phi}_{ss} = \frac{\left(\frac{1}{\theta}\right)^s \left(1 - \left(\frac{1}{\theta}\right)^2\right)}{1 - \left(\frac{1}{\theta}\right)^{2(s+1)}} = 15 \frac{4^s}{1 - 4^{2s+2}}.$$

Na prática, qual é o alcance deste resultado? Se não ocorrer invertibilidade na fase da estimação devemos definir outros valores iniciais para os parâmetros. Por exemplo, se o programa fornece como estimativa $\hat{\theta} = 4$ devemos definir outros valores iniciais até que o *software* encontre a estimativa 1/4 para o parâmetro do processo MA. Convém lembrar que a estimação de processos MA envolve problemas de optimização não linear. Por vezes, a solução do problema de optimização é um extremante local (e não global, como é desejável). Poderão existir outros extremantes que serão detectados se definirmos outros valores de inicialização.

6.2.1.2 Processo MA(q)

O processo MA(q) é dado por

$$
\begin{aligned}
y_t &= \mu + \theta_1 u_{t-1} + \theta_2 u_{t-2} + \ldots + \theta_q u_{t-q} + u_t, \\
&= \mu + (1 + \theta_1 L + \ldots + \theta_q L^q) u_t \\
&= \mu + \theta_q (L) u_t.
\end{aligned}
$$

O processo y_t continua a representar-se como uma combinação linear de choques aleatórios, desta vez, em função de $u_{t-q}, \ldots u_t$. Pode-se provar:

$$
\begin{aligned}
\text{Var}(y_t) &= \sigma^2 \left(1 + \theta_1^2 + \ldots + \theta_q^2\right) \\
\rho_k &= \begin{cases} \neq 0 & \text{se } k = 1, 2, \ldots, q \\ 0 & \text{se } k = q + 1, q + 2, \ldots \end{cases}
\end{aligned}
$$

Pode-se provar ainda:

$$
\phi_{kk} \neq 0, \text{ mas } \phi_{kk} \to 0, \qquad \text{quando } k \to \infty.
$$

PROPOSIÇÃO 6.2.1. *y_t é invertível se as raízes de $\theta_q (L)$ (i.e. as soluções de $\theta_q (L) = 0$) são em módulo superiores a um (ou fora do circulo unitário no plano complexo). Equivalentemente, y_t é invertível se as raízes inversas de $\theta_q (L)$ (i.e. 1/L onde L são as soluções de $\theta_q (L) = 0$) são em módulo inferiores a um (ou dentro do circulo unitário no plano complexo).*

No caso MA(1) a proposição 6.2.1 é equivalente a exigir $|\theta_1| < 1$ (ou $|1/\theta_1| > 1$). Observe-se que $-1/\theta_1$ é solução de $1 + \theta_1 L = 0$. No caso MA(2)

$$y_t = \mu + \theta_1 u_{t-1} + \theta_2 u_{t-2} + u_t = \mu + \left(1 + \theta_1 L + \theta_2 L^2\right) u_t$$

a proposição 6.2.1 traduz-se da seguinte forma: y_t é invertível se

$$\theta_1 + \theta_2 > -1, \qquad \theta_1 - \theta_2 < 1, \qquad -1 < \theta_2 < 1.$$

No caso MA(q), $q > 2$ é necessário calcular as raízes de $\theta_q\left(L\right)$.

EXEMPLO 6.2.1. *Verifique-se que* $y_t = \left(1 - 0.5L + 0.1L^2 - 0.5L^3\right) u_t$ *é invertível. Tem-se*

$$\theta_3\left(L\right) = \left(1 - 0.5L + 0.1L^2 - 0.5L^3\right).$$

Resolvendo $\theta_3\left(L\right) = 0$ *em ordem a L (através de um qualquer software) obtêm-se as seguintes raízes*

$$-0.42 + 1.3i, \qquad -0.42 - 1.3i, \qquad 1.05$$

Note-se agora que se uma raiz r é complexa, i.e. $r = a + bi$ *o módulo é* $|r| = \sqrt{a^2 + b^2}$. *Como*

$$|-0.42 + 1.3i| = \sqrt{.42^2 + 1.3^2} > 1, \qquad |1.05| > 1$$

conclui-se que o processo $y_t = \left(1 - 0.5L + 0.1L^2 - 0.5L^3\right) u_t$ *é invertível. O método dos coeficientes indeterminados permite determinar os parâmetros* ϕ_i *que figuram do lado direito da expressão*

$$\frac{1}{1 - 0.5L + 0.1L^2 - 0.5L^3} = 1 + \phi_1 L + \phi_2 L^2 + \dots$$

Multiplicando ambos os termos por $\left(1 - 0.5L + 0.1L^2 - 0.5L^3\right)$ *tem-se*

$$1 = \left(1 - 0.5L + 0.1L^2 - 0.5L^3\right)\left(1 + \phi_1 L + \phi_2 L^2 + \dots\right).$$

Depois de se multiplicarem e reordenarem todos os termos do lado direito da expressão anterior vem,

$$1 = 1 + (\phi_1 - 0.5) L + (0.1 - 0.5\phi_1 + \phi_2) L^2 + \dots$$

Desta equação resulta:

$$\begin{cases} \phi_1 - 0.5 = 0 \\ 0.1 - 0.5\phi_1 + \phi_2 = 0 \\ \dots \end{cases}$$

Da primeira equação sai $\phi_1 = 0.5$; da primeira e da segunda sai, $\phi_2 = 0.15$; etc. Em suma

$$\left(1 - 0.5L + 0.1L^2 - 0.5L^3\right)^{-1} = 1 + 0.5L + 0.15L^2 + 0.52\,L^3$$
$$+0.49L^4 + 0.27L^5 + \dots$$

e, portanto,

$$y_t = -0.5y_{t-1} - 0.15y_{t-2} - 0.52y_{t-3} - 0.49y_{t-4} - 0.27y_{t-5} - \dots$$

Nota final: o programa Mathematica (entre outros) calcula facilmente os parâmetros ϕ_i. A instrução é

$$Series[\frac{1}{1 - 0.5L + 0.1L^2 - 0.5L^3}, \{L,0,5\}].$$

OBSERVAÇÃO 6.2.1. *O programa EVIEWS apresenta as raízes invertidas do polinómio θ_q (L). Nestas condições, o processo y é invertível se as raízes invertidas θ_q (L) forem em módulo inferiores a um (ou dentro do circulo unitário no plano complexo). Segue-se a explicação. Suponha-se que o polinómio MA é $\theta(L) = \left(1 - 0.2L + 0.4L^2\right)$. As raízes de θ (L):*

$$\theta(L) = 0 \Rightarrow L_1 = 0.25 - 1.56i,\ L_2 = 0.25 + 1.56i$$

As raízes estão fora do círculo unitário, pois

$$|L_1| = \sqrt{0.25^2 + (-1.56)^2} = 1.58 > 1, \; |L_2| = ... = 1.58 > 1.$$

Logo o processo $y_t = \theta(L)u_t$ *é invertível. O programa EVIEWS apresenta as raízes invertidas. No exemplo em análise,* $\phi(L) = (1 - 0.2L + 0.4L^2)$*, o EVIEWS não apresenta* L_1 *e* L_2 *mas sim*

$$\frac{1}{L_1} \; e \; \frac{1}{L_2}.$$

Quando as raízes são reais é óbvio que $|L| > 1$ *é equivalente a* $|1/L| < 1$ *($L \neq 0$).*

Quando as raízes são complexas pode-se provar que $|L| > 1$ *é também equivalente a* $|1/L| < 1$*. Com efeito, suponha-se que uma raiz de* $\phi(L)$ *é* $a + bi$*. Esta raiz está fora do círculo unitário se* $|a + bi| = \sqrt{a^2 + b^2} > 1$*. A raiz invertida de* $a + bi$ *é*

$$\frac{1}{a + bi} = \frac{a}{a^2 + b^2} - \frac{b}{a^2 + b^2}i$$

e

$$\left| \frac{1}{a + bi} \right| = \sqrt{\left(\frac{a}{a^2 + b^2} \right)^2 + \left(\frac{b}{a^2 + b^2} \right)^2} = \frac{1}{\sqrt{a^2 + b^2}}.$$

Conclui-se, portanto, que

$$|a + bi| = \sqrt{a^2 + b^2} > 1 \Leftrightarrow \left| \frac{1}{a + bi} \right| = \frac{1}{\sqrt{a^2 + b^2}} < 1.$$

Retomando o exemplo $\phi(L) = (1 - 0.2L + 0.4L^2)$ *o EVIEWS apresenta*

$$\frac{1}{0.25 - 1.56i} = 0.100\,16 + 0.624\,97i$$

$$\frac{1}{0.25 + 1.56i} = 0.100\,16 - 0.624\,97i.$$

Como $\sqrt{0.100\,16^2 + 0.624\,97^2} = 0.632\,95 < 1$ *o processo $y_t = \theta(L)\,u_t$ é invertível. Em suma, no programa EVIEWS as raízes invertidas θ_q (L) devem ser em módulo inferiores a um (ou dentro do circulo unitário no plano complexo). Veremos ainda que as raízes invertidas do polinómio AR ϕ (L) devem também ser em módulo inferiores a um (ou dentro do circulo unitário no plano complexo) para que o processo seja ESO.*

EXEMPLO 6.2.2. *Retome-se o exemplo 6.2.1. O programa EVIEWS em lugar de fornecer as raízes*

$$-0.42 + 1.3i, \qquad -0.42 - 1.3i, \qquad 1.05$$

fornece as raízes invertidas, i.e., o lado direito das seguintes expressões:

$$\frac{1}{-0.42 + 1.3i} = -0.225 - 0.696i,$$

$$\frac{1}{-0.42 - 1.3i} = -0.225 + 0.696i, \qquad \frac{1}{1.05} = 0.952.$$

Assim, no programa EVIEWS as raízes invertidas de θ_q (L) devem ser em módulo inferiores a um (ou dentro do circulo unitário no plano complexo). Verifique que $|-0.225 - 0.696i| < 1$, $|-0.225 + 0.696i| < 1$, $|0.952| < 1$.

6.2.2 Processos Autoregressivos

6.2.2.1 *Processo AR(1)*

O processo AR(1) é dado por

$$y_t = c + \phi y_{t-1} + u_t \tag{6.7}$$

onde u_t é ruído branco independente de y_{t-1}. Este modelo é muito importante porque reproduz razoavelmente a dinâmica de muitas séries económicas e financeiras.

Momentos Marginais

Comece-se por calcular a média marginal

$$\mathrm{E}\,(y_t) = \mathrm{E}\,(c + \phi y_{t-1} + u_t) = c + \phi\,\mathrm{E}\,(y_{t-1})\,.$$

(temos uma equação recorrente em $\mathrm{E}\,(y_t)$: este valor esperado depende de $\mathrm{E}\,(y_{t-1})$ que, por sua vez, depende de $\mathrm{E}\,(y_{t-2})$ e assim sucessivamente). Se assumirmos à partida a condição de ESO (implicando $\mathrm{E}\,(y_t) = \mathrm{E}\,(y_{t-1}) = \mathrm{E}\,(y)$) vem

$$\mathrm{E}\,(y) = c + \phi\,\mathrm{E}\,(y) \Rightarrow \mathrm{E}\,(y) = \frac{c}{1-\phi}$$

Seguindo um raciocínio idêntico vem:

$$
\begin{aligned}
\mathrm{Var}\,(y_t) &= \mathrm{Var}\,(c + \phi y_{t-1} + u_t) = \phi^2\,\mathrm{Var}\,(y_{t-1}) + \mathrm{Var}\,(u_t) \\
&= \phi^2\,\mathrm{Var}\,(y_{t-1}) + \sigma^2
\end{aligned}
$$

Sob a hipótese de ESO, tem-se $\mathrm{Var}\,(y_t) = \mathrm{Var}\,(y_{t-1}) = \mathrm{Var}\,(y)$ e, portanto,

$$\mathrm{Var}\,(y_t) = \phi^2\,\mathrm{Var}\,(y) + \sigma^2 \Rightarrow \mathrm{Var}\,(y) = \frac{\sigma^2}{1-\phi^2}\,.$$

Covariâncias e Autocorrelações

Calcule-se agora as covariâncias. Como estas não dependem da média de y_t, simplifique-se fazendo $c = 0$. Suponha-se $|\phi| < 1$. A covariância γ_1 é dada por

$$
\begin{aligned}
\gamma_1 &= \operatorname{Cov}(y_t, y_{t-1}) = \operatorname{E}(y_t y_{t-1}) \\
&= \operatorname{E}(\operatorname{E}(y_t y_{t-1} | \mathcal{F}_{t-1})) = \operatorname{E}(y_{t-1} \operatorname{E}(y_t | \mathcal{F}_{t-1})) \\
&= \operatorname{E}(y_{t-1} \operatorname{E}(\phi y_{t-1} + u_t | \mathcal{F}_{t-1})) = \operatorname{E}(\phi y_{t-1}^2) \\
&= \phi \frac{\sigma^2}{1 - \phi^2}.
\end{aligned}
$$

A covariância de ordem k é

$$
\gamma_k = \operatorname{E}(y_t y_{t-k}) = \operatorname{E}(\operatorname{E}(y_t y_{t-k} | \mathcal{F}_{t-k})) = \operatorname{E}(y_{t-k} \operatorname{E}(y_t | \mathcal{F}_{t-k})).
$$

Para desenvolvermos a expressão precisamos de calcular primeiro $\operatorname{E}(y_t | \mathcal{F}_{t-k})$. Ora

$$
\begin{aligned}
y_t &= \phi y_{t-1} + u_t \\
&= \phi(\phi y_{t-2} + u_{t-1}) + u_t \\
&= \phi^2 y_{t-2} + \phi u_{t-1} + u_t \\
&= \dots = y_{t-k}\phi^k + u_{t-k+1}\phi^{k-1} + u_{t-k+2}\phi^{k-2} + \dots + u_{t-1}\phi + u_t
\end{aligned}
$$

pelo que

$$
\operatorname{E}(y_t | \mathcal{F}_{t-1}) = y_{t-k}\phi^k
$$

(todos os outros termos são nulos). Tem-se assim,

$$
\gamma_k = \operatorname{E}\left(y_{t-k} y_{t-k} \phi^k\right) = \phi^k \operatorname{E}(y_{t-k}^2) = \phi^k \frac{\sigma^2}{1 - \phi^2} = \phi^k \gamma_0.
$$

Uma forma alternativa de obter este valor é a seguinte. Multiplique-se ambos os termos da equação (6.7) por y_{t-k} (sem perda de generalidade, considere-se $c = 0$). Resulta

$$
y_t y_{t-k} = \phi y_{t-1} y_{t-k} + u_t y_{t-k}.
$$

Tomando o valor esperado e tendo em conta que $E\left(u_t y_{t-k}\right) = 0$, obtém-se

$$\gamma_k = \phi \gamma_{k-1}.$$

Logo,

$$\begin{aligned}
\gamma_1 &= \phi \gamma_0, \\
\gamma_2 &= \phi \gamma_1 = \phi^2 \gamma_0 \\
&\cdots \\
\gamma_k &= \phi^k \gamma_0.
\end{aligned}$$

Finalmente,

$$\rho_k = \frac{\gamma_k}{\gamma_0} = \frac{\phi^k \gamma_0}{\gamma_0} = \phi^k.$$

Tendo em conta a definição de autocorrelação parcial, tem-se:

$$\begin{aligned}
y_t &= c + \phi_{11} y_{t-1} + \xi_t \Rightarrow \phi_{11} = \rho_1 \\
y_t &= c + \phi_{21} y_{t-1} + \phi_{22} y_{t-2} + \xi_t \Rightarrow \phi_{22} = 0 \ .
\end{aligned}$$

Assim,

$$\phi_{kk} = \left\{ \begin{array}{ll} \rho_1 & \text{se } k = 1 \\ 0 & \text{se } k > 1 \ . \end{array} \right.$$

Os dois primeiros momentos condicionais são

$$\begin{aligned}
E\left(y_t \mid \mathcal{F}_{t-1}\right) &= E\left(y_t \mid y_{t-1}\right) = E\left(\phi y_{t-1} + u_t \mid y_{t-1}\right) = \phi y_{t-1}, \\
\text{Var}\left(y_t \mid \mathcal{F}_{t-1}\right) &= E\left(\left(y_t - \phi y_{t-1}\right)^2 \mid y_{t-1}\right) = E\left(u_t^2 \mid y_{t-1}\right) = \sigma^2.
\end{aligned}$$

Se u_t é um ruído branco Gaussiano então

$$y_t \mid \mathcal{F}_{t-1} \sim N\left(\phi y_{t-1}, \sigma^2\right).$$

Proposição 6.2.2. *Se $|\phi| < 1$ então o processo AR(1) é ESO.*

DEM. Considere-se sem perda de generalidade $c = 0$:

$$y_t = \phi y_{t-1} + u_t = \phi^t y_0 + \phi^{t-1} u_1 + \phi^{t-2} u_2 + \dots + \phi u_{t-1} + u_t. \quad (6.8)$$

Admite-se que o processo tem início em $t = 0$ em condições estacionárias:

$$\mathrm{E}\,(y_0) = 0 \text{ e } \mathrm{Var}\,(y_0) = \mathrm{E}\left(y_0^2\right) = \frac{\sigma^2}{1 - \phi^2}$$

(naturalmente pode também supor-se que y tem início em $-\infty$ e nesse caso não é necessário iniciar o processo em condições estacionárias). Analisa-se a seguir a média, o segundo momento e as covariâncias.

Média: $\mathrm{E}\,(y_t) = \mathrm{E}\,(\mathrm{E}\,(y_t|\,\mathcal{F}_0)) = \phi^t\,\mathrm{E}\,(y_0) = 0,\ \forall\phi$.

Segundo Momento:

$$
\begin{aligned}
\mathrm{E}\left(y_t^2\right) &= \mathrm{E}\left(\mathrm{E}\left(y_t^2|\,\mathcal{F}_0\right)\right) \\
&= \mathrm{E}\left(\mathrm{E}\left(\left(\phi^t y_0 + \phi^{t-1} u_1 + \phi^{t-2} u_2 + \dots + \phi u_{t-1} + u_t\right)^2\Big|\,\mathcal{F}_0\right)\right) \\
&= \mathrm{E}\left(\mathrm{E}\left(\left(\phi^{2t} y_0^2 + \phi^{2(t-1)} u_1^2 + \phi^{2(t-2)} u_2^2 + \dots + \phi^2 u_{t-1}^2 + u_t^2 + \dots\right)\Big|\,\mathcal{F}_0\right)\right) \\
&= \mathrm{E}\left(\phi^{2t} y_0^2 + \phi^{2(t-1)}\sigma^2 + \phi^{2(t-2)}\sigma^2 + \dots + \phi^2\sigma^2 + \sigma^2\right) \\
&= \phi^{2t}\,\mathrm{E}\left(y_0^2\right) + \sigma^2\left(\phi^{2(t-1)} + \phi^{2(t-2)} + \dots + \phi^2 + 1\right) \\
&= \phi^{2t}\frac{\sigma^2}{1 - \phi^2} + \sigma^2\left(\phi^{2(t-1)} + \phi^{2(t-2)} + \dots + \phi^2 + 1\right)
\end{aligned}
$$

Se $|\phi| < 1$ vem

$$\mathrm{E}\left(y_t^2\right) = \phi^{2t}\frac{\sigma^2}{1 - \phi^2} + \sigma^2\frac{1 - \phi^{2t}}{1 - \phi^2} = \frac{\sigma^2}{1 - \phi^2} \text{ (constante } \forall t).$$

Covariâncias: Já vimos que $|\phi| < 1$ implica $\gamma_k = \phi^k \gamma_0$ e $\rho_k = \phi^k$. Em suma, se $|\phi| < 1$ então a média, a variância e a covariância não dependem de t, supondo que a condição inicial tem

148 | Modelação de Séries Temporais Financeiras

distribuição estacionária ou que o processo foi iniciado num passado remoto.

$\square$

OBSERVAÇÃO 6.2.2. *Se o processo AR(1) não é inicializado em condições estacionárias mas $|\phi| < 1$, então os momentos marginais convergem para os momentos estacionários quando $t \to \infty$.*

OBSERVAÇÃO 6.2.3. *Seguindo a demonstração anterior, é possível concluir que o caso $\phi = 1$ implica:*

$$
\begin{aligned}
\mathrm{E}\,(y_t) &= \mathrm{E}\,(\mathrm{E}\,(y_t|\,\mathcal{F}_0)) = \phi^t\,\mathrm{E}\,(y_0)\,. \\
\mathrm{E}\,(y_t^2) &= \mathrm{E}\,(y_0^2) + \sigma^2 t. \\
\mathrm{E}\,(y_t y_{t-k}) &= \mathrm{E}\,(\mathrm{E}\,(y_t y_{t-k}\,|\mathcal{F}_{t-k})) = \mathrm{E}\,(y_{t-k}\,\mathrm{E}\,(y_t\,|\mathcal{F}_{t-k})) \\
&= \mathrm{E}\,((u_0 + u_1 + u_2 + \ldots + u_{t-k})\,\mathrm{E}\,(y_t\,|\mathcal{F}_{t-k})) \\
&= \mathrm{E}\,((u_0 + u_1 + u_2 + \ldots + u_{t-k})\,(u_0 + u_1 + u_2 + \ldots + u_{t-k})) \\
&= \mathrm{E}\,(u_0^2 + u_1^2 + u_2^2 + \ldots + u_{t-k}^2) \\
&= \sigma^2\,(t - k + 1)\ \text{(depende de t)} \\
&= \gamma_{t,k}. \\
\frac{\gamma_{t,k}}{\gamma_{0,k}} &= \frac{\sigma^2\,(t - k + 1)}{\sigma^2 t} = \frac{t - k + 1}{t} = 1 - \frac{k - 1}{t} = \rho_{t,k}.
\end{aligned}
$$

Invertibilidade

O processo AR é sempre invertível (por definição já tem representação autoregressiva).

Reversão para a Média

Processos estacionários com média finita são, por vezes, designados por processos com reversão para a média. Exemplifique-se com o processo AR(1)

$$
y_t = c + \phi y_{t-1} + u_t, \qquad |\phi| < 1.
$$

Como $\mu = \frac{c}{1-\phi} \Rightarrow c = \mu(1-\phi)$ (note-se que μ é a média de y, $E(y_t)$) podemos reescrever o AR(1) na seguinte forma:

$$y_t = \mu(1-\phi) + \phi y_{t-1} + u_t$$
$$\Delta y_t = \mu(1-\phi) + (\phi-1) y_{t-1} + u_t$$
$$= (\phi-1)(y_{t-1} - \mu) + u_t.$$

Esta última equação permite estabelecer as seguintes relações:

$$(y_{t-1} - \mu) > 0 \Rightarrow E(\Delta y_t | \mathcal{F}_{t-1}) < 0$$
$$(y_{t-1} - \mu) < 0 \Rightarrow E(\Delta y_t | \mathcal{F}_{t-1}) > 0.$$

Por exemplo, se num certo período (digamos $t-1$) o valor de y está acima da sua média de longo prazo μ (i.e. y está relativamente alto) no período seguinte y tenderá a diminuir de valor pois $E(\Delta y_t | \mathcal{F}_{t-1}) < 0$. Quando ϕ é positivo (esta é a situação habitual em aplicações), é possível concluir que quanto mais alto for ϕ (sem, contudo ultrapassar o valor 1) mais lenta é a velocidade de ajustamento de y em direcção à sua média de longo prazo. Suponha que o processo y sofre um choque aleatório considerável (ou que é inicializado num valor afastado da sua média de longo prazo). Como é que y evolui nos períodos seguintes? Tende a

Figura 6.1: Simulação de quatro processos AR(1)
(choques aleatórios u_t iguais e valor de inicialização $y_0 = 0$)

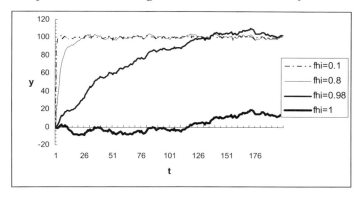

aproximar-se rapidamente ou lentamente de μ? (pode mesmo suceder que não haja qualquer efeito de reversão para uma medida de tendência central se, no limite, $\phi = 1$). Na figura 6.1 estão representados quatro processos AR(1) simulados de acordo com o modelo

$$y_t = 100\,(1 - \phi) + \phi y_{t-1} + u_t, \qquad u_t \text{ ruído branco } N\,(0,1)\,.$$

Em todos os casos, o valor de inicialização é $y_0 = 0$ e usam--se os mesmos erros u. Quanto mais alto é o valor ϕ mais lento é o ajustamento de y face à média de longo prazo y. No caso $\phi = 1$ não existe reversão para μ, embora o processo possa cruzar $\mu = 100$ (assim como qualquer outro valor do espaço de estado de y) algures no tempo.

Representação MA (∞)

Um processo AR(1) (ou mais geralmente um AR(p)) estacionário pode representarse como um MA(∞). Já vimos

$$\begin{aligned}
y_t &= \phi y_{t-1} + u_t \\
&= \phi^t y_0 + \phi^{t-1} u_1 + \phi^{t-2} u_2 + \ldots + \phi u_{t-1} + u_t.
\end{aligned}$$

Podemos continuar o procedimento recursivo:

$$\begin{aligned}
y_t &= \phi^t \left(\phi y_{-1} + u_0\right) + \phi^{t-1} u_1 + \phi^{t-2} u_2 + \ldots + \phi u_{t-1} + u_t \\
&= \phi^{t+1} y_{-1} + \phi^t u_0 + \phi^{t-1} u_1 + \phi^{t-2} u_2 + \ldots + \phi u_{t-1} + u_t \\
&= \ldots + \phi^2 u_{t-2} + \phi u_{t-1} + u_t.
\end{aligned}$$

Para obtermos este resultado podemos tomar um caminho alternativo. Considere-se

$$y_t = \phi y_{t-1} + u_t \Leftrightarrow y_t\,(1 - \phi L) = u_t \ \Leftrightarrow y_t = \frac{1}{1 - \phi L} u_t.$$

Supondo $|\phi| < 1$ tem-se

$$\frac{1}{1 - \phi L} = 1 + \phi L + \phi^2 L^2 + \ldots$$

Logo

$$
\begin{aligned}
y_t &= \frac{1}{1-\phi L} u_t = \left(1 + \phi L + \phi^2 L^2 + \ldots\right) u_t \\
&= u_t + \phi u_{t-1} + \phi^2 u_{t-2} + \ldots
\end{aligned}
$$

6.2.2.2 *Processo AR(p)*

Um processo AR(p) é uma simples generalização do AR(1):

$$
y_t = c + \phi_1 y_{t-1} + \ldots + \phi_p y_{t-p} + u_t.
$$

Este modelo pode ainda representar-se nas seguintes formas alternativas:

$$
\left(1 - \phi_1 L - \ldots - \phi_p L^p\right) y_t = c + u_t, \text{ ou}
$$
$$
\phi_p\left(L\right) y_t = c + u_t.
$$

Momentos Marginais (ou não condicionais)

Assumindo a condição de ESO, vem

$$
\mathrm{E}\left(y_t\right) = \mathrm{E}\left(c + \phi_1 y_{t-1} + \ldots + \phi_p y_{t-p} + u_t\right) = c + \phi_1 \mathrm{E}\left(y_{t-1}\right) + \ldots + \phi_p \mathrm{E}\left(y_{t-p}\right)
$$

$$
\mathrm{E}\left(y\right) = c + \phi_1 \mathrm{E}\left(y\right) + \ldots + \phi_p \mathrm{E}\left(y\right) \Rightarrow \mathrm{E}\left(y\right) = \frac{c}{1 - \phi_1 - \ldots - \phi_p}.
$$

Para obtermos a variância é útil considerar (sem perda de generalidade faça-se $c = 0 \Rightarrow \mathrm{E}\left(y\right) = 0$):

$$
\begin{aligned}
y_t &= \phi_1 y_{t-1} + \ldots + \phi_p y_{t-p} + u_t \\
y_t^2 &= \phi_1 y_{t-1} y_t + \ldots + \phi_p y_{t-p} y_t + u_t y_t \\
\mathrm{E}\left(y_t^2\right) &= \phi_1 \mathrm{E}\left(y_{t-1} y_t\right) + \ldots + \phi_p \mathrm{E}\left(y_{t-p} y_t\right) + \mathrm{E}\left(u_t y_t\right) \\
\mathrm{E}\left(y_t^2\right) &= \phi_1 \gamma_1 + \ldots + \phi_p \gamma_p + \sigma^2 \\
\gamma_0 &= \phi_1 \gamma_1 + \ldots + \phi_p \gamma_p + \sigma^2.
\end{aligned}
$$

152 | Modelação de Séries Temporais Financeiras

As covariâncias são obtidas de forma similar (sem perda de generalidade faça-se $c = 0 \Rightarrow \mathrm{E}(y) = 0$):

$$
\begin{aligned}
y_t &= \phi_1 y_{t-1} + \ldots + \phi_p y_{t-p} + u_t \\
y_t y_{t-k} &= \phi_1 y_{t-1} y_{t-k} + \ldots + \phi_p y_{t-p} y_{t-k} + u_t y_{t-k} \\
\mathrm{E}(y_t y_{t-k}) &= \phi_1 \mathrm{E}(y_{t-1} y_{t-k}) + \ldots + \phi_p \mathrm{E}(y_{t-p} y_{t-k}) + \mathrm{E}(u_t y_{t-k}) \\
\gamma_k &= \phi_1 \gamma_{k-1} + \ldots + \phi_p \gamma_{k-p} \\
\frac{\gamma_k}{\gamma_0} &= \phi_1 \frac{\gamma_{k-1}}{\gamma_0} + \ldots + \phi_p \frac{\gamma_{k-p}}{\gamma_0}
\end{aligned}
$$

$$
\rho_k = \phi_1 \rho_{k-1} + \ldots + \phi_p \rho_{k-p} \qquad k \geq 1.
$$

Pode-se provar que a solução geral da equação às diferenças finitas (determinística)[20] é da forma

$$
\rho_k = c_1 r_1^k + \ldots + c_p r_p^k,
$$

onde c_i constante arbitrárias e $r_i = 1/z_i$ e z_i são raízes do polinómio $\phi_p(L)$. Pode-se provar que sob a condição de ESO os coeficientes de autocorrelação ρ_k não se anulam mas tendem para zero quando $k \to 0$.

Estacionaridade

PROPOSIÇÃO 6.2.3. *O processo AR(p) é estacionário de segunda ordem sse as raízes da equação* ϕ_p *(L) = 0 são em módulo superiores a um (ou fora do circulo unitário no plano complexo).*

DEM. Apresenta-se um esboço da demonstração. A ESO pode ser analisada convertendo a equação $y_t = \phi_1 y_{t-1} + \ldots + \phi_p y_{t-p} + u_t$

---

[20] Quase diríamos que esta equação é um processo AR(p) não fosse o facto de não possuir termo aleatório. De forma rigorosa, podemos dizer que é uma equação (linear) às diferenças finitas, de ordem p (de coeficientes (de coeficientes constantes). Esta terminologia é usada na área dos sistemas dinâmicos em tempo discreto.

num sistema de equações lineares mediante as seguintes mudanças de variáveis:

$$y_{1,t} = y_t, \qquad y_{2,t} = y_{t-1}, ..., y_{p,t} = y_{t-p+1}.$$

Tem-se

$$
\begin{aligned}
y_{1,t} &= c + \phi_1 y_{t-1} + ... + \phi_p y_{t-p} + u_t \\
y_{2,t} &= y_{1,t-1} \\
&\quad\vdots \\
y_{p,t} &= y_{p-1,t}.
\end{aligned}
$$

De forma compacta, tem-se uma estrutura de um processo vectorial AR(1), habitualmente designado por VAR(1) (vector AR), $\mathbf{y}_t = \mathbf{c} + \mathbf{A}\mathbf{y}_{t-1} + \mathbf{g}_t$, i.e.

$$
\underbrace{\begin{pmatrix} y_{1,t} \\ y_{2,t} \\ \vdots \\ y_{p,t} \end{pmatrix}}_{\mathbf{y}_t} = \underbrace{\begin{pmatrix} \phi_1 & \phi_2 & \cdots & \phi_{n-1} & \phi_n \\ 1 & 0 & \cdots & 0 & 0 \\ \vdots & \vdots & \ddots & \vdots & \vdots \\ 0 & 0 & \cdots & 1 & 0 \end{pmatrix}}_{\mathbf{A}} \underbrace{\begin{pmatrix} y_{1,t-1} \\ y_{2,t-1} \\ \vdots \\ y_{p,t-1} \end{pmatrix}}_{\mathbf{y}_{t-1}} + \underbrace{\begin{pmatrix} u_t \\ 0 \\ \vdots \\ 0 \end{pmatrix}}_{\mathbf{g}_t}
$$

Resolvendo recursivamente o sistema $\mathbf{y}_t = \mathbf{A}\mathbf{y}_{t-1} + \mathbf{g}_t$ (dada a condição inicial Y_0) obtém-se

$$\mathbf{y}_t = \mathbf{A}^t \mathbf{y}_0 + \mathbf{A}^{t-1}\mathbf{g}_1 + \mathbf{A}^{t-2}\mathbf{g}_2 + ... + \mathbf{A}\mathbf{g}_{t-1} + \mathbf{g}_t.$$

É relativamente óbvio que devemos exigir $\mathbf{A}^t \to \mathbf{O}$ (matriz nula) quando $t \to \infty$. Por exemplo se $\mathbf{A}^t \to \mathbf{O}$ quando $t \to \infty$ então

$$\mathrm{E}\left(\mathbf{y}_t \mid \mathcal{F}_0\right) = \mathbf{A}^t \mathbf{y}_0 \to \mathbf{0} \text{ (vector nulo)}$$

(isto é $\mathrm{E}\left(\mathbf{y}_t \mid \mathcal{F}_0\right)$ converge para a sua média marginal, se $\mathbf{A}^t \to \mathbf{O}$). Seja $\mathbf{\Lambda} = \mathrm{diag}\,(\lambda_1, ..., \lambda_n)$ a matriz dos valores próprios de $\mathbf{A}$ e $\mathbf{P}$ a matriz dos vectores próprios associados (admitem-se linear-

154 | Modelação de Séries Temporais Financeiras

mente independentes). Como se sabe da álgebra linear, verifica-se a igualdade $\mathbf{A}^t = \mathbf{P}\boldsymbol{\Lambda}^t\mathbf{P}^{-1}$. Logo devemos exigir que todos os valores próprios de $\mathbf{A}$ sejam em módulo menores do que um. Só nestas condições se tem $\mathbf{A}^t \rightarrow \mathbf{O}$. Pode-se provar que esta condição é equivalente à seguinte: o processo AR(p) é estacionário sse as raízes da equação $\phi_p\ (L) = 0$ estão todas fora do círculo unitário no plano complexo.

$\square$

No caso AR(1) a raiz de $\phi\ (L) = 0$ é fácil de obter:

$$(1 - \phi L) = 0 \Rightarrow L = \frac{1}{\phi}$$

Devemos exigir

$$\left|\frac{1}{\phi}\right| > 1 \Rightarrow |\phi| < 1.$$

No caso AR(2) pode-se provar que a condição de ESO é:

$$\phi_1 + \phi_2 < 1, \qquad \phi_2 - \phi_1 < 1, \qquad -1 < \phi_2 < 1$$

(estas condições baseiam-se evidentemente na proposição anterior).

No caso AR(p) com $p > 2$ não temos outra alternativa senão calcular (por exemplo, através do programa Mathematica) as raízes de $\phi_p\ (L) = 0$:

Suponha-se que y é ESO. Nestas condições, pode-se provar:

$$\rho_k = \phi_1\rho_{k-1} + \phi_2\rho_{k-2} + ... + \phi_p\rho_{k-p}, \qquad k \geq 1$$
$$\rho_k \text{ não se anulam mas } \rho_k \rightarrow 0 \text{ quando } k \rightarrow \infty.$$

$$\phi_{kk} = \begin{cases} \neq 0 & \text{se } k = 1, 2, ..., p \\ 0 & \text{se } k = p+1, p+2, ... \end{cases}$$

É óbvio que $\phi_{kk} = 0$ se $k > p$. Por exemplo $\phi_{p+1,p+1} = 0$ porque

$$y_t = \phi_1 y_{t-1} + ... + \phi_p y_{t-p} + 0 y_{t-p-1} + u_t$$

6.2.3 Processos ARMA

Por que não combinar os dois processos AR e MA? É isso que se propõe com o modelo ARMA. No caso geral ARMA(p,q) (i.e. AR(p) + MA(q)) o modelo representa-se em qualquer uma das seguintes formas alternativas:

$$y_t = \phi_1 y_{t-1} + ... + \phi_p y_{t-p} + \theta_1 u_{t-1} + ... + \theta_q u_{t-q} + u_t$$
$$y_t - \phi_1 y_{t-1} - ... - \phi_p y_{t-p} = u_t + \theta_1 u_{t-1} + ... + \theta_q u_{t-q}$$
$$\left(1 - \phi_1 L - ... - \phi_p L^p\right) y_t = \left(1 + \theta_1 L + ... + \theta_q L^q\right) u_t$$
$$\phi_p(L) y_t = \theta_q(L) u_t$$
$$y_t = \frac{\theta_q(L)}{\phi_p(L)} u_t.$$

Ainda outra alternativa baseia-se no desenvolvimento em série de potências de L da função racional $\theta_q(L) / \phi_p(L)$. Obtém-se

$$y_t = u_t + \psi_1 u_{t-1} + \psi_2 u_{t-2} + ...$$

Esta expressão não corresponde à decomposição de Wold (porque estes $\psi's$ estão sujeitos a restrições), mas constitui a melhor aproximação linear à decomposição, baseada numa estrutura linear (a qualidade da aproximação aumenta quando p e q aumentam).

A estacionaridade depende da estrutura AR. Concretamente, o processo ARMA(p,q) é estacionário sse as raízes da equação ϕ_p (L) = 0 estão todas fora do círculo unitário no plano complexo. A invertibilidade depende da estrutura MA. Concretamente, o processo ARMA é invertível sse as raízes de θ_q (L) estão todas fora do circulo unitário no plano complexo. Na tabela 1 apresenta-se um quadro resumo das principais propriedades do modelos AR, MA e ARMA.

Figura 6.2: FAC e FACP teóricas associadas aos seguintes cenários (de cima para baixo): (a) $\phi_1 > 0$, $\phi_2 > 0$; (b) $\phi_1 < 0$, $\phi_2 > 0$; (c) $\phi_1 > 0$, $\phi_2 < 0$; (d) $\phi_1 < 0$, $\phi_2 < 0$.

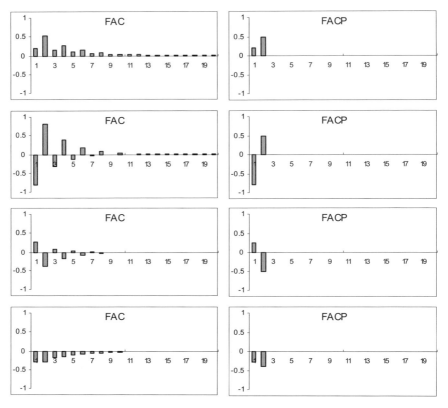

Nas figuras 6.3 e 6.4 encontram-se as FAC e FACP de vários processos lineares simulados ($n = 50000$). Procure identificá-los[21].

---

[21] Observe que as FAC e FACP são obtidas a partir de processos simulados e, portanto, não correspondem às funções teóricas; por esta razão, embora alguns coeficientes populacionais sejam zero, os respectivos coeficientes estimados podem não ser iguais a zero (de facto, é quase uma impossibilidade virem exactamente iguais a zero). Assuma que os coeficientes estimados muito baixos não são estatisticamente significativos.

Parte 2 – Capítulo 6. Modelação da média: abordagem linear | 157

Figura 6.3: FAC e FACP de 7 processos simulados a partir de $n = 50000$ observações. Qual é a ordem p e q dos processos? (A resposta a esta questão encontra-se na tabela 2)

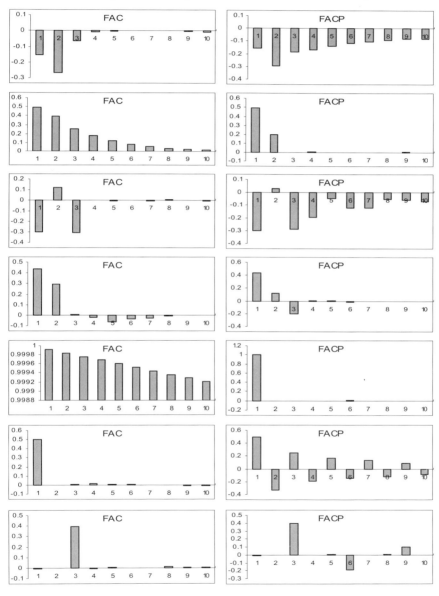

Figura 6.4: Continuação da figura anterior

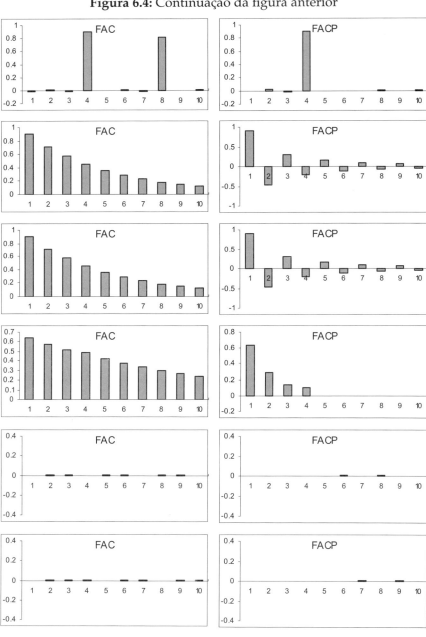

Parte 2 – Capítulo 6. Modelação da média: abordagem linear | 159

Tabela 1: Resumo das principais propriedades dos modelos AR, MA e ARMA

	AR(p)	MA(q)	ARMA(p,q)
Modelo em y_t	$\phi_p(L)\,y_t = u_t$ Série finita em y_t	$\theta_p^{-1}(L)\,y_t = u_t$ Série infinita em y_t	$\theta_p^{-1}(L)\,\phi_p(L)\,y_t = u_t$ Série infinita em y_t
Modelo em u_t	$y_t = \phi_p^{-1}(L)\,u_t$ Série infinita em u_t	$y_t = \theta_p(L)\,u_t$ Série finita em u_t	$y_t = \phi_p^{-1}(L)\,\theta_p(L)\,u_t$ Série infinita em u_t
Estac.	Raízes $\phi_p(L) = 0$ fora do círc. unitár.	Sempre estacionários	Raízes $\phi_p(L) = 0$ fora do círc. unitár.
Invertib.	Sempre invertíveis	Raízes $\theta_p(L) = 0$ fora do círc. unitár.	Raízes $\theta_p(L) = 0$ fora do círc. unitár.
FAC	Decaimento exponencial e/ou sinusoidal para zero	Decaimento brusco para zero a partir de $k = q + 1$	Decaimento exponencial e/ou sinusoidal para zero
FACP	Decaimento brusco para zero a partir de $k = p + 1$	Decaimento exponencial e/ou sinusoidal para zero	Decaimento exponencial e/ou sinusoidal para zero

Fonte: Murteira et al. (1993), pág. 69

Tabela 2: Soluções das questões colocadas nas duas figuras anteriores

	MA				AR				
	θ_1	θ_2	θ_3	θ_4	ϕ_1	ϕ_2	ϕ_3	ϕ_4	Modelo
Figura 6.3									
1	$-.4$	$-.4$	$-.1$	0	0	0	0	0	MA(3)
2	0	0	0	0	.4	.2	0	0	AR(2)
3	$-.4$	0	$-.4$	0	0	0	0	0	MA(3)
4	0	0	0	0	.4	.2	$-.2$	0	AR(3)
5	0	0	0	0	1	0	0	0	AR(1)
6	1	0	0	0	0	0	0	0	MA(1)
7	0	0	.5	0	0	0	0	0	MA(3)
Figura 6.4									
1	0	0	0	0	0	0	0	.9	AR(4)
2	.8	0	0	0	.8	0	0	0	ARMA(1,1)
3	0	0	0	.8	0	0	0	.8	ARMA(4,4)
4	0	0	0	0	.4	.2	.1	.1	AR(4)
5	0	0	0	0	0	0	0	0	RBranco
6	$-.5$	0	0	0	.5	0	0	0	RBranco

6.3 Processos Lineares Não Estacionários

No âmbito dos processos lineares é usual identificar dois tipos de não estacionaridade:

- não estacionaridade na média: $E(y_t)$ não é constante ou $E(y_t) = \infty$;
- não estacionaridade na variância: $Var(y_t)$ não é constante ou $Var(y_t) = \infty$.

6.3.1 Não Estacionaridade na Média

Seja y_t um processo não estacionário linear. A 'estacionarização da média' faz-se usualmente a partir do operador diferença

$$\Delta^d y_t = \underbrace{\Delta\Delta...\Delta}_{d \text{ vezes}} y_t$$

onde d é um inteiro positivo.

Este procedimento sugere que:

- se o logaritmo do PIB não é estacionário (na média) então a taxa de variação do PIB ($d = 1$) poderá ser estacionária;
- se a taxa de desemprego não é estacionária então a variação da taxa de desemprego ($d = 1$) poderá ser estacionária;
- se o logaritmo do IPC (dados anuais, para simplificar) não é estacionário e se a inflação não é estacionária ($d = 1$) então a variação da inflação ($d = 2$) poderá ser estacionária.

Normalmente uma diferenciação ($d = 1$) é suficiente e raramente se considera $d = 2$ (a não ser para certos índices de preços).

DEFINIÇÃO 6.3.1. *Um processo y_t diz-se um ARIMA(p,d,q) se*

$$\phi_p(L)\Delta^d y_t = c + \theta_q(L)u_t$$

onde p, d e q são inteiros positivos.

Assim, se $y_t \sim$ ARIMA(p,d,q), então y_t é um processo não estacionário que depois de diferenciado d vezes é um processo ARMA (p,q), isto é,

$$\Delta^d y_t \sim ARMA(p,q).$$

A letra I em "ARIMA" designa *integrated*. Diz-se que um processo y é integrado de ordem d se o polinómio autoregressivo de y possui d raízes (múltiplas) iguais a um. Por exemplo, o polinómio autoregressivo associado ao processo passeio aleatório, $y_t = y_{t-1} + u_t$, $\phi(L) = 1 - L$, possui uma raiz unitária, pois a solução de $1 - L = 0$ é obviamente $L = 1$.

EXEMPLO 6.3.1. *Considere-se*

$$\begin{aligned} y_t &= (1+\phi)y_{t-1} - \phi y_{t-2} + u_t \\ \phi_1 &= 1+\phi, \qquad \phi_2 = -\phi, \qquad 0 < \phi < 1 \end{aligned}$$

Não se tem um processo ESO pois uma das condições seguintes não é satisfeita

$$\phi_1 + \phi_2 < 1, \qquad \phi_2 - \phi_1 < 1, \qquad -1 < \phi_2 < 1$$

Considere-se $\Delta y_t = y_t - y_{t-1}$. Tem-se

$$\begin{aligned} y_t &= (1+\phi)y_{t-1} - \phi y_{t-2} + u_t \\ y_t - y_{t-1} &= \phi y_{t-1} - \phi y_{t-2} + u_t \\ \Delta y_t &= \phi\Delta y_{t-1} + u_t. \end{aligned}$$

Logo Δy_t é um processo estacionário (AR(1) com $|\phi| < 1$). De forma equivalente, y_t é um ARIMA(1,1,0).

162 | Modelação de Séries Temporais Financeiras

Este exemplo indica o caminho a seguir quando y é não estacionário. Em lugar de se analisar y, analisa-se Δy_t. Esta transformação envolve a perda de uma observação na amostra, mas vários resultados para y (como por exemplo a previsão) podem ser facilmente recuperados a partir da especificação e estimação do modelo para Δy_t.

EXEMPLO 6.3.2. *No caso* $y_t = 2y_{t-1} - y_{t-2} + u_t$ *(u_t é um RB), y não é estacionário. Porquê? Uma diferenciação produz:*

$$\Delta y_t = \Delta y_{t-1} + u_t.$$

Logo Δy_t *é um processo AR(1) com* $\phi = 1$*. Assim d = 1 não é suficiente para estacionarizar o processo. Uma nova diferenciação produz:*

$$\Delta y_t - \Delta y_{t-1} = u_t$$
$$\Delta^2 y_t = u_t.$$

Assim $\Delta^2 y_t$ *é um processo estacionário (neste caso é um RB). (Recorde-se:* $\Delta^2 y_t = y_t - 2y_{t-1} + y_{t-2}$*). De forma equivalente,* y_t *é um ARIMA(0,2,0).*

EXEMPLO 6.3.3. *O processo ARIMA(1,1,1) escreve-se nas seguintes formas equivalentes:*

$$(1 - \phi L)\underbrace{(1 - L)}_{\Delta}y_t = c + (1 + \theta L)u_t$$
$$(1 - \phi L)(y_t - y_{t-1}) = c + u_t + \theta u_{t-1}$$
$$y_t - y_{t-1} - \phi y_{t-1} + \phi y_{t-2} = c + u_t + \theta u_{t-1}$$
$$y_t = y_{t-1} + \phi y_{t-1} - \phi y_{t-2} + c + u_t + \theta u_{t-1}.$$

Processos com tendência determinística

Considere-se, por exemplo,

$$y_t = \alpha + \beta t + u_t, \qquad u_t \text{ ruído branco.}$$

Este processo não é estacionário pois $E(y_t) = \alpha + \beta t$ depende de t. A não estacionaridade nestes casos não é tão 'grave' como no caso anterior (por exemplo, a variância de y é constante). A literatura por vezes designa estes processos como estacionários em tendência, pois removendo a tendência o processo resulta estacionário. O operador diferença também estacionariza o processo. Com efeito,

$$\Delta y_t = \alpha + \beta t + u_t - (\alpha + \beta(t-1) + u_{t-1}) = \beta + u_t - u_{t-1}.$$

Esta transformação envolve um custo: cria-se artificialmente um erro MA(1) não invertível. A solução preferível foi já sugerida no parágrafo anterior: basta remover a tendência e, para o efeito, estima-se o modelo pelo método dos mínimos quadrados. Claro que a estimação não é feita no quadro clássico (porque falha a hipótese de estacionaridade) mas, neste caso muito concreto, pode-se provar que o estimador dos mínimos quadrados é consistente[22].

Na prática, como detectamos a existência de um processo não estacionário na média?[23]

- O gráfico da série pode sugerir a presença de um processo não estacionário. Na figura 6.5 traça-se uma trajectória de

---

[22] Na verdade é mais do que isso: o estimador é superconsistente (converge para o verdadeiro parâmetro a uma taxa mais alta do que o habitual). Por exemplo, o estimador OLS para β verifica

$$n\left(\hat{\beta} - \beta\right) \xrightarrow{p} 0, \qquad n^{3/2}\left(\hat{\beta} - \beta\right) \xrightarrow{d} Normal.$$

Enquanto a variância do estimador OLS habitual é proporcional a $1/n$ a do estimador superconsistente acima referido, é proporcional a $1/n^3$.

[23] Por que não estimar logo o modelo e verificar depois se as raízes do polinómio $\phi(L) = 0$ satisfazem a proposição 6.2.3? Este procedimento não é aconselhável. Como as raízes são estimativas, devemos ensaiar a hipótese subjacente à proposição 6.2.3 (as raízes devem ser em modulo maiores do que um para o processo ser estacionário). Todavia, sob H_0 o processo é não estacionário e as distribuições assimptóticas habituais não são válidas. Felizmente, existem testes adequados como, por exemplo, o teste Dickey-Fuller. Para concluir: é preferível, na fase da estimação, termos um processo já estacionário (ou, por outras palavras, a análise da estacionaridade precede a estimação do modelo).

Figura 6.5: Passeio Aleatório

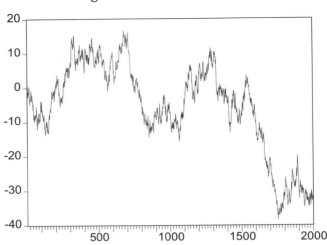

um processo passeio aleatório. Observe-se que o processo parece "vaguear" sem rumo no intervalo (–40, 20). Não é nítido a existência de um efeito de reversão para qualquer medida de tendência central. Além disso, a ocorrência de choques mais fortes parece fazer deslocar o processo para outro nível ("os choques são persistentes").

- Como se sabe a FAC do processo $y_t = y_{t-1} + u_t$ é

$$\rho_{t,k} = 1 - \frac{k}{t} \simeq 1.$$

Assim, se FAC (estimada) de um certo processo, apresentar, nos primeiros *lags*, valores muito altos (próximos de um), poderemos suspeitar que o processo não é estacionário. A figura 6.20 ilustra a ideia: apresenta-se a FAC estimada associada ao passeio aleatório representado na figura 6.5
- Faz-se um teste de raiz unitária (por exemplo o teste ADF).

Figura 6.6: FAC (e FACP) estimada do processo passeio aleatório representado na figura 6.5.

Sample: 3 2000
Included observations: 1998

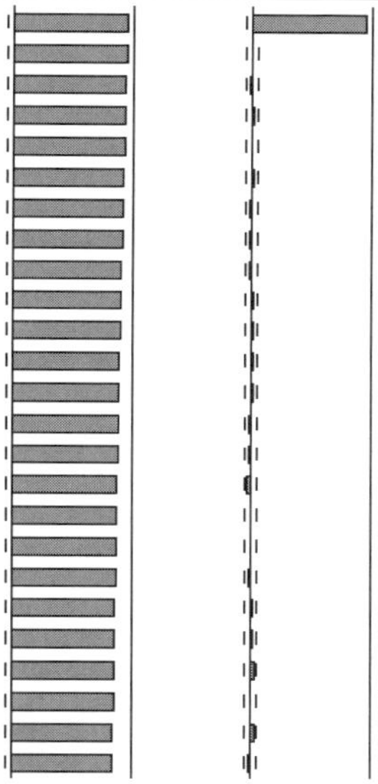

Autocorrelation	Partial Correlation		AC	PAC	Q-Stat	Prob
		1	0.994	0.994	1978.0	0.000
		2	0.989	-0.002	3934.3	0.000
		3	0.983	-0.011	5868.5	0.000
		4	0.977	0.014	7781.5	0.000
		5	0.971	0.000	9673.6	0.000
		6	0.966	0.023	11546.	0.000
		7	0.961	-0.008	13399.	0.000
		8	0.955	-0.010	15231.	0.000
		9	0.950	-0.015	17043.	0.000
		10	0.944	0.018	18836.	0.000
		11	0.939	0.013	20610.	0.000
		12	0.934	0.011	22365.	0.000
		13	0.929	0.020	24104.	0.000
		14	0.924	-0.013	25826.	0.000
		15	0.919	-0.024	27529.	0.000
		16	0.914	-0.035	29212.	0.000
		17	0.908	-0.005	30876.	0.000
		18	0.903	0.004	32521.	0.000
		19	0.897	-0.010	34146.	0.000
		20	0.892	0.017	35753.	0.000
		21	0.887	0.018	37343.	0.000
		22	0.882	0.030	38917.	0.000
		23	0.877	-0.004	40474.	0.000
		24	0.873	0.032	42018.	0.000
		25	0.869	-0.011	43546.	0.000

Teste ADF (*Augmented Dickey-Fuller*)

Faz-se um breve resumo dos principais procedimentos.

(1) Teste DF *for random walk without drift*

Considere-se $y_t = y_{t-1} + u_t$ onde u_t é um RB. Já se sabe que este processo (passeio aleatório) não é estacionário. Assim faria sentido testar H_0: $\phi = 1$ vs. H_1: $|\phi| < 1$ na especificação $y_t = \phi y_{t-1} + u_t$ (se existisse evidência a favor de H_0 concluiríamos, ao nível de significância fixado, que o processo não é estacionário). Como $y_t = \phi y_{t-1} + u_t$ se pode escrever na forma

$$\Delta y_t = \gamma y_{t-1} + u_t$$

166 | Modelação de Séries Temporais Financeiras

com $\gamma = \phi - 1$, ensaiar H_0: $\phi = 1$ é equivalente a ensaiar H_0: $\gamma = 0$. Observe-se ainda que, sob H_0, o processo γ possui uma raiz unitária. Isso é óbvio, tendo em conta que a raiz do polinómio AR, $\phi(L) = 1 - L$, é igual a 1.

Parece óbvio a construção do teste estatístico: calcula-se o rácio-t $\hat{\gamma}/\hat{\sigma}_\gamma$ e depois consulta-se a tabela da t-Student. Este procedimento é incorrecto. Com efeito, sob H_0, y não é estacionário pelo que o rácio-t $\hat{\gamma}/\hat{\sigma}_\gamma$ não tem distribuição t-Student nem mesmo distribuição assimptoticamente normal. A hipótese de estacionaridade é aqui crucial. Se o processo não é estacionário as distribuições assimptóticas habituais não são válidas[24].

Como devemos proceder? Temos de consultar os valores críticos nas tabelas apropriadas (são construídas a partir da distribuição da estatística de teste sob H_0 que, por ser desconhecida para n finito, tem de ser obtida através de simulações de Monte Carlo[25]). A maioria das tabelas está preparada para fornecer o valor crítico da distribuição de $\hat{\gamma}/\hat{\sigma}_\gamma$ (daí trabalhar-se sobretudo com a especificação $\Delta y_t = \gamma y_{t-1} + u_t$ e não com $y_t = \phi y_{t-1} + u_t$). A maioria dos programas de estatística calcula o valor-p aproximado associado à hipótese nula (y não é estacionário). Assim, se o valor-p for superior ao nível de significância previamente estabelecido (normalmente 0.05) não se rejeita H_0 e conclui-se que o processo é não estacionário.

Existem outras variantes:

(2) Teste DF *for random walk with drift* H_0: $\gamma = 0$

$$\Delta y_t = \alpha + \gamma y_{t-1} + u_t.$$

---

[24] De facto, pode-se provar que, sob H_0, $n\hat{\gamma}$ tem distribuição assimptótica igual à distribuição da variável

$$\frac{(1/2)\,(W\,(1)^2 - 1)}{\int_0^1 W\,(u)^2\,du},$$

onde W é um processo de Wiener padrão ou movimento Browniano.

[25] Para n infinito, a distribuição é conhecida. Ver o pé-de-página anterior.

(3) Teste DF *for random walk with drift and trend* H_0: $\gamma = 0$

$$\Delta y_t = \alpha + \beta t + \gamma y_{t-1} + u_t.$$

Na prática, só muito raramente u_t é um RB. Quando u_t exibe autocorrelação os testes DF não são válidos. Nestes casos deve-se 'branquear' u_t, adicionando à regressão, a componente $\alpha_1 \Delta y_{t-1} + ... + \alpha_p \Delta y_{t-p}$, com valor p adequado de forma que u_t se apresente como um ruído branco. Assim,

(1) Teste ADF *for random walk without drift* H_0: $\gamma = 0$

$$\Delta y_t = \gamma y_{t-1} + \alpha_1 \Delta y_{t-1} + ... + \alpha_p \Delta y_{t-p} + u_t.$$

(2) Teste ADF *for random walk with drift* H_0: $\gamma = 0$

$$\Delta y_t = \alpha + \gamma y_{t-1} + \alpha_1 \Delta y_{t-1} + ... + \alpha_p \Delta y_{t-p} + u_t.$$

(3) Teste ADF *for random walk with drift and trend* H_0: $\gamma = 0$

$$\Delta y_t = \alpha + \beta t + \gamma y_{t-1} + \alpha_1 \Delta y_{t-1} + ... + \alpha_p \Delta y_{t-p} + u_t.$$

Sobre a escolha do parâmetro p veja o exemplo 6.3.5.

EXEMPLO 6.3.4. *Seja*

$$\Delta y_t = 0.1 - \underset{(0.004)}{0.01} \, y_{t-1}, \qquad n = 50$$

H_0: $\gamma = 0$ vs. $H1 : \gamma < 0$. *Uma tabela apropriada deverá fornecer como valor crítico ao nível de significância de 5% aproximadamente o valor -2.92. Como* $\hat{\gamma}/\hat{\sigma}_\gamma = -0.01/0.004 = -2.5 > vc = -2.92$ *não se rejeita H0 ao nível de significância de 5%.*

EXEMPLO 6.3.5. *Seja lnp = log P onde P é o índice PSI20. Neste exemplo recorre-se ao programa EVIEWS para analisar a estacionaridade*

168 | Modelação de Séries Temporais Financeiras

Figura 6.7: Análise da estacionaridade do logaritmo do PSI20

Null Hypothesis: LNP has a unit root
Exogenous: Constant
Lag Length: 1 (Automatic based on SIC, MAXLAG=27)

		t-Statistic	Prob.*
Augmented Dickey-Fuller test statistic		-1.953504	0.3078
Test critical values:	1% level	-3.432388	
	5% level	-2.862326	
	10% level	-2.567233	

*MacKinnon (1996) one-sided p-values.

Augmented Dickey-Fuller Test Equation
Dependent Variable: D(LNP)
Method: Least Squares

Sample (adjusted): 3 2936
Included observations: 2934 after adjustments

Variable	Coefficient	Std. Error	t-Statistic	Prob.
LNP(-1)	-0.000919	0.000470	-1.953504	0.0509
D(LNP(-1))	0.156283	0.018227	8.574451	0.0000
C	0.008356	0.004143	2.016704	0.0438

R-squared	0.025826	Mean dependent var	0.000320
Adjusted R-squared	0.025161	S.D. dependent var	0.010694
S.E. of regression	0.010559	Akaike info criterion	-6.262717
Sum squared resid	0.326764	Schwarz criterion	-6.256598
Log likelihood	9190.406	F-statistic	38.85062
Durbin-Watson stat	1.991441	Prob(F-statistic)	0.000000

de lnp. Os resultados estão apresentados na figura 6.7. Tendo em conta a regressão efectuada

$$\Delta \log p_t = \alpha + \gamma \log p_{t-1} + \alpha_1 \Delta \log p_{t-1} + u_t, \qquad (p = 1)$$

pode-se concluir que se escolheu a opção "(2) Teste ADF for random walk with drift H_0: $\gamma = 0$"

$$\Delta y_t = \alpha + \gamma y_{t-1} + \alpha_1 \Delta y_{t-1} + u_t, \qquad (p = 1)$$

(note-se que a regressão envolve a constante C, equivalente ao nosso α). Deixámos o programa escolher a ordem p. Esta ordem é escolhida auto-

maticamente e baseia-se no valor do critério de informação SIC seguindo o princípio 'general-to-specific'. O programa escolheu p = 1. Interessa o valor-p associado à hipótese nula que é 0.3078. Sendo este valor superior a 0.05, não se pode rejeitar a hipótese $\gamma = 0$, ao nível de significância de 5%. Existe, portanto, forte evidência empírica a favor da hipótese nula (não estacionaridade). É aconselhável diferenciar-se o processo. A diferenciação conduz ao processo $\{r_t\}$, onde

$$r_t = \log P_t - \log P_{t-1}.$$

6.3.2 Não Estacionaridade na Variância

Já vimos que se y_t é um processo passeio aleatório então Var (y_t) é proporcional a t. A diferenciação de y_t produz um processo estacionário com variância constante, e o problema da não estacionaridade fica resolvido com a referida transformação. A diferenciação normalmente resolve o problema da não estacionaridade na média e, em certos casos, também da não estacionaridade da variância. Supomos agora que a diferenciação apenas resolve a não estacionaridade da média; supomos, assim, que a variância, mesmo depois da diferenciação, continua a ser uma função de t. Admita-se:

- y_t é não estacionário na média, i.e., $\eta_t = \mathrm{E}(y_t)$ varia ao longo do tempo;
- Var $(y_t) = h(\eta_t)$ (a variância é uma função da média).

O objectivo consiste em encontrar uma transformação sobre y_t, $T(y_t)$, tal que Var $(T(y_t))$ seja constante. Pode-se provar que a transformação apropriada[26] é

---

[26] Pela fórmula de Taylor, tem-se $T(y_t) \approx T(\eta_t) + T'(\eta_t)(y_t - \eta_t)$. Assim,

$$
\begin{aligned}
T(y_t) - T(\eta_t) &\approx T'(\eta_t)(y_t - \eta_t) \\
(T(y_t) - T(\eta_t))^2 &\approx (T'(\eta_t))^2 (y_t - \eta_t)^2 \\
\mathrm{Var}(T(y_t)) &\approx (T'(\eta_t))^2 \mathrm{Var}(y_t) = (T'(\eta_t))^2 h(\eta_t)
\end{aligned}
$$

Imponha-se Var $(T(y_t)) = c$, i.e, $(T'(\eta_t))^2 h(\eta_t) = c$ ou

170 | Modelação de Séries Temporais Financeiras

Tabela 3: Algumas transformações habituais

	$h(x)$	$T(x)$
$\mathrm{Var}(y_t) \propto \eta_t$	x	$\int \frac{1}{\sqrt{x}}dx = 2\sqrt{x}$
$\mathrm{Var}(y_t) \propto \eta_t^2$	x^2	$\int \frac{1}{x}dx = \log x$
$\mathrm{Var}(y_t) \propto \eta_t^4$	x^4	$\int \frac{1}{x^2}dx = -\frac{1}{x}$

$$T(x) = \int \frac{1}{\sqrt{h(x)}}dx.$$

Alguns exemplos são fornecidos na tabela 3.

Para concretizar, suponha-se que Var (y_t) é proporcional ao quadrado da média (e escreve-se neste caso, $\mathrm{Var}(y_t) \propto \eta_t^2$). A transformação que permite tornar (aproximadamente) constante a variância é T $(x) = \log x$ e, assim, os dados devem ser logaritmizados. Como a transformação só está definida, em geral, para certos valores de x (por exemplo, no caso log x tem de se assumir $x > 0$) é preciso primeiro aplicar T (x) e só depois se verifica se é necessário diferenciar (já que uma prévia diferenciação impossibilitaria a aplicação da transformação (veja-se o exemplo a seguir).

Na figura 6.8 representa-se a série de preços do Dow Jones de 1969 a 2004. A variância (assim como a média) não é constante.

Se se começasse por diferenciar P, a variância continuaria a ser uma função de t. Veja-se, com efeito, o gráfico de $\{\Delta P_t\}$ $(\Delta P_t = P_t - P_{t-1})$ representado na figura 6.9. A figura mostra claramente que a variância aumenta com t. Assim, antes de se diferenciar o processo, estacionarize-se primeiro a variância. Na figura 6.10 apresenta-se

$$\widehat{\mathrm{E}}(y_t) = \frac{1}{t}\sum_{i=1}^{t} P_i, \quad \widehat{\mathrm{Var}}(y_t) = \frac{1}{t}\sum_{i=1}^{t} \left(P_i - \widehat{\mathrm{E}}(y_t)\right)^2$$

Esta equação diferencial tem solução imediata:

$$T(x) = \int \frac{1}{\sqrt{h(x)}}dx \qquad (c = 1).$$

Figura 6.8: Série de Preços do Dow Jones (1969-2004)

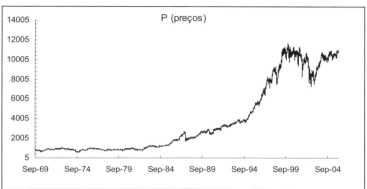

Figura 6.9: Série de preços diferenciados,
$\{\Delta P_t\}$, onde $\Delta P_t = P_t - P_{t-1}$, do Dow Jones (1969-2004)

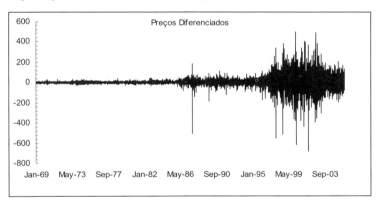

ao longo do tempo, onde $\widehat{E}(y_t)$ e $\widehat{Var}(y_t)$ são estimativas para a média e a variância de y no momento t. A figura sugere que a variância de y_t é proporcional ao quadrado da média, i.e., $Var(y_t) \propto \eta_t^2$. De acordo com a tabela 3 deve-se usar a transformação logarítmica para estacionarizar a variância.

A figura 6.11 sugere que a variância é constante ao longo do tempo, mas não a média. Faça-se então a diferenciação da variável log P_t:

$$r_t = \log(P_t) - \log(P_{t-1})$$

172 | Modelação de Séries Temporais Financeiras

Figura 6.10: Média e Variância estimada ao longo do tempo da séries diária do Dow Jones (1969 a 2004)

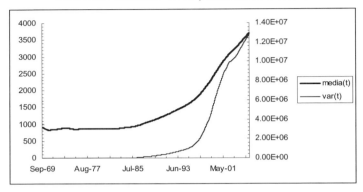

Figura 6.11: Série de log-Preços do Dow Jones (1969-2004)

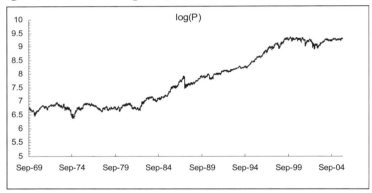

Figura 6.12: Série dos retornos do Dow Jones

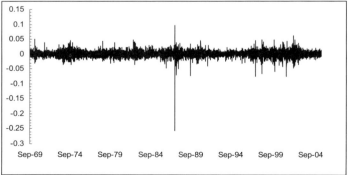

cuja representação gráfica é dada na figura 6.12. É interessante verificar que a série dos retornos deve ser estudada não só devido às razões invocadas no ponto 2.3 mas também porque as transformações estacionarizantes discutidas neste ponto conduzem precisamente à variável $r_t = \log(P_t) - \log(P_{t-1})$.

6.4 Modelação ARMA

O objectivo fundamental da modelação ARMA é o de definir um modelo parcimonioso (em termos de parâmetros) que exiba boas propriedades estatísticas e descreva bem a série em estudo. Para alcançarmos esse objectivo podemos seguir a metodologia de Box-Jenkins. Propõe três etapas: identificação, estimação e avaliação do diagnóstico (veja-se a figura 6.13).

Etapa 1: Identificação

- Estacionarização da série;
- Identificação da ordem p e q através da FAC e FACP.

Etapa 2: Estimação

Uma vez seleccionado, na primeira etapa, o modelo ARMA(p,q), é necessário estimar os parâmetros desconhecidos (pelo método da máxima verosimilhança[27]).

Etapa 3: Avaliação do Diagnóstico

É necessário analisar os seguintes aspectos:
- significância estatística dos parâmetros;
- invertibilidade e estacionaridade (dispensa-se este último aspecto se y for um processo estacionário);
- análise da matriz de correlação dos estimadores;

---

[27] Veja-se, no capítulo 8.9, a aplicação do método a um modelo mais geral.

Figura 6.13: Metodologia de Box-Jenkins

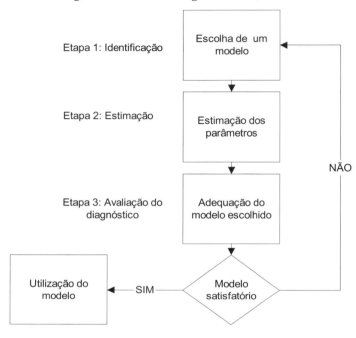

- redundância entre as estimativas;
- branqueamento dos resíduos;
- se existir mais do que um modelo que cumpra as condições anteriores é necessário seleccionar o melhor (à luz de determinado critério).

Remete-se a questão da análise da matriz de correlação dos estimadores para Murteira et al. (1993). A significância estatística dos parâmetros é óbvia e a questão da invertibilidade foi já tratada.

O problema da redundância ocorre quando ϕ (L) e θ (L) partilham raízes comuns.

Por exemplo, no caso

$$(1 - 0.8L)\, y_t = (1 - 0.8L)\, u_t \qquad (6.9)$$

ambos os polinómio possuem a mesma raiz (1/0.8). Observe-se que os polinómios cancelam um com o outro:

$$(1 - 0.8L)\, y_t = (1 - 0.8L)\, u_t \Leftrightarrow y_t = u_t$$

e, portanto, o processo y definido por (6.9) é, de facto, um ruído branco e não um ARMA(1,1), como se poderia pensar. Na presença de redundância pode provar-se que a matriz de informação de Fisher é singular. Em aplicações, é uma impossibilidade as raízes dos polinómios AR e MA estimados (respectivamente, $\hat{\phi}(L)$ e $\hat{\theta}(L)$) virem exactamente iguais. De qualquer forma, se existirem raízes do polinómio AR aproximadamente iguais às do polinómio MA, surge um problema de quase redundância, e a matriz de Fisher embora invertível, apresenta um determinante próximo de zero. Como consequência, os erros padrão das estimativas vêm muitos baixos, as estatísticas-t muito altas e o determinante da matriz de variâncias-covariâncias (estimada) aproximadamente de zero. É fácil cair-se em problemas de (quase) redundância que, naturalmente, devem ser evitados.

Veja-se agora a questão do "branqueamento dos resíduos" Considere-se o

$$y_t = \phi y_{t-1} + \theta_1 u_{t-1} + u_t.$$

Suponha-se que se estima (por engano) o AR(1)

$$y_t = \phi y_{t-1} + \eta_t$$

onde η_t representa o erro da equação anterior. Como detectar o erro de especificação? Como $\eta_t = \theta_1 u_{t-1} + u_t$ é natural esperar que os resíduos $\hat{\eta}_t$ venham autocorrelacionados.

É muito importante que os resíduos venham branqueados, i.e. não exibam autocorrelações; caso contrário, parte da média condicional não foi modelada.

Apresentam-se de seguida, sem comentários, os ensaios habituais os testes de significância dos coeficientes de autocorrelação dos resíduos:

Teste Kendal e Stuart H_0: $\rho_k(\hat{u}) = 0$

$$\sqrt{n}\left(\hat{\rho}_k\left(\hat{u}\right) + 1/n\right) \overset{d}{\longrightarrow} N\left(0,1\right), \qquad \hat{\rho}_k\left(\hat{u}\right) \approx N\left(-\frac{1}{n}, \frac{1}{\sqrt{n}}\right).$$

Rejeita-se H_0 ao nível de significância de (aprox.) 5% se $|\hat{\rho}_k\left(\hat{u}\right)| > 2/\sqrt{n}$ (supondo $1/n \approx 0$)

Teste Ljung-Box H_0: $\rho_1\left(\hat{u}\right) = \ldots = \rho_m\left(\hat{u}\right) = 0$

$$Q = n\left(n+2\right) \sum_{k=1}^{m} \frac{1}{n-k} \hat{\rho}_k^2\left(\hat{u}\right) \overset{d}{\longrightarrow} \chi^2_{(m-p-q)}.$$

Teste Jenkis e Daniels H_0: $\phi_{kk}\left(\hat{u}\right) = 0$

$$\sqrt{n}\hat{\phi}_{kk}\left(\hat{u}\right) \overset{d}{\longrightarrow} N\left(0,1\right), \qquad \hat{\phi}_{kk}\left(\hat{u}\right) \approx N\left(0, \frac{1}{\sqrt{n}}\right).$$

Rejeita-se H_0 ao nível de significância de (aprox.) 5% se $\left|\hat{\phi}_{kk}\left(\hat{u}\right)\right| > 2/\sqrt{n}$

Finalmente, discuta-se a última questão. Pode suceder que dois ou mais modelos cumpram as condições anteriores. Como seleccionar o 'melhor'? Se o objectivo da modelação é a previsão, pode-se avaliar a qualidade preditiva dos vários modelos concorrentes e depois selecciona-se o que apresentar melhores resultados (discutiremos esta questão no ponto 6.6.6). Outra abordagem consiste em escolher o modelo mais preciso (melhor ajustamento) com o menor no de parâmetros (parcimónia). Há certamente um *trade-off* a resolver: maior precisão implica menor parcimónia.

O coeficiente de determinação ajustado é, provavelmente, o indicador mais utilizado. É um bom indicador no âmbito do modelo de regressão linear clássico, com distribuição normal. Mais gerais são os critérios de informação de Akaike e de Schwarz porque se baseiam no valor da função de verosimilhança.

Seja

$$\log L_n = \sum_{t}^{n} \log f\left(y_t | \mathcal{F}_{t-1}\right)$$

o valor (máximo) da função log-verosimilhança e k o número de parâmetros estimados. O critério de informação de Akaike (AIC) é dado pela expressão

$$AIC = -2\frac{\log L_n}{n} + \frac{2k}{n}.$$

O critério de Schwarz é dado pela expressão

$$SC = -2\frac{\log L_n}{n} + \frac{k}{n}\log n.$$

Tendo em conta que o modelo é tanto mais preciso quanto mais alto for $\log L_n$, e tanto mais parcimonioso quanto menor for o número de parâmetros, k, conclui-se que deve dar-se preferência ao modelo que minimiza as estatísticas AIC e SC (note que os modelos só são comparáveis se as variáveis se encontrarem na mesma unidade – por exemplo, não devemos comparar um modelo em y e outro em $\log y$).

Em certos casos, um modelo pode minimizar apenas um dos critérios (por exemplo, um modelo A minimiza o AIC e o modelo B minimiza o SC). Como proceder nestes casos? Vários estudos têm revelado o seguinte:

- o critério SC, em grandes amostras tende a escolher o modelo correcto; em pequenas/médias amostras pode seleccionar um modelo muito afastado do modelo correcto;
- o critério AIC, mesmo em grandes amostras tende a seleccionar o modelo errado, embora não seleccione modelos muito afastados do correcto.

Como consequência, para grandes amostras o SC pode ser preferível.

Naturalmente, estes critérios podem clarificar a identificação da ordem p e q do modelo ARMA. Por exemplo, suponha-se que os modelos ARMA(1,1) e AR(3) são bons à luz de vários critérios. Os critérios de informação, podem contudo sugerir o ARMA(1,1) e, desta forma, $p = 1, q = 1$.

6.5. Variáveis *Impulse-Dummy* em Modelos de Regressão: Cuidados a Observar

As variáveis *dummy* ou variáveis artificiais são, como temos visto, bastante úteis pois permitem estimar o impacto de certas variáveis qualitativas ou de eventos sobre a variável dependente. No entanto, há cuidados a ter no uso destas variáveis.

Num modelo de previsão o uso de variáveis artificiais (VA) estocásticas associados a eventos que podem ocorrer no futuro deve ser evitado se as probabilidades condicionais da VA forem desconhecidas. Com efeito, que sentido faz especificar $y_t = \alpha + \gamma d_t + u_t$ (*d* é uma VA) se depois, no período de previsão, o comportamento probabilístico da variável *d* é completamente desconhecido?

Um caso especialmente delicado ocorre com as chamadas *impulse-dummies* no âmbito da inferência estatística.

6.5.1 Inconsistência do Estimador

Impulse-dummies são VAs que assumem o valor 1 apenas uma vez na amostra. Para ilustrar a situação considere-se o modelo

$$y_t = \alpha + \gamma d_t + u_t, \qquad t = 1, 2, ..., n$$

onde $u_t \overset{i.i.d.}{\sim} N\left(0, \sigma^2\right)$ e d_t é uma *impulse-dummy*

$$d_t = \begin{cases} 1 & t = t_* \\ 0 & t \neq t_*. \end{cases}$$

Seja

$$\mathbf{X} = \begin{bmatrix} 1 & 0 \\ 1 & 0 \\ \vdots & \vdots \\ 1 & 0 \\ 1 & 1 \\ 1 & 0 \\ \vdots & \vdots \\ 1 & 0 \\ 1 & 0 \end{bmatrix}, \qquad \mathbf{X}'\mathbf{X} = \begin{bmatrix} n & 1 \\ 1 & 1 \end{bmatrix}, \qquad \mathbf{X}'\mathbf{y} = \begin{bmatrix} \sum_{t=1}^{n} y_t \\ y_{t_*} \end{bmatrix}$$

É fácil observar que o estimador OLS é

$$
\begin{aligned}
\hat{\boldsymbol{\beta}} &= \begin{bmatrix} \hat{\alpha} \\ \hat{\gamma} \end{bmatrix} = \begin{bmatrix} n & 1 \\ 1 & 1 \end{bmatrix}^{-1} \begin{bmatrix} \sum_{t=1}^{n} y_t \\ y_{t_*} \end{bmatrix} = \begin{bmatrix} \frac{1}{n-1} & \frac{-1}{n-1} \\ \frac{-1}{n-1} & \frac{n}{n-1} \end{bmatrix} \begin{bmatrix} \sum_{t=1}^{n} y_t \\ y_{t_*} \end{bmatrix} \\
&= \begin{bmatrix} \frac{\sum_{t=1}^{n} y_t}{n-1} - \frac{y_{t_*}}{n-1} \\ \frac{-1}{n-1} \sum_{t=1}^{n} y_t + \frac{n}{n-1} y_{t_*} \end{bmatrix} = \begin{bmatrix} \frac{\sum_{t=1,t\neq t^*}^{n} y_t}{n-1} \\ -\frac{n}{n-1} (\bar{y} - y_{t_*}) \end{bmatrix}.
\end{aligned}
\tag{6.10}
$$

Tem-se

$$
\begin{aligned}
\mathrm{E}\left[\hat{\boldsymbol{\beta}}\right] &= \mathrm{E}\left[(\mathbf{X}'\mathbf{X})^{-1}\mathbf{X}'\mathbf{y}\right] = \mathrm{E}\left[(\mathbf{X}'\mathbf{X})^{-1}\mathbf{X}'(\mathbf{X}\boldsymbol{\beta} + \mathbf{u})\right] = \boldsymbol{\beta}\,\mathrm{E}\left[(\mathbf{X}'\mathbf{X})^{-1}\mathbf{X}'\mathbf{u}\right] = \boldsymbol{\beta} \\
\mathrm{Var}\left[\hat{\boldsymbol{\beta}}\right] &= \sigma^2 (\mathbf{X}'\mathbf{X})^{-1} = \sigma^2 \begin{bmatrix} \frac{1}{n-1} & \frac{-1}{n-1} \\ \frac{-1}{n-1} & \frac{n}{n-1} \end{bmatrix}.
\end{aligned}
$$

Não se verifica $\hat{\gamma} \xrightarrow{p} \gamma$ porque

$$\lim_{n\to\infty} \mathrm{Var}\left[\hat{\gamma}\right] = \lim_{n\to\infty} \sigma^2 \frac{n}{n-1} = \sigma^2$$

ou seja, $\hat{\gamma}$ é centrado mas não é consistente (a precisão de $\hat{\gamma}$ não melhora quando n aumenta e depende da variância do ruído). Este resultado deve-se ao facto de ser usada apenas uma observação para estimar γ_*. A propriedades do estimador para $\hat{\alpha}$ não são afectadas.

180 | Modelação de Séries Temporais Financeiras

6.5.2 Inconsistência do Teste-t

O rácio-t associado a $\hat{\gamma}$ (supondo σ conhecido) é

$$
\tau_{\hat{\gamma}} = \frac{\hat{\gamma}}{\sqrt{\text{Var}\,[\hat{\gamma}]}} = \frac{-\frac{n}{n-1}\,(\bar{y} - y_{t_*})}{\sigma\sqrt{\frac{n}{n-1}}}
$$
$$
= \sqrt{\frac{n}{n-1}}\,\frac{y_{t_*} - \bar{y}}{\sigma} \simeq \frac{y_{t_*} - \bar{y}}{\sigma}.
$$

Ora a distribuição de $\frac{y_{t_*} - \bar{y}}{\sigma}$ depende da distribuição dos erros. No caso do modelo de regressão habitual, mesmo que os erros não tenham distribuição normal, o rácio-t para grandes amostras tem distribuição aproximadamente normal, pelo teorema do limite central, e a inferência habitual pode fazer-se sem problemas. No entanto, o rácio-t associado a variáveis *impulse-dummies* depende da distribuição dos erros. Assim, se a distribuição dos erros é desconhecida não é possível usar-se os testes t habituais. Mesmo que se possa usar o rácio-t (por exemplo, se houver garantias que $u_t \overset{i.i.d.}{\sim} N\,(0,\sigma^2)$) o teste-t é inconsistente no seguinte sentido: para qualquer valor crítico com nível de significância α,

$$
P\,(|\tau_{\hat{\gamma}}| > c_\alpha|\,H_1 : \gamma \neq 0) \text{ não tende para 1}
$$

quando $n \to \infty$. A situação habitual (por exemplo, no âmbito do modelo de regressão linear clássico) é a seguinte: quando $n \to \infty$ a probabilidade de rejeitar H_0 quando H_1 é verdadeira tende para 1 (se H_1 é verdadeira, um teste consistente acaba sempre, para amostras suficientemente grandes, por decidir correctamente a favor de H_1). Mas, com *impulse-dummies* isto não sucede.

6.5.3 Uma Solução para ensaiar $H_0 : \gamma = 0$.

Uma forma de testar $H_0 : \gamma = 0$ no caso em que a distribuição dos erros é desconhecida envolve a aplicação de procedimentos *bootstrap.* Quando a amostra é grande o ensaio $H_0 : \gamma = 0$ vs. por exemplo $H_1 : \gamma > 0$ pode ser conduzido da seguinte forma, muito simples (equivalente ao bootstrap): estima-se o modelo de regressão

$$y_t = \mathbf{x}'_t \boldsymbol{\beta} + \varepsilon_t$$

(onde $\mathbf{x}'_t$ é um vector linha das variáveis explicativas) sem *dummy* e obtém-se o resíduo $\hat{\varepsilon}_{t_*}$ associado ao momento $t = t_*$. Se este resíduo é elevado (em módulo) então é provável que no momento t_* tenha ocorrido uma "quebra de estrutura"; neste caso a variável *dummy* d será, em princípio, importante na explicação de y (no momento t_*). Para grandes amostras não só a estimativa $\hat{\gamma}$ associada ao modelo

$$y_t = \mathbf{x}'_t \boldsymbol{\beta} + \gamma d_t + u_t$$

é (aproximadamente) igual $\hat{\varepsilon}_{t_*}$ como também, sob $H_0 : \gamma = 0$, a distribuição do estimador $\hat{\gamma}$ é (aproximadamente) igual à distribuição de ε_t; assim, a avaliação da significância de γ ao nível de $\alpha 100\%$ equivale a verificar se $\hat{\varepsilon}_{t_*}$ está acima do quantil de ordem $1 - \alpha$ da distribuição de ε_t (recorde-se que $H_1 : \gamma > 0$). Como a distribuição de ε_t é desconhecida usa-se a distribuição empírica dos resíduos $\hat{\varepsilon}_t$ - este é o princípio do *bootstrap*. Concretamente, rejeita-se $H_0 : \gamma = 0$ em favor de $H_1 : \gamma > 0$ ao nível de significância de $\alpha 100\%$ se $\hat{\varepsilon}_{t_*}$ for maior do que o quantil de ordem $1 - \alpha$ da distribuição empírica dos resíduos. A proposição seguinte fundamenta o procedimento.

PROPOSIÇÃO 6.5.1. *Considerem-se os modelo de regressão em notação matricial*

$$\mathbf{y} = \mathbf{X}\boldsymbol{\beta}_1 + \gamma\mathbf{d} + \mathbf{u}, \qquad \mathbf{y} = \mathbf{X}\boldsymbol{\beta}_0 + \boldsymbol{\varepsilon}$$

onde $\mathbf{d} = (d_t)$, $d_{t_*} = 1$, $d_t = 0$ *para* $t \neq t_*$ *e* $\mathbf{X}$ *é a matriz das variáveis explicativas estritamente exógena. Suponha-se*

$$\frac{\mathbf{X}'\mathbf{X}}{n} \xrightarrow{p} \mathbf{Q} \text{ (definida positiva).}$$

Então a) $\hat{\gamma} \xrightarrow{p} \gamma + u_{t_*}$ *e b)* $\hat{\gamma}/\hat{\varepsilon}_{t_*} \xrightarrow{p} 1$.

DEM. **a)** Dado o modelo $\mathbf{y} = \mathbf{X}\beta_1 + \gamma\mathbf{d} + \mathbf{u}$, o estimador OLS de γ é

$$
\begin{aligned}
\hat{\gamma} &= \left(\mathbf{d}'\mathbf{Md}\right)^{-1}\mathbf{d}'\mathbf{My}, \qquad \mathbf{M} = \mathbf{I} - \mathbf{X}\left(\mathbf{X}'\mathbf{X}\right)^{-1}\mathbf{X}' \\
&= \left(\mathbf{d}'\mathbf{Md}\right)^{-1}\mathbf{d}'\mathbf{M}\left(\mathbf{X}\beta_1 + \gamma\mathbf{d} + \mathbf{u}\right) \\
&= \gamma + \left(\mathbf{d}'\mathbf{Md}\right)^{-1}\mathbf{d}'\mathbf{Mu}.
\end{aligned}
$$

Analise-se a convergência em probabilidade dos termos $\left(\mathbf{d}'\mathbf{Md}\right)^{-1}$ e $\mathbf{d}'\mathbf{Mu}$ (note-se que $\hat{\xi} \xrightarrow{p} \xi$ e $\hat{\zeta} \xrightarrow{p} \zeta$ implica $\hat{\xi}\hat{\zeta} \xrightarrow{p} \xi\zeta$). Tem-se

$$
\begin{aligned}
\mathbf{d}'\mathbf{Md} &= \mathbf{d}'\left(\mathbf{I} - \mathbf{X}\left(X'X\right)^{-1}\mathbf{X}'\right)\mathbf{d} \\
&= \mathbf{d}'\mathbf{d} - \mathbf{d}'\mathbf{X}\left(X'X\right)^{-1}\mathbf{X}'\mathbf{d} \\
&= 1 - \mathbf{x}'_{t_*}\left(\mathbf{X}'\mathbf{X}\right)^{-1}\mathbf{x}_{t_*} \\
&= 1 - \frac{\mathbf{x}'_{t_*}}{n}\left(\frac{\mathbf{X}'\mathbf{X}}{n}\right)^{-1}\mathbf{x}_{t_*}.
\end{aligned}
$$

Tendo em conta que $\mathbf{x}'_{t_*}/n \longrightarrow 0$ e $\left(\frac{\mathbf{X}'\mathbf{X}}{n}\right)^{-1} \xrightarrow{p} \mathbf{Q}^{-1}$ facilmente se conclui que

$$
\mathbf{d}'\mathbf{Md} \xrightarrow{p} 1. \tag{6.11}
$$

Por outro lado,

$$
\begin{aligned}
\mathbf{d}'\mathbf{Mu} &= \mathbf{d}'\left(\mathbf{I} - \mathbf{X}\left(\mathbf{X}'\mathbf{X}\right)^{-1}\mathbf{X}'\right)\mathbf{u} \\
&= \mathbf{d}'\mathbf{u} - \mathbf{d}'\mathbf{X}\left(\mathbf{X}'\mathbf{X}\right)^{-1}\mathbf{X}'\mathbf{u} \\
&= \mathbf{u}_{t_*} - \mathbf{d}'\mathbf{X}\left(\frac{\mathbf{X}'\mathbf{X}}{n}\right)^{-1}\frac{\mathbf{X}'\mathbf{u}}{n}
\end{aligned}
$$

e, usando um raciocínio idêntico, conclui-se que

Parte 2 – Capítulo 6. Modelação da média: abordagem linear | 183

$$\mathbf{d}'\mathbf{Md} \xrightarrow{p} u_{t_*}. \tag{6.12}$$

Devido a (6.11) e (6.12) resulta:

$$\hat{\gamma} = \gamma + \left(\mathbf{d}'\mathbf{Md}\right)^{-1} \mathbf{d}'\mathbf{Mu} \xrightarrow{p} \gamma + \mathbf{u}_{t_*}.$$

b) Considere-se

$$\mathbf{y} = \mathbf{X}\boldsymbol{\beta}_0 + \varepsilon, \qquad \hat{\varepsilon}_{t_*} = \mathbf{d}'\mathbf{My}.$$

Tem-se

$$
\begin{aligned}
\hat{\gamma} &= \left(1 - \frac{\mathbf{x}'_{t_*}}{n}\left(\frac{\mathbf{X}'\mathbf{X}}{n}\right)^{-1}\mathbf{x}_{t_*}\right)^{-1}\mathbf{d}'\mathbf{My} \\
&= \left(1 - \frac{x'_{t_*}}{n}\left(\frac{\mathbf{X}'\mathbf{X}}{n}\right)^{-1}\mathbf{x}_{t_*}\right)^{-1}\hat{\varepsilon}_{t_*}
\end{aligned}
$$

e,

$$\frac{\hat{\gamma}}{\hat{\varepsilon}_{t_*}} = \left(1 - \frac{\mathbf{x}'_{t_*}}{n}\left(\frac{\mathbf{X}'\mathbf{X}}{n}\right)^{-1}\mathbf{x}_{t_*}\right)^{-1}.$$

Resulta $\dfrac{\hat{\gamma}}{\hat{\varepsilon}_{t_*}} \xrightarrow{p} 1$

$\square$

6.5.4 *Impulse-dummies* e a matriz de White

Um caso que conduz a conclusões incorrectas ocorre quando se usa simultaneamente *impulse-dummies* com a matriz de White.

Para simplificar considere-se novamente o modelo

$$y_t = \alpha + \gamma d_t + u_t, \qquad t = 1, 2, ..., n$$

onde $u_t \overset{i.i.d.}{\sim} N\left(0, \sigma^2\right)$ e d_t é uma *impulse-dummy*

$$d_t = \begin{cases} 1 & t = t_* \\ 0 & t \neq t_*. \end{cases}$$

Se é razoável assumir normalidade e ausência de autocorrelação mas não heterocedasticidade pode argumentar-se que a significância estatística de γ pode ser avaliada usando o rácio-t baseado na matriz de White. Esta suposição é incorrecta e traduz provavelmente o caso mais grave dos vários que analisámos. Como se sabe a matriz de White tem a forma

$$\widehat{\mathrm{Var}}\left[\hat{\beta}\right] = \left(\mathbf{X'X}\right)^{-1}\mathbf{X'WX}\left(\mathbf{X'X}\right)^{-1}$$

onde $\mathbf{W}$ é uma matriz diagonal com elementos $\{\hat{u}_1^2, ..., \hat{u}_n^2\}$. No caso mais simples que analisamos a matriz de White correspondente a $\hat{\gamma}$ é

$$\widehat{\mathrm{Var}}\left[\hat{\gamma}\right] = \frac{\sum_{t=1}^{n}\left(d_i - \bar{d}\right)\hat{u}_t^2}{\sum_{t=1}^{n}\left(d_i - \bar{d}\right)^2}.$$

Deixa-se como exercício verificar que

$$\widehat{\mathrm{Var}}\left[\hat{\gamma}\right] = \frac{\sum_{t=1}^{n}\left(d_i - \bar{d}\right)\hat{u}_t^2}{\sum_{t=1}^{n}\left(d_i - \bar{d}\right)^2} = \frac{1}{n\left(n-1\right)}\sum_{t=1}^{n}\hat{u}_t^2.$$

Assim, atendendo a (6.10) o rácio-t associado a $\hat{\gamma}$ é

$$\begin{aligned}
\tau_{\hat{\gamma}} &= \frac{\hat{\gamma}}{\sqrt{\widehat{\mathrm{Var}}\left[\hat{\gamma}\right]}} = \frac{\frac{n}{n-1}\left(y_{t_*} - \bar{y}\right)}{\sqrt{\frac{1}{n(n-1)}\sum_{t=1}^{n}\hat{u}_t^2}} = \frac{\frac{n}{n-1}\left(y_{t_*} - \bar{y}\right)}{\sqrt{\frac{\hat{\sigma}^2}{n}}} \\
&= \frac{n}{n-1}\sqrt{n}\frac{y_{t_*} - \bar{y}}{\hat{\sigma}} \simeq \sqrt{n}\frac{y_{t_*} - \bar{y}}{\hat{\sigma}}.
\end{aligned}$$

Embora $\left(y_{t_*} - \bar{y}\right)/\hat{\sigma}$ possa ter distribuição aproximadamente $N\left(0, 1\right)$ para amostras grandes $\sqrt{n}\left(y_{t_*} - \bar{y}\right)/\hat{\sigma}$ não têm certamente distribuição $N\left(0, 1\right)$. Se $\left(y_{t_*} - \bar{y}\right)/\hat{\sigma}$ tem distribuição aproximadamente normal então $\sqrt{n}\left(y_{t_*} - \bar{y}\right)/\hat{\sigma}$ terá distribuição $N\left(0, n\right)$. Este resultado sugere que se for usada a matriz de White numa amostra razoavelmente grande, qualquer *impulse-dummy* é sempre interpretada como significativa à luz da distribuição habitual do rácio-t (observe-se $\sqrt{n}\,(y_{t*} - \bar{y})\,/\hat{\sigma} \to \infty$ quando $n \to \infty$).

6.5.5 Conclusão

O uso de *impulse-dummies* envolve vários problemas (inconsistência do estimador, inconsistência do teste t, e quando usado simultaneamente com a matriz de White, os rácio-t são inflacionados). Quer isto dizer que o uso de *impulse-dummies* é inapropriado? A resposta é negativa. Vimos que o estimador OLS do parâmetro da *impulse-dummy* é centrado. Por outro lado, existem procedimentos válidos que poderão ser usados para testar a significância do parâmetro da *impulse-dummy*. Finalmente, o uso *impulse-dummy* em modelos de regressão é importante quando se pretende estimar o efeito de um acontecimento isolado, mantendo todas as demais variáveis explicativas constantes.

EXEMPLO 6.5.1. *Suponha-se que se pretende analisar o efeito de um anúncio público no dia t_* sobre as cotações da empresa ABC. Suspeita--se que o efeito é positivo sobre a empresa ABC e nulo ou irrelevante para o mercado. Pretende-se, assim, verificar se o valor esperado do retorno da empresa ABC no dia t_* é positivo. Suponha-se ainda que, nesse dia t_*, o mercado em geral observou uma forte queda. Para testar esse efeito uma possibilidade consiste em considerar a regressão*

$$r_t = \beta_0 + \gamma d_t + u_t$$

onde r_t é o retorno da empresa ABC e d_t é uma impulse-dummy

$$d_t = \left\{ \begin{array}{ll} 1 & t = t_* \\ 0 & t \neq t_*. \end{array} \right.$$

Contudo, poderá suceder, atendendo à quebra do mercado, que γ venha negativo ou não significativo. Concluir-se-ía que o anúncio teve um impacto negativo ou nulo sobre o retorno da empresa ABC. Mas esta

186 | Modelação de Séries Temporais Financeiras

conclusão pode ser errónea porque o efeito do mercado não é levado em conta. Assim, é necessário controlar ou fixar o efeito do mercado através da regressão

$$r_t = \beta_0 + \beta_1 r_{t,m} + \gamma d_t + u_t$$

onde $r_{t,m}$ é o retorno do mercado (retorno associado a um índice abrangente de cotações do mercado).

6.6 Previsão

6.6.1 Introdução

Temos um modelo $M(y_t, y_{t-1}, ...; \theta)$ para y baseado em n observações $\{y_1, y_2, ..., y_n\}$. O objectivo agora é:

- prever y para $n+1, n+2, ...$;
- estabelecer intervalos de confiança para as previsões.

Que propriedades devemos exigir a um previsor para y_{n+h}? Seja $\tilde{\mu}_{n+h,n}$ um previsor para y_{n+h}. Devemos exigir:

- $E\left(\tilde{\mu}_{n+h,n}\right) = E\left(y_{n+h}\right)$ (propriedade do não enviesamento).
- $\text{Var}\left(\tilde{\mu}_{n+h,n}\right) = \text{Var}\left(y_{n+h}\right)$ ($\tilde{\mu}_{n+h,n}$ deve reproduzir a variabilidade de y_{n+h});
- forte correlação entre $\tilde{\mu}_{n+h,n}$ e y_{n+h}.

O previsor $\tilde{\mu}_{n+h,n}$ para y_{n+h} deve ser $\mathcal{F}_n$-mensurável, isto é, se prevemos y para o instante $n+h$ e o momento em que efectuamos a previsão é n, só podemos utilizar informação até n.

Em certos casos podemos permitir algum enviesamento do estimador desde que outras propriedades mais do que compensem esse enviesamento. Na figura 6.14, qual é o previsor preferível?

Figura 6.14: Qual dos dois previsores é preferível?

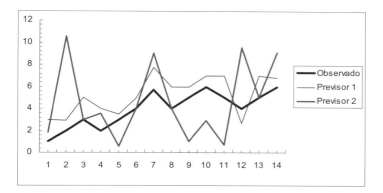

O previsor 1 é enviesado; o previsor 2 não é. No entanto, o previsor 1 parece preferível pois os erros de previsão são, na maior parte das vezes, inferiores.

Seja $\tilde{e}(h) = y_{n+h} - \tilde{\mu}_{n+h,n}$ o erro de previsão. O erro quadrático médio (EQM) de previsão $\mathrm{E}\left(\tilde{e}(h)^2\right)$ pondera os três aspectos acima expostos: enviesamento, variabilidade e correlação. Com efeito, prova-se a seguinte decomposição do EQM de previsão $\mathrm{E}\left(\tilde{e}(h)^2\right) = \mathrm{E}\left(\left(y_{n+h} - \tilde{\mu}_{n+h,n}\right)^2\right)$:

$$\mathrm{E}\left(\tilde{e}(h)^2\right) = \left(\mathrm{E}(y_{n+h}) - \mathrm{E}\left(\tilde{\mu}_{n+h,n}\right)\right)^2 + (\sigma_y - \sigma_{\tilde{\mu}})^2 + 2\sigma_y\sigma_{\tilde{\mu}}\left(1 - \rho_{y,\tilde{\mu}}\right).$$
(6.13)

O primeiro termo do lado direito mede o enviesamento, o segundo, compara a variabilidade entre y e $\tilde{\mu}$ e o terceiro mede a correlação entre y_{n+h} e $\tilde{\mu}_{n+h,n}$ (quanto mais baixa a correlação maior é o EQM). Na figura 6.14, o previsor 1, embora apresente um enviesamento elevado (i.e., $\left(\mathrm{E}(y_{n+h}) - \mathrm{E}\left(\tilde{\mu}_{n+h,n}\right)\right)^2$ é alto), os valores dos termos $(\sigma_y - \sigma_{\tilde{\mu}})^2$ e $2\sigma_y\sigma_{\tilde{\mu}}\left(1 - \rho_{y,\tilde{\mu}}\right)$ são relativamente baixos. O previsor 2 apresenta um valor baixo na componente $\left(\mathrm{E}(y_{n+h}) - \mathrm{E}\left(\tilde{\mu}_{n+h,n}\right)\right)^2$ (enviesamento reduzido ou nulo) mas valores altos em $(\sigma_y - \sigma_{\tilde{\mu}})^2$ e $2\sigma_y\sigma_{\tilde{\mu}}\left(1 - \rho_{y,\tilde{\mu}}\right)$. Graficamente parece que o estimador 1 é preferível, isto é, ponderando todos os aspectos,

188 | Modelação de Séries Temporais Financeiras

o gráfico sugere que o EQM do previsor 1 é inferior ao EQM do previsor 2.

Será possível definir um previsor óptimo, à luz do EQM, qualquer que seja o modelo em análise? A resposta é afirmativa.

PROPOSIÇÃO 6.6.1. *O previsor com EQM mínimo é* $\mathrm{E}\,(y_{n+h}|\,\mathcal{F}_n)$ *i.e., verifica-se a desigualdade*

$$\mathrm{E}\left((y_{n+h} - \mathrm{E}\,(y_{n+h}|\,\mathcal{F}_n))^2\right) \leq \mathrm{E}\left((y_{n+h} - \tilde{\mu}_{n+h,n})^2\right),$$

onde $\tilde{\mu}_{n+h,n} \in \mathcal{F}_n$ *é um outro qualquer previsor* $\mathcal{F}_n$*-mensurável.*

(A demonstração é similar à da proposição 4.3.1). Usaremos também a notação $\mu_{n+h,n}$ para $\mathrm{E}\,(y_{n+h}|\,\mathcal{F}_n)$. A proposição 6.6.1 permite concluir que o previsor $\mathrm{E}\,(y_{n+h}|\,\mathcal{F}_n)$ minimiza os três termos do lado direito da equação (6.13), no conjunto de todos os previsores $\mathcal{F}_n$-mensuráveis; em particular, o primeiro termo é zero.

Recorda-se do capítulo 4 que

$$\mathrm{E}\left((y_{n+h} - \mathrm{E}\,(y_{n+h}|\,\mathcal{G}))^2\right) \leq \mathrm{E}\left((y_{n+h} - \mathrm{E}\,(y_{n+h}|\,\mathcal{H}))^2\right),$$

Como referimos, esta desigualdade resulta do facto de em $\mathcal{G}$ existir mais informação. É natural esperar que um previsor que use mais informação face a um outro, tenha um EQM inferior.

6.6.2 Previsão Pontual

Tendo em conta a proposição 6.6.1, vamos utilizar como previsor para y_{n+h} a expressão $\mathrm{E}\,(y_{n+h}|\,\mathcal{F}_n)$. O procedimento geral para obter a previsão pontual de y_{n+h} é:

(1) Definir o modelo y_{n+h} (com base no modelo especificado).
(2) Calcular $\mathrm{E}\,(y_{n+h}|\,\mathcal{F}_n)$.

Vamos ver alguns exemplos.

MA(2)

Previsão a um passo $h = 1$

$$y_{n+1} = \mu + \theta_1 u_n + \theta_2 u_{n-1} + u_{n+1}.$$

Tem-se

$$E\left(y_{n+1} \mid \mathcal{F}_n\right) = \mu + \theta_1 u_n + \theta_2 u_{n-1}.$$

Previsão a dois passos $h = 2$

$$y_{n+2} = \mu + \theta_1 u_{n+1} + \theta_2 u_n + u_{n+2}.$$

Tem-se

$$E\left(y_{n+2} \mid \mathcal{F}_n\right) = \mu + \theta_2 u_n.$$

Previsão a h passos $(h > 2)$

$$y_{n+h} = \mu + \theta_1 u_{n+h-1} + \theta_2 u_{n+h-2} + u_{n+h}.$$

Tem-se

$$E\left(y_{n+h} \mid \mathcal{F}_n\right) = \mu.$$

MA(q)

Deixa-se como exercício verificar:

$$E\left(y_{n+h} \mid \mathcal{F}_n\right) = \begin{cases} \mu + \sum_{i=h}^{q} \theta_i u_{n+h-i} & \text{para } h = 1, ..., q \\ \mu & \text{para } h = q+1, ... \end{cases}$$

Sugestão: comece por verificar que, para $h = q+1, q+2, ...$ tem--se $E\left(y_{n+h} \mid \mathcal{F}_n\right) = \mu$.

AR(1)

190 | Modelação de Séries Temporais Financeiras

Na previsão dos processos AR, é útil considerar-se a previsão já realizada nos passos intermédios. Considere-se novamente a notação $\mu_{n+h,n}$ (igual por definição a $\mathrm{E}\left(y_{n+h}|\mathcal{F}_n\right)$):

Previsão a um passo $h = 1$

$$y_{n+1} = c + \phi_1 y_n + u_{n+1}$$

$$\mu_{n+1,n} = \mathrm{E}\left(y_{n+1}|\mathcal{F}_n\right) = \mathrm{E}\left(c + \phi_1 y_n + u_{n+1}|\mathcal{F}_n\right) = c + \phi_1 y_n.$$

Previsão a dois passos $h = 2$

$$y_{n+2} = c + \phi_1 y_{n+1} + u_{n+2}$$

$$\begin{aligned}
\mu_{n+2,n} &= \mathrm{E}\left(y_{n+2}|\mathcal{F}_n\right) = \mathrm{E}\left(c + \phi_1 y_{n+1} + u_{n+2}|\mathcal{F}_n\right) = c + \phi_1 \mathrm{E}\left(y_{n+1}|\mathcal{F}_n\right) \\
&= c + \phi_1 \mu_{n+1,n}.
\end{aligned}$$

Previsão a h passos

$$y_{n+h} = c + \phi_1 y_{n+h-1} + u_{n+h}$$

$$\begin{aligned}
\mu_{n+h,n} &= \mathrm{E}\left(y_{n+h}|\mathcal{F}_n\right) \\
&= \mathrm{E}\left(c + \phi_1 y_{n+h-1} + u_{n+2}|\mathcal{F}_n\right) = c + \phi_1 \mu_{n+h-1,n}.
\end{aligned}$$

Conclui-se que o modelo de previsão no modelo AR(1) ($h > 1$) é

$$\mu_{n+h,n} = c + \phi_1 \mu_{n+h-1,n}. \tag{6.14}$$

OBSERVAÇÃO 6.6.1. *Podemos reescrever a equação (6.14) como função do valor observado em n. Por exemplo, a previsão a dois passos ($h = 2$) é*

$$\mu_{n+2,n} = c + \phi_1 \mu_{n+1,n}. \tag{6.15}$$

Como, por sua vez, a previsão a um passo é $\mu_{n+1,n} = c + \phi_1 \mu_{n,n} = c + \phi_1 y_n$ podemos substituir $\mu_{n+1,n} = c + \phi_1 y_n$ na equação (6.15). Assim a previsão a dois passos pode ser escrita na forma

$$\mu_{n+2,n} = c + \phi_1 \mu_{n+1,n}$$
$$= c + \phi_1 (c + \phi_1 y_n)$$
$$= c + c\phi_1 + \phi_1^2 y_n.$$

De igual forma, a previsão a três passos é

$$\mu_{n+3,n} = c + \phi_1 \mu_{n+2,n}$$
$$= c + \phi_1 (c + c\phi_1 + \phi_1^2 y_n)$$
$$= c + c\phi_1 + c\phi_1^2 + \phi_1^2 y_n.$$

Seguindo este raciocínio conclui-se que

$$\mu_{n+h,n} = c + c\phi_1 + c\phi_1^2 + ... + c\phi_1^{h-1} + \phi_1^h y_n. \qquad (6.16)$$

Do ponto de vista prático é irrelevante prever o modelo com base no modelo (6.14) ou com base em (6.16), pois as expressões são equivalentes. No âmbito dos modelos dinâmicos, a equação (6.14) designa-se por equação às diferenças finitas linear de primeira ordem (a equação de juros compostos é também uma equação do tipo) cuja solução, dada a condição inicial $\mu_{n,n} = y_n$, é precisamente a equação (6.16). Atendendo a que

$$1 + \phi_1 + \phi_1^2 + ... + \phi_1^{h-1} = \frac{1 - \phi^h}{1 - \phi} \text{ (soma de uma progressão geométrica)}$$

podemos dar um novo aspecto às equação (6.16):

$$\mu_{n+h,n} = c \left(1 + \phi_1 + \phi_1^2 + ... + \phi_1^{h-1}\right) + \phi_1^h y_n$$
$$= c\frac{1 - \phi^h}{1 - \phi} + \phi_1^h y_n. \qquad (6.17)$$

Em suma, para obter $\mu_{n+h,n}$ é indiferente considerar (6.14), (6.16) ou (6.17).

192 | Modelação de Séries Temporais Financeiras

Figura 6.15: Estimação de um AR(2)

Dependent Variable: Y
Sample: 3 1000
Included observations: 998

Variable	Coefficient	Std. Error	t-Statistic	Prob.
C	10.81186	1.196611	9.035402	0.0000
Y(-1)	0.469309	0.030095	15.59406	0.0000
Y(-2)	0.314900	0.030098	10.46238	0.0000
R-squared	0.521901	Mean dependent var		50.10264
Adjusted R-squared	0.520940	S.D. dependent var		0.722051
S.E. of regression	0.499762	Akaike info criterion		1.453631
Sum squared resid	248.5130	Schwarz criterion		1.468378
Log likelihood	-722.3618	F-statistic		543.0800
Durbin-Watson stat	2.010668	Prob(F-statistic)		0.000000

AR(2)

Previsão a um passo $h = 1$

$$y_{n+1} = c + \phi_1 y_n + \phi_2 y_{n-1} + u_{n+1}$$

$$\begin{aligned} \mu_{n+1,n} &= \mathrm{E}\left(y_{n+1}\mid \mathcal{F}_n\right) \\ &= \mathrm{E}\left(c + \phi_1 y_n + \phi_2 y_{n-1} + u_{n+1}\mid \mathcal{F}_n\right) = c + \phi_1 y_n + \phi_2 y_{n-1}. \end{aligned}$$

Previsão a dois passos $h = 2$

$$y_{n+2} = c + \phi_1 y_{n+1} + \phi_2 y_n + u_{n+2}$$

$$\begin{aligned} \mu_{n+2,n} &= \mathrm{E}\left(y_{n+2}\mid \mathcal{F}_n\right) \\ &= \mathrm{E}\left(c + \phi_1 y_{n+1} + \phi_2 y_n + u_{n+2}\mid \mathcal{F}_n\right) = c + \phi_1 \mathrm{E}\left(y_{n+1}\mid \mathcal{F}_n\right) + \phi_2 y_n \\ &= c + \phi_1 \mu_{n+1,n} + \phi_2 y_n. \end{aligned}$$

Previsão a h passos $(h > 2)$

$$y_{n+h} = c + \phi_1 y_{n+h-1} + \phi_2 y_{n+h-2} + u_{n+h}$$

$$
\begin{aligned}
\mu_{n+h,n} &= \mathrm{E}\left(y_{n+h} \mid \mathcal{F}_n\right) \\
&= \mathrm{E}\left(c + \phi_1 y_{n+h-1} + \phi_2 y_{n+h-2} + u_{n+2} \mid \mathcal{F}_n\right) \\
&= c + \phi_1 \mu_{n+h-1,n} + \phi_2 \mu_{n+h-2,n}\,.
\end{aligned}
$$

Conclui-se que o modelo de previsão no modelo AR(2) (para $h > 2$) é

$$
\mu_{n+h,n} = c + \phi_1 \mu_{n+h-1,n} + \phi_2 y_{n+h-2,n}.
$$

EXEMPLO 6.6.1. *Estimou-se um processo AR(2), cujos resultados estão apresentados na figura 6.15.*

Tem-se $n = 1000$ e sabe-se que $y_{n-1} = 50.4360$, $y_n = 50.0207$. Pretende-se obter uma previsão para y para os período 1001, 1002 e 1003 (previsão a um passo, a dois passos e a três passos).

Previsão a um passo:

$$
\begin{aligned}
\mu_{n+1,n} &= c + \phi_1 y_n + \phi_2 y_{n-1} \\
\hat{\mu}_{n+1,n} &= 10.81186 + 0.469309 \times 50.0207 + 0.3149 \times 50.436 = 50.169.
\end{aligned}
$$

Previsão a dois passos:

$$
\begin{aligned}
\mu_{n+2,n} &= c + \phi_1 \mu_{n+1,n} + \phi_2 y_n \\
\hat{\mu}_{n+2,n} &= 10.81186 + 0.469309 \times 50.169 + 0.3149 \times 50.0207 = 50.108.
\end{aligned}
$$

Previsão a três passos:

$$
\begin{aligned}
\mu_{n+3,n} &= c + \phi_1 \mu_{n+2,n} + \phi_2 \mu_{n+1,n} \\
\hat{\mu}_{n+2,n} &= 10.81186 + 0.469309 \times 50.108 + 0.3149 \times 50.169 = 50.126.
\end{aligned}
$$

AR(p)

Previsão a um passo $h = 1$

$$y_{n+1} = c + \phi_1 y_n + \ldots + \phi_p y_{n+1-p} + u_{n+1}$$

$$
\begin{aligned}
\mathrm{E}\left(y_{n+1} \mid \mathcal{F}_n\right) &= \mathrm{E}\left(c + \phi_1 y_n + \ldots + \phi_p y_{n+1-p} + u_{n+1} \mid \mathcal{F}_n\right) \\
&= c + \phi_1 y_n + \ldots + \phi_p y_{n+1-p}.
\end{aligned}
$$

Previsão a dois passos $h = 2$

$$y_{n+2} = c + \phi_1 y_{n+1} + \ldots + \phi_p y_{n+2-p} + u_{n+2}$$

$$
\begin{aligned}
\mathrm{E}\left(y_{n+1} \mid \mathcal{F}_n\right) &= \mathrm{E}\left(c + \phi_1 y_{n+1} + \ldots + \phi_p y_{n+1-p} + u_{n+2} \mid \mathcal{F}_n\right) \\
&= c + \phi_1 \mathrm{E}\left(y_{n+1} \mid \mathcal{F}_n\right) + \ldots + \phi_p y_{n+1-p} \\
&= c + \phi_1 \mu_{n+1,n} \cdots + \phi_p y_{n+1-p}.
\end{aligned}
$$

Previsão a h passos $(h > p)$

$$y_{n+h} = c + \phi_1 y_{n+h-1} + \ldots + \phi_p y_{n+h-p} + u_{n+h}$$

$$
\begin{aligned}
\mu_{n+h,n} &= \mathrm{E}\left(y_{n+h} \mid \mathcal{F}_n\right) \\
&= \mathrm{E}\left(c + \phi_1 y_{n+h-1} + \ldots + \phi_p y_{n+h-p} + u_{n+h} \mid \mathcal{F}_n\right) \\
&= c + \phi_1 \mu_{n+h-1,n} + \phi_2 y_{n+h-2,n} + \ldots + \phi_p \mu_{n+h-p,n}.
\end{aligned}
$$

ARMA $(1, 1)$

Previsão a um passo $h = 1$

$$y_{n+1} = c + \phi_1 y_n + u_{n+1} + \theta_1 u_n$$

$$
\begin{aligned}
\mu_{n+1,n} &= \mathrm{E}\left(y_{n+1} \mid \mathcal{F}_n\right) \\
&= \mathrm{E}\left(c + \phi_1 y_n + u_{n+1} + \theta_1 u_n \mid \mathcal{F}_n\right) \\
&= c + \phi_1 y_n + \theta_1 u_n.
\end{aligned}
$$

Previsão a dois passos $h = 2$

$$y_{n+2} = c + \phi_1 y_{n+1} + u_{n+2} + \theta_1 u_{n+1}$$

$$\begin{aligned}
\mu_{n+2,n} &= \mathrm{E}\left(y_{n+2}\middle|\mathcal{F}_n\right) \\
&= \mathrm{E}\left(c + \phi_1 y_{n+1} + u_{n+2} + \theta_1 u_{n+1}\middle|\mathcal{F}_n\right) \\
&= c + \phi_1 \mu_{n+1,n}.
\end{aligned}$$

Previsão a h passos ($h > 1$)

$$y_{n+h} = c + \phi_1 y_{n+h-1} + u_{n+h} + \theta_1 u_{n+h-1}$$

$$\begin{aligned}
\mu_{n+h,n} &= \mathrm{E}\left(y_{n+h}\middle|\mathcal{F}_n\right) \\
&= \mathrm{E}\left(c + \phi_1 y_{n+h-1} + u_{n+h} + \theta_1 u_{n+h-1}\middle|\mathcal{F}_n\right) \\
&= c + \phi_1 \mu_{n+h-1,n}.
\end{aligned}$$

6.6.3 Intervalos de Previsão I

Vimos até agora a chamada previsão pontual.

Vamos agora estabelecer um intervalo de confiança, IC, (ou de previsão) para y_{n+h}. Um IC para y_{n+h} a 95% baseia-se na probabilidade

$$P\left(l_1 < y_{n+h} < l_2\middle|\mathcal{F}_n\right) = 0.95.$$

O intervalo de confiança é portanto (l_1, l_2), ou seja, y_{n+h}. estará no intervalo (l_1, l_2) com 0.95 de probabilidade dado $\mathcal{F}_n$. Como determinar l_1 e l_2? Assuma-se que

$$y_{n+n}\middle|\mathcal{F}_n \sim N\left(\mathrm{E}\left(y_{n+h}\middle|\mathcal{F}_n\right), \mathrm{Var}\left(y_{n+h}\middle|\mathcal{F}_n\right)\right)$$

ou seja,

$$Z = \left.\frac{y_{n+h} - \mathrm{E}\left(y_{n+h}\middle|\mathcal{F}_n\right)}{\sqrt{\mathrm{Var}\left(y_{n+h}\middle|\mathcal{F}_n\right)}}\right|\mathcal{F}_n \sim N\left(0, 1\right).$$

Tem-se assim,

$$P\left(l_1 < y_{n+h} < l_2 | \mathcal{F}_n\right) = 0.95$$

$$\Leftrightarrow P\left(\frac{l_1 - \mathrm{E}\left(y_{n+h}|\mathcal{F}_n\right)}{\sqrt{\mathrm{Var}\left(y_{n+h}|\mathcal{F}_n\right)}} < \frac{y_{n+h} - \mathrm{E}\left(y_{n+h}|\mathcal{F}_n\right)}{\sqrt{\mathrm{Var}\left(y_{n+h}|\mathcal{F}_n\right)}} < \frac{l_2 - \mathrm{E}\left(y_{n+h}|\mathcal{F}_n\right)}{\sqrt{\mathrm{Var}\left(y_{n+h}|\mathcal{F}_n\right)}}\middle| \mathcal{F}_n\right) = 0.95$$

e, portanto,

$$\frac{l_1 - \mathrm{E}\left(y_{n+h}|\mathcal{F}_n\right)}{\sqrt{\mathrm{Var}\left(y_{n+h}|\mathcal{F}_n\right)}} = -1.96 \Rightarrow l_1 = \mathrm{E}\left(y_{n+h}|\mathcal{F}_n\right) - 1.96\sqrt{\mathrm{Var}\left(y_{n+h}|\mathcal{F}_n\right)}$$

$$\frac{l_2 - \mathrm{E}\left(y_{n+h}|\mathcal{F}_n\right)}{\sqrt{\mathrm{Var}\left(y_{n+h}|\mathcal{F}_n\right)}} = 1.96 \Rightarrow l_2 = \mathrm{E}\left(y_{n+h}|\mathcal{F}_n\right) + 1.96\sqrt{\mathrm{Var}\left(y_{n+h}|\mathcal{F}_n\right)}$$

Assim, um IC a 95% para y_{n+h} é

$$\mathrm{E}\left(y_{n+h}|\mathcal{F}_n\right) \pm 1.96\sqrt{\mathrm{Var}\left(y_{n+h}|\mathcal{F}_n\right)}.$$

Em termos gerais, um IC a $(1 - \alpha)$ 100% é

$$\mathrm{E}\left(y_{n+h}|\mathcal{F}_n\right) \pm z_{1-\alpha/2}\sqrt{\mathrm{Var}\left(y_{n+h}|\mathcal{F}_n\right)}$$

onde $z_{1-\alpha/2}$ é tal que $P\left(Z \leq z_{1-\alpha/2}\right) = 1 - \alpha/2$ e $Z \sim N\left(0,1\right)$. É também habitual apresentar-se o IC a partir da variável erro de previsão a h passos, $e_n\left(h\right) = y_{n+h} - \mathrm{E}\left(y_{n+h}|\mathcal{F}_n\right)$. Como $\mathrm{Var}\left(e_n\left(h\right)\right) = \mathrm{Var}\left(y_{n+h}|\mathcal{F}_n\right)$ e usando a notação $\mu_{n+h,n} = \mathrm{E}\left(y_{n+h}|\mathcal{F}_n\right)$, o IC a 95% para y_{n+h} pode apresentar-se também na forma

$$\mu_{n+h,n} \pm 1.96\sqrt{\mathrm{Var}\left(e\left(h\right)\right)}. \tag{6.18}$$

Na prática $\mu_{n+h,n}$ é desconhecido, pois envolve parâmetros desconhecidos. Em lugar de $\mu_{n+h,n}$ devemos usar $\hat{\mu}_{n+h,n}$ (por exemplo, na previsão a um passo do modelo AR(1), em lugar de $\mu_{n+1,n} = c + \phi_1 y_n$ deve-se considerar $\hat{\mu}_{n+1,n} = \hat{c} + \phi_1 y_n$). A substituição de $\mu_{n+h,n}$ por $\hat{\mu}_{n+h,n}$ aumenta a variância do erro de previsão numa quantidade proporcional a $1/n$. Veja-se esta questão mais em pormenor.

Quando $\mu_{n+h,n}$ é desconhecido, a variável y_{n+h} definida em

$$P\left(l_1 < y_{n+h} < l_2 | \mathcal{F}_n\right) = 0.95,$$

deve ser centrada usando-se $\hat{\mu}_{n+h,n}$ (e não $\mu_{n+h,n}$). Observe-se que a variável $y_{n+h} - \hat{\mu}_{n+h,n}$ continua a possuir distribuição normal de média zero. No entanto, a variância de $y_{n+h} - \hat{\mu}_{n+h,n}$ é agora,

$$
\begin{aligned}
\text{Var}\left(y_{n+h} - \hat{\mu}_{n+h,n} | \mathcal{F}_n\right) &= \text{Var}\left(y_{n+h} - \mu_{n+h,n} + \hat{\mu}_{n+h,n} - \mu_{n+h,n} | \mathcal{F}_n\right) \\
&= \text{Var}\left(y_{n+h} - \mu_{n+h,n} | \mathcal{F}_n\right) + \text{Var}\left(\hat{\mu}_{n+h,n} - \mu_{n+h,n} | \mathcal{F}_n\right) \\
&= \text{Var}\left(e\left(h\right)\right) + \text{Var}\left(\hat{\mu}_{n+h,n} - \mu_{n+h,n} | \mathcal{F}_n\right)
\end{aligned}
$$

$(y_{n+h} - \mu_{n+h,n}$ é independente de $\hat{\mu}_{n+h,n} - \mu_{n+h,n}$, pois $y_{n+h} - \mu_{n+h,n}$ envolve apenas erros aleatórios posteriores a n, enquanto $\hat{\mu}_{n+h,n} - \mu_{n+h,n}$ envolve variáveis até ao período n). Como consequência, o IC a 95% construído a partir de $\hat{\mu}_{n+h,n}$ é

$$\hat{\mu}_{n+h,n} \pm 1.96\sqrt{\text{Var}\left(e\left(h\right)\right) + \text{Var}\left(\hat{\mu}_{n+h,n} - \mu_{n+h,n} | \mathcal{F}_n\right)}.$$

Pode-se provar que $\text{Var}\left(\hat{\mu}_{n+h,n} - \mu_{n+h,n} | \mathcal{F}_n\right)$ é uma quantidade de ordem $O\left(1/n\right)$; assim, para amostra grandes, $\text{Var}\left(\hat{\mu}_{n+h,n} - \mu_{n+h,n} | \mathcal{F}_n\right)$ é uma quantidade "pequena" quando comparada com $\text{Var}\left(e\left(h\right)\right)$ e pode ser negligenciada. A quantidade $\text{Var}\left(\hat{\mu}_{n+h,n} - \mu_{n+h,n} | \mathcal{F}_n\right)$ pode ser estimada a partir de uma equação auxiliar. Para exemplificar considere-se a previsão a um passo de um AR(1). A estimativa de c da equação

$$y_t = c + \phi_1\left(y_{t-1} - y_n\right) + u_t$$

fornece uma estimativa para $\mu_{n+1,h}$ (i.e., fornece $\hat{\mu}_{n+1,n}$) pois $\hat{y}_{n+1} = \hat{c} + \phi_1\left(y_n - y_n\right) = \hat{c}$. Por outro lado, o erro padrão de $\hat{c} = \hat{\mu}_{n+1,n}$ é uma estimativa para

$$\text{Var}\left(\hat{\mu}_{n+1,n} - \mu_{n+1,n} | \mathcal{F}_n\right) = \text{Var}\left(\hat{\mu}_{n+1,n} | \mathcal{F}_n\right).$$

198 | Modelação de Séries Temporais Financeiras

Figura 6.16: Estimação de um MA(2)

Dependent Variable: Y
Method: Least Squares
Sample(adjusted): 1950:04 2005:05
Included observations: 662 after adjusting endpoints

Variable	Coefficient	Std. Error	t-Statistic	Prob.
C	10.01857	0.042397	236.3054	0.0000
MA(1)	0.373267	0.037900	9.848702	0.0000
MA(2)	-0.231256	0.037917	-6.099047	0.0000
R-squared	0.162759	Mean dependent var		10.01838
Adjusted R-squared	0.160218	S.D. dependent var		1.042205
S.E. of regression	0.955072	Akaike info criterion		2.750462
Sum squared resid	601.1155	Schwarz criterion		2.770833
Log likelihood	-907.4029	F-statistic		64.05464
Durbin-Watson stat	2.002569	Prob(F-statistic)		0.000000
Inverted MA Roots	.33	-.70		

De todo o modo, para amostra grandes pode-se assumir $1/n \simeq 0$ e, assim, podemos continuar a usar a expressão (6.18), substituindo os parâmetros desconhecidos pela respectivas estimativas consistentes. Vamos ver alguns exemplos.

MA(2)

Previsão a um passo $h = 1$

$$y_{n+1} = \mu + \theta_1 u_n + \theta_2 u_{n-1} + u_{n+1}$$

Tem-se

$$\mathrm{E}\left(y_{n+1}| \mathcal{F}_n\right) = \mu + \theta_1 u_n + \theta_2 u_{n-1}$$
$$e_n\left(1\right) = y_{n+1} - \mathrm{E}\left(y_{n+1}| \mathcal{F}_n\right) = u_{n+1} \sim N\left(0, \sigma^2\right).$$

Logo $\mathrm{Var}\left(e_n\left(1\right)\right) = \sigma^2$ e, assim, um IC a 95% é

$$\mu + \theta_1 u_n + \theta_2 u_{n-1} \pm 1.96 \sqrt{\mathrm{Var}\left(e_n\left(1\right)\right)} \text{ i.e.,}$$
$$\mu + \theta_1 u_n + \theta_2 u_{n-1} \pm 1.96 \sigma.$$

Previsão a dois passos $h = 2$

$$y_{n+2} = \mu + \theta_1 u_{n+1} + \theta_2 u_n + u_{n+2}$$

Tem-se

$$
\begin{aligned}
\mathrm{E}\left(y_{n+2}|\,\mathcal{F}_n\right) &= \mu + \theta_2 u_n \\
y_{n+2} - \mathrm{E}\left(y_{n+2}|\,\mathcal{F}_n\right) &= \theta_1 u_{n+1} + u_{n+2} \sim N\left(0, \left(\theta_1^2 + 1\right)\sigma^2\right).
\end{aligned}
$$

Logo $\mathrm{Var}\left(e_n\left(2\right)\right) = \left(\theta_1^2 + 1\right)\sigma^2$ e, assim, um IC a 95% é

$$\mu + \theta_2 u_n \pm 1.96\sqrt{\left(\theta_1^2 + 1\right)\sigma^2}\,.$$

EXEMPLO 6.6.2 *Estimou-se um MA(2) (dados mensais), cujos resultados estão apresentados na figura 6.16. A última observação, y_n, reporta-se ao período 2005:05 (Maio de 2005, na notação do EVIEWS). Tem-se ainda a seguinte informação: $\hat{u}_{n-1} = -0.655$ e $\hat{u}_n = 0.055$. As estimativas dos parâmetros são*[28]:

$$\hat{\theta}_1 = 0.37326, \qquad \hat{\theta}_2 = -0.231256.$$

Pretende-se um intervalo de previsão para 2005:6 (y_{n+1}) e 2005:7 (y_{n+2}) a 95%, supondo inovações (erros) normais. Previsão a um passo:

$$
\begin{aligned}
\mu_{n+1,n} &= \mu + \theta_1 u_n + \theta_2 u_{n-1} \\
\hat{\mu}_{n+1,n} &= \hat{\mu} + \hat{\theta}_1 \hat{u}_n + \hat{\theta}_2 \hat{u}_{n-1} \\
&= 10.01857 + 0.37326 \times 0.055 - 0.231256 \times \left(-0.655\right) \\
&= 10.191\,.
\end{aligned}
$$

---

[28] O output do EVIEWS apresenta as raízes invertidas do polinómio MA. Como são em módulo inferiores a um conclui-se que o processo é invertível.

IC para y_{n+1} a 95%:

$$\mu + \theta_1 u_n + \theta_2 u_{n-1} \pm 1.96\sigma$$
$$10.191 \pm 1.96 \times 0.955072 \; ou \; (8.32, 12.06) .$$

Previsão a dois passos:

$$\mu_{n+2,n} = \mu + \theta_2 u_n$$
$$\hat{\mu}_{n+2,n} = \hat{\mu} + \hat{\theta}_2 u_n$$
$$= 10.01857 - 0.231256 \times 0.055$$
$$= 10.005.$$

IC para y_{n+2} a 95%:

$$\mu + \theta_2 u_n \pm 1.96\sqrt{\left(\theta_1^2 + 1\right)\sigma^2}$$
$$10.005 \pm 1.96\sqrt{(0.37326^2 + 1) \times 0.955072^2} \; ou \; (8.01, 12.00) .$$

No EVIEWS o gráfico da previsão a dois passos é dada pela figura 6.17.

MA(q)

Deixa-se como exercício verificar:

$$\mathrm{E}\left(y_{n+h}|\,\mathcal{F}_n\right) = \begin{cases} \mu + \sum_{i=h}^{q} \theta_i u_{n+h-i} & \text{para } h = 1, ..., q \\ \mu & \text{para } h = q+1, ... \end{cases}$$

$$e_n\left(h\right) = y_{n+h} - \mathrm{E}\left(y_{n+h}|\,\mathcal{F}_n\right) = \sum_{i=0}^{h-1} \theta_i u_{n+h-i} , \qquad (\theta_0 = 1).$$

Figura 6.17: Previsão do modelo MA(2) fornecida pelo EVIEWS

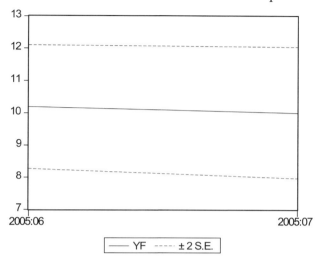

Tem-se

$$\mathrm{E}\left(e_n^2\left(h\right)\right) = \sigma^2 \sum_{i=0}^{h-1} \theta_i^2 \qquad (6.19)$$

e, assumindo normalidade, o IC a 95% é

$$\mu + \sum_{i=h}^{q} \theta_i u_{n+h-i} \pm 1.96 \sqrt{\sigma^2 \sum_{i=0}^{h-1} \theta_i^2}.$$

AR(1)

A determinação dos intervalos de previsão não é imediata nos processos AR e ARMA em geral.

Previsão a um passo $h = 1$

$$y_{n+1} = c + \phi_1 y_n + u_{n+1}$$

$$
\begin{aligned}
\mu_{n+1,n} &= \mathrm{E}\left(y_{n+1} \mid \mathcal{F}_n\right) \\
&= \mathrm{E}\left(c + \phi_1 y_n + u_{n+1} \mid \mathcal{F}_n\right) = c + \phi_1 y_n \\
e_n(1) &= u_{n+1}.
\end{aligned}
$$

Previsão a dois passos $h = 2$

$$y_{n+2} = c + \phi_1 y_{n+1} + u_{n+2}$$

$$
\begin{aligned}
\mu_{n+2,n} &= \mathrm{E}\left(y_{n+2} \mid \mathcal{F}_n\right) \\
&= \mathrm{E}\left(c + \phi_1 y_{n+1} + u_{n+2} \mid \mathcal{F}_n\right) = c + \phi_1 \mathrm{E}\left(y_{n+1} \mid \mathcal{F}_n\right) \\
&= c + \phi_1 \mu_{n+1,n}
\end{aligned}
$$

$$e_n(2) = ?$$

Para determinar $e_n(h)$ e consequentemente os IC a ideia consiste em representar y_{n+h} na forma MA. Precisamos, portanto, de uma fórmula geral que forneça $e_n(h)$ e $\mathrm{Var}\left(e_n(h)\right)$ (veremos isso a seguir).

6.6.4 Intervalos de Previsão II – Variância do Erro de Previsão no modelo ARMA

Para determinarmos $e_n(h)$ considere-se o ARMA(p, q)

$$
\begin{aligned}
\phi_p(L) y_{n+h} &= \theta_q(L) u_{n+h} \\
y_{n+h} &= \phi_p^{-1}(L) \theta_q(L) u_{n+h} \\
&= \sum_{j=0}^{\infty} \psi_j u_{n+h-j} \quad (\psi_0 = 1).
\end{aligned}
\tag{6.20}
$$

A expressão $\mathrm{E}\left(y_{n+h}|\mathcal{F}_n\right)$ pode ser obtida recursivamente como vimos no caso AR(p) com $h = 2$. Agora interessa-nos representar $\mathrm{E}\left(y_{n+h}|\mathcal{F}_n\right)$ numa outra forma equivalente para que possamos obter $e_n(h)$.

Como

$$y_{n+h} = \sum_{j=0}^{\infty} \psi_j u_{n+h-j}$$

tem-se

$$
\begin{aligned}
& \mathrm{E}\left(y_{n+h}|\mathcal{F}_n\right) \\
={} & \mathrm{E}\left(\sum_{j=0}^{\infty} \psi_j u_{n+h-j} \,\middle|\, \mathcal{F}_n\right) \\
={} & \mathrm{E}\left(\psi_0 u_{n+h} + \psi_1 u_{n+h-1} + ... + \psi_{h-1} u_{n+1} + \psi_h u_n + \psi_{h+1} u_{n-1} + ... \,\middle|\, \mathcal{F}_n\right) \\
={} & \psi_h u_n + \psi_{h+1} u_{n-1} + ...\,.
\end{aligned}
$$

Logo

$$
\begin{aligned}
e_n(h) ={} & y_{n+h} - \mathrm{E}\left(y_{n+h}|\mathcal{F}_n\right) \\
={} & \psi_0 u_{n+h} + \psi_1 u_{n+h-1} + ... + \psi_{h-1} u_{n+1} + \psi_h u_n + \psi_{h+1} u_{n-1} + ... \\
& -\psi_h u_n - \psi_{h+1} u_{n-1} - ... \\
={} & \psi_0 u_{n+h} + \psi_1 u_{n+h-1} + ... + \psi_{h-1} u_{n+1} \\
={} & \sum_{j=0}^{h-1} \psi_j u_{n+h-j}.
\end{aligned}
$$

Portanto,

$$
\begin{aligned}
\mathrm{E}\left(e_n(h)\right) ={} & 0 \\
\mathrm{Var}\left(e_n(h)\right) ={} & \mathrm{E}\left(e_n^2(h)\right) = \sigma^2 \sum_{j=0}^{h-1} \psi_j^2, \qquad \psi_0 = 1.
\end{aligned}
\tag{6.21}
$$

204 | Modelação de Séries Temporais Financeiras

No processo MA(q) tem-se $\theta_i = \psi_i$ e, com esta igualdade, confirma-se a equação (6.19).

EXEMPLO 6.6.3. *Retome-se o exemplo 6.6.1. Vimos,*

$$\hat{\mu}_{n+1,n} = 50.169, \ \hat{\mu}_{n+2,n} = 50.108, \ \hat{\mu}_{n+3,n} = 50.126.$$

Sabendo que

$$\frac{1}{1 - 0.469309L - 0.31490L^2} = 1 + 0.469L + 0.535L^2 + 0.399L^3 + \dots$$

determine um IC a 95% para as previsões em $n+1$, $n+2$ e $n+3$. A expressão geral do IC a 95% (com erros Gaussianos) é dada pela expressão

$$\mathrm{E}\left(y_{n+h} \mid \mathcal{F}_n\right) \pm 1.96\sqrt{\mathrm{Var}\left(e_n\left(h\right)\right)}$$

ou

$$\mu_{n+h,n} \pm 1.96\sqrt{\mathrm{Var}\left(e_n\left(h\right)\right)}$$

ou

$$\hat{\mu}_{n+h,n} \pm 1.96\sqrt{\widehat{\mathrm{Var}}\left(e_n\left(h\right)\right)}$$

No caso dos modelos MA a expressão $\mathrm{Var}\left(e_n\left(h\right)\right)$ *determina-se facilmente, como vimos atrás. No caso dos modelos AR (ou ARMA) temos de usar a expressão (6.21)*

$$\mathrm{Var}\left(e_n\left(h\right)\right) = \sigma^2 \sum_{j=0}^{h-1} \psi_j^2 \quad ou \quad \widehat{\mathrm{Var}}\left(e_n\left(h\right)\right) = \hat{\sigma}^2 \sum_{j=0}^{h-1} \hat{\psi}_j^2$$

Um IC a 95% para a previsão y_{n+1} ($h=1$) é

$$\hat{\mu}_{n+1,n} \pm 1.96\sqrt{\widehat{\mathrm{Var}}\left(e_n\left(1\right)\right)}.$$

Ora $\hat{\mu}_{n+1,n} = 50.169$ *e*

$$\widehat{\text{Var}}\left(e_n\left(1\right)\right) = \hat{\sigma}^2 \sum_{j=0}^{1-1} \hat{\psi}_j^2 = \hat{\sigma}^2 \sum_{j=0}^{0} \hat{\psi}_j^2 = \hat{\sigma}^2 \hat{\psi}_0^2 = \hat{\sigma}^2.$$

Assim

$$\hat{\mu}_{n+1,n} \pm 1.96\sqrt{\hat{\sigma}^2}$$
$$50.169 \pm 1.96 \times 0.499762.$$

Um IC a 95% para a previsão y_{n+2} *(h = 2) é*

$$\hat{\mu}_{n+2,n} \pm 1.96\sqrt{\widehat{\text{Var}}\left(e_n\left(2\right)\right)}.$$

Ora $\hat{\mu}_{n+2,n} = 50.108$ *e*

$$\begin{aligned}
\widehat{\text{Var}}\left(e_n\left(2\right)\right) &= \hat{\sigma}^2 \sum_{j=0}^{2-1} \hat{\psi}_j^2 = \hat{\sigma}^2 \left(1 + \hat{\psi}_1^2\right) \\
&= 0.499762^2 \times \left(1 + 0.469^2\right) = 0.30470.
\end{aligned}$$

Assim

$$\hat{\mu}_{n+2,n} \pm 1.96\sqrt{\widehat{\text{Var}}\left(e_n\left(2\right)\right)}$$
$$50.108 \pm 1.96\sqrt{0.30470}.$$

Um IC a 95% para a previsão y_{n+3} *(h = 3) é*

$$\hat{\mu}_{n+3,n} \pm 1.96\sqrt{\widehat{\text{Var}}\left(e_n\left(3\right)\right)}.$$

Ora $\hat{\mu}_{n+2,n} = 50.126$ *e*

$$\widehat{\text{Var}}(e_n(2)) = \hat{\sigma}^2 \sum_{j=0}^{3-1} \hat{\psi}_j^2 = \hat{\sigma}^2 \left(1 + \hat{\psi}_1^2 + \hat{\psi}_2^2\right)$$
$$= 0.499762^2 \times \left(1 + 0.469^2 + 0.535^2\right)$$
$$= 0.37619.$$

Assim

$$\hat{\mu}_{n+3,n} \pm 1.96\sqrt{\widehat{\text{Var}}(e_n(3))}$$
$$50.126 \pm 1.96\sqrt{0.37619}.$$

6.6.5 Previsão de (muito) Longo Prazo

Previsão de longo prazo significa tomar h muito alto. Qual é a previsão de y_{n+h} quando $h \to \infty$? Isto é, qual o valor de

$$\lim_{h \to \infty} \text{E}(y_{n+h}| \mathcal{F}_n)?$$

Quando $n + h$ é muito alto, quando comparado com n, a informação $\mathcal{F}_n$ é praticamente irrelevante (é qualquer coisa como prever o retorno do PSI20 para daqui a 20 anos, tendo disponível apenas a informação do retorno de hoje). Assim, nestas condições, $\text{E}(y_{n+h}| \mathcal{F}_n)$ é praticamente igual a $\text{E}(y_{n+h})$ (quer dizer, podemos dispensar $\mathcal{F}_n$). Tudo isto é verdade se, obviamente, o processo for estacionário. Nestas condições tem-se

$$\lim_{h \to \infty} \text{E}(y_{n+h}| \mathcal{F}_n) = \text{E}(y_{n+h}) = \text{E}(y).$$

Outra questão tem a ver com os intervalos de previsão. Vimos que os intervalos de previsão dependem da variância do erro de previsão

$$\mathrm{Var}\left(e_n\left(h\right)\right) = \sigma^2 \sum_{j=0}^{h-1} \psi_j^2$$

onde ψ_i são os coeficientes que se obtêm da relação $\phi_p^{-1}\left(L\right)\theta_q\left(L\right)$. Recorde-se,

$$y_t = \phi_p^{-1}\left(L\right)\theta_q\left(L\right)u_t = \sum_{j=0}^{\infty} \psi_j u_{t-j}.$$

Qual é o valor da expressão $\mathrm{Var}\left(e_n\left(h\right)\right) = \sigma^2 \sum_{j=0}^{h-1} \psi_j^2$ quando h tende para ∞?

Temos de avaliar

$$\lim_{h\to\infty} \sigma^2 \sum_{j=0}^{h-1} \psi_j^2.$$

Se o processo y é ESO pode-se provar que $\sum_{j=0}^{\infty} \psi_j^2$ é finito[29] e, portanto, $\mathrm{Var}\left(e_n\left(\infty\right)\right)$ é finito. Para que valor tende? Pode-se provar (veja-se o último pé-de-página) que

---

[29] Vimos em que condições se estabelece a estacionaridade. Outra forma alternativa consiste em considerar a representação MA(∞) do ARMA. Vimos

$$y_t = \phi_p^{-1}\left(L\right)\theta_q\left(L\right)u_t = \sum_{j=0}^{\infty} \psi_j u_{t-j}.$$

Tem-se

$$\begin{aligned}
\mathrm{E}\left(y_t\right) &= 0 \\
\mathrm{Var}\left(y_t\right) &= \mathrm{Var}\left(\sum_{j=0}^{\infty} \psi_j u_{t-j}\right) = \sigma^2 \sum_{j=0}^{\infty} \psi_j^2
\end{aligned}$$

Assim se y é ESO devemos ter $\mathrm{Var}\left(y_t\right) = \sigma^2 \sum_{j=0}^{\infty} \psi_j^2 < \infty$. Logo devemos exigir $\sum_{j=0}^{\infty} \psi_j^2 < \infty$ e, portanto, $\sum_{j=0}^{\infty} \psi_j^2 < \infty$ é condição necessária para que y seja estacionário. Nestas condições

$$\mathrm{Var}\left(e_n\left(h\right)\right) = \mathrm{E}\left(e_n^2\left(h\right)\right) = \sigma^2 \sum_{j=0}^{h-1} \psi_j^2 \to \mathrm{Var}\left(y_t\right).$$

$$\mathrm{Var}\left(e_n\left(\infty\right)\right) = \mathrm{Var}\left(y\right).$$

Assim, se y é estacionário e Gaussiano, um intervalo de confiança a 95% para y_{n+h} com h muito alto (ou $h \to \infty$) é

$$\mathrm{E}\left(y\right) \pm 1.96\sqrt{\mathrm{Var}\left(y\right)}.$$

O que acontece se y não é estacionário?

EXEMPLO 6.6.4. *Considere-se o ARIMA*(0, 1, 1)

$$y_t = y_{t-1} + u_t + \theta_1 u_{t-1}.$$

A previsão a um passo é

$$\mu_{n+1,n} = \mathrm{E}\left(y_{n+1}\middle|\mathcal{F}_n\right) = y_n + \theta_1 u_n.$$

A dois passos é

$$\begin{aligned}
\mu_{n+2,n} &= \mathrm{E}\left(y_{n+2}\middle|\mathcal{F}_n\right) = \mathrm{E}\left(y_{n+1} + u_{n+2} + \theta_1 u_{n+1}\middle|\mathcal{F}_n\right) \\
&= \mathrm{E}\left(y_{n+1}\middle|\mathcal{F}_n\right) = y_n + \theta_1 u_n
\end{aligned}$$

A h passos é

$$\mu_{n+h,n} = y_n + \theta_1 u_n.$$

Calcule-se agora a variância do erro de previsão $\mathrm{Var}\left(e_n\left(h\right)\right) = \sigma^2 \sum_{j=0}^{h-1} \psi_j^2$. *Temos de calcular os* ψ_i *e, para o efeito, começamos por reescrever o processo na forma*

$$\begin{aligned}
\left(1 - L\right) y_t &= \left(1 + \theta_1 L\right) u_t \text{ ou} \\
y_t &= \frac{\left(1 + \theta_1 L\right)}{1 - L} u_t
\end{aligned}$$

Para determinar ψ_i :

$$\begin{aligned}
\frac{\left(1 + \theta_1 L\right)}{1 - L} &= 1 + \psi_1 L + \psi_2 L^2 + \dots \\
1 + \theta_1 L &= \left(1 + \psi_1 L + \psi_2 L^2 + \dots\right)\left(1 - L\right) \\
&= 1 - L + \psi_1 L - \psi_1 L^2 + \psi_2 L^2 - \psi_2 L^3 + \dots \\
&= 1 + \left(\psi_1 - 1\right) L + \left(\psi_2 - \psi_1\right) L^2 + \dots
\end{aligned}$$

Resulta:

$$\begin{cases} \theta_1 = \psi_1 - 1 \\ 0 = \psi_2 - \psi_1 \\ 0 = \psi_3 - \psi_2 \\ \ldots \end{cases} \Leftrightarrow \begin{cases} \psi_1 = 1 + \theta_1 \\ \psi_2 = 1 + \theta_1 \\ \psi_3 = 1 + \theta_1 \\ \ldots \end{cases}$$

Logo

$$\frac{(1 + \theta_1 L)}{1 - L} = 1 + \underbrace{(1 + \theta_1)}_{\psi_1} L + \underbrace{(1 + \theta_1)}_{\psi_2} L^2 + \ldots$$

e, portanto,

$$\begin{aligned} \mathrm{Var}\left(e_n\left(h\right)\right) &= \sigma^2 \sum_{j=0}^{h-1} \psi_j^2 \\ &= \sigma^2 \left(1 + (1 + \theta_1)^2 + \ldots + (1 + \theta_1)^2\right) \\ &= \sigma^2 \left(1 + (h-1)\left(1 + \theta_1\right)^2\right). \end{aligned}$$

Conclui-se que a variância do erro de previsão aumenta sem limite quando o horizonte de previsão tende para mais infinito.

6.6.6 Qualidade da Previsão

Podemos comparar a qualidade de previsão de dois modelos diferentes (por exemplo um AR versus um MA) comparando a variância do erro de previsão $\mathrm{Var}\left(e_n\left(h\right)\right)$ dos dois modelos. Esta é a abordagem paramétrica. Temos uma outra forma, mais eficaz, de avaliarmos a previsão de um (ou mais) modelo(s) e que é descrita a seguir.

O período de observação da série é dividido em dois sub-períodos: o primeiro é designado por *in-sample estimation period* e o segundo por *out-of sample forecast*. Fixe-se o período de estimação,

Figura 6.18: In-Samples Estimation Period vs. Out-of Sample Forecast Period

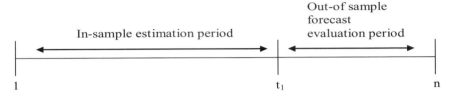

por exemplo, de 1 a t_1 (veja-se a figura 6.18). Embora as observações disponíveis sejam $y_1, ..., y_{t_1}, ..., y_n$ o modelo é estimado apenas para o período de 1 a t_1. Com base no modelo estimado no período *in-sample estimation*, geram-se depois as previsões para o período *out-of sample forecast* e, finalmente comparam-se as previsões com os valores observados mas não utilizados na estimação. O esforço de previsão no período pós-estimação é equivalente ao de uma previsão verdadeira[30].

Seja

$$e(h) = e_{t_1}(h) = y_{t_1+h} - \mathrm{E}\left(y_{t_1+h}|\mathcal{F}_{t_1}\right)$$
$$y_h^p = \mathrm{E}\left(y_{t_1+h}|\mathcal{F}_{t_1}\right)$$
$$y_h^o = y_{t_1+h}$$

(com $t_1 + h = n$).

---

[30] Também se definem as previsões *in-sample forecast*. Tratam-se de previsões geradas no período de estimação do modelo. Por exemplo, previsões a h-passos

$$\mathrm{E}(y_{t+h}|\mathcal{F}_t), \qquad t + h \leq t_1.$$

O esforço de previsão é baixo porque o modelo de previsão usa estimativas $\hat{\theta}$ baseadas nas observações $y_1, ..., y_{t_1}$ (a qualidade da previsão a um passo, $h = 1$; pode ser avaliada através dos critérios habituais de ajustamento $R^2, \hat{\sigma}$, etc.).

A avaliação da qualidade da previsão deve basear-se nas previsões *out-of-sample*.

Avaliação da Previsão I

Tendo-se calculado os erros e (1), e (2), ..., e (h), podemos agora avaliá-los através das seguintes medidas:

Erro Médio de Previsão

$$EMP = \frac{1}{h} \sum_{i=1}^{h} (y_i^o - y_i^p) = \frac{1}{h} \sum_{i=1}^{h} e(h).$$

Raiz do Erro Quadrático Médio (REQM ou RMSE)

$$REQM = \sqrt{\frac{1}{h} \sum_{i=1}^{h} (y_i^o - y_i^p)^2} = \sqrt{\frac{1}{h} \sum_{i=1}^{h} e(h)^2}.$$

Erro Absoluto Médio (EAM ou MAE)

$$EAM = \frac{1}{h} \sum_{i=1}^{h} |y_i^o - y_i^p| = \frac{1}{h} \sum_{i=1}^{h} |e(h)|.$$

Erro Percentual Absoluto Médio (EPAM ou MAPE)

$$EPAM = \frac{1}{h} \sum_{i=1}^{h} \left| \frac{y_i^o - y_i^p}{y_i^o} \right| = \frac{1}{h} \sum_{i=1}^{h} \left| \frac{e(h)}{y_i^o} \right|.$$

Coeficiente de Theil

$$U = \frac{REQM}{\sqrt{\frac{1}{h} \sum_{i=1}^{h} (y_i^p)^2} + \sqrt{\frac{1}{h} \sum_{i=1}^{h} (y_i^o)^2}}, \qquad 0 \leq U \leq 1.$$

O EQM penaliza fortemente os erros maiores. A grande maioria das previsões pode ser excelente mas o EQM pode ser alto se existir uma previsão má ou muito má. O EAM não é tão severo neste aspecto. Se a grande maioria das previsões for boa então o EAM vem relativamente baixo.

Relativamente ao coeficiente de Theil, quanto mais baixo U melhor é a previsão. O caso $U = 1$ é o pior cenário (por exemplo, prever sistematicamente zero quando os valores observados são diferentes de zero, ou prever sempre valores positivos quando os valores observados são sempre negativos, etc.).

As estatísticas anteriores avaliam a magnitude do erro de previsão e, com excepção do EMP, não levam em conta se o erro de previsão é positivo ou negativo. Em certos casos, o sinal do erro de previsão é importante. Para ilustrar esta situação, considere-se o seguinte exemplo. Seja y a hora de partida do avião, y^p a previsão da hora de chegada ao aeroporto (para embarcar) e $e = y - y^p$ o erro de previsão. Se $e > 0$, ele ou ela chega adiantado; se $e < 0$ chega atrasado e perde o avião. Como poderemos avaliar o erro de previsão? Função quadrática do tipo EQM? (penalizar de igual forma chegar cedo ou tarde?). Uma função de avaliação poderia ser

$$L\left(e\right) = \left\{ \begin{array}{ll} 999 & e < 0 \\ ke & e > 0, \quad k > 0. \end{array} \right.$$
(6.22)

Assim, chegar atrasado envolveria uma "perca" de 999 (valor que supomos muito alto), ao passo que chegar adiantado e unidades de tempo, envolveria uma "perca" proporcional a e (supondo $999 > ke$). Uma estatística de avaliação da qualidade da previsão baseada em (6.22) é

$$\frac{1}{h} \sum_{i=1}^{h} \left(999 \mathcal{I}_{\{e(i)<0\}} + ke\left(i\right) \mathcal{I}_{\{e(i)>0\}} \right).$$
(6.23)

Escolhe-se o modelo que minimiza (6.23).

Outro caso em que a função perca $L(e)$ é não simétrica aplica-se a modelos de previsão que visam definir regras de compra e venda. Seja y_h^p a previsão do retorno a h passos e y_h^o o correspondente valor observado. Considera-se uma previsão correcta quando y_h^p apresenta o mesmo sinal que y_h^o. A função perca é

$$L\left(e\right) = \left\{ \begin{array}{ll} 1 & y_h^p y_h^o < 0 \\ 0 & y_h^p y_h^o > 0. \end{array} \right.$$
(6.24)

Se a previsão é correcta y_h^p e y_h^o apresentam o mesmo sinal e, portanto, o produto $y_h^p y_h^o$ é positivo. Uma estatística de avaliação da qualidade da previsão baseada em (6.24) é

$$\frac{1}{h} \sum_{i=1}^{h} \mathcal{I}_{\{y_i^p y_i^o < 0\}}. \tag{6.25}$$

A equação (6.25) representa a proporção de previsões com sinal incorrecto. Pode-se preferir, todavia, trabalhar com a proporção de previsões com sinal correcto:

$$PPSC = \frac{1}{h} \sum_{i=1}^{h} \mathcal{I}_{\{y_i^p y_i^o > 0\}}.$$

Avaliação da Previsão II

Os erros de previsão podem dever-se, basicamente, às seguinte razões:

- As previsões estão quase sempre acima ou abaixo dos valores observados (exemplo: valores observado: 10, 11, 9, 12; previsões: 15, 16, 13, 16);
- A variabilidade das previsões é diferente da variabilidade dos valores previstos (exemplo: valores observados: 10, 11, 9, 12; previsões: 2, 18, 5, 20).
- As previsões estão pouco correlacionadas com os valores observados.

Na metodologia que se segue procura-se identificar estas várias fontes de erro.
Considere-se

$$s_o^2 = \frac{1}{h} \sum_{i=1}^{h} (y_i^o - \bar{y}^o)^2, \qquad s_p^2 = \frac{1}{h} \sum_{i=1}^{h} (y_i^p - \bar{y}^p)^2$$

$$r = \frac{\frac{1}{h} \sum_{i=1}^{h} (y_i^o - \bar{y}^o)(y_i^p - \bar{y}^p)}{s_0 s_p}$$

e defina-se

$$U^E = \frac{(\bar{y}^o - \bar{y}^p)^2}{EQM}, \qquad U^V = \frac{(s_o - s_p)^2}{EQM}, \qquad U^C = \frac{2\,(1 - r)\,s_0 s_p}{EQM},$$

respectivamente a proporção do enviesamento, da variância e da covariância. Note-se $EQM = \frac{1}{h}\sum_{i=1}^{h}(y_i^o - y_i^p)^2$. A estatística U^E mede o erro sistemático, U^V mede a capacidade de y^p reproduzir a variabilidade de y^o e U^C mede o erro não sistemático. A situação ideal $(y_i^o \neq y_i^p)$ é $U^{\widehat{V}} = U^E = 0$ e $U^C = 1$. Note-se que $U^V + U^E + U^C = 1$. Para provarmos esta igualdade, veja-se em primeiro lugar que o EQM pode-se decompor em várias parcelas. Considere-se:

$$
\begin{aligned}
EQM &= \frac{1}{h}\sum_{i=1}^{h}(y_i^o - y_i^p)^2 \\[2mm]
&= \frac{1}{h}\sum_{i=1}^{h}(y_i^o - \bar{y}^o + \bar{y}^o - y_i^p + \bar{y}^p - \bar{y}^p)^2 \\[2mm]
&= \frac{1}{h}\sum_{i=1}^{h}((y_i^o - \bar{y}^o) - (y_i^p - \bar{y}^p) + (\bar{y}^o - \bar{y}^p))^2 \\[2mm]
&= \underbrace{\frac{1}{h}\sum_{i=1}^{h}(y_i^o - \bar{y}^o)^2}_{\sigma_o^2} + \underbrace{\frac{1}{h}\sum_{i=1}^{h}(y_i^p - \bar{y}^p)^2}_{\sigma_p^2} \\[2mm]
&\quad + (\bar{y}^o - \bar{y}^p)^2 - \underbrace{2\frac{1}{h}\sum_{i=1}^{h}(y_i^o - \bar{y}^o)(y_i^p - \bar{y}^p)}_{\rho\sigma_0\sigma_p} \\[2mm]
&= \sigma_o^2 + \sigma_p^2 + (\bar{y}^o - \bar{y}^p)^2 - 2\rho\sigma_0\sigma_p \\[2mm]
&= (\sigma_o - \sigma_p)^2 + (\bar{y}^o - \bar{y}^p)^2 + 2\,(1 - \rho)\,\sigma_0\sigma_p
\end{aligned}
$$

Assim

$$EQM = (\sigma_o - \sigma_p)^2 + (\bar{y}^o - \bar{y}^p)^2 + 2(1 - \rho)\sigma_0\sigma_p$$

e, portanto, dividindo ambos os termos pelo EQM, obtém-se

$$1 = \frac{EQM}{EQM}$$

$$= \underbrace{\frac{(\sigma_o - \sigma_p)^2}{EQM}}_{U^V} + \underbrace{\frac{(\bar{y}^o - \bar{y}^p)^2}{EQM}}_{U^E} + \underbrace{\frac{2(1-\rho)\sigma_0\sigma_p}{EQM}}_{U^C}.$$

Ao contrário do EMP, da REQM e do EAM as estatísticas EPAM, U de Theil, U^V, U^E e U^C não dependem da escala da variável. Por exemplo, se a variável em estudo for "entrada de turistas na fronteira (unidade: nº de indivíduos)" e depois resolvermos passar para "entrada de turistas na fronteira (unidade: milhares de indivíduos)", as estatísticas EPAM, U de Theil, U^V, U^E e U^C não sofrem alteração (porque não dependem da escala da variável).

EXEMPLO 6.6.5. *Na figura 6.19 apresentam-se estatísticas referentes a três modelos de previsão. Analise a qualidade das previsões com base nas estatísticas REQM, U de Theil, U^E, U^V, U^C e Corr (entre os valores observados e previstos).*

Recursive Forecasting vs. RollingWindow

Suponha-se que estamos incumbidos de criar um modelo de previsão a 5 passos. Por exemplo, podemos estar a trabalhar com dados diários e o nosso objectivo é definir um modelo de previsão semanal. A qualidade da previsão a h passos, com $h \neq 5$ não nos interessa (só nos interessa a qualidade da previsão a 5 passos). A avaliação da previsão feita nos pontos anteriores não serve porque as estatísticas REQM, Coeficiente de Theil, etc., avaliam a qualidade da previsão a vários passos, ponderando de igual forma esses erros. Como fazer? Para avaliar a qualidade da previsão a 5

216 | Modelação de Séries Temporais Financeiras

FIGURA 6.19: Três modelos em confronto

h	Observado y	Modelos de Previsão yp1	yp2	yp3	erro quadráticos de previsão modelo1	modelo2	modelo3
1	1	2	2	1	1	1	0
2	2	3	3	3	1	1	1
3	3	2	3	4	1	0	1
4	2	4	4	4	4	4	4
5	4	4	5	7	0	1	9
6	5	5	6	2	0	1	9
7	6	5	7	9	1	1	9
8	7	7	8	3	0	1	16
9	5	4	9	9	1	16	16
10	9	10	10	11	1	1	4
Média	4.4	4.6	5.7	5.3	1	2.7	6.9
Variância	5.64	5.24	6.81	10.61	1.2	20.61	31.29
corr(y,ypi)		0.9124	0.9230	0.6567			
UE		0.0400	0.6259	0.1174			
UV		0.0074	0.0204	0.1129			
UC		0.9526	0.3537	0.7698			
U		0.0986	0.1458	0.2341			

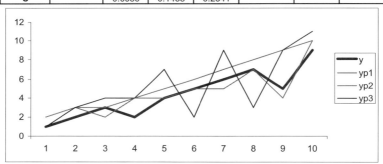

passos fazemos variar t_1 (veja-se a figura 6.18). Podemos ainda ter a chamada "previsão recursiva" (*recursive forecasting*) ou a "janela móvel" (*rolling window*). Exemplifica-se a seguir.

Recursive forecasting

- Estima-se o modelo entre as observações 1 a 1000 e prevê-se para 1005;
- Estima-se o modelo entre as observações 1 a 1001 e prevê-se para 1006;
- Estima-se o modelo entre as observações 1 a 1002 e prevê-se para 1007; etc.

Rolling window

- Estima-se o modelo entre as observações 1 a 1000 e prevê-se para 1005;
- Estima-se o modelo entre as observações 2 a 1001 e prevê-se para 1006;
- Estima-se o modelo entre as observações 3 a 1002 e prevê-se para 1007; etc.

Em ambos os casos, em cada iteração, faz-se sempre uma previsão a 5 passos.

Todavia, com o método *rolling window*, o período de estimação contém sempre 1000 observações (o esforço de estimação é constante). Na primeira hipótese o esforço de estimação vai diminuindo à media que se acrescentam mais observações no período da estimação. Ao fim de várias iterações temos uma amostra de valores observados e valores previstos a 5 passos, que podemos comparar usando as estatísticas já estudadas (EQM, EAM, etc.). Em termos formais, seja, $\mathcal{Y}_k^i = \{y_k, y_{k+1}, ..., y_i\}$, $y_{h,i}^{re} := \mathrm{E}\left(y_{i+h}|\mathcal{Y}_1^i\right)$ a previsão a h passos usando o método *recursive forecasting*, $y_{h,i}^{ro} := \mathrm{E}\left(y_{i+h}|\mathcal{Y}_{i-k}^i\right)$, $i > k$, a previsão a h passos usando o método *rolling window* e $y_i^o := y_{i+h}$ os valores observados. Com base em s previsões *out-of-sample*, podemos calcular, por exemplo,

$$EQM^{re}(h) = \frac{1}{s}\sum_{i=1}^{s}\left(y_i^o - y_{h,i}^{re}\right)^2, \qquad EAM^{re}(h) = \frac{1}{s}\sum_{i=1}^{s}\left|y_i^o - y_{h,i}^{re}\right|$$

$$EQM^{ro}(h) = \frac{1}{s}\sum_{i=1}^{s}\left(y_i^o - y_{h,i}^{ro}\right)^2, \qquad EAM^{re}(h) = \frac{1}{s}\sum_{i=1}^{s}\left|y_i^o - y_{h,i}^{ro}\right|$$

Em geral, devemos esperar

$$REQM^{re}(1) \leq REQM^{re}(2) \leq ... \leq REQM^{re}(h)$$
$$EAM^{re}(1) \leq EAM^{re}(2) \leq ... \leq EAM^{re}(h)$$

218 | Modelação de Séries Temporais Financeiras

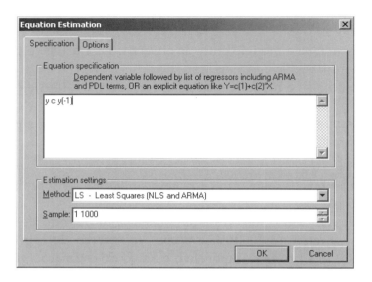

Previsão no EVIEWS

A previsão no EVIEWS é definida na janela "forecast". Para obter previsões *out-of-sample* é necessário, em primeiro lugar, encurtar a amostra na fase da estimação. Para concretizar, suponha-se que estão disponíveis 1100 observações da série y. Se o período *out-of-sample forecast* for 1001-1100, o período de estimação é obviamente 1-1000. Assim, na opção de estimação deve-se escrever na caixa "sample" 1 1000 (veja-se a figura 6.6.6). Depois de estimado o modelo, escolhe-se a opção "forecast" e na caixa "Forecast sample" escreve-se 1001 1100 (veja-se a figura 6.20).

A opção "Dynamic forecast" faz a previsão de y ignorando os valores observados de y no período 1001-1100 (segue a metodologia exposta em "Avaliação da Previsão I"). Por exemplo, no caso da previsão AR(1) usa-se a fórmula $\hat{\mu}_{n+h,n} = \hat{c} + \phi_1 \hat{\mu}_{n+h-1,n}$. A opção "Static forecast" segue o espírito da metodologia "Recursive Forecasting vs. Rolling Window" para $h = 1$ com a seguinte diferença: o período de estimação mantém sempre fixo. No exemplo em análise o período de estimação é sempre 1-1000. A previsão AR(1) para o

Figura 6.20: Previsão no EVIEWS

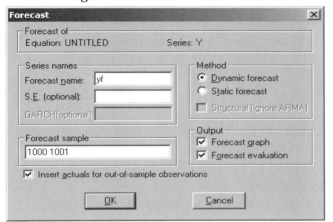

período 1001 é $\hat{c} + \hat{\phi}_1 y_{1000}$; para o período 1002 é $\hat{c} + \hat{\phi}_1 y_{1001}$, etc. Os parâmetros estimados $\hat{c}$ e $\hat{\phi}_1$ baseiam-se sempre na amostra 1-1000. Em qualquer destas opções o EVIEWS calcula várias estatísticas a partir dos erros de previsão e $(i), i = 1, 2, ...$ Por razões óbvias a previsão para além do período de observação da variável (no exemplo em estudo, 1101-) só pode fazer-se usando a opção "Dynamic forecast".

6.6.7 Outros Métodos de Previsão Lineares

6.6.7.1 *Médias Móveis*

Para "tendências localmente constantes" a previsão de y, para o período $n + 1, n + 2, ...$, baseada na informação $\{y_1, ..., y_n\}$ é

$$y^p_{n+h} = \frac{y_n + y_{n-1} + ... + y_{n-N+1}}{N}, \qquad h = 1, 2, ...$$

onde N é o número de observações incluídas em cada média (período da média móvel). A previsão é constante.

6.6.7.2 *Alisamento Exponencial*

Para "tendências localmente constantes" a previsão de y, para o período $n + 1, n + 2, ...$, baseada na informação $\{y_1, ..., y_n\}$ é

$$y_{n+h}^p = S_n, \qquad h = 1, 2, ...$$
$$S_n = \alpha y_n + (1 - \alpha) S_{n-1}, \qquad 0 < \alpha < 1$$

O alisamento exponencial é uma média ponderada de $y_1, ..., y_n$ e S_0. Com efeito,

$$
\begin{aligned}
S_n &= \alpha y_n + (1 - \alpha) S_{n-1} \\
&= \alpha y_n + (1 - \alpha) (\alpha y_{n-1} + (1 - \alpha) S_{n-2}) \\
&= \alpha y_n + (1 - \alpha) \alpha y_{n-1} + (1 - \alpha)^2 S_{n-2} \\
&= \alpha y_n + (1 - \alpha) \alpha y_{n-1} + (1 - \alpha)^2 (\alpha y_{n-2} + (1 - \alpha) S_{n-3}) \\
&= \alpha y_n + (1 - \alpha) \alpha y_{n-1} + (1 - \alpha)^2 \alpha y_{n-2} + (1 - \alpha)^3 S_{n-3} \\
&= ... \\
&= \alpha y_n + \alpha (1 - \alpha) y_{n-1} + \alpha (1 - \alpha)^2 y_{n-2} \qquad (6.26) \\
&\quad + ... + \alpha (1 - \alpha)^{n-1} y_1 + (1 - \alpha)^n S_0.
\end{aligned}
$$

Para "tendências localmente lineares" pode-se usar o método de Holt.

Estes métodos podem ser encarados como casos particulares dos modelos ARIMA.

Por exemplo, a previsão do modelo ARIMA(0,1,1) é equivalente à previsão do modelo

$$S_n = \alpha y_n + (1 - \alpha) S_{n-1}.$$

Uma forma de provar esta afirmação consiste em mostrar que, se y_t segue um ARIMA(0,1,1)

$$y_t = y_{t-1} - \theta u_{t-1} + u_t, \qquad \mu_t = y_{t-1} - \theta u_{t-1}$$

então, a previsão para y_{n+1} pode-se escrever na forma da equação (6.26)[31]. Uma demonstração alternativa é a seguinte. No modelo ARIMA(0,1,1) a previsão para y_{n+1} é $E\left(y_{n+1} \mid \mathcal{F}_n\right) = \mu_{n+1,n}$. Verifique-se agora que

$$
\begin{aligned}
\mu_t &= y_{t-1} - \theta u_{t-1} \\
&= y_{t-1} - \theta\left(y_{t-1} - \mu_{t-1}\right) \\
&= (1 - \theta)\, y_{t-1} + \theta \mu_{t-1}.
\end{aligned}
$$

Logo, no modelo ARIMA(0,1,1), tem-se

$$
\mu_{n+1,n} = (1 - \theta)\, y_n + \theta \mu_n
$$

ou, redefinindo, $S_n = \mu_{n+1,n}$ e $\alpha = 1 - \theta$, vem

$$
S_n = \alpha y_n + (1 - \alpha)\, S_{n-1},
$$

que é precisamente a expressão do alisamento exponencial.

Como conclusão: os modelos ARIMA são (muito) mais gerais do que modelos concorrentes vistos neste ponto.

---

[31] Com efeito, a previsão para y_{n+1}, $\mu_{n+1,n}$, é

$$
\begin{aligned}
\mu_{n+1,n} &= y_n - \theta u_n \\
&= y_n - \theta\left(y_n - \mu_n\right) \\
&= y_n - \theta y_n + \theta \mu_n \\
&= (1 - \theta)\, y_n + \theta\left(y_{n-1} - \theta u_{n-2}\right) \\
&= (1 - \theta)\, y_n + \theta y_{n-1} - \theta^2 u_{n-2} \\
&= (1 - \theta)\, y_n + \theta y_{n-1} - \theta^2\left(y_{n-2} - \theta u_{n-3}\right) \\
&= (1 - \theta)\, y_n + (1 - \theta)\, \theta y_{n-1} + \theta u_{n-3} \\
&= \ldots \\
&= (1 - \theta)\, y_n + (1 - \theta)\, \theta y_{n-1} + (1 - \theta)\, \theta^2 y_{n-2} + \ldots + (1 - \theta)\, \theta^{n-1} y_1 + \theta^n y_0.
\end{aligned}
$$

Para verificar que a previsão do modelo ARIMA(0,1,1) é equivalente à previsão do modelo $S_n = \alpha y_n + (1 - \alpha)\, S_{n-1}$ basta comparar a expressão obtida para $\mu_{n+1,n}$ com (6.26). Estas expressões são iguais para $\alpha = (1 - \theta)$ (admitindo que $S_0 = y_0$). É fácil observar que a previsão para y_{n+h}, $h \geq 1$, em ambos os modelos, é $S_n = \mu_{n+1,n}$.

6.7 Processos ARMA Sazonais

Faz-se uma brevíssima análise dos processos ARMA sazonais ou SARMA.

Muitas sucessões envolvem uma componente sazonal ou periódica de período S (número de observações por período). Na maior parte das aplicações S assume os valores 12 (dados mensais) e 4 (dados trimestrais).

Se só existisse a componente sazonal teríamos, por exemplo,

$$y_t = \Phi_1 y_{t-12} + u_t, \text{ ou}$$
$$y_t = \Phi_1 y_{t-12} + \Phi_2 y_{t-24} + u_t.$$

6.7.1 Processo AR(P)$_S$.

- AR(1)$_S$ $y_t = \Phi_1 y_{t-S} + u_t$ u_t ruído branco
- AR(2)$_S$ $y_t = \Phi_1 y_{t-S} + \Phi_2 y_{t-2S} + u_t$
- AR(P)$_S$ $y_t = \Phi_1 y_{t-12} + \Phi_2 y_{t-2s} + ... + \Phi_P y_{t-Ps} + u_t$ ou,

$$\left(1 - \Phi_1 L^S - \Phi_2 L^{2S} - ... - \Phi_P L^{PS}\right) y_t = u_t$$
$$\Phi_P \left(L^S\right) y_t = u_t.$$

Para um AR(1)$_S$, $y_t = \Phi_1 y_{t-S} + u_t$, deixa-se como exercício verificar que

$$y_t = \sum_{j=0}^{\infty} \Phi_1^j u_{t-jS}, \qquad \mathrm{E}\left(y_t\right) = 0,$$

$$\mathrm{Var}\left(y_t\right) = \sigma^2 \sum_{j=0}^{\infty} \Phi_1^{2j} = \frac{\sigma^2}{1 - \Phi_1^2} \qquad \left(\sigma^2 = \mathrm{Var}\left(u_t\right)\right),$$

Relativamente à covariância pode-se concluir:

$$\text{Cov}(y_t, y_{t+1}) = \sum_{i=0}^{\infty}\sum_{j=0}^{\infty} \Phi_1^i \Phi_1^j \, \text{E}(u_{t-iS} u_{t+1-jS}) = 0$$

$$\text{Cov}(y_t, y_{t+2}) = \text{Cov}(y_t, y_{t+3}) = \text{Cov}(y_t, y_{t+S-1}) = 0$$

$$\text{Cov}(y_t, y_{t+S}) = \sum_{i=0}^{\infty}\sum_{j=0}^{\infty} \Phi_1^i \Phi_1^{j+1} \, \text{E}(u_{t-iS} u_{t-jS}) = \sigma^2 \sum_{i=0}^{\infty} \Phi_1^j \Phi_1^{j+1} = \sigma^2 \frac{\Phi_1}{1 - \Phi_1^2}.$$

Donde

$$\rho_k = \begin{cases} \Phi_1^m & k = mS, \ m = 0, 1, 2, \ldots \\ 0 & k \neq mS, \ m = 0, 1, 2, \ldots \end{cases}$$

Também se pode concluir

$$\phi_{kk} = \begin{cases} \Phi_1 & k = S \\ 0 & k \neq S. \end{cases}$$

Na figura seguinte apresenta-se a FAC e FACP (teóricas) de um processo AR(1)$_{S=12}$ com $\Phi_1 = 0.5$.

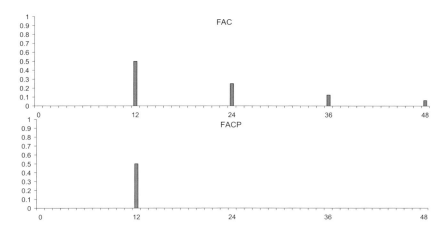

6.7.2 Processo MA(Q)$_S$.

- MA(1)$_S$ $y_t = -\Theta_1 u_{t-S} + u_t$, u_t ruído branco;
- MA(2)$_S$ $y_t = -\Theta_1 u_{t-S} - \Theta_2 u_{t-2S} + u_t$;
- MA(Q)$_S$ $y_t = -\Theta_1 u_{t-S} - \Theta_2 u_{t-2S} - \ldots - \Theta_Q u_{t-QS} + u_t$ ou,

$$y_t = \left(1 - \Theta_1 L^S - \Theta_2 L^{2S} - \ldots - \Theta_Q L^{Qs}\right) u_t$$
$$y_t = \Theta_Q \left(L^S\right) u_t$$

Para um MA(1)$_S$, $y_t = -\Theta_1 u_{t-S} + u_t$, deixa-se como exercício verificar que

$$\mathrm{E}\left(y_t\right) = 0,$$
$$\mathrm{Var}\left(y_t\right) = \left(1 + \Theta_1^2\right)\sigma^2 \quad (\sigma^2 = \mathrm{Var}\left(u_t\right)).$$

Também se pode concluir:

$$\rho_k = \begin{cases} -\dfrac{\Theta_1}{1+\Theta_1^2} & k = S \\ 0 & k \neq S \end{cases}$$

e

$$\phi_{kk} = \begin{cases} -\dfrac{\Theta_1}{1+\Theta_1^2} & k = S \\ -\dfrac{\Theta_1^m\left(1-\Theta_1^2\right)}{1-\Theta_1^{2(m+1)}} & k \neq S. \end{cases}$$

Na figura seguinte apresenta-se a FAC e FACP (teóricas) de um processo MA(1)$_{S=12}$ com $\Theta_1 = -0.5$

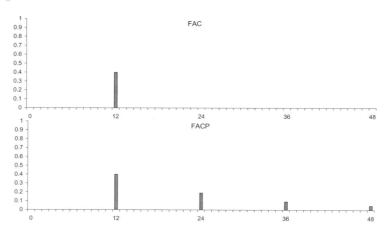

6.7.2.1 *Processos Multiplicativos ARMA(p,q)(P,Q)$_S$*

Componentes não sazonal e sazonal (modelo ARMA(p,q)(P,Q)$_S$):

$$\phi_p\left(L\right)\Phi_P\left(L^S\right)y_t = \theta_q\left(L\right)\Theta_Q\left(L^S\right)u_t$$

Exemplo 6.7.1. *Modelo ARMA(2,1)(1,0)$_{12}$*

$$\left(1 - \phi_1 L - \phi_2 L^2\right)\left(1 - \Phi_1 L^{12}\right)y_t = \left(1 + \theta_1 L\right)u_t$$
$$\left(1 - \phi_1 L - \phi_2 L^2 - \Phi_1 L^{12} + \phi_1\Phi_1 L^{13} + \phi_2\Phi_1 L^{14}\right)y_t = u_t + \theta_1 u_{t-1}$$
$$y_t = \phi_1 y_{t-1} + \phi_2 y_{t-2} + \Phi_1 y_{t-12} - \phi_1\Phi_1 y_{t-13} - \phi_2\Phi_1 y_{t-14} + u_t + \theta_1 u_{t-1}$$

Corresponde a um modelo ARMA(14,1) com restrições (não lineares) sobre os parâmetros (incluindo restrições de nulidade).

Capítulo 7

Modelação da Média: Abordagem Não Linear

7.1 Introdução

Ao longo das últimas décadas os modelos ARMA têm dominado a abordagem de séries temporais (os primeiros trabalhados datam de 1927 com os modelos autoregressivos estudados por Yule). Existem razões para o sucesso dos modelos ARMA Gaussianos:

- simplicidade: as equações às diferenças finitas são fáceis de tratar;
- o modelo ARMA Gaussiano é completamente caracterizado pela média, variância e pelas autocorrelações;
- são fáceis de aplicar e implementar (a maioria dos programas de estatísticas possui um módulo para tratar os modelos ARMA);
- a teoria está completamente desenvolvida: as principais questões, relacionadas com a estimação, inferência e previsão estão resolvidas;
- apesar da simplicidade são relativamente flexíveis e úteis na previsão.

Todavia, os modelos ARMA apresentam limitações:

228 | Modelação de Séries Temporais Financeiras

- não são apropriados para dados que exibam súbitas alterações em períodos irregulares;
- não são apropriados para dados que exibam forte assimetria e achatamento;
- os coeficiente de autocorrelação e autocorrelação parcial de ordem k são apenas um dos aspectos da distribuição conjunta de (y_t, y_{t-k}). Pode suceder ρ_k e ϕ serem baixos, mas existir uma forte relação não linear entre y_t e y_{t-k}. Por exemplo $\rho_k\left(y^2\right) = \text{Corr}\left(y_t^2, y_{t-k}^2\right)$ pode ser alto;
- não modelam dados que exibam "soluções periódicas estáveis". Retomaremos este tema mais à frente.

Discuta-se um pouco mais em detalhe a primeira limitação mencionada. Um modelo ARMA Gaussiano estacionário possui momentos de todas as ordens, i.e., $\text{E}\left(|y_t|^k\right) < \infty$ para qualquer $k \in \mathbb{N}$. Este facto implica que a probabilidade de y assumir (transitoriamente) valores muito altos ou muito baixos é praticamente nula e, neste sentido, os modelos ARMA não são apropriados para dados que exibam súbitas alterações em períodos irregulares. Para esclarecer este ponto, assuma-se que $\text{E}(y) = 0$ e recorde-se que se y possui o momento de ordem k, então (pela desigualdade de Markov) vem, para $c > 0$

$$P\left(|y| > c\right) \leq O\left(c^{-k}\right).$$

A expressão anterior estabelece que $P\left(|y| > c\right)$ é proporcional (ou menos do que proporcional) a c^{-k}. Como c^{-k} tende para zero quando $c \to \infty$, $P\left(|y| > c\right)$ tende também para zero nas mesmas condições, e relativamente depressa se k é uma valor alto. Logo, a possibilidade de $|y|$ assumir um valor arbitrariamente grande é praticamente nula. Se y possuir apenas o primeiro ou segundo momento, $P\left(|y| > c\right)$ continua a tender para zero, mas a uma taxa muito mais baixa, e y pode assumir valores "moderadamente" altos. A existência de todos os momento como no caso do modelo

ARMA Gaussiano, pode, em certos casos, não ser uma propriedade desejável, pois em última análise impede que o modelo capte
dados que exibam súbitas alterações, excluindo portanto, os casos
em que y assume transitoriamente valores muito altos ou muito
baixos.

Enquanto os modelos lineares são definidos no essencial
através da representação ARMA, o número de especificações não
lineares é virtualmente infinito. Embora a literatura dos modelos
não lineares esteja ainda na sua infância, existem já muitos modelos não lineares propostos na literatura. Vamos apenas focar alguns
modelos não lineares mais utilizados. Mas afinal, o que é um modelo não linear?

Uma forma simples (mas não geral) de introduzir modelos
não lineares consiste em apresentar a não linearidade através dos
momentos condicionais. Considere-se o modelo

$$y_t = \mu_t + u_t, \qquad u_t = \sigma_t \varepsilon_t$$

onde ε_t é um ruído branco, $\mu_t = g\left(y_{t-1}, y_{t-2}, .., y_{t-p}; u_{t-1}, u_{t-2}, ...u_{t-q}\right)$ é a média condicional de y_t e $\sigma_t^2 = h\left(y_{t-1}, y_{t-2}, ..., y_{t-\tilde{p}}; u_{t-1}, u_{t-2}, ..., u_{t-\tilde{q}}\right) > 0$ é a variância condicional de y_t. O modelo é não
linear na média se g é uma função não linear dos seus argumen-
tos[32]. O modelo é não linear na variância se σ_t é não constante
ao longo do tempo pois, neste caso, o processo $\{u_t\}$, definido por
$u_t = \sigma_t \varepsilon_t$, é não linear, por ser um processo multiplicativo.

Vejamos alguns exemplos. No caso

$$y_t = \phi y_{t-1} + \log\left(1 + y_{t-1}^2\right) + u_t$$

tem-se um processo não linear na média, pois,
$\mu_t = \phi y_{t-1} + \log\left(1 + y_{t-1}^2\right)$ é uma função não linear de y_{t-1}.
Também

$$y_t = \xi u_{t-1} u_{t-2} + u_t$$

---

[32] Dizemos que uma função é não linear se não for uma função linear afim,
i.e., se não verificar a relação $f\left(x_1, ..., x_n\right) = a_0 + a_1 x_1 + ... + a_n x_n$, onde $a_i \in \mathbb{R}$.

é um processo não linear, pois $\mu_t = \xi u_{t-1} u_{t-2}$ é não linear nos valores passados de u_t.

Os modelos não lineares na variância mais conhecidos são os modelos do tipo ARCH; serão discutidos no capítulo 8.

Uma classe importante de processos não lineares na média baseiam-se na ideia de *regime-switching*. Podem ser usados em duas circunstâncias gerais:

- existem alterações bruscas e inesperadas nas trajectórias dos processos (e.g., ataques especulativos, *crashes* bolsistas, anúncios públicos de medidas do governo, eventos políticos e, em geral, eventos extraordinários não antecipados).
- existem alterações da dinâmica do processo sem alterações bruscas nas trajectórias. Por exemplo, a taxa de juro no período 1993 a 2006 exibe dois períodos com comportamento bem diferenciado: no primeiro, as taxas de juro e a volatilidade são relativamente altas e o processo evidencia uma tendência de reversão para uma média, seguindo-se, depois de 1995, um período de baixas taxas de juro, baixa volatilidade e ausência de reversão para uma média. Outro exemplo é a taxa de inflação no período 1974-2006 (basta verificar os níveis de inflação e volatilidade nos anos 70/80 e nos anos 90).

Para este tipo de fenómenos, os modelos com alterações (estocásticas) de regime (ou *regime-switching*) podem ser, no essencial, de dois tipos:

- a mudança de regime é função de uma variável observável; são exemplos, modelos com variáveis impulso (*dummy*), os modelos limiares ou *threshold AR* (TAR), os modelos onde os coeficientes associados às componentes AR são funções não lineares dos valores passados y (STAR, *smoothed transition AR*), entre outros;
- a mudança de regime não é observada, incluindo-se, nesta classe, os modelos onde os regimes são independentes entre si (como, por exemplo, os modelos *simple switching* ou de

Bernoulli) e os modelos onde existe dependência entre os regimes (como por exemplo, os modelos MS, *Markov-Switching*).

Antes de entrarmos nos processos estocásticos não lineares, faz-se, na próxima secção, uma breve incursão sobre os sistemas autónomos do tipo

$$\mathbf{y}_t = \mathbf{g}\,(\mathbf{y}_{t-1})$$

(determinísticos). O estudo da estabilidade deste tipo de sistemas é relevante para um estudo mais aprofundado dos processos estocásticos do tipo $y_t = g\,(y_{t-1}) + u_t$ (ou, mais geralmente, $y_t = g\,(y_{t-1}, y_{t-2}, ..., y_{t-p}) + u_t$), pois parte da dinâmica subjacente ao processo estocástico depende da função g (ou g no caso multivariado).

7.2 Estabilidade em Equações às Diferenças Finitas Determinísticas

Nesta secção analisa-se o sistema autónomo[33] $\mathbf{y}_t = \mathbf{g}\,(\mathbf{y}_{t-1})$ onde $\mathbf{y}$ é um vector de tipo $m \times 1$ e $\mathbf{g}$ é uma função real[34] $\mathbf{g} : \mathbb{R}^m \to \mathbb{R}^m$. O modelo é determinístico (pois não possui termo de erro e a condição inicial é determinística – i.e., é conhecida).

7.2.1 Pontos Fixos e Estabilidade de Sistemas Lineares

DEFINIÇÃO 7.2.1. (Ponto Fixo de *f*). *Um vector* $\bar{\mathbf{y}}$ *é designado por ponto fixo de* $\mathbf{g}$ *se* $\mathbf{g}\,(\bar{\mathbf{y}}) = \bar{\mathbf{y}}$, *para todo o t.*

---

[33] Um sistema diz-se autónomo se a função $\mathbf{g}$ não depende explicitamente de t (tempo).

[34] O domínio de g poderá ser $S \subset \mathbb{R}^m$ mas neste caso devemos exigir que $S \subseteq g\,(S)$ (suponha-se que esta condição não se verifica – então poderia suceder que $\xi \in S$ e $y_1 = g\,(\xi) \notin S$ e não seria possível agora continuar com $y_2 = g\,(y_1) = g\,(g\,(\xi))$ pois $g\,(\xi) \notin S$).

No ponto fixo o sistema dinâmico discreto não varia (está em equilíbrio). Com efeito, se $y_{t-1} = \bar{y}$ e $\bar{y}$ é um ponto fixo, a variação da solução, Δy_t, é nula, i.e., $\Delta y_t = y_t - y_{t-1} = g(y_{t-1}) - y_{t-1} = \bar{y} - \bar{y} = 0$.

Por exemplo, considere-se $y_0 = 2$ e a equação às diferenças finitas (EDF)[35] $y_t = (1/2)y_{t-1} + 1$ (note-se $m = 1$). Iterando a equação é fácil verificar que $y_1 = 2, y_2 = 2, \ldots$ Logo $\bar{y} = 2$ é o ponto fixo de $g(x) = (1/2)x + 1$. Para calcular o ponto fixo de g basta resolver a equação $(1/2)\bar{y} + 1 = \bar{y}$ em ordem a $\bar{y}$.

EXEMPLO 7.2.1. *Considere-se* $y_t = 2y_{t-1}(1 - y_{t-1})$. *Tem-se* $g(x) = 2x(1-x)$. *Os pontos fixos (de* g*) calculam-se a partir da relação* $g(\bar{y}) = \bar{y}$, *i.e.,* $2\bar{y}(1 - \bar{y}) = \bar{y}$. *Os pontos fixos são portanto* $\bar{y} = 0$ *e* $\bar{y} = 1/2$.

EXEMPLO 7.2.2. *Considere-se o sistema não linear*

$$\begin{pmatrix} y_{1t} \\ y_{2t} \end{pmatrix} = \begin{pmatrix} y_{2t-1} \\ \frac{y_{2t-1}}{y_{1t-1}} \end{pmatrix}.$$

Tem-se, portanto

$$\mathbf{g}\left(\begin{pmatrix} x_1 \\ x_2 \end{pmatrix}\right) = \begin{pmatrix} x_2 \\ \frac{x_2}{x_1} \end{pmatrix}$$

com domínio

$$\left\{ \begin{pmatrix} x_1 \\ x_2 \end{pmatrix} \in \mathbb{R}^2 : x_1 \neq 0 \right\}.$$

---

[35] O ramo da matemática que estuda a dinâmica de sistemas determísticos usa, por vezes, uma linguagem um pouco diferente da que estamos habituados. Por exemplo, a equação $y_t = \phi y_{t-1}$ é designada por equação às diferenças finitas homogénas de primeira ordem linear. Mantemos a designação "equação às diferenças finitas" ou "sistema de equações às diferenças finitas" (consoante o caso) para identificar a equação $y_t = g(y_{t-1})$.

Determinem-se os pontos fixos de g. Para o efeito, resolve-se $\mathbf{g}(\mathbf{x}) = \mathbf{x}$, *i.e.,*

$$\begin{pmatrix} x_2 \\ \frac{x_2}{x_1} \end{pmatrix} = \begin{pmatrix} x_1 \\ x_2 \end{pmatrix}.$$

É fácil verificar que o único ponto fixo é

$$\begin{pmatrix} 1 \\ 1 \end{pmatrix}.$$

PROPOSIÇÃO 7.2.1. *Seja S um intervalo fechado e $g : S \to \mathbb{R}$ uma função contínua. Se $S \subseteq g(S)$ então g tem um ponto fixo em S.*

DEM. Ver Nicolau (2004). $\qquad\qquad\square$

Quando $m = 1$ e a EDF é autónoma é muito útil o gráfico teia de aranha no estudo da estabilidade. Para ilustrar a interpretação do gráfico representa-se na figura 7.1 o gráfico teia de aranha associado à equação $y_t = 0.5y_{t-1}$, com valor inicial $y_0 = 4$ (ponto *a*). No momento 1 tem-se $y_1 = 0.5 \times 4 = 2$ (ponto *b* ou *c*). Este valor, $y_1 = 2$, pode ser interpretado como o valor inicial com respeito a y_2, assim, poderíamos colocar $y_1 = 2$ no eixo das abcissas. Em alternativa, o valor y_1 "parte" da linha de 45^0 (ponto *c*) e o procedimento é repetido iterativamente. Assim, no momento 2 tem-se $y_2 = 0.5 \times 2 = 1$ (ponto *e*) e assim sucessivamente. O gráfico mostra que $\lim_{t \to \infty} y_t = 0$.

Na figura 7.2 representa-se o gráfico teia de aranha da EDF $y_t = y_{t-1}^2$ (o que sucede quando o valor inicial se encontra no intervalo $(1, \infty)$? E no intervalo $(0, 1)$? E ainda no intervalo $(-1, 0)$?)

Seja $y_t = y_t(y_0)$ a solução da EDF (ou do sistema de EDF) $y_t = g(t, y_{t-1})$, dada a condição inicial y_0 (para simplificar admite-se, sem perda de generalidade, que $t_0 = 0$). A expressão $y_t(y_0)$ define a solução como uma função explícita da condição inicial

Figura 7.1: Gráfico Teia de Aranha do PVI $y_t = 0.5 y_{t-1}$, $y_0 = 4$

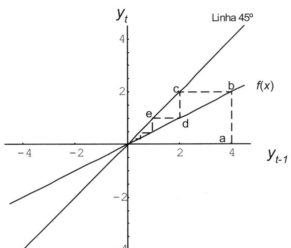

Figura 7.2: Gráfico Teia de Aranha da Aplicação $f(x) = x^2$ (estão traçadas duas órbitas com valores iniciais -1.1 e 0.9)

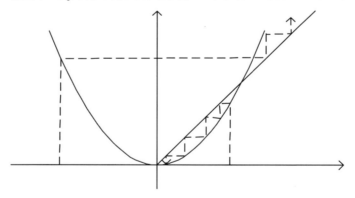

y_0. No caso da EDF autónomas é usual considerar-se a notação $y_t = g^t(y_0)$ em lugar de $y_t = y_t(y_0)$ onde

$$g^t(x) := \underbrace{g(...g(g(x)))}_{t \text{ vezes}}.$$

EXEMPLO 7.2.3. *Se* $g(x) = \frac{1}{1+x}$, *então*

$$g^2(x) = g(g(x)) = g\left(\frac{1}{1+x}\right) = \frac{1}{1+\frac{1}{1+x}},$$

$$g^3(x) = g(g(g(x))) = g\left(g\left(\frac{1}{1+x}\right)\right) = g\left(\frac{1}{1+\frac{1}{1+x}}\right) = \frac{1}{1+\frac{1}{1+\frac{1}{1+x}}}.$$

Dada a EDF $y_t = \frac{1}{1+y_{t-1}}$, *o valor* y_3 *dado* $y_0 = 1$ *é*

$$g^3(1) = \frac{1}{1+\frac{1}{1+\frac{1}{1+1}}} = \frac{3}{5}.$$

Naturalmente, podemos obter este valor considerando o procedimento iterativo,

$$y_1 = \frac{1}{1+1} = \frac{1}{2}, \qquad y_2 = \frac{1}{1+\frac{1}{2}} = \frac{2}{3}, \qquad y_3 = \frac{1}{1+\frac{2}{3}} = \frac{3}{5}.$$

A expressão $g^t(y_0)$ *representa o valor de* y_t *dada a condição* y_0.

DEFINIÇÃO 7.2.2. (Estabilidade – Caso $g : \mathbb{R} \to \mathbb{R}$). *O ponto fixo* $\bar{y}$ *diz-se estável se para cada* $\varepsilon > 0$ *existe um* $\delta = \delta(t_0, \varepsilon)$ *tal que, para cada qualquer solução* $y_t(y_0)$ *a desigualdade* $|y_0 - \bar{y}| \le \delta$ *implica* $|y_t(y_0) - \bar{y}| < \varepsilon$ *para todo o* $t \ge t_0$. *O ponto fixo* $\bar{y}$ *diz-se assimptoticamente estável se é estável e se existe um* $\delta_0 > 0$ *tal que a desigualdade* $|y_0 - \bar{y}| \le \delta_0$ *implica* $|y_t(y_0) - \bar{y}| \to 0$. *0 quando* $t \to \infty$. *O ponto fixo* y *diz-se instável se não é estável.*[36]

(A definição adapta-se facilmente ao caso multivariado – basta trocar $|\cdot|$ por $\|\cdot\|$ e ajustar as notações). Grosso modo, um ponto fixo $\bar{y}$ é estável se $y_t = y_t(y_0)$ permanecer "perto" de $\bar{y}$ para todo o t sempre que y_0 se encontrar "perto" de $\bar{y}$. O ponto fixo $\bar{y}$ é

---

[36] Se a EDF é autónoma leia-se $g^t(y_0)$ em lugar de $y_t(y_0)$.

236 | Modelação de Séries Temporais Financeiras

assimptoticamente estável se for estável e toda a solução iniciali-zada perto de $\bar{y}$ converge para $\bar{y}$.

EXEMPLO 7.2.4. *Considere-se* $y_t = \phi y_{t-1} + c$, *com* $c \neq 0$. *Tem-se* $g(x) = \phi x + c$.. *Resolvendo* $g(\bar{y}) = \bar{y}$, *i.e.,* $\phi\bar{y} + c = \bar{y}$ *conclui-se que o (único) ponto fixo é* $\bar{y} = c/(1-\phi)$. *No caso* $\phi = 1$ *não existe ponto fixo (a equação* $x + c = x$ *é impossível, com* $c \neq 0$). *A estabilidade do ponto fixo* $\bar{y}$ *pode, no caso presente, ser discutida directamente a partir* g^t *(na generalidade dos casos não lineares não é possível obter* g^t *). Tem-se, com a condição inicial* y_0, $y_t = g^t(y_0) = y_0\phi^t + c\frac{1-\phi^t}{1-\phi}$. *Assim*

$$g^t(y_0) - \bar{y} = y_0\phi^t + c\frac{1-\phi^t}{1-\phi} - \frac{c}{1-\phi} = \phi^t\left(y_0 - \frac{c}{1-\phi}\right)$$

$$\left|g^t(y_0) - \bar{y}\right| = |\phi|^t\left|y_0 - \frac{c}{1-\phi}\right| = |\phi|^t|y_0 - \bar{y}|.$$

Impondo $\left|g^t(y_0) - \bar{y}\right| < \varepsilon$ *vem* $|\phi|^t|y_0 - \bar{y}| < \varepsilon$. *Se* $|\phi| < 1$ *então* $\bar{y}$ *é estável. Basta considerar um* δ *tal que* $|y_0 - \bar{y}| \leq \delta < \varepsilon$. *Nestas condições tem-se* $\left|g^t(y_0) - \bar{y}\right| < \varepsilon$ *para todo o* $t > 0$. *Se* $|\phi| > 1$ *o termo* $\left|g^t(y_0) - \bar{y}\right|$ *tende para* ∞ *o que significa que não existe um* $\delta > 0$ *nos termos da definição de ponto fixo estável; logo* $\bar{y}$ *é instável. Analise-se a estabilidade assimptótica. Tem-se para* $\phi \neq 1$

$$\lim_{t\to\infty} g^t(y_0) = \lim_{t\to\infty}\left(y_0\phi^t + c\frac{1-\phi^t}{1-\phi}\right) = \begin{cases} \frac{c}{1-\phi} = \bar{y} & se\ |\phi| < 1 \\ \pm\infty & se\ |\phi| > 1 \end{cases}$$

Assim, se $|\phi| < 1$ *o ponto fixo* $\bar{y}$ *é assimptoticamente estável; se* $|\phi| > 1$, $\bar{y}$ *é instável.*

EXEMPLO 7.2.5. *Retome-se o exemplo 7.2.1* $(y_t = 2y_{t-1}(1 - y_{t-1}))$. *Vimos que os pontos fixos são* $\bar{y} = 0$ *e* $\bar{y} = \frac{1}{2}$. *Discute-se agora a estabilidade a partir do gráfico teia de aranha – ver a figura 7.3. Estão representados três valores iniciais. É fácil concluir que qualquer ponto que se encontre numa vizinhança do ponto fixo 1/2 (por exemplo ponto A ou B) não só não se afasta de 1/2 como também converge para* $\bar{y} = 1=2$. *Este ponto fixo*

Figura 7.3: Gráfico Teia de Aranha da equação $y_t = 2y_{t-1}(1 - y_{t-1})$
(representados três valores iniciais)

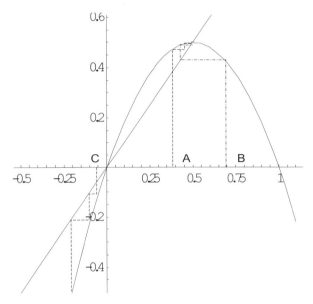

é portanto assimptoticamente estável. O ponto fixo zero é instável. Basta observar o que sucede quando y é inicializado no ponto C.

Considere-se um sistema de m equações lineares $\mathbf{y}_t = \mathbf{A}\mathbf{y}_{t-1}$ com a condição inicial y_0 e seja

$$r = \max\{|\lambda_i| : \lambda_i \text{ é um valor próprio de } \mathbf{A} \ (i = 1, ..., m)\}. \quad (7.1)$$

A estabilidade de um sistema de equações lineares é estabelecida na seguinte

PROPOSIÇÃO 7.2.2. **(a)** Se $r < \delta < 1$ então existe uma constante $C > 0$ tal que

$$\|\mathbf{y}_t\| \leq C\delta^t \|\mathbf{y}_0\|$$

Figura 7.4: Trajectórias y_{1t} e y_{2t}

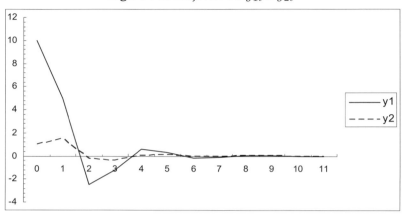

para $t \geq 0$, para qualquer $y_0 \in \mathbb{R}$. Além disso verifica-se $\lim_{t \to \infty} \|\mathbf{y}_t\| = 0$. **(b)** Se $r > 1$ então algumas soluções do sistema tendem para ∞. **(c)**. Se $r \leq 1$ e se a multiplicidade algébrica de todos os valores próprios que verificam $|\lambda| = 1$ for igual a um então existe uma constante $C > 0$ tal que $\|\mathbf{y}_t\| \leq C \|\mathbf{y}_0\|$ para $t \geq 0$.

DEM. Ver Nicolau (2004). □

Notar que se λ é número complexo então $|\lambda| = |\alpha + \beta i| = \sqrt{\alpha^2 + \beta^2}$.

Resulta da proposição anterior que o ponto fixo $\bar{y} = 0$ é, assimptoticamente estável se $r < 1$, instável se $r > 1$, e estável se $r \leq 1$ e se a multiplicidade algébrica de todos os valores próprios que verificam $|\lambda| = 1$ for igual a um.

EXEMPLO 7.2.6. *Estude-se a estabilidade do sistema*

$$\begin{pmatrix} y_{1t} \\ y_{2t} \end{pmatrix} = \begin{pmatrix} 1 & -5 \\ 0.25 & -1 \end{pmatrix} \begin{pmatrix} y_{1t-1} \\ y_{2t-1} \end{pmatrix}.$$

Os valores próprios são $\pm\frac{1}{2}i$. Logo $r = \frac{1}{2}$. Como $r < 1$ conclui-se que o ponto fixo $\bar{\mathbf{y}} = \mathbf{0}$ é assimptoticamente estável. Nas figuras seguintes analisa-se graficamente a dinâmica do sistema admitindo $\mathbf{y}_0 = (10, 1)'$. Na figura 7.4 apresentam-se as trajectórias y_{1t} e y_{2t}. A figura 7.4 é elucidativa quanto à estabilidade do sistema. Em ambos os casos se observa $y_{1t} \to 0$, $y_{2t} \to 0$ quanto $t \to \infty$.

EXEMPLO 7.2.7. *Considere-se o sistema de EDF*

$$\mathbf{y}_t = \left(\begin{array}{cc} \cos\theta & \operatorname{sen}\theta \\ -\operatorname{sen}\theta & \cos\theta \end{array} \right) \mathbf{y}_{t-1}.$$

Os valores próprios são $\lambda = \cos\theta \pm i\sin\theta$ e $|\cos\theta - i\sin\theta| = |\cos\theta + i\sin\theta| = \sqrt{\cos^2\theta + \sin^2\theta} = 1$. Como a multiplicidade algébrica de todos os valores próprios que verificam $|\lambda| = 1$ é igual a um conclui-se que o ponto fixo $\bar{y} = 0$ é estável.

7.2.2 Estabilidade de Sistemas Não Lineares

7.2.2.1 *Linearização*

A proposição seguinte fornece um método para analisar a estabilidade assimptótica no caso escalar (EDF autónomas).

PROPOSIÇÃO 7.2.3. *Suponha-se que* $g : \mathbb{R} \to \mathbb{R}$ *tem derivada de primeira ordem contínua num intervalo aberto contendo o ponto fixo* $\bar{y}$. *Então (a) se* $|g'(\bar{y})| < 1$, y *é assimptoticamente estável; (b) se* $|g'(\bar{y})| > 1$, $\bar{y}$ *é instável.*

DEM. (a) Dado que, por definição,

$$\lim_{x \to \bar{y}} \frac{|g(x) - g(\bar{y})|}{|x - \bar{y}|} = \lim_{x \to \bar{y}} \frac{|g(x) - \bar{y}|}{|x - \bar{y}|} = |g'(\bar{y})|$$

então existe uma vizinhança $V_\varepsilon(\bar{y})$ de raio $\varepsilon > 0$, tal que, para $|g'(\bar{y})| < \alpha < 1$,

$$|g(x) - \bar{y}| < \alpha |x - \bar{y}|, \qquad x \in V_\varepsilon(\bar{y}).$$

Resulta que $x \in V_\varepsilon(\bar{y}) \Rightarrow g(x) \in V_\varepsilon(\bar{y})$ (pela desigualdade anterior, constata-se que $g(x)$ está mais "perto"de $\bar{y}$ do que x está de $\bar{y}$, por um factor de ordem $\alpha < 1$). É imediato verificar que $g(x) \in V_\varepsilon(\bar{y}) \Rightarrow g^2(x) \in V_\varepsilon(\bar{y})$. Repetindo o argumento conclui-se $g^t(x) \in V_\varepsilon(\bar{y})$. Logo,

$$\left|g^2(x) - \bar{y}\right| = |g(g(x)) - \bar{y}| < \alpha |g(x) - \bar{y}| < \alpha^2 |x - \bar{y}|.$$

Por indução, conclui-se $\left|g^t(x) - \bar{y}\right| < \alpha^t |x - \bar{y}|$. Como $\alpha^t \to 0$ segue-se que $\bar{y}$ é assimptoticamente estável. (b) Utilizando argumentos idênticos conclui-se que $g^t(x)$ se afasta cada vez mais de $\bar{y}$ à medida que $t \to \infty$. $\qquad\square$

EXEMPLO 7.2.8. *Retome-se os exemplos 7.2.1 e 7.2.5. Com $g(x) = 2x(1-x)$ tem-se $g'(x) = 2 - 4x$ e, portanto, pela proposição 7.2.3, o ponto fixo 0 é instável pois $|g'(0)| = 2 > 1$ e o ponto 1/2 é assimptoticamente estável pois $|g'(1/2)| = 0 < 1$.*

Analise-se agora a estabilidade de sistemas de EDF. Uma forma de abordar a estabilidade de sistemas de EDF consiste em linearizar $\mathbf{g}(\mathbf{x})$ em torno do ponto fixo $\bar{\mathbf{y}}$ (o caso escalar apresentado atrás baseia-se também no método da linearização). Suponha-se que $\mathbf{g}(\mathbf{x})$ possui derivadas de segunda ordem contínuas. Então, pela fórmula de Taylor vem

$$\mathbf{g}_i(\mathbf{x}) = g_i(\bar{\mathbf{y}}) + \frac{\partial \mathbf{g}_i(\bar{\mathbf{y}})}{\partial \mathbf{x}^T}(\mathbf{x} - \bar{\mathbf{y}}) + \frac{1}{2}(\mathbf{x} - \bar{\mathbf{y}})^T \frac{\partial \mathbf{g}_i^2(\mathbf{z})}{\partial \mathbf{x} \partial \mathbf{x}^T}(\mathbf{x} - \bar{\mathbf{y}}), \qquad i = 1, ..., m$$

ou, mais compactamente,

$$\mathbf{g}(\mathbf{x}) = \mathbf{g}(\bar{\mathbf{y}}) + \mathbf{g}'(\bar{\mathbf{y}})(\mathbf{x} - \bar{\mathbf{y}}) + \mathbf{h}(\mathbf{x}). \tag{7.2}$$

Note-se que $\mathbf{g}'(\bar{\mathbf{y}})$ é o Jacobiano de $\mathbf{g}$ no ponto $\bar{\mathbf{y}}$ (é uma matriz de constantes).

Reescreva-se a equação (7.2) na forma

$$\mathbf{g}(\mathbf{x}) = \mathbf{A}\mathbf{x} + \mathbf{h}(\mathbf{x})$$

onde

$$\mathbf{A} = \mathbf{g}'(\bar{\mathbf{y}}) = \begin{pmatrix} \frac{\partial g_1(\bar{\mathbf{y}})}{\partial \mathbf{x}_1} & \cdots & \frac{\partial g_1(\bar{\mathbf{y}})}{\partial \mathbf{x}_m} \\ \vdots & \ddots & \vdots \\ \frac{\partial g_m(\bar{\mathbf{y}})}{\partial \mathbf{x}_1} & \cdots & \frac{\partial g_m(\bar{\mathbf{y}})}{\partial \mathbf{x}_m} \end{pmatrix}, \tag{7.3}$$

$$\mathbf{h}(\mathbf{x}) = \mathbf{g}(\bar{\mathbf{y}}) - \mathbf{g}'(\bar{\mathbf{y}})\bar{\mathbf{y}} + \frac{1}{2}\begin{pmatrix} (\mathbf{x}-\bar{\mathbf{y}})^T \frac{\partial g_1^2(\mathbf{z})}{\partial \mathbf{x}\partial \mathbf{x}^T}(\mathbf{x}-\bar{\mathbf{y}}) \\ \vdots \\ (\mathbf{x}-\bar{\mathbf{y}})^T \frac{\partial g_m^2(\mathbf{z})}{\partial \mathbf{x}\partial \mathbf{x}^T}(\mathbf{x}-\bar{\mathbf{y}}) \end{pmatrix}$$

(note-se que $\mathbf{z}$ varia com $\mathbf{x}$). Tem-se agora:

PROPOSIÇÃO 7.2.4. *Suponha-se que* $\mathbf{g}: \mathbb{R}^m \to \mathbb{R}^m$ *tem derivadas de segunda ordem contínuas num conjunto aberto contendo o ponto fixo* $\bar{\mathbf{y}}$. *Dado*

$$r = \max\{|\lambda_i| : \lambda_i \text{ é um valor próprio de } \mathbf{A} \ (i = 1, ..., m)\}$$

e $\mathbf{A}$ *é dada pela equação (7.3) tem-se,* **(a)** *se* $r < 1$ *então* $\bar{\mathbf{y}}$ *é assimptoticamente estável;* **(b)** *se* $r > 1$ *então* $\bar{\mathbf{y}}$ *é instável.*

DEM. Ver Kelley e Peterson, (1991), p. 180. □

Obviamente esta proposição generaliza a proposição 7.2.3.

EXEMPLO 7.2.9. *Considere-se o seguinte modelo presa-predador,*

$$\begin{aligned} y_{1t} &= (1+\rho)\,y_{1t-1} - 0.001\frac{y_{1t-1}y_{2t-1}}{1+0.0001y_{1t-1}} \\ y_{2t} &= (1-\delta)\,y_{2t-1} + 0.00003\frac{y_{1t-1}y_{2t-1}}{1+0.0001y_{1t-1}} \end{aligned}$$

onde y_{1t} e y_{2t} *representa, respectivamente, o número de presas e o número de predadores no momento t, ρ é a diferença entre a taxa de nascimento e a taxa de mortalidade das presas e δ é a taxa de mortalidade dos predadores. Suponha-se que $\rho = 0.1$ e $\delta = 0.01$. Tem-se*

$$\mathbf{g}\left(x_1, x_2\right) := \left(\begin{array}{c} g_1\left(x_1, x_2\right) \\ g_2\left(x_1, x_2\right) \end{array} \right) = \left(\begin{array}{c} 1.1x_1 - 0.001\frac{x_1 x_2}{1+0.0001x_1} \\ 0.99x_2 + 0.00003\frac{x_1 x_2}{1+0.0001x_1} \end{array} \right).$$

Os pontos fixos resultam da resolução do sistema $\mathbf{g}\left(x_1, x_2\right) = \left(x_1, x_2\right)$. Obtém-se dois pontos fixos,

$$\bar{\mathbf{y}}_1 = \left(\begin{array}{c} 0 \\ 0 \end{array} \right), \qquad \bar{\mathbf{y}}_2 = \left(\begin{array}{c} 344.828 \\ 103.448 \end{array} \right).$$

Estude-se a estabilidade do ponto fixo $\bar{\mathbf{y}}_2$, recorrendo-se à proposição 7.2.4. Para o efeito determina-se

$$\mathbf{A} = \mathbf{g}'\left(\bar{\mathbf{y}}_2\right) = \left(\begin{array}{cc} \frac{\partial g_1(\bar{\mathbf{y}}_2)}{\partial \mathbf{x}_1} & \frac{\partial g_1(\bar{\mathbf{y}}_2)}{\partial \mathbf{x}_m} \\ \frac{\partial g_m(\bar{\mathbf{y}}_2)}{\partial \mathbf{x}_1} & \frac{\partial g_m(\bar{\mathbf{y}}_2)}{\partial \mathbf{x}_m} \end{array} \right).$$

Depois de alguns cálculos obtém-se

$$\mathbf{A} = \left(\begin{array}{cc} 1.003 & -0.3333 \\ 0.0029 & 1 \end{array} \right).$$

Os valores próprios são $\lambda_1, \lambda_2 = 1.00167 \pm 0.0310466i.$. *Donde*

$$|1.00167 + 0.0310466i| = \sqrt{1.00167^2 + 0.0310466^2} = 1.002,$$
$$|1.00167 - 0.0310466i| = \sqrt{1.00167^2 + 0.0310466^2} = 1.002,$$

pelo que r = 1.002 > 1 e, portanto, o ponto fixo $\bar{\mathbf{y}}_2$ é instável. A figura 7.5 ilustra o comportamento dinâmico do sistema.

Figura 7.5: Trajectórias y_{1t} e y_{2t} ($t = 0, 1, ..., 800$)

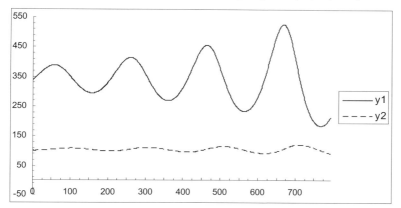

7.2.2.2 Método Directo de Liapunov

Veja-se agora o chamado "Método Directo de Liapunov". Considere-se um sistema de EDF $\mathbf{y}_t = \mathbf{g}(\mathbf{y}_{t-1})$ com a condição inicial $\mathbf{y}_0$ e seja $\bar{\mathbf{y}}$ um ponto fixo de g. Considere-se uma função real V de m variáveis nas seguintes condições: V é contínua numa vizinhança $V_\varepsilon(\bar{\mathbf{y}})$, $V(\mathbf{x}) > 0$ se $x \neq \bar{y}$ em $V_\varepsilon(\bar{y})$ e $V(\bar{y}) = 0$. Uma função nestas condições designa-se por função Liapunov. Defina-se

$$\Delta V(\mathbf{x}) := V(\mathbf{g}(\mathbf{x})) - V(\mathbf{x})$$

em $V_\varepsilon(\bar{\mathbf{y}})$ (não confundir a função V com a vizinhança de z de raio ε, $V_\varepsilon(z)$).

Proposição 7.2.5. (Método Directo de Liapunov). *Seja $\bar{\mathbf{y}}$ um ponto fixo de $\mathbf{g}$ e assuma-se que $\mathbf{g}$ é contínua numa certa vizinhança de $\bar{\mathbf{y}}$. Se (a) $\Delta V(\mathbf{x}) \leq 0$ para todo o $\mathbf{x} \in V_\varepsilon(\bar{\mathbf{y}})$ então a solução $\bar{\mathbf{y}}$ é estável; se (b) $\Delta V(\mathbf{x}) < 0$ para todo o $x \in V_\varepsilon(\bar{\mathbf{y}})$ e $\mathbf{x} \neq \bar{\mathbf{y}}$ então a solução $\bar{\mathbf{y}}$ é assimptoticamente estável; se (c) $\Delta V(\mathbf{x}) > 0$ para todo o $\varepsilon > 0$ e $\mathbf{x} \in V_\varepsilon(\bar{\mathbf{y}})$ e $\mathbf{x} \neq \bar{\mathbf{y}}$ então a solução $\bar{\mathbf{y}}$ é instável.*

Apresenta-se uma explicação heurística do resultado (no caso escalar). Imaginese a função $V(x)$ como uma distância entre x e $\bar{y}$ com $x \in V_\varepsilon(\bar{y})$. Considere-se $0 < \delta < \varepsilon$. Por hipótese

244 | Modelação de Séries Temporais Financeiras

$y_0 \in V_\delta(\bar{y})$ e, como, $V(g(y_0)) \leq V(y_0)$ o ponto $y_1 = g(y_0)$ não se afasta de $\bar{y}$ (y_1 não está mais distante de $\bar{y}$ do que y_0 está de $\bar{y}$). Logo $y_1 \in V_\delta(\bar{y})$. Seguindo o mesmo raciocínio tem-se que $V(g(y_1)) \leq V(y_1)$ implica $y_2 \in V_\delta(\bar{y})$. Iterando, conclui-se que $y_t \in V_\delta(\bar{y}) \subset V_\varepsilon(\bar{y})$. Logo a solução $\bar{y}$ é estável. Suponha-se agora a desigualdade estrita $V(g(x)) < V(x)$. Por hipótese $y_0 \in V_\varepsilon(\bar{y})$ e $V(g(y_0)) < V(y_0)$ implica $|g(y_0) - \bar{y}| < \alpha|y_0 - \bar{y}|$, $0 < \alpha < 1$. Por seu lado, a desigualdade $V(g(y_1)) < V(y_1)$ implica $|y_2 - \bar{y}| = |g(y_1) - \bar{y}| < \alpha|g(y_0) - \bar{y}| < \alpha^2|y_0 - \bar{y}|$. Iterando, conclui-se $|y_t - \bar{y}| < \alpha^t|g(y_0) - \bar{y}| \to 0$ quando $t \to \infty$.

EXEMPLO 7.2.10. *Considere-se* $y_t = y_{t-1} - y_{t-1}^3$. *O único ponto fixo é* $\bar{y} = 0$. *A proposição 7.2.3 é inconclusiva, pois com* $g(x) = x - x^3$, *tem-se* $|g'(0)| = 1$. *Considere-se a função* $V(x) = x^2$. *Vem*

$$\Delta V(x) = \left(x - x^3\right)^2 - x^2 = x^6 - 2x^4 = x^4\left(x^2 - 2\right) < 0$$

no conjunto $\left\{x : |x| < \sqrt{2}\right\} = V_{\sqrt{2}}(\bar{y})$. *Logo o ponto fixo* $\bar{y} = 0$ *é assimptoticamente estável.*

EXEMPLO 7.2.11. *Retome-se o exemplo 7.2.7*

$$\begin{pmatrix} \cos\theta & \operatorname{sen}\theta \\ -\operatorname{sen}\theta & \cos\theta \end{pmatrix} \mathbf{y}_{t-1}$$

com ponto fixo,

$$\bar{\mathbf{y}} = \begin{pmatrix} 0 \\ 0 \end{pmatrix}.$$

Defina-se

$$V\left(\begin{pmatrix} x_1 \\ x_2 \end{pmatrix}\right) = x_1^2 + x_2^2.$$

Parte 2 – Capítulo 7. Modelação da média: abordagem não linear | 245

Facilmente se verifica $V(\bar{\mathbf{y}}) = 0$ e $V(\mathbf{x}) > 0$ para $\mathbf{x} \neq \bar{\mathbf{y}}$. Tem-se,

$$
\begin{aligned}
\Delta V(\mathbf{x}) &= V\left(\begin{pmatrix} x_1 \cos\theta + x_2 \operatorname{sen}\theta \\ -x_1 \operatorname{sen}\theta + x_2 \cos\theta \end{pmatrix}\right) - V\left(\begin{pmatrix} x_1 \\ x_2 \end{pmatrix}\right) \\
&= (x_1 \cos\theta + x_2 \operatorname{sen}\theta)^2 + (-x_1 \operatorname{sen}\theta + x_2 \cos\theta)^2 - x_1^2 - x_2^2 \\
&= 0.
\end{aligned}
$$

Consequentemente o ponto fixo é estável.

7.2.2.3 *Bacia do Escoadouro*

Na literatura é usual designar-se um ponto fixo assimptotica-mente estável como um escoadouro (*sink*) e um ponto fixo instável como fonte (*source*). A designação escoadouro sugere que o sistema dinâmico inicializado numa vizinhança do escoadouro converge para o escoadouro. Utiliza-se também a designação bacia do escoadouro (*basin of the skin*) para definir o conjunto de pontos W tal que se $\mathbf{y}_0 \in W$ então $\mathbf{y}_t = \mathbf{g}^t(\mathbf{y}_0) \to \bar{\mathbf{y}}$ (onde $\bar{\mathbf{y}}$ é um escoadouro). Analiticamente escreve-se: $W(\bar{\mathbf{y}}) = \{\mathbf{y}_0 \in \mathbb{R}^m : \mathbf{g}^t(\mathbf{y}_0) \to \bar{\mathbf{y}}\}$[37]. No exemplo 7.2.5, onde $g(x) = 2x(1-x)$, vimos que o ponto $1/2$ é um escoadouro: qualquer ponto na vizinhança de $1/2$ converge para $1/2$. Uma inspecção da figura 7.3 sugere que a bacia do escoadouro é o conjunto $(0, 1)$, i.e., $W(1/2) = (0, 1)$.

A proposição seguinte tem aplicação no caso de EDF autóno-mas (não lineares).

PROPOSIÇÃO 7.2.6. *Seja* $E = \{x : |g(x) - \bar{y}| \leq \delta |x - \bar{y}|,$ $0 < \delta < 1\}$. *Se existe um* $\varepsilon_1 > 0$ *tal que* $V_{\varepsilon_1}(\bar{y}) \subset E$ *então*

$$
y_t = g^t(y_0) \to \bar{y}
$$

para todo o $y_0 \in V_{\bar{\varepsilon}_1}(\bar{y})$.

DEM. Ver Nicolau (2004). $\qquad\square$

---

[37] No caso não autónomo deve ler-se $W(\bar{y}) = \{y_0 \in \mathbb{R}^n : y_t(y_0) \to \bar{y}\}$.

246 | Modelação de Séries Temporais Financeiras

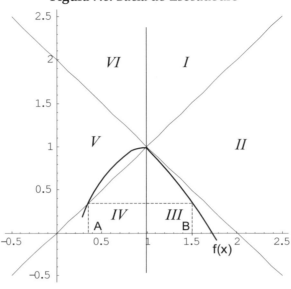

Figura 7.6: Bacia do Escoadouro

A proposição 7.2.6 não fornece toda a bacia do escoadouro. Na figura 7.6 a função $g(x)$, com ponto fixo $\bar{y} = 1$, está definida na região V para $x < 1$ e na região III para $x > 1$. Apenas os pontos x pertencentes ao intervalo $(A, 1)$ verificam $|g(x) - \bar{y}| < |x - \bar{y}|$. Concretamente,

$$E = \{x : |g(x) - \bar{y}| < \delta |x - \bar{y}|, 0 < \delta < 1\} = (A, 1)$$

mas não existe um $\varepsilon > 0$ tal que $V_\varepsilon(\bar{y}) = V_\varepsilon(1) \subset E$ e, portanto, a proposição 7.2.6 não é aplicável. Também a proposição 7.2.3 não é aplicável, pois $|g'(1)| = 1$ (admitindo que $g'(x)$ existe numa vizinhança de 1). Verifica-se, no entanto, por simples inspecção gráfica, que o sistema dinâmico definido por $g(x)$ converge para $\bar{y} = 1$ se o valor inicial pertencer a $(A, 1)$. Além disso, qualquer ponto do intervalo $(1, B)$ tem como aplicação um ponto de $(A, 1)$. Ou seja, embora não se verifique $|g(x) - \bar{y}| < |x - \bar{y}|$ quando $x \in (1, B)$, os ponto de $(1, B)$ movem-se para $(A, 1)$ onde aqui se tem $|g(x) - \bar{y}| < |x - \bar{y}|$ para $x \in 2$ $(A, 1)$. Assim, a bacia do escoadouro é $(A, 1) \cup (1, B) \cup \{1\} = (A, B)$.

Figura 7.7: Bacia do Escoadouro da Aplicação

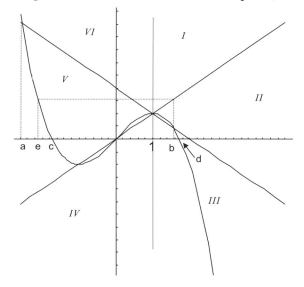

A discussão precedente sugere uma forma de se determinar a bacia do escoadouro. Suponha-se que E_1 é um conjunto de pontos $\mathbf{y}_0$ tais que $\mathbf{g}^t(\mathbf{y}_0) \to \bar{\mathbf{y}}$ e $\mathbf{y}_0 \in E_1$ (este conjunto pode determinar-se através da proposição 7.2.6). Num segundo passo determina-se o conjunto $E_2 = \{\mathbf{x} : \mathbf{g}(\mathbf{x}) \in E_1\}$ e, por recorrência, $E_{i+1} = \{\mathbf{x} : \mathbf{g}(\mathbf{x}) \in E_i\}$. Se em dado momento $E_{k+1} = E_k$ então a bacia do escoadouro é dado pela união dos conjuntos $E'_i s$.

EXEMPLO 7.2.12. *Considere-se $g(x) = (3x - x^3)/2$ (figura 7.7). Os pontos fixos são –1, 0, 1. Analise-se o ponto 1. É fácil verificar que $E_1 = (0, b) = (0, 1/2(-1 + \sqrt{17})) \subset W(1)$ (a proposição 7.2.6 é aplicável: numa vizinhança do ponto 1, a função $g(x)$ encontra-se nas regiões II e V; no entanto, a proposição fornece um primeiro conjunto contido em E_1). Tem-se agora*

$$E_2 = \{x : g(x) \in E_1\} = \{x : 0 < g(x) < b\} = (e, c) \cup (b, d) \subset W(1)$$

onde $e = -2,11569$, $c = -\sqrt{3}$, $d = \sqrt{3}$. Este procedimento pode ser continuado $E_3 = \{x : g(x) \in E_2\}$, E_4, etc.

248 | Modelação de Séries Temporais Financeiras

EXEMPLO 7.2.13. *Considere-se* $g(x) = \tan x$, $-\pi/2 < x < \pi/2$. *O ponto fixo é* $\bar{y} = 0$ *(pois* $g(0) = 0$*). Na figura 7.8 verifica-se que a função* $g(x)$ *não se encontra nem na região II nem na região V (neste caso concreto, qualquer que seja o valor inicial, o sistema dinâmico afasta--se cada vez mais de* $\bar{y} = 0$*). Assim,* $\bar{y} = 0$ *não é escoadouro.*

EXEMPLO 7.2.14. *Considere-se* $g(x) = 3x(1-x)$. *Verifica-se que os pontos fixo são 0 e 2/3. Na figura 7.9 analisa-se o ponto fixo 2/3 (tendo--se representado para o efeito as curvas* x *e* $-x+2\bar{y} = -x+4/3$*). A proposição 7.2.3 não esclarece a natureza do ponto fixo* $\bar{y} = 2/3$ *pois* $|g'(2/3)| = 1$. *Também a proposição 7.2.6 não é aplicável pois embora* $E = \{x : |g(x) - 2/3| < |x - 2/3|\} = (0, 2/3)$ *não existe um* $\varepsilon > 0$ *tal que* $V_\varepsilon(2/3) \subset E$. *Também não se pode concluir imediatamente que o intervalo* (0, 2/3) *pertence à bacia do escoadouro (verifique-se isso através de inspecção gráfica). Este exemplo mostra as limitações das proposições 7.2.3 e 7.2.6. Pode-se provar que o ponto 2/3 não é de facto um escoadouro[38] (i.e. um ponto fixo assimptoticamente estável) pelo que não há lugar à determinação da bacia do escoadouro. Na figura representa-se a trajectória* y_t *com* $t = 1, ..., 50$.

Um resultado que ultrapassa, em certas circunstâncias, as limitações apontadas às proposições 7.2.3 e 7.2.6 e, além disso, é directamente aplicável a sistemas de equações às diferenças consiste no seguinte.

PROPOSIÇÃO 7.2.7. *Admitam-se as condições da proposição 7.2.5 e suponha-se* $\Delta V(\mathbf{x}) < 0$ *para todo o* $\mathbf{x} \in V_\varepsilon(\bar{\mathbf{y}})$ *e* $\mathbf{x} \neq \bar{\mathbf{y}}$. *Se* $\mathbf{y}_0 \in V_\varepsilon(\bar{\mathbf{y}})$ *então* $\mathbf{g}^t(\mathbf{y}_0) \to \bar{\mathbf{y}}$ *quando* $t \to \infty$.

Logo $V_\varepsilon(\bar{\mathbf{y}}) \subseteq W(\bar{\mathbf{y}})$.

---

[38] Prova-se que não existe um $\varepsilon > 0$ tal que $f(2/3 - \varepsilon) - 2/3 > 2/3 - f^2(2/3 - \varepsilon)$.

Figura 7.8: $g(x) = \operatorname{tg} x$

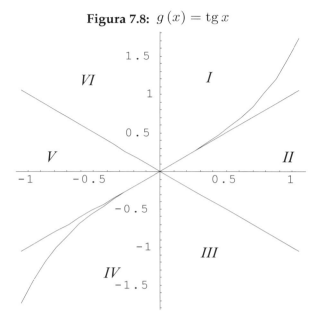

Figura 7.9: $g(x) = 3x(1-x)$

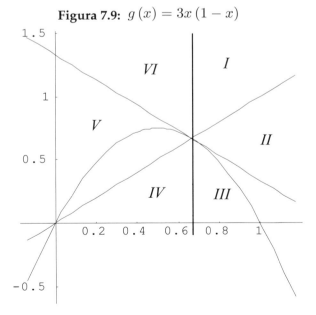

Figura 7.10: Trajectória de $y_t = 3y_{t-1}(1 - y_{t-1})$, $y_0 = 0.5$ $(t = 1, ..., 50)$

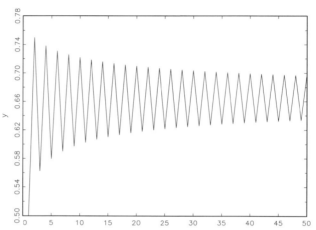

EXEMPLO 7.2.15. *Considere-se*

$$y_{1t} = y_{2t-1} - y_{2t-1}\left(y_{1t-1}^2 + y_{2t-1}^2\right)$$
$$y_{2t} = y_{1t-1} - y_{1t-1}\left(y_{1t-1}^2 + y_{2t-1}^2\right).$$

Estude-se a estabilidade do ponto fixo $\bar{y} = (0,0)^T$ *e determine-se a respectiva bacia do escoadouro. Para o efeito tome-se a função* $V(x_1, x_2) = x_1^2 + x_2^2$. *Vem*

$$\begin{aligned}\Delta V(x) &= \left(x_2 - x_2\left(x_1^2 + x_2^2\right)\right)^2 + \left(x_1 - x_1\left(x_1^2 + x_2^2\right)\right)^2 - \left(x_1^2 + x_2^2\right) \\ &= \ldots \\ &= \left(x_1^2 + x_2^2\right)^2\left(-2 + \left(x_1^2 + x_2^2\right)\right) \\ &< 0\end{aligned}$$

no conjunto $\left\{(x_1, x_2) : \sqrt{x_1^2 + x_2^2} < \sqrt{2}\right\} = V_{\sqrt{2}}(\bar{y}) \subseteq W(\bar{y})$.

EXEMPLO 7.2.16. *Retome-se o exemplo 7.2.10,* $y_t = y_{t-1} - y_{t-1}^3$. *Resulta óbvio que* $V_{\sqrt{2}}(\bar{y}) \subseteq W(\bar{y})$.

Parte 2 – Capítulo 7. Modelação da média: abordagem não linear | 251

EXEMPLO 7.2.17. *Retome-se o exemplo* $y_t = \left(3y_{t-1} - y_{t-1}^2\right)/2$. *Analise-se a bacia do escoadouro do ponto* $\bar{y} = 1$ *e, para o efeito, considere-se* $V(x) = (x-1)^2$. *Tem-se*

$$
\begin{aligned}
\Delta V(x) &= \left(\left(3x - x^2\right)/2 - 1\right)^2 - (x-1)^2 \\
&= \frac{9}{4}x^2 - x - \frac{3}{2}x^3 + \frac{1}{4}x^4 \\
&= \frac{1}{4}(x-4)(x-1)^2 x.
\end{aligned}
$$

A função $\Delta V(x)$ *está representada na figura 7.11, a qual permite concluir que* $V_1(1) = \{x : |x-1| < 1\} \subseteq W(1)$. *No exemplo 7.2.12 foi-se um pouco mais longe. De facto, observou-se que* $V_1(1) \subset W(1)$.

A terminar esta secção mostra-se que se um ponto pertence a uma certa bacia de escoadouro então esse ponto não pode pertencer a outra bacia de escoadouro. Assim;

PROPOSIÇÃO 7.2.8. *Se* $\bar{\mathbf{y}}_1$ *e* $\bar{\mathbf{y}}_2$ *são escoadouros e* $\bar{\mathbf{y}}_1 \neq \bar{\mathbf{y}}_2$ *então* $W(\bar{\mathbf{y}}_1) \cap W(\bar{\mathbf{y}}_2) = \emptyset$.

DEM. Mostra-se que $W(\bar{\mathbf{y}}_1) \cap W(\bar{\mathbf{y}}_2) \neq \emptyset \Rightarrow \bar{\mathbf{y}}_1 = \bar{\mathbf{y}}_2$. Seja $\mathbf{y}_0 \in W(\bar{\mathbf{y}}_1) \cap W(\bar{\mathbf{y}}_2)$. Então para cada $\varepsilon > 0$ existe um $n_1 \in \mathbb{N}$ tal que $t \geq n_1$ implica $\left\|\mathbf{g}^t(\mathbf{y}_0) - \bar{\mathbf{y}}_1\right\| < \varepsilon/2$ e existe um $n_2 \in \mathbb{N}$ tal que $t \geq n_2$ implica $\left\|\mathbf{g}^t(\mathbf{y}_0) - \bar{\mathbf{y}}_2\right\| < \varepsilon/2$. Logo as duas desigualdades verificam-se simultaneamente para o maior dos n's, i.e. definindo $n_3 = \max\{n_1, n_2\}$ tem-se que $t \geq n_3$ implica $\left\|\mathbf{g}^t(\mathbf{y}_0) - \bar{\mathbf{y}}_1\right\| < \varepsilon/2$ e $\left\|\mathbf{g}^t(\mathbf{y}_0) - \bar{\mathbf{y}}_2\right\| < \varepsilon/2$. Utilizando a desigualdade triangular para $t \geq n_3$ vem

$$
\begin{aligned}
\left\|\bar{\mathbf{y}}_1 - \bar{\mathbf{y}}_2\right\| &= \left\|\bar{\mathbf{y}}_1 - \mathbf{g}^t(\mathbf{y}_0) - \left(\bar{\mathbf{y}}_2 - \mathbf{g}^t(\mathbf{y}_0)\right)\right\| \\
&\leq \left\|\bar{\mathbf{y}}_1 - \mathbf{g}^t(\mathbf{y}_0)\right\| + \left\|\bar{\mathbf{y}}_2 - \mathbf{g}^t(\mathbf{y}_0)\right\| \\
&< \frac{\varepsilon}{2} + \frac{\varepsilon}{2} = \varepsilon.
\end{aligned}
$$

Figura 7.11: Gráfico da função $\Delta V(x) = \frac{1}{4}(x-4)(x-1)^2 x$

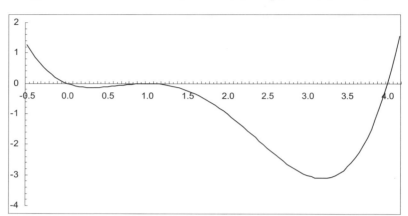

Como a distância entre $\bar{y}_1$ e $\bar{y}_2$ é menor do que ε para cada $\varepsilon > 0$, deverá ter-se $\bar{y}_1 = \bar{y}_2$. □

7.2.3 Pontos Periódicos

7.2.3.1 Definições

DEFINIÇÃO 7.2.3. *Um vector* $\mathbf{p} \in \mathbb{R}^m$ *é um ponto periódico de período k se*

$$\mathbf{g}^k(\mathbf{p}) = \mathbf{p} \qquad (7.4)$$

e k é o menor inteiro positivo tal que (7.4) se verifica (i.e., $\mathbf{g}^s(\mathbf{p}) \neq \mathbf{p}$ *para s = 1, 2, ..., k − 1). A órbita de valor inicial* $\mathbf{p}$ *diz-se uma órbita periódica de período k.*

Note-se que se $\mathbf{p}$ é um ponto periódico de período 2 então $\mathbf{p}$ é um ponto fixo de $\mathbf{g}^2$. O recíproco não é verdade. Por exemplo, um ponto fixo de $\mathbf{g}^2$ pode ser também um ponto fixo de $\mathbf{g}$ e, neste caso, de acordo com a definição, este ponto tem período 1.

Considere-se uma órbita de valor inicial $\mathbf{p}$, i.e., $\{\mathbf{p}, \mathbf{g}(\mathbf{p})$, $\mathbf{g}^2(\mathbf{p}), ...\}$. Se $\mathbf{p}$ é um ponto periódico de período 3, $\mathbf{p}$ repete-se de três em três iterações. Por exemplo, $\{\mathbf{p}, \mathbf{g}(\mathbf{p}), \mathbf{g}^2(\mathbf{p}), \mathbf{p}, ...\}$. Mas $\mathbf{g}(\mathbf{p})$ e $\mathbf{g}^2(\mathbf{p})$ também se repetem de três em três iterações, $\{..., \mathbf{p}, \mathbf{g}(\mathbf{p}), g^2(\mathbf{p}), \mathbf{p}, \mathbf{g}(\mathbf{p}), \mathbf{g}^2(\mathbf{p}), \mathbf{p}...\}$. Neste exemplo, é suficiente identificar a órbita de período 3 através dos três elementos $\{\mathbf{p}, \mathbf{g}(\mathbf{p}), \mathbf{g}^2(\mathbf{p})\}$ (se p é ponto fixo de $\mathbf{g}$ e, portanto, ponto periódico de período 1, então a órbita periódica de período 1 é constituída apenas pelo elemento $\{\mathbf{p}\}$). Naturalmente, $\mathbf{b} = \mathbf{g}(\mathbf{p})$ e $\mathbf{c} = \mathbf{g}^2(\mathbf{p})$ são também pontos periódicos de período 3. A proposição seguinte estabelece este resultado.

PROPOSIÇÃO 7.2.9. *Seja* $\mathbf{p}$ *um ponto periódico de* $\mathbf{g}$ *de período* k. *Então*

$$\mathbf{g}(\mathbf{p}), \mathbf{g}^2(\mathbf{p}), ..., \mathbf{g}^{k-1}(\mathbf{p})$$

são também pontos periódicos de período k.

DEM. Considere-se um ponto genérico do conjunto $\{\mathbf{g}(\mathbf{p}), \mathbf{g}^2(\mathbf{p}), ..., \mathbf{g}^{k-1}(\mathbf{p})\}$, $\mathbf{p}_i = \mathbf{g}^i(\mathbf{p})$, com $i = 1, 2, ..., k-1$. Mostra-se em primeiro lugar que $\mathbf{p}_i$ não é um ponto fixo de $\mathbf{g}^s$ com $s < k$, caso contrário $\mathbf{p}_i$ não poderia ser candidato a ponto periódico de período k (definição 7.2.3). Suponha-se no entanto que $\mathbf{p}_i$ é ponto fixo de $\mathbf{g}^s$. Viria

$$\mathbf{g}^s(\mathbf{p}_i) = \mathbf{p}_i \Leftrightarrow \mathbf{g}^s(\mathbf{g}^i(\mathbf{p})) = \mathbf{g}^i(\mathbf{p}) \Leftrightarrow \mathbf{g}^{s+i}(\mathbf{p}) = \mathbf{g}^i(\mathbf{p})$$

o que significa que $\mathbf{p}$ repete de s em s iterações, ou seja que $\mathbf{p}$ é ponto fixo de $\mathbf{g}^s$. Esta conclusão contradiz a hipótese de $\mathbf{p}$ ser ponto periódico de período $k > s$ (i.e., a primeira vez que p se repete é após k iterações). Basta agora ver que $\mathbf{p}_i = \mathbf{g}^i(\mathbf{p})$ é ponto fixo de $\mathbf{g}^k$. Vem

$$\mathbf{g}^k(\mathbf{p}_i) = \mathbf{g}^k(\mathbf{g}^i(\mathbf{p})) = \mathbf{g}^i(\mathbf{g}^k(\mathbf{p})) = \mathbf{g}^i(\mathbf{p}) = \mathbf{p}_i.$$

□

254 | Modelação de Séries Temporais Financeiras

EXEMPLO 7.2.18. *Considere-se a equação* $y_t = ay_{t-1}(1 - y_{t-1})$. *Tem-se portanto* $g(x) = ax(1 - x)$. *Investigue-se se existem pontos periódicos de período 2. Determine-se* $g^2(x)$

$$g^2(x) = g(g(x)) = a(g(x))(1 - g(x)) = a(ax(1 - x))(1 - ax(1 - x)).$$

Poderíamos também obter $g^2(x)$ *considerando*

$$\begin{aligned} y_t &= ay_{t-1}(1 - y_{t-1}) \\ &= a(ay_{t-2}(1 - y_{t-2}))(1 - (ay_{t-2}(1 - y_{t-2}))) \end{aligned}$$

o que permitiria deduzir $g^2(x) = a(ax(1 - x))(1 - ax(1 - x))$. *Para determinar eventuais pontos periódicos resolve-se a equação* $g^2(x) = x$ *em ordem a x. Factorizando* $g^2(x) - x$ *obtém-se*

$$-x(1 - a + ax)(1 + a - ax - a^2x + a^2x^2) = 0$$

pelo que se conclui que os pontos fixos de g^2 *são*

$$x_1 = 0, \ x_2 = \frac{-1 + a}{a}, \ x_3 = \frac{\frac{1}{2} + \frac{1}{2}a + \frac{1}{2}\sqrt{(-3 - 2a + a^2)}}{a}, \quad (7.5)$$

$$x_4 = \frac{\frac{1}{2} + \frac{1}{2}a - \frac{1}{2}\sqrt{(-3 - 2a + a^2)}}{a}. \quad (7.6)$$

Estes valores serão pontos periódicos de período 2 se não forem pontos fixos de g. Ora resolvendo

$$g(x) = x$$

sai $\bar{y} = 0$ *e* $\bar{y} = \frac{-1+a}{a}$. *Retome-se os pontos fixos apresentados em (7.5) e (7.6). Conclui-se que os pontos 0 e* $(-1 + a)/a$ *não são pontos periódicos de período 2 pois eles são pontos fixos de g (e, portanto são pontos periódicos de período 1). Relativamente a* x_3 *conclui-se que*

$$\frac{\frac{1}{2} + \frac{1}{2}a + \frac{1}{2}\sqrt{(-3 - 2a + a^2)}}{a} = \frac{-1 + a}{a}$$

se $a = 1$, *e*

$$\frac{\frac{1}{2} + \frac{1}{2}a + \frac{1}{2}\sqrt{(-3 - 2a + a^2)}}{a} = 0$$

Figura 7.12: Trajectória de $y_t = 3.3y_{t-1}(1 - y_{t-1})$, $y_0 = 0.1$

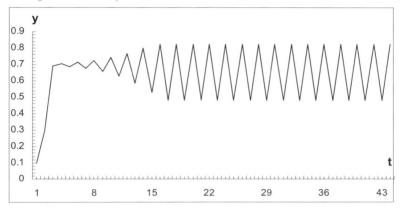

se $a = -1$. Logo x_3 é ponto periódico de período 2 se $a \neq 1$ e $a \neq -1$. Seguindo o mesmo raciocínio conclui-se que x_4 é ponto periódico de período 2 se $a \neq 3$ e $a \neq -1$. Para concretizar suponha-se que $a = 3.3$. Tem-se $\bar{y} = 0$, $\bar{y} = \frac{-1+a}{a} = .69697$, $x_3 = .8236$ e $x_4 = .47943$. Na figura 7.12 é evidente que $\{0.8236, 0.47943\}$ forma uma órbita de período 2.

Outra forma (embora pouco eficiente) de confirmarmos as conclusões emergentes da figura 7.12 consiste em se calcular iterativamente a trajectória y. A figura 7.13 fornece os valores de y_t ao longo do tempo, com $y_0 = 0.1$. É óbvio, a partir de certo valor de t (digamos, a partir de t = 20), que y_t repete os valores .8236 e .4794 de duas em duas iterações.

É também interessante confirmarmos que .8236 e .47943 são pontos periódico de período 2 a partir do gráfico teia de aranha, figura 7.14.

Figura 7.13: Sucessão $y_t = 3.3y_{t-1}(1 - y_{t-1})$, $y_0 = 0.1$, $t = 1, ..., 41$

t:	0	1	2	3	4	5	6	7	8	9	10	11	12	13
yt:	0.1000	0.2970	0.6890	0.7071	0.6835	0.7139	0.6740	0.7251	0.6577	0.7429	0.6303	0.7690	0.5863	0.8004
t:	14	15	16	17	18	19	20	21	22	23	24	25	26	27
yt:	0.5271	0.8226	0.4816	0.8239	0.4788	0.8235	0.4796	0.8236	0.4794	0.8236	0.4794	0.8236	0.4794	0.8236
t:	28	29	30	31	32	33	34	35	36	37	38	39	40	41
yt:	0.4794	0.8236	0.4794	0.8236	0.4794	0.8236	0.4794	0.8236	0.4794	0.8236	0.4794	0.8236	0.4794	0.8236

Figura 7.14: Gráfico Teia de Aranha da equação $y_t = 3.3y_{t-1}(1 - y_{t-1})$

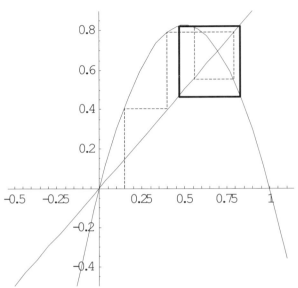

EXEMPLO 7.2.19. *Retome-se o exemplo 7.2.2. Tem-se*

$$\mathbf{g}^2(\mathbf{x}) = \mathbf{g}\left(\mathbf{g}\left(\begin{pmatrix} x_1 \\ x_2 \end{pmatrix}\right)\right) = \mathbf{g}\left(\begin{pmatrix} x_2 \\ \frac{x_2}{x_1} \end{pmatrix}\right) = \begin{pmatrix} \frac{x_2}{x_1} \\ \frac{x_2}{x_1} \\ \frac{x_1}{x_2} \end{pmatrix} = \begin{pmatrix} \frac{x_2}{x_1} \\ \frac{1}{x_1} \end{pmatrix}$$

e

$$\mathbf{g}^3(x) = \mathbf{g}\left(\mathbf{g}\left(\mathbf{g}\left(\begin{pmatrix} x_1 \\ x_2 \end{pmatrix}\right)\right)\right) = \mathbf{g}\left(\begin{pmatrix} \frac{x_2}{x_1} \\ \frac{1}{x_1} \end{pmatrix}\right) = \begin{pmatrix} \frac{1}{x_1} \\ \frac{x_1}{x_2} \\ \frac{x_2}{x_1} \end{pmatrix} = \begin{pmatrix} \frac{1}{x_1} \\ \frac{1}{x_2} \end{pmatrix}.$$

Deixa-se como exército verificar que não existem ponto periódicos de período 2 e existem três pontos periódicos de período 3.

Um modelo que pode gerar pontos periódico é o modelo linear por troços (ponto 7.4).

7.2.3.2 *Estabilidade dos Pontos Periódicos*

Tal como no caso dos pontos fixos de **g**, pontos periódicos podem ser estáveis ou instáveis. Intuitivamente, um ponto periódico de período k é estável se qualquer trajectória iniciada numa vizinhança desse ponto não se afasta desse ponto de k em k iterações, para todo o t (da mesma forma se interpreta ponto periódico assimptoticamente estável e instável). O facto essencial é que um ponto periódico de **g** de período k é um ponto fixo de $\mathbf{g}^k$. Desta forma, a definição de estabilidade para pontos periódicos pode basear-se na definição 7.2.2, sendo que agora deverá ler-se $\mathbf{g}^k$ em lugar de **g** ($\mathbf{g}^t$ deverá ler-se $\mathbf{g}^{kt}$). Em geral são aplicáveis as proposições precedentes, desde que se procedam às necessárias adaptações. Por exemplo, a proposição 7.2.3 estabelece que $\bar{y}$ é assimptoticamente estável se $|g'(\bar{y})| < 1$ e instável no caso contrário. Se as condições da proposição 7.2.3 se aplicarem, e fazendo $h(x) = g^k(x)$, podemos estabelecer que o ponto periódico p de período k é assimptoticamente estável se $|h'(p)| < 1$ e instável no caso contrário.

Vimos na proposição 7.2.9 que, se **p** é ponto periódico de período k então a aplicação **g** admite adicionalmente $k - 1$ pontos periódicos. Se **p** exibe uma certa característica qualitativa que conclusões podemos tirar para os demais pontos periódicos? A proposição e a demonstração seguintes mostra que todos os pontos periódicos partilham das mesmas propriedades qualitativas. Desta forma pode-se falar de órbitas periódicas estáveis e instáveis (em alternativa a pontos periódicos estáveis e instáveis).

Proposição 7.2.10. *Seja g uma aplicação de classe $\mathcal{C}^1$ em $\mathbb{R}$ e seja $\{p_1, p_2, ..., p_k\}$ uma órbita periódica de período k. Então $\{p_1, ..., p_k\}$ é assimptoticamente estável (escoadouro) se*

$$\left| g'(p_k) ... g'(p_1) \right| < 1$$

e instável (fonte) se

$$\left| g'(p_k) ... g'(p_1) \right| > 1.$$

Dem. Ver Nicolau (2004). $\qquad\qquad\qquad\square$

258 | Modelação de Séries Temporais Financeiras

Pode-se provar que se p_i é um ponto periódico assimptoticamente estável (instável) da órbita $\{p_1, ...p_k\}$ então p_j é também um ponto periódico assimptoticamente estável (instável).

EXEMPLO 7.2.20. *Considere-se a EDF $y_t = 3.5x (1 - x)$. Utilizando--se um programa de Matemática obtiveram-se os seguintes resultados:*

k	Pontos Fixos de g^k (os pontos periódicos estão em negrito)
1	$\{\mathbf{0}, \mathbf{0.71428}\}$
2	$\{0, 0.71428, \mathbf{0.42857}, \mathbf{0.85714}\}$
3	$\{0, 0.71428\}$
4	$\{0, 0.71428, 0.42857, 0.85714, \mathbf{0.3828}, \mathbf{0.50088}, \mathbf{0.82694}, \mathbf{0.87499}\}$

Analisa-se agora a estabilidade dos pontos periódicos na tabela seguinte.

k	Análise da Estabil. dos Pontos Períod. (proposição 7.2.10)
1	$\|g'(0)\| = 3.5, \qquad \|g'(0, 0.71428)\| = 1.5$
2	$\|g'(0.42857) \, g'(0.85714)'\| = 1.25$
3	$-$
4	$\|g'(0.3828) \, g'(0.50088) \, g'(0.82694) \, g'(0.87499)\| = 0.03$

Os resultados apresentados na tabela anterior podem também ser obtidos da seguinte forma

$$\left| \left(g^2 (0.42857)\right)' \right| = \left| \left(g^2 (0.85714)\right)' \right| = 1.25$$

$$\left| \left(g^4 (0.3828)\right)' \right| = \left| \left(g^4 (0.50088)\right)' \right| = \left| \left(g^4 (0.82694)\right)' \right| = \left| \left(g^4 (0.87499)\right)' \right| = 0.03.$$

Naturalmente esta segunda alternativa é bastante mais trabalhosa. Conclui-se que todos os pontos periódicos de período $k = 4$ são assimptoticamente estáveis; todos os outros pontos em análise são instáveis. O gráfico 7.15 permite identificar um comportamento periódico de período $k = 4$.

Tem interesse ainda observar o gráfico teia de aranha do modelo $g^4 (x)$ – ver figura 7.16. Observe-se (talvez com alguma dificuldade) que

Figura 7.15: Gráfico Teia de Aranha da equação $y_t = 3.5y_{t-1}(1 - y_{t-1})$

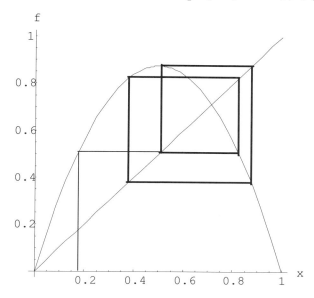

a função g^4 corta o eixo de 45° oito vezes (considerando também o ponto zero). Este facto corrobora a primeira tabela deste exemplo (última linha).

7.3 Processos Não Lineares e Estacionaridade Estrita

Nesta secção, retomam-se alguns conceitos já abordados, relacionados com a estacionaridade, e exploram-se novas definições que serão úteis no estudo dos processos não lineares. Concretamente, é objectivo deste ponto estabelecer condições suficientes para que um processo de Markov não linear seja *ergódico* e EE (recorde-se a definição 4.4.6).

7.3.1 Processos Ergódicos e Estritamente Estacionários

O ponto de partida baseia-se na definição de processo de Markov: se y é um processo de Markov então, para estabelecer, no

Figura 7.16: Gráfico Teia de Aranha do Modelo $g^4(x)$

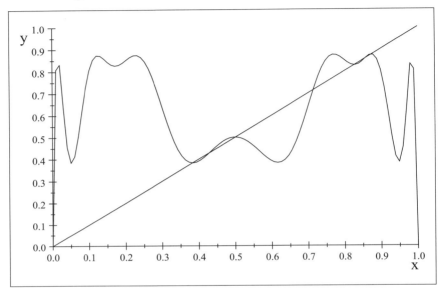

momento s, probabilidades sobre a evolução futura do processo, toda a informação anterior a s é desnecessária se o estado do processo no momento s for conhecido[39]. Formalmente,

DEFINIÇÃO 7.3.1. y é um processo de Markov se

$$P(y_t < \xi | \mathcal{F}_{t-1}) = P(y_t < \xi | y_{t-1})$$

onde $\mathcal{F}_{t-1} = \{y_1, ..., y_{t-1}\}$.

---

[39] Considere-se, por exemplo, uma partícula suspensa num meio homogéneo. Se no momento s, a posição e a velocidade da partícula forem conhecidas, torna-se desnecessário considerar toda a trajectória anterior da partícula com vista a estabelecer a sua evolução provável a partir do momento s. Observe-se que não basta conhecer só a posição ou só a velocidade. Por vezes sucede que determinado processo não é de Markov, mas esse processo juntamente com outro pode definir um processo de Markov. O exemplo que se apresenta a seguir (AR(2)) também mostra que é possível obter a propriedade Markoviana através da "expansão" do espaço de estados.

(O caso multivariado **y** adapta-se facilmente). O processo AR(2), $y_t = \phi_1 y_{t-1} + \phi_2 y_{t-2} + u_t$, não é de Markov pois

$$P\left(y_t < \xi \mid y_1, ..., y_{t-1}\right) = P\left(y_t < \xi \mid y_{t-2}, y_{t-1}\right) \neq P\left(y_t < \xi \mid y_{t-1}\right).$$

No entanto, é possível representá-lo na forma Markoviana. Considerem-se as mudanças de variável

$$y_{1,t} = y_t, \qquad y_{2,t} = y_{t-1}.$$

Assim,

$$\begin{aligned} y_{1,t} &= \phi_1 y_{1,t-1} + \phi_2 y_{2,t-1} + u_t \\ y_{2,t} &= y_{1,t-1} \end{aligned}$$

ou ainda

$$\underbrace{\begin{pmatrix} y_{1,t} \\ y_{2,t} \end{pmatrix}}_{\mathbf{y}_t} = \underbrace{\begin{pmatrix} \phi_1 & \phi_2 \\ 1 & 0 \end{pmatrix}}_{\phi} \underbrace{\begin{pmatrix} y_{1,t-1} \\ y_{2,t-1} \end{pmatrix}}_{\mathbf{y}_{t-1}} + \underbrace{\begin{pmatrix} u_t \\ 0 \end{pmatrix}}_{\mathbf{u}_t},$$

$$\mathbf{y}_t = \phi \mathbf{y}_{t-1} + \mathbf{u}_t.$$

O processo vectorial $\{\mathbf{y}_t\}$ é agora de Markov. Este procedimento generaliza-se facilmente para o caso AR(p).

Também o processo não linear do tipo

$$y_t = g\left(y_{t-1}, y_{t-2}, ..., y_{t-p}\right) + u_t$$

onde $\{u_t\}$ é uma sucessão de v.a. i.i.d. e independentes de y_{t-k}, $k \geq 1$, admite uma representação Markoviana. Com efeito, defina-se

$$\mathbf{y}_t = \left(y_t, y_{t-1}, ..., y_{t-p+1}\right)', \qquad \mathbf{u}_t = \left(u_t, 0, ..., 0\right)'$$

e

$$\mathbf{x} = \left(x_1, x_2, ..., x_p\right)', \qquad \mathbf{g}\left(\mathbf{x}\right) = \left(g\left(\mathbf{x}\right), x_1, ..., x_{p-1}\right)'$$

Segue-se que $\{\mathbf{y}\}$ é um processo de Markov definido por

$$\mathbf{y}_t = \mathbf{g}\left(\mathbf{y}_{t-1}\right) + \mathbf{u}_t$$

Por exemplo, seja

$$y_t = \alpha \cos\left(y_{t-1}\right) + \beta \operatorname{sen}\left(y_{t-2}\right) + u_t.$$

Tem-se

$$\mathbf{y}_t = \left(\begin{array}{c} y_t \\ y_{t-1} \end{array}\right) := \left(\begin{array}{c} y_{1,t} \\ y_{2,t} \end{array}\right)$$

e

$$\underbrace{\left(\begin{array}{c} y_{1,t} \\ y_{2,t} \end{array}\right)}_{\mathbf{y}_t} = \underbrace{\left(\begin{array}{c} \alpha \cos\left(y_{1,t-1}\right) + \beta \operatorname{sen}\left(y_{2,t-1}\right) \\ y_{1,t-1} \end{array}\right)}_{\mathbf{g}(\mathbf{y}_{t-1})} + \underbrace{\left(\begin{array}{c} u_t \\ 0 \end{array}\right)}_{\mathbf{u}_t}.$$

Para simplificar, na discussão que se segue trabalha-se com processos estocásticos univariados Markovianos; contudo, está subjacente que se o processo y não de Markov será sempre possível representá-lo na forma multivariada como um processo de Markov.

A função de distribuição condicional a n passos de um processo de Markov é

$$P\left(y_{n+k} < y \,|\, y_k\right)$$

(observe-se que é desnecessário escrever $P\left(y_{n+k} < y \,|\, \mathcal{F}_k\right)$, pois y é um processo de Markov). Por seu lado, a função densidade condicional (também designada por densidade de transição), caso exista, é dada por

$$f_n\left(y \,|\, x\right) = \frac{\partial P\left(y_{n+k} < y \,|\, y_k\right)}{\partial y}.$$

DEFINIÇÃO 7.3.2. *y é um processo homogéneo se*

$$P\left(y_{n+k} < \xi \,|\, y_k = x\right) = P\left(y_{n+s} < \xi \,|\, y_s = x\right), \qquad (n \in \mathbb{N})$$

para todo o k e $s \in \mathbb{Z}$.

Se y é um processo homogéneo, para avaliar probabilidades condicionadas do processo, não interessa o momento em que essas probabilidades são calculadas. Por exemplo, no caso $P\left(y_{n+k} < \xi\,|\,y_k = x\right)$ as probabilidades são calculadas no momento no k (ou com base na informação do momento k) e dizem respeito ao intervalo de valores que y pode assumir no momento $n + k$. Se y é homogéneo, o momento ou instante k é irrelevante; apenas interessa conhecer o hiato de tempo $n + k - k = n$ (para processos estacionários de segunda ordem, exige-se a mesma propriedade para a covariância: $\mathrm{Cov}\left(y_{n+k}, y_k\right) = \gamma\left(n\right)$ apenas deverá depender de $n = n + k - k$). Nestas circunstâncias, tem-se por exemplo,

$$P\left(y_{10} < \xi\,|\,y_0 = x\right) = P\left(y_{100} < \xi\,|\,y_{90} = x\right) = P\left(y_{1250} < \xi\,|\,y_{1240} = x\right).$$

Se o processo y é homogéneo, toma-se para a função de distribuição condicional a n passos a expressão[40]

$$F_n\left(y\,|\,x\right) := P\left(y_{n+k} < y\,|\,y_k = x\right)$$

O exemplo 7.3.2 ilustra o conceito de homogeneidade. Convém, no entanto, começar com o

EXEMPLO 7.3.1. *Considere-se*

$$y_t = \phi y_{t-1} + u_t, \qquad |\phi| < 1$$

onde u_t é um ruído branco $N\left(0, \sigma^2\right)$. Vamos obter $f_t\left(y\,|\,x\right)$ (função de densidade condicional a t passos) e $F_t\left(y\,|\,x\right)$ (função de distribuição condicional a t passos). Comece-se por obter $f_1\left(y\,|\,x\right)$ (esta função é habitualmente escrita simplesmente na forma $f\left(y\,|\,x\right)$) e $F_1\left(y\,|\,x\right)$. Tem-se,

$$
\begin{aligned}
\mathrm{E}\left(y_t\,|\,y_{t-1}\right) &= \mathrm{E}\left(\phi y_{t-1} + u_t\,|\,y_{t-1}\right) = \phi y_{t-1} \\
\mathrm{Var}\left(y_t\,|\,y_{t-1}\right) &= \mathrm{E}\left(\left(y_t - \phi y_{t-1}\right)^2\Big|\,y_{t-1}\right) = \mathrm{E}\left(u_t^2\,\Big|\,y_{t-1}\right) = \sigma^2
\end{aligned}
$$

---

[40] A notação usada para $F_n\left(y\,|\,x\right)$, sublinha que se tem uma função de transição a n passo (daí o índice n), que a condição inicial apenas depende de x, e que o processo é homogéneo (caso contrário $F_n\left(y\,|\,x\right)$ deveria depender também do momento em que é calculada).

Como $y_t|\,y_{t-1} \sim N\left(\phi y_{t-1}, \sigma^2\right)$ resulta

$$f_1\left(y|\,y_{t-1}\right) = \frac{1}{\sqrt{2\pi\sigma^2}}\exp\left\{-\frac{1}{2\sigma^2}\left(y - \phi y_{t-1}\right)^2\right\},$$

$$F_1\left(y|\,y_{t-1}\right) = \int_{-\infty}^{y} f_1\left(u|\,y_{t-1}\right)du.$$

Para obter $\mathrm{E}\left(y_t|\,y_0\right)$, $\mathrm{Var}\left(y_t|\,y_0\right)$ *e* $f_t\left(y|\,y_0\right)$ *é necessário representar* y_t *como função de* y_0. *Tem-se*

$$\begin{aligned}
y_t &= \phi y_{t-1} + u_t \\
&= \phi\left(\phi y_{t-2} + u_{t-1}\right) + u_t = \phi^2 y_{t-2} + \phi u_{t-1} + u_t \\
&= \ldots \\
&= \phi^t y_0 + \phi^{t-1} u_1 + \phi^{t-2} u_2 + \ldots + \phi u_{t-1} + u_t.
\end{aligned}$$

Tendo em conta as propriedades de u, conclui-se que y_t, *dada a condição* y_0, *tem distribuição condicional normal de parâmetros*

$$\mathrm{E}\left(y_t|\,y_0\right) = \phi^t y_0$$

e

$$\begin{aligned}
\mathrm{Var}\left(y_t|\,y_0\right) &= \mathrm{E}\left(\left.\left(y_t - \phi^t y_0\right)^2\right|\,y_0\right) \\
&= \mathrm{E}\left(\left.\left(\phi^{t-1} u_1 + \phi^{t-2} u_2 + \ldots + \phi u_{t-1} + u_t\right)^2\right|\,y_0\right) \\
&= \sigma^2\left(1 + \phi^2 + \ldots + \phi^{2(t-1)}\right)\ \textit{(soma geométrica)} \\
&= \sigma^2\left(\frac{1 - \phi^{2t}}{1 - \phi^2}\right).
\end{aligned}$$

Isto é,

$$y_t|\,y_0 \sim N\left(\phi^t y_0, \sigma^2\left(\frac{1 - \phi^{2t}}{1 - \phi^2}\right)\right),$$

$$f_t\left(y\mid y_0\right) = \frac{1}{\sqrt{2\pi \operatorname{Var}\left(y_t\mid y_0\right)}} \exp\left\{-\frac{1}{2\operatorname{Var}\left(y_t\mid y_0\right)}\left(y - \operatorname{E}\left(y_t\mid y_0\right)\right)^2\right\},$$

$$F_t\left(y\mid y_0\right) = \int_{-\infty}^{y} f_t\left(u\mid y_0\right) du.$$

Para processos não lineares, conhece-se geralmente $f_1\left(y\mid y_0\right)$ *(uma vez especificada a distribuição dos erros), mas não* $f_t\left(y\mid y_0\right)$, *para* $t > 1$.

EXEMPLO 7.3.2. *Retome-se o exemplo 7.3.1. Facilmente se constata que*

$$y_{n+k}\mid y_k = x \sim N\left(\phi^n x, \sigma^2\left(\frac{1-\phi^{2n}}{1-\phi^2}\right)\right)$$

$$y_{n+s}\mid y_s = x \sim N\left(\phi^n x, \sigma^2\left(\frac{1-\phi^{2n}}{1-\phi^2}\right)\right)$$

e, assim, o processo y é homogéneo.

Um processo em que pelo menos um dos momentos condicionais depende do momento em que é calculado (por exemplo, $\operatorname{E}\left(y_t\mid y_{t-1}\right) = y_{t-1}/t$) não pode ser certamente um processo homogéneo. A homogeneidade é uma condição necessária, mas não suficiente para garantir estacionaridade (estrita ou de segunda ordem). O exemplo seguinte esclarece este ponto.

EXEMPLO 7.3.3. *Seja* $y_t = y_{t-1} + u_t$, *onde* u_t *é um ruído branco* $N\left(0, \sigma^2\right)$. *Tem-se,*

$$y_{n+k} = y_k + \sum_{i=k+1}^{n+k} u_i \,\bigg|\, y_k = x \sim N\left(x, \sigma^2 n\right)$$

$$y_{n+s} = y_s + \sum_{i=s+1}^{n+s} u_i \,\bigg|\, y_s = x \sim N\left(x, \sigma^2 n\right).$$

Logo o processo passeio aleatório é homogéneo. No entanto, sabe-se que não é estacionário.

Para processos de Markov homogéneos, a equação de Chapman-Kolmogorov (numa das suas várias versões) é

$$F_n\left(y|\,x\right) = \int F_1\left(y|\,u\right) F_{n-1}\left(du|\,x\right).$$

Caso exista a fdp condicionada, a equação de Chapman-Kolmogorov pode também ser escrita na forma

$$f_n\left(y|\,x\right) = \int f_1\left(y|\,u\right) f_{n-1}\left(u|\,x\right) du. \tag{7.7}$$

A definição de ergodicidade (à "Harris")[41] que se apresenta a seguir envolve um conceito de proximidade entre duas funções de distribuição, H e G, baseada na norma de variação total $\|\cdot\|$ que, caso existam as funções densidades associadas a H e G, é dada por

$$\|H - G\| = \int |h\left(x\right) - g\left(x\right)|\, dx.$$

EXEMPLO 7.3.4. *Seja g a fdp associada à distribuição $N\left(0, 1\right)$ e h_n a fdp associada à distribuição $t\left(n\right)$ (t-Student, com n graus de liberdade). Para n fixo, a variação total $\|H_n - G\|$ é positiva, mas $\|H_n - G\| \to 0$ quando $n \to \infty$. A demonstração é a seguinte. Em primeiro lugar, faça-se*

$$\xi_n\left(x\right) = |h_n\left(x\right) - g\left(x\right)|.$$

Como $h_n\left(x\right)$ converge uniformemente em $\mathbb{R}$ para $g\left(x\right)$, i.e., $\lim_{n\to\infty} \sup_{x\in\mathbb{R}} \xi_n\left(x\right) = 0$ (este resultado é bem conhecido da estatística e, normalmente, é apresentado numa forma mais fraca, $\lim_{n\to\infty} h_n\left(x\right) = g\left(x\right)$, para cada $x \in \mathbb{R}$), então $\xi_n\left(x\right)$ converge uniformemente em $\mathbb{R}$ para zero, pelo que, o operador de limite pode trocar com o operador de integração. Assim,

---

[41] A definição de ergodicidade varia bastante na literatura. Usaremos a definição que se designa por "ergodicidade à Harris". Veja-se, por exemplo, Fan e Yao (2005).

$$\lim_{n \to \infty} \|H - G_n\| = \lim_{n \to \infty} \int |h_n(x) - g(x)|\, dx$$

$$\leq \lim_{n \to \infty} \int \sup_x |h_n(x) - g(x)|\, dx$$

$$= \int \lim_{n \to \infty} \sup_x |h_n(x) - g(x)|\, dx$$

$$= 0.$$

Considere-se o processo estocástico y com função de distribuição condicional a n passos dada por $F_n(y|x)$.

DEFINIÇÃO 7.3.3. *Se existir uma função de distribuição F e uma constante $\rho \in (0, 1)$ tal que*

$$\rho^{-n} \|F_n(y|x) - F(y)\| \to 0 \tag{7.8}$$

para todo o y e o x, então y é ergódico se $\rho = 1$ e geometricamente ergódico se $\rho < 1$. F é a função de distribuição estacionária.

Se a densidade $f_n(y|x)$ existe, a definição acima pode ser apresentada da seguinte forma: se existir uma função de densidade f e uma constante $\rho \in (0, 1)$ tal que

$$\rho^{-n} \int |f_n(y|x) - f(y)|\, dy \to 0 \tag{7.9}$$

para todo o x, então y é ergódico se $\rho = 1$ e geometricamente ergódico se $\rho < 1$. f é a função de densidade estacionária.

A definição adoptada de ergodicidade à Harris, permite efectivamente relacionar a ergodicidade com estacionaridade estrita (Chan 1990, 1993), tal como consta da

PROPOSIÇÃO 7.3.1. *Suponha-se que y é ergódico. Então existe uma distribuição estacionária F tal que o processo y, inicializado com a distribuição F, é EE.*

268 | Modelação de Séries Temporais Financeiras

Dem. Para simplificar, suponha-se que existe a densidade $f_n(y|x) = \frac{\partial}{\partial y} F_n(y|x)$. Considere-se $n \to \infty$ em ambos os lados da equação (7.7). Como $f_n(y|x) - f(y)$ converge para zero na norma $\|\|$, a equação (7.7) com $n \to \infty$ é

$$f(y) = \int f_1(y|u) f(u) \, du. \tag{7.10}$$

Por hipótese, y_0 (valor inicial) tem densidade estacionária $f_{y_0} = f$. Resulta de (7.10) que y_1 também tem densidade estacionária f, pois

$$f_{y_1}(y) = \int f_1(y|u) f_{y_0}(u) \, du = \int f_1(y|u) f(u) \, du = f(y).$$

Por indução, conclui-se que $f_{y_t}(y) = f(y)$ qualquer que seja t. Por outro lado, devido à homogeneidade e à propriedade de Markov, a densidade conjunta de $(y_n, y_{n-1}, ..., y_1, y_0)$

$$f_{y_n, y_{n-1}, ..., y_1, y_0}(x_n, x_{n-1}, ..., x_1, x_0) = f_1(x_t|x_{t-1}) f_1(x_{t-1}|x_{t-2}) ... f_{y_0}(x_0)$$

é igual à densidade conjunta de $(y_{n+k}, y_{n+k-1}, ..., y_{k+1}, y_k)$

$$f_{y_{n+k}, y_{n+k-1}, ..., y_{k+1}, y_k}(x_n, x_{n-1}, ..., x_1, x_0) = f_1(x_t|x_{t-1}) f_1(x_{t-1}|x_{t-2}) ... f_{y_k}(x_0),$$

pois $f_1(y|x)$ não depende do momento em que é calculada (apenas depende dos argumentos y e x) e $f_{y_0}(x_0) = f_{y_k}(x_0) = f(x_0)$. $\square$

Para processos nas condições da proposição anterior, a lei forte dos grandes números verifica-se sempre:

Proposição 7.3.2. *Suponha-se* $E(|h(y)|) < \infty$. *Nas condições da proposição 7.3.1 verifica-se*

$$\frac{1}{n} \sum_{t=1}^{n} h(y_t) \xrightarrow{qc} E(h(y)),$$

(qc: convergência quase certa ou com probabilidade 1) qualquer que seja o valor inicial do processo y.

Por exemplo, se y é ergódico e EE e se $E\left(e^{y_t}\right) < \infty$, então

$$\frac{1}{n} \sum_{t=1}^{n} e^{y_t} \xrightarrow{qc} E\left(e^{y}\right)$$

(naturalmente também se tem convergência em probabilidade). Note-se que o processo pode não ser fracamente dependente no sentido da definição 4.4.7 – i.e., verificando-se a lei dos grandes números de acordo com a proposição anterior, pode não se garantir, ainda assim, a aplicação do teorema do limite central.

Outra propriedade interessante para processos estritamente estacionários é a seguinte:

Proposição 7.3.3. *Seja g uma função com domínio no espaço de estados de y. Se $\{y_t\}$ é EE então $\{z_t\}$, definido por $z_t = g\left(y_t, y_{t-1}, ...\right)$, é também EE.*

A proposição anterior permite concluir, por exemplo, que se $\{y_t\}$ é EE, então os processos $\{y_t^2\}$, $\{y_t + e^{y_{t-1}}\}$, etc., são também estritamente estacionários. A proposição anterior não se aplica naturalmente a processos estacionários de segunda ordem. Para ilustrar, suponha-se que y é um processo ESO sem 4º momento. Resulta que $\{z_t\}$, onde z é definido por $z_t = y_t^2$, não é um processo ESO, pois $\text{Var}\left(z_t\right)$ não existe.

Em geral, é difícil verificar directamente as equações (7.8) e (7.9), a não ser para casos relativamente simples, como o do exemplo que se apresenta a seguir. Iremos ver, no entanto, que é possível, em certas circunstâncias, provar-se (7.8) ou (7.9) de forma indirecta, através de resultados auxiliares. Antes de entramos nesta questão no ponto seguinte, veja-se um caso em que a aplicação directa de (7.9) é relativamente simples.

270 | Modelação de Séries Temporais Financeiras

EXEMPLO 7.3.5. *Retome-se o exemplo 7.3.1, mas use-se agora a densidade condicional a n passos (poderia ser também a t passos). Concluímos que*

$$y_n|\,y_0 = x \sim N\left(\phi^n x, \sigma^2\left(\frac{1-\phi^{2n}}{1-\phi^2}\right)\right)$$

$$f_n\left(y|\,x\right) = \frac{1}{\sqrt{2\pi\,\mathrm{Var}\left(y_n|\,x\right)}}\exp\left\{-\frac{\left(y_n - \mathrm{E}\left(y_n|\,x\right)\right)^2}{2\,\mathrm{Var}\left(y_n|\,x\right)}\right\}.$$

Note-se que

$$\lim_{n\to\infty}\mathrm{E}\left(y_n|\,x\right) = \lim_{n\to\infty}\phi^n x = 0,$$

$$\lim_{n\to\infty}\mathrm{Var}\left(y_n|\,x\right) = \lim_{n\to\infty}\sigma^2\left(\frac{1-\phi^{2n}}{1-\phi^2}\right) = \frac{\sigma^2}{1-\phi^2},$$

$$\lim_{n\to\infty}f_n\left(y|\,x\right) = \frac{1}{\sqrt{2\pi\left(\frac{\sigma^2}{1-\phi^2}\right)}}\exp\left\{-\frac{y^2}{2\left(\frac{\sigma^2}{1-\phi^2}\right)}\right\} = f\left(y\right).$$

É razoável admitir que $f\left(y\right)$ *verifica o limite* $\rho^{-n}\int|f_n\left(y|\,x\right) - f\left(y\right)|\,dy \to 0$. *Efectivamente, pode mostrar-se esse resultado e, nessas condições,* y *é um processo EE, com distribuição estacionária dada por* $f\left(y\right)$ *e momentos estacionários* $\mathrm{E}\left(y\right) = 0$ *e* $\mathrm{Var}\left(y\right) = \sigma^2/\left(1-\phi^2\right)$.

Para exemplificar, considere-se $x = 2$, $\sigma^2 = 0.7$ *e* $\phi = 0.8$. *A distribuição estacionária é dada por*

$$y \sim N\left(0, \frac{0.7}{1-0.8^2}\right) = N\left(0, 1.944\right).$$

Se o processo for inicializado no valor $x = 2$, *ao fim de alguns períodos (digamos* $n = 10$*),* y_t *comporta-se como um processo* $y \sim N\left(0, 1.944\right)$. *Por outras palavras, um elemento retirado ao acaso da sucessão* $\{y_{10}, y_{11}, \ldots\}$, *por exemplo* y_{100}, *tem distribuição estacionária* $N\left(0, 1.944\right)$. *Naturalmente, se o valor anterior* y_{99} *for observado e usarmos essa informação para prever* y_{100}, *a distribuição pertinente passa a ser a distribuição condicional habitual (a um passo). Na figura 7.17 mostra-se a convergência da sucessão de funções* $\{f_n\left(y|\,x = 2\right), n = 1, 2, 3, 8\}$ *para a distribuição*

Figura 7.17: Sucessão de funções $\{f_n(y|\, x=2), n=1,2,3,8\}$
e distribuição estacionária $f(y)$

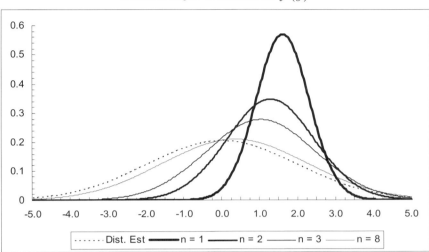

estacionária $f(y)$. *A distribuição estacionária, que coincide com a distribuição marginal do processo, é relevante porque mostra o comportamento "geral" do processo. Dá ainda uma medida do tempo de permanência do processo em cada um dos subintervalos do espaço de estados. Para os valores definidos para* σ *e* ϕ, *ficamos a saber a partir da inspecção da distribuição estacionária que, por exemplo, y dificilmente sairá do intervalo* (−5, 5) *e que, durante a maior parte do tempo, estará no intervalo (digamos)* (−2, 2).

Termina-se esta secção notando que a densidade estacionária (caso exista) coincide com a densidade marginal quando o processo é inicializado em condições estacionárias.

7.3.2 Modelos Não Lineares do tipo $y_t = g(y_{t-1},...,y_{t-p}) + u_t$

PROPOSIÇÃO 7.3.4. *Considere-se o processo* $\{y\}$ *definido por*

$$y_t = g(y_{t-1},...,y_{t-p}) + u_t$$

onde $g : \mathbb{R}^p \to \mathbb{R}$, $\{u_t\}$ é uma sucessão de v.a. i.i.d. e independentes de y_{t-k}, $k \geq 1$, com função de densidade positiva e $\mathrm{E}(u_t) = 0$. O processo $\{y\}$ é geometricamente ergódico se qualquer uma das seguintes condições se verificar:

(a) g é uma função limitada em conjuntos limitados,

$$\lim_{\|\mathbf{x}\| \to \infty} \frac{|g(\mathbf{x}) - (b_1 x_1 + \dots + b_p x_p)|}{\|\mathbf{x}\|} = 0$$

e as raízes do polinómio $1 - b_1 z - \dots - b_p z^p$ estão fora do circulo unitário.

(b) Existe uma constante $\lambda \in (0, 1)$ e c tal que

$$|g(\mathbf{x})| \leq \lambda \max\{|x_1|, \dots, |x_p|\} + c.$$

(c) Existe uma constante $\rho \in (0, 1)$, c e $a_i \geq 0$ e $a_1 + \dots + a_p = 1$ tal que

$$|g(\mathbf{x})| \leq \rho(a_1 |x_1| + \dots + a_p |x_p|) + c.$$

EXEMPLO 7.3.6. *Considere-se o processo AR(2),*

$$y_t = \phi_1 y_{t-1} + \phi_2 y_{t-2} + u_t$$

onde u é um ruído branco Gaussiano. A função g é naturalmente

$$g(x_1, x_2) = \phi_1 x_1 + \phi_2 x_2.$$

A condição (a) da proposição 7.3.4 verifica-se se, com $b_1 = \phi_1$ e $b_2 = \phi_2$, as raízes de $1 - b_1 z - b_2 z^2$ estiverem fora do circulo unitário. Esta é, como se sabe, a condição necessária e suficiente para que o processo AR(2) seja ESO. A proposição anterior vai mais longe: sob as condições estabelecidas, y é EE.

EXEMPLO 7.3.7. *Considere-se o processo*

$$y_t = \phi \frac{y_{t-1}^2}{1 + y_{t-1}^2} + u_t$$

onde u é um ruído branco Gaussiano. Tem-se

$$g\left(x\right) = \frac{\phi x^2}{1 + x^2}$$

Como $g\left(x\right)$ é uma função limitada em $\mathbb{R}$, mais concretamente, $\left|g\left(x\right)\right| \leq \phi < \tilde{\phi} < \infty$, conclui-se

$$\left|g\left(x\right)\right| \leq \rho\left|x\right| + \tilde{\phi}$$

para $\rho \in (0,1)$. Verificam-se as condições (b) e (c) e, assim, y é um processo ergódico.

EXEMPLO 7.3.8. **Considere-se o processo**

$$y_t = \begin{cases} -0.5y_{t-1} + u_t & se\ y_{t-1} < 0 \\ 0.5y_{t-1} + u_t & se\ y_{t-1} \geq 0. \end{cases}$$

onde u é um ruído branco Gaussiano. Este modelo pode ser reescrito na forma:

$$y_t = \phi_t y_{t-1} + \varepsilon_t,$$

onde $\phi_t = \left(-0.5\mathcal{I}_{\{y_{t-1}<0\}} + 0.5\mathcal{I}_{\{y_{t-1}\geq 0\}}\right)$. Tem-se

$$g\left(x\right) = \left(-0.5\mathcal{I}_{\{x<0\}} + 0.5\mathcal{I}_{\{x\geq 0\}}\right)x.$$

Vem

$$\begin{aligned} \left|g\left(x\right)\right| &\leq & \left|-0.5\mathcal{I}_{\{x<0\}} + 0.5\mathcal{I}_{\{x\geq 0\}}\right|\left|x\right| \\ &\leq & \rho\left|x\right| \end{aligned}$$

com $\rho = 0.5 \in (0,1)$. Assim, y é um processo ergódico. Neste caso muito particular, y pode também escreve-se na forma $y_t = 0.5\left|y_{t-1}\right| + \varepsilon_t$ e a aplicação da proposição 7.3.4 é imediata.

EXEMPLO 7.3.9. *Considere-se o processo*

$$y_t = \begin{cases} 1 + 0.5y_{t-1} + u_t & y_{t-1} < 0 \\ -1 - 0.5y_{t-1} + u_t & y_{t-1} \geq 0. \end{cases}$$

onde u é um ruído branco Gaussiano. A função g é

274 | Modelação de Séries Temporais Financeiras

$$g(x) = \mathcal{I}_{\{x<0\}} + 0.5x\mathcal{I}_{\{x<0\}} - \mathcal{I}_{\{x\geq0\}} - 0.5x\mathcal{I}_{\{x\geq0\}}$$
$$= \mathcal{I}_{\{x<0\}} - \mathcal{I}_{\{x\geq0\}} + \left(0.5\mathcal{I}_{\{x<0\}} - 0.5\mathcal{I}_{\{x\geq0\}}\right)x.$$

Assim,

$$|g(x)| \leq 1 + \left|0.5\mathcal{I}_{\{x<0\}} - 0.5\mathcal{I}_{\{x\geq0\}}\right||x|$$
$$\leq 1 + 0.5|x|$$

e a proposição 7.3.4 aplica-se imediatamente com $c = 1$ e $\rho = 0.5$ (ou $\lambda = 0.5$), pelo que y é um processo ergódico.

OBSERVAÇÃO 7.3.1. *É interessante observar que a condição que assegura a estacionaridade estrita no âmbito dos processos estocásticos (considere-se por exemplo a proposição 7.3.4 condição (c)), assegura também a estabilidade assimptótica no âmbito das equações às diferenças finitas determinísticas (veja-se o ponto 7.2), embora o contrário não seja verdadeiro. Com efeito, seja $|g(x)| < \rho|x|$ (proposição 7.3.4 condição (c)). Resulta,*

$$|g(y_0)| \leq \rho|y_0|$$
$$\left|g^{(2)}(y_0)\right| = |g(g(y_0))| \leq \rho|g(y_0)| \leq \rho^2|y_0|$$
$$\dots$$
$$\left|g^{(t)}(y_0)\right| \leq \rho^t|y_0|$$

e, portanto, $y_t = g^{(t)}(y_0) \to 0$ quando $t \to \infty$, independentemente do valor inicial. Tem-se neste caso que o valor 0 é um ponto assimptoticamente estável[42].

---

[42] Na verdade, a definição é menos exigente: o valor zero é um ponto *fixo assimptoticamente estável* se for estável e existir um $\delta_0 > 0$ tal que a desigualdade $|y_0| \leq \delta_0$ implica $\left|g^{(t)}(y_0)\right| \to 0$ quando $t \to +\infty$. Neste caso não é necessário que a condição inicial seja um valor qualquer: basta que y_0 se encontra "perto" do ponto fixo zero.

7.3.3 Modelos Não Lineares do tipo $\mathbf{y}_t = \mathbf{A}_t\mathbf{y}_{t-1} + \mathbf{B}_t$.

Suponha-se que se analisa o modelo AR com coeficiente aleatório,

$$y_t = \phi(\xi_t) y_{t-1} + u_t \qquad (7.11)$$

onde ξ_t é uma variável aleatória. Os principais resultados apresentados na secção anterior não se aplicam, pois a equação (7.11) não pode ser representada na forma $y_t = g(y_{t-1}, y_{t-2}, ..., y_{t-p}) + u_t$. A teoria assimptótica está especialmente desenvolvida para a seguinte classe de modelos AR com coeficientes aleatórios:

DEFINIÇÃO 7.3.4. *Uma equação vectorial autoregressiva de dimensão d com coeficientes aleatórios é uma equação da forma*

$$\mathbf{y}_t = \mathbf{A}_t\mathbf{y}_{t-1} + \mathbf{B}_t \qquad (7.12)$$

onde $\{(\mathbf{A}_t, \mathbf{B}_t), t \in \mathbb{Z}\}$ *é uma sucessão de matrizes i.i.d.*

Na definição anterior $\{(\mathbf{A}_t, \mathbf{B}_t), t \in \mathbb{Z}\}$ pode ser simplesmente um processo estacionário (condição menos exigente). Inúmeros processos não lineares podem ser representados na forma (7.12), como mostra o exemplo seguinte.

EXEMPLO 7.3.10. *Considere-se o processo* u_t *com heterocedasticidade condicionada de ordem* (2, 1), *(GARCH(2,1))*

$$\begin{aligned} u_t &= \sigma_t \varepsilon_t \\ \sigma_t^2 &= \omega + \alpha_1 u_{t-1}^2 + \alpha_2 u_{t-2}^2 + \beta_1 \sigma_{t-1}^2 + \beta_2 \sigma_{t-2}^2, \qquad \omega, \alpha_i, \beta_i > 0. \end{aligned}$$

Procure-se representar este processo na forma (7.12). Para o efeito, observe-se que

$$\begin{aligned} \sigma_t^2 &= \omega + \alpha_1 \sigma_{t-1}^2 \varepsilon_{t-1}^2 + \alpha_2 \sigma_{t-2}^2 \varepsilon_{t-2}^2 + \beta_1 \sigma_{t-1}^2 + \beta_2 \sigma_{t-2}^2 \\ &= \omega + \left(\alpha_1 \varepsilon_{t-1}^2 + \beta_1\right) \sigma_{t-1}^2 + \alpha_2 u_{t-2}^2 + \beta_2 \sigma_{t-2}^2. \end{aligned}$$

Tem-se

$$
\underbrace{\begin{pmatrix} \sigma_t^2 \\ \sigma_{t-1}^2 \\ u_{t-1}^2 \end{pmatrix}}_{\mathbf{y}_t} = \underbrace{\begin{pmatrix} \alpha_1 \varepsilon_{t-1}^2 + \beta_1 & \beta_2 & \alpha_2 \\ 1 & 0 & 0 \\ \varepsilon_{t-1}^2 & 0 & 0 \end{pmatrix}}_{\mathbf{A}_t} \underbrace{\begin{pmatrix} \sigma_{t-1}^2 \\ \sigma_{t-2}^2 \\ u_{t-2}^2 \end{pmatrix}}_{\mathbf{y}_{t-1}} + \underbrace{\begin{pmatrix} \omega \\ 0 \\ 0 \end{pmatrix}}_{\mathbf{B}_t}.
$$

A matriz aleatória $\mathbf{A}_t$ e o vector $\mathbf{B}_t$ estão nas condições da definição 7.3.4.

A estacionaridade do processo (7.12) está discutida, por exemplo, em Brandt (1986) e Basrak et al. (2002). O resultado principal é dado pela

PROPOSIÇÃO *7.3.5. Assuma-se, no âmbito da definição 7.3.4,* $\mathrm{E}\left(\log \|\mathbf{A}_1\|\right) < 0$ *e* $\mathrm{E}\left(\log^+ \|\mathbf{B}_1\|\right) < \infty$ *($\log^+ x = \max\left(\log x, 0\right)$). Então o processo definido por (7.12) converge (com probabilidade um) e a sua solução é estritamente estacionária.*

Na proposição anterior, as condições de estacionaridade apenas envolvem $\mathbf{A}_1$ e $\mathbf{B}_1$, e não toda a sucessão $\{\mathbf{A}_t\}$ e $\{\mathbf{B}_t\}$, porque se admite que $\{\mathbf{A}_t\}$ e $\{\mathbf{B}_t\}$ são sequências i.i.d. e, portanto, a avaliação de um elemento qualquer da sucessão é suficiente para estabelecer o resultado desejado.

Uma versão (ligeiramente) mais geral da proposição anterior é apresentada Basrak et al. (2002). Como habitualmente, $\|\mathbf{A}\|$ é a norma da matriz ou vector $\mathbf{A}$:

COROLÁRIO 7.3.1. *No caso escalar, $d = 1$,*

$$
y_t = A_t y_{t-1} + B_t,
$$

onde $\{(A_t, B_t), t \in \mathbb{Z}\}$ é uma sucessão de vectores i.i.d., assuma-se $-\infty \leq \mathrm{E}\left(\log |A_1|\right) < 0$ e $\mathrm{E}\left(\log^+ |B_1|\right) < \infty$. Então y converge (com probabilidade um) e a sua solução é estritamente estacionária.

EXEMPLO 7.3.11. *Discuta-se a estacionaridade do processo*

$$y_t = \phi y_{t-1} + u_t,$$

onde u é ruído branco Gaussiano. No contexto do corolário 7.3.1 tem-se

$$A_t = \phi, \qquad B_t = u_t.$$

A condição $\mathrm{E}\left(\log^+|B_1|\right) < \infty$ *verifica-se imediatamente, tendo em conta a distribuição assumida para u.*[43] *Relativamente à outra condição, vem*

$$\mathrm{E}\left(\log|A_1|\right) = \mathrm{E}\left(\log|\phi|\right) = \log|\phi|\,.$$

Se $\log|\phi| < 0$, *i.e.,* $|\phi| < 1$ *o processo é EE.*

EXEMPLO 7.3.12. *Discuta-se a estacionaridade do processo*

$$y_t = e^{\mu+e_t} y_{t-1} + u_t \tag{7.13}$$

onde μ é uma constante e e_t e u_t são ruídos brancos Gaussianos com variância igual a 1, e independentes entre si. No contexto do corolário 7.3.1 tem-se

$$A_t = e^{\mu+e_t}, \qquad B_t = u_t.$$

Como $\{A_t\}$ *é uma sucessão v.a. i.i.d., a equação (7.13) respeita a definição 7.3.4 (e, assim, o corolário 7.3.1 é aplicável). A condição* $\mathrm{E}\left(\log^+|B_1|\right) < \infty$ *verificase imediatamente, tendo em conta a distribuição assumida para u. Relativamente à outra condição, vem*

$$\mathrm{E}\left(\log|A_1|\right) = \mathrm{E}\left(\log e^{\mu+e_1}\right) = \mathrm{E}\left(\mu + \sigma e_1\right) = \mu.$$

Se $\mu < 0$ então o processo y é EE.

EXEMPLO 7.3.13. *Considere-se o processo u_t com heterocedasticidade condicionada de ordem $(1, 1)$, $(GARCH(1,1))$*

---

[43] Se $u \sim N(0, 1)$, então $\mathrm{E}\left(\log|u|\right) = -0.635$. Pode mostrar-se que $\log|u|$ função densidade de probabilidade $2e^{-\frac{e^{2y}}{2}+y}/\sqrt{2\pi}$.

278 | Modelação de Séries Temporais Financeiras

$$u_t = \sigma_t \varepsilon_t$$
$$\sigma_t^2 = \omega + \alpha_1 u_{t-1}^2 + \beta_1 \sigma_{t-1}^2 \qquad \omega, \alpha_1, \beta_1 > 0.$$

onde ε é um ruído branco EE e independente de u_{t-k}, $k \in \mathbb{N}$. O processo σ_t^2 pode escrever-se na forma

$$\sigma_t^2 = \omega + \alpha_1 \sigma_{t-1}^2 \varepsilon_{t-1}^2 + \beta_1 \sigma_{t-1}^2 = \omega + \left(\alpha_1 \varepsilon_{t-1}^2 + \beta_1\right) \sigma_{t-1}^2.$$

Tem-se assim

$$A_t = \left(\alpha_1 \varepsilon_{t-1}^2 + \beta_1\right), \qquad B_t \equiv B = \omega.$$

Verifica-se que (A_t, B) é uma sucessão de v.a. positivas i.i.d. Para que σ_t^2 admita uma solução estritamente estacionária é suficiente (pode mostrar-se que é também necessário) que se verifiquem as condições do corolário 7.3.1, $-\infty \leq \mathrm{E}\left(\log |A_1|\right) < 0$ e $\mathrm{E}\left(\log^+ |B_1|\right) < \infty$. A segunda condição verifica-se imediatamente; a primeira estabelece

$$\mathrm{E}\left(\log |A_1|\right) = \mathrm{E}\left(\log \left(\alpha_1 \varepsilon_0^2 + \beta_1\right)\right) < 0. \tag{7.14}$$

Nelson (1990) obteve esta condição[44], mas sem recorrer à proposição 7.3.5. Tem-se assim que σ_t^2 é um processo EE. E quanto a u_t? Felizmente, não é necessário estudar directamente u_t, pois sabe-se que se o processo $\{(\xi_{1t}, \xi_{2t})\}$ é EE, uma qualquer função (mensurável) de ξ_{1t} e ξ_{2t} é ainda estritamente estacionária. Assim, se $\left\{\left(\sigma_t^2, \varepsilon_t\right)\right\}$ é EE, então o processo u definido por $u_t = \sigma_t \varepsilon_t$ é também EE.

---

[44] O valor esperado $\mathrm{E}\left(\log \left(\alpha_1 \varepsilon_0^2 + \beta_1\right)\right)$ tem expressão conhecida, por exemplo, quando $\varepsilon_0 \sim N(0, 1)$. O programa Mathematica permite obter

$$\mathrm{E}\left(\log \left(\alpha_1 \varepsilon_0^2 + \beta_1\right)\right) = \pi \operatorname{erfi}\left(\sqrt{\frac{\beta}{2\alpha}}\right) + \log \left(\frac{\alpha}{2}\right) - \text{EulerGamma}$$
$$-\beta \frac{\text{HypergeometricPFQ}\left(\{1, 1\}, \left\{\frac{3}{2}, 2\right\}, \frac{\beta}{2\alpha}\right)}{\alpha}.$$

A explicação destas funções pode ver-se no programa Mathematica.

EXEMPLO 7.3.14. *Retome-se o exemplo 7.3.10. Suponha-se que ε é um ruído branco com distribuição $N(0, 1)$. Considerando a norma*

$$\|\mathbf{A}\| = \max_{1 \leq i \leq n} \left(\sum_{j=1}^{n} |a_{ij}| \right),$$

tem-se

$$
\begin{aligned}
\log \|\mathbf{A}_1\| &= \log \left(\left\| \begin{pmatrix} \alpha_1 \varepsilon_0^2 + \beta_1 & \beta_2 & \alpha_2 \\ 1 & 0 & 0 \\ \varepsilon_0^2 & 0 & 0 \end{pmatrix} \right\|_{\infty} \right) \\
&= \log \max \left\{ |\alpha_1 \varepsilon_0^2 + \beta_1| + |\alpha_2| + |\beta_2|, 1, |\varepsilon_0|^2 \right\} \\
&= \max \left\{ \log \left(|\alpha_1 \varepsilon_0^2 + \beta_1| + |\alpha_2| + |\beta_2| \right), 0, \log \left(|\varepsilon_0|^2 \right) \right\}.
\end{aligned}
$$

Como $E \left(\log \left(|\varepsilon_0|^2 \right) \right) = -1.27036 < 0$ *e todos os parâmetros são positivos, a condição* $E \left(\log \|\mathbf{A}_1\| \right) < 0$ *resume-se a*

$$E \left(\log \left(\alpha_1 \varepsilon_0^2 + \alpha_2 + \beta_1 + \beta_2 \right) \right) < 0.$$

No caso $\alpha_2 = \beta_2 = 0$, *obtém-se a condição já estabelecida (7.14).*

7.3.4 Modelos Não Lineares do tipo $\mathbf{y}_t = g\left(\mathbf{y}_{t-1}, \mathbf{u}_t\right)$.

Os modelos mais gerais são do tipo $\mathbf{y}_t = g\left(\mathbf{y}_{t-1}, \mathbf{u}_t\right)$. No ponto anterior, a função g decompõe-se na forma $\mathbf{A}_t \mathbf{y}_{t-1}$ (fixando $\mathbf{A}_t$, g é linear no seu argumento) e no caso $\mathbf{y}_t = \mathbf{g}\left(\mathbf{y}_{t-1}\right) + \mathbf{u}_t$, anteriormente tratado, g, dado $\mathbf{y}_{t-1}$, não depende de uma componente aleatória.

O próximo resultado envolve os conceitos de aperiodicidade e irredutibilidade.

Suponha-se que o espaço de estados de y é $\{1, 2, 3\}$. Imagine--se que o processo tem início no estado 1. Se y retorna ao estado 1 sempre em dois passos (por exemplo, visita 2 e volta a 1, ou visita 3 e volta a 1) o processo não é aperiódico. Irredutibilidade signi-

280 | Modelação de Séries Temporais Financeiras

fica, grosso modo, que um processo pode visitar qualquer estado qualquer que seja o estado em que se encontre.

Para processos com espaço de estados contínuo, a seguinte proposição assegura a irredutibilidade (Mokkadem, 1985):

PROPOSIÇÃO 7.3.6. *Suponha-se que para qualquer conjunto $A \subset \mathbb{R}^N$ com medida de Lebesgue não nulo e qualquer conjunto compacto B, existe um inteiro t > 0 tal que*

$$\inf_{\mathbf{x} \in B} P\left(\mathbf{y}_t \in A \mid \mathbf{y}_0 = \mathbf{x}\right) > 0. \tag{7.15}$$

Então o processo $\mathbf{y}$ *é irredutível.*

Defina-se $\|\mathbf{y}_t\|_q := \mathrm{E}\left(\|\mathbf{y}_t\|^q\right)^{\frac{1}{q}}$.

PROPOSIÇÃO 7.3.7. *Considere-se o processo multivariado $\{\mathbf{y}\}$ definido por*

$$\mathbf{y}_t = g\left(\mathbf{y}_{t-1}, \mathbf{u}_t\right)$$

onde $\{\mathbf{u}_t\}$ é uma sucessão de vectores i.i.d.. Suponha-se que $\mathbf{y}$ é um processo aperiódico e irredutível. Suponha que existem escalares $K > 0$, $\delta \in (0,1)$ e $q > 0$ tal que g está bem definida e é contínua com respeito ao primeiro argumento e

$$\|g\left(\mathbf{x}, \mathbf{u}_1\right)\|_q < \delta \|\mathbf{x}\|, \qquad \|\mathbf{x}\| > K.$$

Então $\{y_t\}$ é geometricamente ergódico e EE.

EXEMPLO 7.3.15. *Retome-se o exemplo 7.3.13,*

$$\sigma_t^2 = \omega + \left(\alpha_1 \varepsilon_{t-1}^2 + \beta_1\right) \sigma_{t-1}^2$$

supondo ε é um ruído branco Gaussiano com variância igual a 1. A proposição 7.3.5 é a mais adequada para tratar este caso. No entanto, também 7.3.7 pode ser invocada. O processo é obviamente aperiódico, tendo em conta a distribuição de ε. Não é fácil verificar-se (7.15), pois as probabi-

lidades de transição a n passos não são conhecidas. É no entanto pacífico assumir-se que σ_t^2, para algum $t > 0$, pode atingir qualquer conjunto A, qualquer que seja a condição inicial. Assuma-se, assim, que σ_t^2 é irredutível. Tem-se,

$$g\left(x, u_1\right) = \omega + \left(\alpha_1 \varepsilon_1^2 + \beta_1\right) x$$

e escolha-se, no contexto da proposição 7.3.7, $q = 1$. Assim,

$$\|g\left(x, \varepsilon_1\right)\|_1 = \mathrm{E}\left(\left|\omega + \left(\alpha_1 \varepsilon_1^2 + \beta_1\right) x\right|\right).$$

Em que circunstâncias se verifica

$$\mathrm{E}\left(\left|\omega + \left(\alpha_1 \varepsilon_1^2 + \beta_1\right) x\right|\right) < \delta \left|x\right|, \qquad \left|x\right| > K \ ?$$

Para $|x|$ suficientemente grande, tal que $|x| > K$, o valor de ω é irrelevante[45].

Assuma-se assim $\omega = 0$. Vem

$$\mathrm{E}\left(\left|\left(\alpha_1 \varepsilon_1^2 + \beta_1\right) x\right|\right) = \mathrm{E}\left(\left|\alpha_1 \varepsilon_1^2 + \beta_1\right|\right) x < \delta \left|x\right|, \qquad \left|x\right| > K$$

se e só se $\mathrm{E}\left(\left|\alpha_1 \varepsilon_1^2 + \beta_1\right|\right) < \delta \in (0, 1)$. A condição de estacionaridade estrita está encontrada:

$$\mathrm{E}\left(\left|\alpha_1 \varepsilon_1^2 + \beta_1\right|\right) < 1.$$

Atendendo a $\alpha_1 \varepsilon_1^2 + \beta_1 > 0$ e $\mathrm{E}\left(\varepsilon_1^2\right) = 1$, a condição pode reescrever-se na forma

$$\mathrm{E}\left(\left|\alpha_1 \varepsilon_1^2 + \beta_1\right|\right) = \alpha_1 + \beta_1 < 1. \tag{7.16}$$

Esta condição não é equivalente à obtida no exemplo 7.3.13, $\mathrm{E}\left(\log\left(\alpha_1 \varepsilon_0^2 + \beta_1\right)\right) < 0$ (as proposições 7.3.5 e 7.3.7, em geral, conduzem a condições suficientes, mas não necessárias). Estas duas condições são discutidas no capítulo 8.

---

[45] Considere-se, por exemplo, $|\omega + 0.98x| < 0.99 |x|$. Esta desigualdade não se verifica para todo o $x \in \mathbb{R}$. No entanto, para qualquer valor de ω, existe certamente um K tal que $|x| > K \Rightarrow |\omega + 0.98x| < 0.99 |x|$.

282 | Modelação de Séries Temporais Financeiras

Descrevemos nesta secção modelos não lineares de forma muito geral. Nas duas secções seguintes focaremos dois modelos não lineares bastante populares na literatura.

7.4 Modelo Limiar Autoregressivo (*Threshold AR* – TAR)

7.4.1 Introdução

Como argumentámos na introdução deste capítulo, uma classe importante de processos não lineares na média baseia-se na ideia de *regime-switching*. Nesta secção apresentam-se vários modelos onde a mudança de regime depende de uma variável observável. Provavelmente o modelo mais conhecido desta família (onde os regimes dependem de variáveis observáveis) é o modelo *Threshold AR* ou TAR. Para exemplificar, considere-se um modelo TAR com dois regimes

$$y_t = \begin{cases} \phi_{10} + \phi_{11}y_{t-1} + u_t & q_{t-d} \leq \gamma \\ \phi_{20} + \phi_{21}y_{t-1} + u_t & q_{t-d} > \gamma \end{cases} \qquad (7.17)$$

onde γ é o valor do limiar (*threshold values*), q_{t-d} é a variável limiar e $d > 0$ é um inteiro. No caso especial em que $q_{t-d} = y_{t-d}$ o modelo (7.17) designa-se por *Self-Exciting* TAR ou SETAR (é o próprio processo y que determina a mudança de regime).

A ideia principal do modelo pode ser exposta da seguinte forma. Se certo fenómeno y é não linear na média, então é incorrecto assumir que y se comporta linearmente em todo o seu domínio. A solução que está implícita no modelo TAR consiste em assumir linearizações diferenciadas, consoante o valor de y. Em lugar de se ter uma aproximação linear global, têm-se várias linearizações em sub-intervalos do espaço de estados[46]. Por exemplo, no modelo

---

[46] A este respeito a fórmula de Taylor é instrutiva. Suponha-se que $f : \mathbb{R} \to \mathbb{R}$ possui derivada contínua de primeira ordem. Pela fórmula de Taylor tem-se $f(x) = f(a) + f'(a)(x - a) + O\left(|x - a|^2\right)$. Esta fórmula diz-nos que $f(x)$ pode ser arbitrariamente bem aproximada através da expressão linear (em x)

(7.17), com $q_{t-d} = y_{t-1}$, pode admitir-se que a representação linear $\phi_{10} + \phi_{11}y_{t-1} + u_t$ é uma boa aproximação para o comportamento de y_t quando $y_{t-1} < \gamma$. Todavia, quando y_{t-1} sai do intervalo $(-\infty, \gamma)$, y_t passa a ser melhor caracterizado pelo segundo ramo da especificação (7.17).

Outra interpretação do TAR é sugerida pela seguinte representação equivalente de (7.17):

$$
\begin{aligned}
y_t &= \left(\phi_{10}\mathcal{I}_{\{q_{t-d}\leq\gamma\}} + \phi_{11}\mathcal{I}_{\{q_{t-d}\leq\gamma\}}y_{t-1}\right) \\
&\quad + \left(\phi_{20}\mathcal{I}_{\{q_{t-d}>\gamma\}} + \phi_{21}\mathcal{I}_{\{q_{t-d}>\gamma\}}y_{t-1}\right) + u_t. \\
&= \underbrace{\left(\phi_{10}\mathcal{I}_{\{q_{t-d}\leq\gamma\}} + \phi_{20}\mathcal{I}_{\{q_{t-d}>\gamma\}}\right)}_{\phi_0(y_{t-1})} \\
&\quad + \underbrace{\left(\phi_{11}\mathcal{I}_{\{q_{t-d}\leq\gamma\}} + \phi_{21}\mathcal{I}_{\{q_{t-d}>\gamma\}}\right)}_{\phi_1(y_{t-1})}y_{t-1} + u_t \\
&= \phi_0\left(q_{t-d}\right) + \phi_1\left(q_{t-d}\right)y_{t-1} + u_t.
\end{aligned}
$$

Observa-se, assim, que o modelo TAR pode ser interpretado como um processo AR de coeficientes aleatórios com dependência em q_{t-d}.

7.4.2 Soluções Periódicas

Considere-se o processo linear, $y_t = c + \phi y_{t-1} + u_t$, $|\phi| < 1$. Recorde-se que o *esqueleto* da equação estocástica é a correspondente equação determinística com $u_t \equiv 0$, i.e., $\tilde{y}_t = c + \phi\tilde{y}_{t-1}$. De acordo com a definição 7.2.1, o ponto fixo da equação $y_t = g\left(y_{t-1}\right)$ é o valor $\bar{y}$ tal que $g\left(\bar{y}\right) = \bar{y}$. No caso linear, $g\left(x\right) = c + \phi x$, a solução

---

$f\left(a\right) + f'\left(a\right)\left(x - a\right)$. Note-se que a, $f\left(a\right)$ e $f'\left(a\right)$ são constantes e o erro envolvido na aproximação é de ordem $|x - a|^2$. Se procuramos aproximar $f\left(x\right)$ quando x se afasta de a a aproximação piora significativamente, tendo em conta o erro envolvido $O\left(|x - a|^2\right)$.

Assim, podemos usar a fórmula de Taylor na forma linear, repetidamente, para vários valores de a, e assim obter boas aproximações de f em todo o seu domínio. É este o princípio que está subjacente ao modelo TAR.

284 | Modelação de Séries Temporais Financeiras

de $g(\bar{y}) = \bar{y}$ é $\bar{y} = c/(1 - \phi)$. Recorda-se que se $\tilde{y}_t$ for inicializado no ponto fixo, $\tilde{y}_t$ permanece no valor do ponto fixo para todo o t. Com efeito, se $y_{t-1} = \bar{y}$ e $\bar{y}$ é um ponto fixo, a variação da solução, Δy_t, é nula, i.e., $\Delta y_t = y_t - y_{t-1} = g(y_{t-1}) - y_{t-1} = \bar{y} - \bar{y} = 0$. Se a solução não é inicializada numa vizinhança do ponto fixo, mas $|\phi| < 1$, então $\tilde{y}_t$ tenderá para $\bar{y}$, quando $t \to \infty$. Quando a equação é linear (de primeira ordem) existe apenas o ponto fixo $\bar{y} = c/(1 - \phi)$, que poderá ser ou não assimptoticamente estável (dependendo do valor de ϕ). Uma das características dos processos não lineares é o de admitirem *esqueletos* com vários pontos fixos e com periodicidade superior a um. Esta possibilidade permite modelar dados que exibam "soluções periódicas estáveis".

Para concretizar considere-se o exemplo:

$$y_t = \begin{cases} 1 + 0.5 y_{t-1} + u_t & y_{t-1} < 0 \\ -1 - 0.5 y_{t-1} + u_t & y_{t-1} \geq 0. \end{cases} \qquad (7.18)$$

O *esqueleto* da equação é

$$\tilde{y}_t = \begin{cases} 1 + 0.5 \tilde{y}_{t-1}, & y_{t-1} < 0 \\ -1 - 0.5 \tilde{y}_{t-1}, & y_{t-1} \geq 0 \end{cases} \qquad (7.19)$$

e a função $g(x)$ representa-se na forma

$$g(x) = \begin{cases} 1 + 0.5x & x < 0 \\ -1 - 0.5x & x \geq 0. \end{cases} \qquad (7.20)$$

As figuras 7.18 e 7.19 mostram que os valores 0.4 e -1.2 são pontos periódicos[47] de período 2. Estes pontos são assimptoticamente estáveis. Qualquer que seja o valor de inicialização, a solução $\tilde{y}_t$ é atraída para a órbita $\{0.4, -1.2\}$.

Não faz sentido falar-se em soluções periódicas do modelo estocástico definido em (7.18). A componente estocástica impede, de facto, que y_t possa oscilar entre os pontos 0.4 e -1.2. Todavia, o comportamento periódico subjacente ao *esqueleto* está parcialmente presente no modelo estocástico, tal como mostra a figura 7.20, onde

---

[47] É possível obter estes pontos resolvendo $g(g(x)) = x$ em ordem a x.

Figura 7.18: Gráfico Teia de Aranha do modelo (7.19). Os valores 0.4 e -1.2 são pontos periódicos de período 2

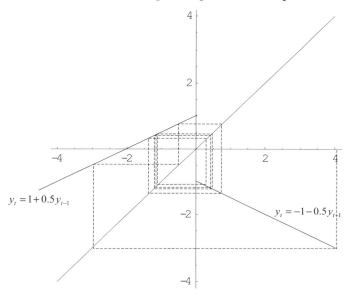

Figura 7.19: Trajectória de (7.20) com $y_0 = 5$

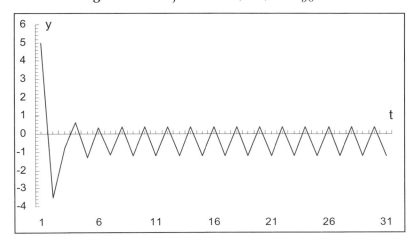

286 | Modelação de Séries Temporais Financeiras

se apresenta o gráfico *scatter* (i.e. o gráfico dos pares (y_{t-1}, y_t)) depois de se ter simulado uma trajectória.

Como o processo é EE (veja-se o exemplo 7.3.9), pode também indagar-se que tipo de distribuição estacionária define o processo. A expressão analítica desta distribuição é desconhecida, mas pode estimar-se de várias formas. Provavelmente o procedimento mais simples consiste em gerar uma trajectória suficientemente longa e, depois de se desprezarem os primeiros valores[48] (digamos os primeiros 10), estima-se a função de densidade marginal $f(x)$ através do estimador

$$\hat{f}(x) = \frac{1}{n_S h} \sum_{i=1}^{n_S} K\left(\frac{x - y_i}{h}\right) \tag{7.21}$$

onde h é a *bandwidth*, n_S é o número de observações simuladas usadas na estimação e K é, por exemplo, o Kernel (ou núcleo) Gaussiano. Sob certas condições sabe-se que $\hat{f}(x) \xrightarrow{p} f(x)$ onde f não é mais do que a densidade estacionária. Naturalmente, é necessário considerar vários valores de x na expressão (7.21) para-se ter uma ideia do comportamento de f no espaço de estados da variável. Como n_S está sob nosso controle, a função f pode ser estimada de forma arbitrariamente precisa. Na figura 7.21 apresenta-se a densidade estacionária estimada $\hat{f}(x)$. A existência de duas modas acaba por não surpreender tendo em conta a *estrutura* do esqueleto (recorde-se a existência de dois pontos periódicos). Já a assimetria da distribuição não é clara (pelo menos à primeira vista). A probabilidade de y se encontrar abaixo de zero é cerca de 0.562 $(\simeq \sum \mathcal{I}_{\{y_t \leq 0\}}/n)$ e $\hat{E}(y) = -0.333$. O gráfico teia de aranha talvez possa explicar estes valores. Observe-se que na estrutura determinística, um valor negativo inferior a –2 é seguido por outro valor negativo, enquanto um valor positivo passa imediatamente a negativo. Este facto explica por que razão a probabilidade de y se

---

[48] A justificação: o valor incial y_0, a partir da qual é gerada a trajectória, não é obtido em condições estacionárias porque estas são desconhecidas.

Parte 2 – Capítulo 7. Modelação da média: abordagem não linear | 287

Figura 7.20: Gráfico dos pares (y_{t-1}, y_t) após se ter gerado
uma trajectória do processo 7.18
(traçam-se também as rectas $1 + .5x$ e $-1 - 0.5x$)

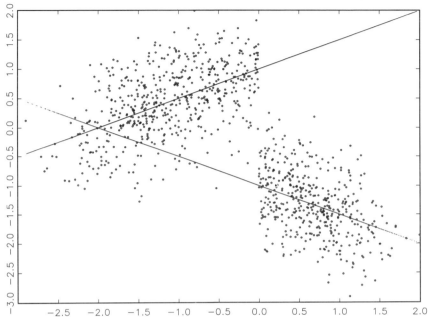

encontrar abaixo de zero é superior a 0.5 e, de certa forma, também explica a existência de uma média marginal negativa.

7.4.3 Estacionaridade

A estacionaridade estrita pode ser analisada no contexto das proposições apresentadas no ponto 7.3. Por exemplo, no modelo mais geral

$$y_t = \begin{cases} \phi_{10} + \phi_{11} y_{t-1} + \ldots + \phi_{1p} y_{t-p} + u_t & y_{t-d} < \gamma_1 \\ \ldots & \ldots \\ \phi_{k0} + \phi_{k1} y_{t-1} + \ldots + \phi_{kp} y_{t-p} + u_t & y_{t-d} > \gamma_k \end{cases}$$

Figura 7.21: Densidade Estacionária do processo (7.18)
– estimação baseada em 50000 observações simuladas

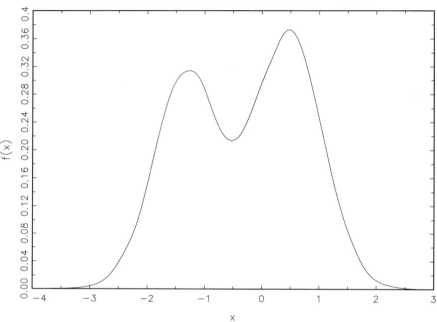

se a condição $\max_{1\leq i\leq k} \sum_{j=1}^{p} |\phi_{ji}| < 1$ se verificar, então o processo é EE, atendendo à proposição 7.3.4. Esta condição é apenas suficiente, mas não necessária. Como tal, pode ser demasiado exigente. Para certos modelos particulares são conhecidas as condições necessárias e suficientes. É o caso do modelo

$$y_t = \begin{cases} c_1 + \phi_1 y_{t-1} + u_t & y_{t-d} < \gamma_1 \\ c_2 + \phi_2 y_{t-1} + u_t & \gamma_1 \leq y_{t-d} \leq \gamma_2 \\ c_3 + \phi_3 y_{t-1} + u_t & y_{t-d} > \gamma_2 \end{cases} \quad (7.22)$$

PROPOSIÇÃO 7.4.1. *O processo $\{y_t\}$ definido pelo sistema (7.22) é EE sse qualquer uma das seguintes condições se verificar:*

i: $\phi_1 < 1, \phi_3 < 1, \phi_1\phi_3 < 1$;
ii: $\phi_1 = 1, \phi_3 < 1, c_1 > 0$;
iii: $\phi_1 < 1, \phi_3 = 1, c_3 < 0$;
iv: $\phi_1 = 1, \phi_3 = 1, c_3 < 0 < c_1$;
v: $\phi_1\phi_3 = 1, \phi_1 < 1, c_1 + \phi_3 c_1 > 0$.

O resultado apresentado não envolve qualquer restrição sobre o regime 2. Mesmo no caso de k regimes AR(1), o teorema acima continua a aplicar-se (neste caso o regime 3 é encarado como o último regime).

7.4.4 Exemplo (*Bounded Random Walk*)

Um caso muito interessante é o seguinte:

$$y_t = \begin{cases} c_1 + \phi_1 y_{t-1} + u_t & y_{t-1} < \gamma_1 \\ c_2 + y_{t-1} + u_t & \gamma_1 \leq y_{t-1} \leq \gamma_2 \\ c_3 + \phi_3 y_{t-1} + u_t & y_{t-1} > \gamma_2 \end{cases} \qquad (7.23)$$

Assuma-se $|\phi_1| < 1$ e $|\phi_3| < 1$. Observe-se que o processo no regime 2 é integrado de ordem 1, i.e., exibe o comportamento de um *random walk*. No entanto y é EE, pela proposição 7.4.1.

Se $P(\gamma_1 \leq y_t \leq \gamma_2)$ é uma probabilidade alta, então durante a maior parte do tempo y comporta-se como um *random walk*. Sempre que os limiares γ_2 ou γ_1 são atingidos o processo passa a exibir reversão para uma certa média e, deste modo, y é globalmente estacionário e, portanto, limitado em probabilidade (ou contrário do *random walk*). Na figura 7.22 apresenta-se uma trajectória simulada a partir do processo

$$y_t = \begin{cases} 0.9 y_{t-1} + u_t & y_{t-1} < -3 \\ y_{t-1} + u_t & -3 \leq y_{t-1} \leq 3 \\ 0.9 y_{t-1} + u_t & y_{t-1} > 3 \end{cases} \qquad (7.24)$$

onde $\{u_t\}$ é uma sucessão de v.a. i.i.d. com distribuição $N(0, 0.2^2)$.

Processos do tipo (7.24) confundem-se facilmente com passeios aleatórios. Por esta razão, o teste Dickey-Fuller tende a não rejeitar a hipótese nula de raiz unitária quando a alternativa é um processo estacionário do tipo (7.24); por outras palavras, o teste Dickey-Fuller é pouco potente contra alternativas do tipo (7.24). No contexto do modelo (7.23), pode mostrar-se que a potência do teste Dickey-Fuller diminui quando γ_1 é baixo e γ_2 é alto ou $\phi_1, \phi_2 < 1$ são altos ou $\mathrm{Var}(u_t)$ é baixa.

7.4.5 Estimação

Considere-se, sem perda de generalidade, o modelo com dois regimes:

$$y_t = \begin{cases} \phi_{10} + \phi_{11}y_{t-1} + \ldots + \phi_{1p}y_{t-p} + u_t & q_{t-d} \leq \gamma \\ \phi_{20} + \phi_{21}y_{t-1} + \ldots + \phi_{2p}y_{t-p} + u_t & q_{t-d} > \gamma \end{cases} \qquad (7.25)$$

onde se assume que $\{u_t\}$ é um ruído branco com $\mathrm{Var}(u_t) = \sigma^2$. Os parâmetros desconhecidos são d, γ, σ^2 e $\phi = \begin{pmatrix} \phi_1' & \phi_2' \end{pmatrix}'$ onde $\phi_i = \begin{pmatrix} \phi_{i0} & \phi_{i1} & \cdots & \phi_{ip} \end{pmatrix}'$. Reescreva-se (7.25) na forma

$$\begin{aligned} y_t &= \left(\phi_{10} + \phi_{11}y_{t-1} + \ldots + \phi_{1p}y_{t-p}\right)\mathcal{I}_{\{q_{t-d}\leq\gamma\}} \\ &\quad + \left(\phi_{20} + \phi_{21}y_{t-1} + \ldots + \phi_{2p}y_{t-p}\right)\mathcal{I}_{\{q_{t-d}>\gamma\}} + u_t. \end{aligned}$$

Seja $\mathbf{x}_t' = (1, y_{t-1}, \ldots, y_{t-p})$. Observe-se que cada um dos "ramos" pode escrever-se como

$$\begin{aligned} \left(\phi_{10} + \phi_{11}y_{t-1} + \ldots + \phi_{1p}y_{t-p}\right)\mathcal{I}_{\{q_{t-d}\leq\gamma\}} &= \underbrace{\begin{pmatrix} 1 & y_{t-1} & \cdots & y_{t-p} \end{pmatrix}}_{\mathbf{x}_t'}\phi_1\mathcal{I}_{\{q_{t-d}\leq\gamma\}} \\ &= \mathbf{x}_t'\phi_1\mathcal{I}_{\{q_{t-d}\leq\gamma\}} \\ \left(\phi_{20} + \phi_{21}y_{t-1} + \ldots + \phi_{2p}y_{t-p}\right)\mathcal{I}_{\{q_{t-d}>\gamma\}} &= \underbrace{\begin{pmatrix} 1 & y_{t-1} & \cdots & y_{t-p} \end{pmatrix}}_{\mathbf{x}_t'}\phi_2\mathcal{I}_{\{q_{t-d}>\gamma\}} \\ &= \mathbf{x}_t'\phi_2\mathcal{I}_{\{q_{t-d}>\gamma\}}. \end{aligned}$$

Parte 2 – Capítulo 7. Modelação da média: abordagem não linear | 291

Figura 7.22: Trajectória Simulada a partir do Processo (7.24)

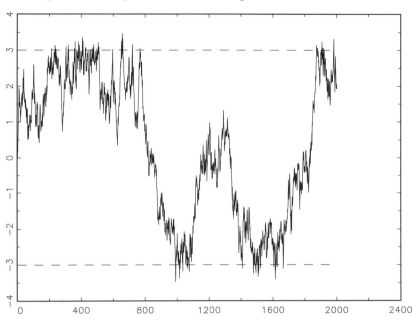

Assim, (7.25) pode ainda escrever-se na forma

$$y_t = \mathbf{x}'_t \phi_1 \mathcal{I}_{\{q_{t-d} \leq \gamma\}} + \mathbf{x}'_t \phi_2 \mathcal{I}_{\{q_{t-d} > \gamma\}} + u_t$$
$$= \begin{pmatrix} \mathbf{x}'_t \mathcal{I}_{\{q_{t-d} \leq \gamma\}} & \mathbf{x}'_t \mathcal{I}_{\{q_{t-d} > \gamma\}} \end{pmatrix} \begin{pmatrix} \phi_1 \\ \phi_2 \end{pmatrix} + u_t$$

ou ainda, com $\mathbf{x}_t(\gamma)' = \begin{pmatrix} \mathbf{x}'_t \mathcal{I}_{\{q_{t-d} \leq \gamma\}} & \mathbf{x}'_t \mathcal{I}_{\{q_{t-d} > \gamma\}} \end{pmatrix}$

$$y_t = \mathbf{x}_t(\gamma)' \phi + u_t.$$

Se $\{u_t\}$ é um ruído branco Gaussiano então

$$y_t | \mathcal{F}_{t-1} \sim N\left(\mathbf{x}_t(\gamma)' \phi, \sigma^2\right)$$

e o método da máxima verosimilhança é equivalente ao método dos mínimos quadrados condicionados. Assim, o estimador para ϕ, dado γ, é

$$\hat{\phi}(\gamma) = \left(\mathbf{X}(\gamma)' \mathbf{X}(\gamma)\right)^{-1} \mathbf{X}(\gamma) \mathbf{y} \qquad (7.26)$$

onde $\mathbf{X}(\gamma)$ é a matriz das variáveis "explicativas" endógenas desfasadas (dado γ),tendo por linha genérica o vector-linha $\mathbf{x}_t(\gamma)'$ e $\mathbf{y}$ é o vector das observações $\{y_t\}$.

EXEMPLO 7.4.1. Considere

$$y_t = \begin{cases} \phi_{10} + \phi_{11} y_{t-1} + u_t & se \; y_{t-1} \leq 0.1 \\ \phi_{20} + \phi_{21} y_{t-1} + u_t & se \; y_{t-1} > 0.1 \end{cases}$$

Note-se que d = 1, γ = 0.1. Suponha que se observa

$$\mathbf{y}' = \begin{pmatrix} .2 & -.2 & -.1 & .5 & .3 & .05 \end{pmatrix}$$

(na prática não se têm tão poucas observações). Como se perde a primeira observação, devido à estrutura autoregressiva do processo, o vector $\mathbf{y}$ a ser usado efectivamente na estimação é

$$\begin{pmatrix} y_2 & y_3 & y_4 & y_5 & y_6 \end{pmatrix} = \begin{pmatrix} -.2 & -.1 & .5 & .3 & .05 \end{pmatrix}.$$

A matriz $\mathbf{X}(\gamma)$ com γ = 0.1 é

$$\mathbf{X}(0.1) = \begin{bmatrix} \mathcal{I}_{\{y_1 \leq .1\}} & y_1 \mathcal{I}_{\{y_1 \leq .1\}} & \mathcal{I}_{\{y_1 > .1\}} & y_1 \mathcal{I}_{\{y_1 > .1\}} \\ \mathcal{I}_{\{y_2 \leq .1\}} & y_2 \mathcal{I}_{\{y_2 \leq .1\}} & \mathcal{I}_{\{y_2 > .1\}} & y_2 \mathcal{I}_{\{y_2 > .1\}} \\ \mathcal{I}_{\{y_3 \leq .1\}} & y_3 \mathcal{I}_{\{y_3 \leq .1\}} & \mathcal{I}_{\{y_3 > .1\}} & y_3 \mathcal{I}_{\{y_3 > .1\}} \\ \mathcal{I}_{\{y_4 \leq .1\}} & y_4 \mathcal{I}_{\{y_4 \leq .1\}} & \mathcal{I}_{\{y_4 > .1\}} & y_4 \mathcal{I}_{\{y_4 > .1\}} \\ \mathcal{I}_{\{y_5 \leq .1\}} & y_5 \mathcal{I}_{\{y_5 \leq .1\}} & \mathcal{I}_{\{y_5 > .1\}} & y_5 \mathcal{I}_{\{y_5 > .1\}} \end{bmatrix} = \begin{bmatrix} 1 & .2 & 0 & 0 \\ 1 & -.2 & 0 & 0 \\ 0 & 0 & 1 & -.1 \\ 0 & 0 & 1 & .5 \\ 1 & .3 & 0 & 0 \end{bmatrix}.$$

Claro que o estimador $\hat{\phi}(\gamma)$ depende de γ, que é desconhecido. Como estimar γ ? Seja

$$\hat{\sigma}^2(\gamma) = \frac{\sum_{t=1}^{n} \left(y_t - \mathbf{x}_t(\gamma)' \hat{\phi}(\gamma)\right)^2}{n}$$

a soma dos quadrados dos resíduos. Supondo d conhecido, toma-se para estimativa de γ o valor que minimiza $\hat{\sigma}^2(\gamma)$, i.e.,

$$\hat{\gamma} = \arg \min_{\gamma \in \Gamma} \hat{\sigma}^2(\gamma). \qquad (7.27)$$

O conjunto Γ é o espaço do parâmetro γ (todos os valores que γ pode assumir). Claramente $\Gamma = \mathbb{R}$. Como a derivada de $\hat{\sigma}^2(\gamma)$ em ordem a γ não está definida, o problema de estimação (7.27) é não *standard*. Uma forma expedita de obter a sua solução consiste em fazer percorrer γ no conjunto Γ e, depois, seleccionar o valor que minimiza $\hat{\sigma}^2(\gamma)$. Felizmente, a escolha dos valores relevantes para γ é relativamente pequena. Sejam $y_{(1)}, y_{(2)}, ..., y_{(n)})$ são as estatística de ordem tais que

$$y_{(1)} \le y_{(2)} \le \cdots \le y_{(n)}.$$

Como $\hat{\sigma}^2(\gamma)$ não se altera quando γ varia entre duas estatísticas de ordem, o problema de optimização (7.27) é equivalente a

$$\hat{\gamma} = \arg\min_{\gamma \in \tilde{\Gamma}} \hat{\sigma}^2(\gamma), \qquad \tilde{\Gamma} = \left\{ y_{(1)}, ..., y_{(n)} \right\} \tag{7.28}$$

ou seja, para obter $\hat{\gamma}$ basta percorrer γ no conjunto Γ e seleccionar, depois aquele que minimiza $\hat{\sigma}^2(\gamma)$. Na prática, impõe-se que cada regime possua pelo menos uma certa fracção π de observações (efectivamente, não faz sentido, tomar $\hat{\gamma} = y_{(1)}$ ou $\hat{\gamma} = y_{(n)}$). Assim, deve restringir-se o conjunto $\tilde{\Gamma}$, passando a ser

$$\left\{ y_{[(\pi(n-1))]}, ..., y_{[((1-\pi)(n-1))]} \right\}$$

onde $[.]$ representa a parte inteira do número. Neste novo conjunto $\tilde{\Gamma}$ não fazem parte as $\pi100\%$ mais baixas nem as $(1-\pi)100\%$ mais altas.

Falta-nos ainda tratar a estimação de d, que é também não *standard* tendo em conta que $d \in \mathbb{N}$. Como $\hat{\sigma}^2$ depende de d, escolhe-se d num certo conjunto $D = \{1, 2, ..., d^*\}$ de forma a minimizar $\hat{\sigma}^2$. Logo,

$$\left(\hat{\gamma}, \hat{d} \right) = \arg\min_{\gamma \in \tilde{\Gamma}, d \in D} \hat{\sigma}^2(\gamma, d)$$

onde, agora,

$$\hat{\sigma}^2(\gamma, d) = n^{-1} \sum_{t=1}^{n} \left(y_t - \mathbf{x}_t(\gamma, d)' \hat{\phi}(\gamma, d) \right)^2$$

e

$$\hat{\phi}(\gamma, d) = \left(\mathbf{X}(\gamma, d)' \mathbf{X}(\gamma, d) \right)^{-1} \mathbf{X}(\gamma, d) \, \mathbf{y}.$$

Em suma, os passos na estimação dos parâmetros são o seguintes:

(1) para cada $\gamma \in \hat{\Gamma}$ e para cada $d \in D$, construir $\mathbf{X}(\gamma, d)$ e estimar $\hat{\phi}(\gamma, d)$ e $\hat{\sigma}^2(\gamma, d)$;

(2) tomar para estimativa de γ e de d o par (γ, d) que minimiza $\hat{\sigma}^2(\gamma, d)$; seja esse par dado por $\left(\hat{\gamma}, \hat{d} \right)$;

(3) tomar para estimativa de ϕ, o valor $\hat{\phi}\left(\hat{\gamma}, \hat{d} \right)$.

EXEMPLO 7.4.2. *Considere*

$$y_t = \begin{cases} \phi_1 y_{t-1} + u_t & se \ y_{t-d} \leq \gamma \\ \phi_2 y_{t-1} + u_t & se \ y_{t-d} > \gamma \end{cases}$$

com $\text{Var}[u_t] = \sigma^2$. *Suponha que os resultados na fase da estimação são:*

Valores de $\hat{\sigma}^2$ em função de γ e d

$\gamma \downarrow$ $\quad d \rightarrow$	1	2
-1	15.5	16
-0.7	12.4	13.5
-0.1	12.1	12.3
-.001	3.5	2.5
0.0	**1.2**	2.4
1.2	2.5	2.8
1.5	5.5	7

Resulta do quadro (veja o valor a negrito) que $\hat{\gamma} = 0, \hat{d} = 1$ *e* $\hat{\sigma}^2 = 1.2$. *Por outras palavras*

$$(0, 1) = \arg\min \hat{\sigma}^2(\gamma, d) \ e \ \min \hat{\sigma}^2(0, 1) = 1.2.$$

Para ilustrar a matriz $\mathbf{X}(\gamma, d)$, *suponha que os dois últimos valores de* y *são* $y_{n-1} = 1.5$ *e* $y_n = -1.5$; *então a última linha da matriz* $\mathbf{X}(\gamma, d)$ *é*

$$\mathbf{x}_n\left(\hat{\gamma},\hat{d}\right)' = \left[\; y_{n-1}\mathcal{I}_{\{y_{n-1}\leq 0\}} \quad y_{n-1}\mathcal{I}_{\{y_{n-1}>0\}} \;\right] = \left[\; 0 \quad 1.5 \;\right]$$

(o valor $y_n = -1.5$ não entra na matriz $\mathbf{X}$).

7.4.6 Inferência

Pode mostrar-se que o estimador para d é super-consistente, isto é, possui uma variância proporcional a $1/n^{\alpha}$ com $\alpha > 1$ (os estimadores habituais possuem uma variância proporcional a $1/n$). A distribuição assimptótica é também conhecida (Hansen, 1997). Dada a super-consistência de $\hat{d}$ podemos, para efeitos de inferência estatística sobre os demais parâmetros, assumir que d é conhecido.

7.4.6.1 *Inferência sobre* ϕ

Sob certas condições (incluindo estacionaridade estrita) tem-se

$$\sqrt{n}\left(\hat{\phi}\left(\hat{\gamma}\right) - \phi_0\right) \xrightarrow{d} N\left(0, \mathbf{I}\left(\gamma_0\right)^{-1}\right), \tag{7.29}$$

onde $\mathbf{I}\left(\gamma_0\right) = \sigma^{-2}\,\mathrm{E}\left(\mathbf{x}_t\left(\gamma_0\right)\mathbf{x}_t\left(\gamma_0\right)'\right)$ (γ_0 e ϕ_0 são, de acordo com a notação habitual, os verdadeiros, mas desconhecidos valores dos parâmetros γ e ϕ). Supomos, naturalmente, que $\hat{\gamma}$ é um estimador consistente para γ_0. A matriz $\mathbf{I}\left(\gamma_0\right)$ é estimada consistentemente por

$$\frac{1}{n}\sum_{t=1}^{n}\mathbf{x}_t\left(\hat{\gamma}\right)\mathbf{x}_t\left(\hat{\gamma}\right)'.$$

O resultado (7.29) indica-nos que, em grandes amostras, a inferência estatística sobre os parâmetros ϕ_{ij} conduz-se da forma habitual.

296 | Modelação de Séries Temporais Financeiras

7.4.6.2 *Inferência sobre a existência de Threshold*

Uma questão importante é saber se o modelo TAR é preferível ao simples AR. Para o efeito, testa-se $H_0{:}\phi_1 = \phi_2$ pois, sob esta hipótese, o TAR reduz-se ao AR. Aparentemente, o resultado (7.29) permite ensaiar H_0, no quadro do teste de Wald. Esta ideia é incorrecta, pois sob a hipótese nula o parâmetro γ não identificável. Este é um problema que ocorre tipicamente em modelos não lineares (veja-se, por exemplo, o modelo Markov-switching, no ponto 7.5). Observe-se que, sob a hipótese nula, a função de verosimilhança deixa de depender do parâmetro γ (é indiferente o valor que γ assume)[49]. Nestas circunstâncias, a matriz de informação é singular e não é possível usar os resultados assimptóticos habituais.

Hansen (1997) sugere o seguinte procedimento:

(1) obter $F_n = n\left(\tilde{\sigma}_n^2 - \hat{\sigma}_n^2\right)/\hat{\sigma}_n^2$ onde $\tilde{\sigma}_n^2$ é a variância dos erros de regressão do modelo AR (sob H_0) e $\hat{\sigma}_n^2$ resulta de (7.28);

(2) simular $u_t^*, t = 1, ..., n$ com distribuição i.i.d. $N(0, 1)$;

(3) $y_t^* = u_t^*$;

(4) fazer a regressão de y_t^* sobre $x_t' = \begin{pmatrix} 1 & y_{t-1} & ... & y_{t-p} \end{pmatrix}$ e obter $\tilde{\sigma}_n^{*2}$;

(5) obter $\hat{\gamma} = \arg\min_{\gamma \in \tilde{\Gamma}} \hat{\sigma}_n^{*2}(\gamma)$ onde $\hat{\sigma}_n^{*2}(\gamma)$ resulta da regressão de y_t^* sobre $\mathbf{x}_t(\gamma)$;

(6) obter $F_n^* = n\left(\tilde{\sigma}_n^{*2} - \hat{\sigma}_n^{*2}\right)/\hat{\sigma}_n^{*2}$;

(7) repetir os passos 2-6 B vezes;

(8) valor-p = percentagem de vezes (em B) em que $F_n^* \geq F_n$.

---

[49] Veja-se mais um exemplo. No caso $y_t = \beta x_t^\gamma + u_t, x_t > 0$, ocorre uma situação similar com $H_0 : \beta = 0$ ou com $H_0 : \gamma = 0$. Por exemplo, sob a hipótese $\beta = 0$, γ desaparece da especificação; como consequência, a verosimilhança deixa de depender de γ. Já o ensaio $H_0 : \beta = \beta_0$ com $\beta_0 \neq 0$ não levanta problemas.

Tabela 1: Intervalo de Confiança para o Threshold:
Ilustração do método de Hansen

γ	F_n
1	12.2
1.1	10.2
1.15	7.35
1.2	0
1.35	6.31
1.45	7.35
1.6	15

A fundamentação do teste baseia-se na prova segundo a qual F_n^* possui a mesma distribuição assimptótica de F_n, sob H_0. Observe-se, com efeito, que F_n^* é construída sob a hipótese de ausência de *threshold*. Assim, existe indício de violação da hipótese nula quando $\tilde{\sigma}_n^2$ é significativamente superior a $\hat{\sigma}_n^2$, de tal forma que F_n tende a ser geralmente alto quando comparado com F_n^*. Nestas circunstâncias raramente ocorre $F_n^* \geq F_n$ (nas B simulações) e o valor-p vem baixo.

7.4.6.3 *Inferência sobre o threshold*

Seja

$$F_n\left(\gamma\right) = n \left(\frac{\hat{\sigma}_n^2\left(\gamma\right) - \hat{\sigma}_n^2\left(\hat{\gamma}\right)}{\hat{\sigma}_n^2\left(\hat{\gamma}\right)} \right). \tag{7.30}$$

Sabe-se que (Hansen, 1997)

$$F_n\left(\gamma_0\right) \xrightarrow{d} \xi$$

onde $P\left(\xi \leq x\right) = \left(1 - e^{-x/2}\right)^2$. Com base neste resultado, Hansen (1997) recomenda o seguinte procedimento para a construção de um intervalo de confiança para γ:

(1) calcular $F_n\left(\gamma\right)$ para $\gamma \in \Gamma$;

(2) determinar o conjunto $C_\alpha = \left\{\gamma : F_n\left(\gamma\right) \leq q_\alpha^\xi\right\}$ onde q_α^ξ é o quantil da distribuição de ξ (inclui, portanto, todos os γ tais que $F_n\left(\gamma\right)$ é menor ou igual a q_α^ξ).

Como $P(\gamma_0 \in C_\alpha) \to \alpha$ (quando $n \to \infty$), o intervalo de confiança a $\alpha 100\%$ é precisamente C_α.

Usando a função de distribuição de ξ, tem-se $q^\xi_{0.90} = 5.94$, $q^\xi_{0.95} = 7.35$ e $q^\xi_{0.99} = 10.59$.

Ilustre-se o procedimento com o seguinte exemplo artificial. Admita-se que se observam os valores da tabela 1. Note-se que a estimativa para γ é $\hat{\gamma} = 1.2$ pois $F_n(1.2) = 0$. Tendo em conta que $q^\xi_{0.95} = 7.35$, o intervalo de confiança para γ a 95% é $C_{0.95} = \{\gamma : 1.15 \leq \gamma \leq 1.45\}$.

7.5 Modelo Markov-Switching

7.5.1 Introdução

Outro modelo importante baseado na ideia de *regime switching* é o modelo *Markov-Switching* (MS). Nos modelos apresentados no ponto anterior a mudança de regime é baseada em variáveis observáveis. No modelo MS a mudança de regime não é observável.

Considere-se o modelo

$$y_t = c_1 + \delta_1 d_t + \phi y_{t-1} + u_t \qquad (7.31)$$

onde d_t é uma variável *dummy*

$$d_t = \begin{cases} 1 & \text{se evento A ocorre} \\ 0 & \text{se o evento A não ocorre.} \end{cases}$$

Sabemos exactamente quando o evento A ocorre. Por exemplo, o evento A pode representar "segunda-feira". Trata-se de um evento obviamente determinístico. Suponhamos agora que A não é observável. Como modelar, estimar e prever y? São estas as questões que abordaremos ao longo deste ponto.

Para trabalharmos com alguma generalidade, admita-se que estão definidos N regimes. Por exemplo, um modelo relativamente simples com dois regimes, $N = 2$, é

$$y_t = \begin{cases} c_1 + \phi y_{t-1} + u_t & \text{se } y_t \text{ está no regime 1} \\ c_1 + \delta_1 + \phi y_{t-1} + u_t & \text{se } y_t \text{ está no regime 2} \end{cases} \quad (7.32)$$

O regime 1 pode estar associado, por exemplo, ao evento "A não ocorre" e o regime 2 "A ocorre". Este modelo é, em vários aspectos, similar ao modelo (7.31); há, no entanto, uma diferença apreciável: agora não se sabe quando é que y está no regime 1 ou 2. Seja S_t o regime em que o processo y se encontra no momento t (assim, se $S_t = i$, então y_t está no regime i). No modelo anterior, equação (7.32), S pode assumir os valores $S_t = 1$ ou $S_t = 2$. A sucessão $\{S_t\}$ é claramente um processo estocástico com espaço de estados (finito) $E = \{1, 2, ..., N\}$.

É necessário, naturalmente, especificar um modelo para S_t. Admita-se $E = \{1, 2\}$. Se o valor que S assume em t nada tem a ver com o valor que S assume em $t-1, t-2$, ..., então $\{S_t\}$ é uma sucessão de v.a. i.i.d. com distribuição de Bernoulli de parâmetro p que pode ser identificado com o regime 1, isto é, $P(S_t = 1) = p$. O processo y vai "saltando" entre os regimes 1 e 2 de forma independente de acordo com a probabilidade p. Num dado momento t, y está no regime 1 com probabilidade p (independentemente do regime anterior assumido). Na prática, a independência entre os sucessivos valores de S_t não é apropriada para um grande número de aplicações. Por exemplo, suponha-se que y é a taxa de crescimento do produto. Admita-se ainda que y se comporta diferentemente consoante a economia está em expansão ou em recessão. Temos, assim dois regimes $S_t = 1$ (recessão), $S_t = 2$ (expansão). A sucessão $\{S_t\}$ não é provavelmente independente: se a economia, num certo momento, está em expansão ($S_{t-1} = 2$), é mais provável que no momento seguinte a economia se encontre em expansão do que em recessão. Formalmente,

$$P(S_t = 2 | S_{t-1} = 2) > P(S_t = 1 | S_{t-1} = 2).$$

Logo $\{S_t\}$ é formado por uma sucessão de v.a. dependentes. Uma sucessão ou trajectória de S, poderá ser, por exemplo, $\{1, 1, 1, 1, 2, 2, 2, 2, 1, 1, 1, ...\}$.

7.5.2 Cadeias de Markov em tempo discreto com espaço de estados discretos finito

Um modelo conveniente para caracterizar $\{S_t\}$, num cenário de dependência temporal, é a cadeia de Markov homogénea em tempo discreto com espaço de estados discretos finito. A teoria das cadeias de Markov tem aplicações em muitas áreas, como por exemplo, em modelos de inventário, em genética, em filas de espera, etc. Iremos apresentar as ideias principais.

Uma cadeia de Markov é um processo de Markov no seguinte sentido:

$$P\left(S_t = j \mid S_{t-1} = i, ..., S_0 = i_0\right) = P\left(S_t = j \mid S_{t-1} = i\right)$$

isto é, S_t é independente de $S_{t-2}, S_{t-3}, ..., S_0$ dado S_{t-1}.

Uma cadeia de Markov é completamente caracterizada pela chamada matriz de probabilidades de transição a um passo (ou simplesmente matriz de probabilidades de transição) e, eventualmente, por uma condição inicial. No caso de dois regimes, $E = \{1, 2\}$, esta matriz define-se da seguinte forma

$$\mathbf{P} = \left(\begin{array}{cc} P\left(S_t = 1 \mid S_{t-1} = 1\right) & P\left(S_t = 2 \mid S_{t-1} = 1\right) \\ P\left(S_t = 1 \mid S_{t-1} = 2\right) & P\left(S_t = 2 \mid S_{t-1} = 2\right) \end{array} \right) = \left(\begin{array}{cc} p_{11} & p_{12} \\ p_{21} & p_{22} \end{array} \right).$$

No caso geral (N regimes) tem-se

$$\mathbf{P} = \left(\begin{array}{ccc} p_{11} & \cdots & p_{1N} \\ \vdots & \ddots & \vdots \\ p_{N1} & \cdots & p_{NN} \end{array} \right).$$

A matriz P respeita as condições:

- $0 \leq p_{ij} \leq 1$, $(i, j = 1, ..., N)$;
- $\sum_{j=1}^{N} p_{ij} = 1$, $(i = 1, ..., N)$ (as linhas soma 1).

EXEMPLO 7.5.1. *Convencione-se que $S_t = 1$ representa o estado "economia em recessão no momento t"; $S_t = 2$ representa o estado "economia em expansão no momento t". Suponha-se que a matriz de probabilidades de transição é*

$$\mathbf{P} = \left(\begin{array}{cc} 0.7 & 0.3 \\ 0.2 & 0.8 \end{array} \right).$$

Se a economia está em expansão no período $t - 1$, i.e., $S_{t-1} = 2$, a probabilidade da economia se encontrar ainda em expansão no período t é 0.8 e a probabilidade de ela passar para recessão é 0.2.

Podemos estar interessados em calcular uma probabilidade de transição a dois passos, por exemplo,

$$P\left(S_t = 1 \mid S_{t-2} = 2\right).$$

Neste caso, pela lei das probabilidades totais, vem com $N = 2$

$$
\begin{aligned}
& P\left(S_t = 1 \mid S_{t-2} = 2\right) \\
= {} & \sum_{i=1}^{2} P\left(S_t = 1, S_{t-1} = i \mid S_{t-2} = 2\right) \\
= {} & \sum_{i=1}^{2} P\left(S_t = 1 \mid S_{t-1} = i, S_{t-2} = 2\right) P\left(S_{t-1} = i \mid S_{t-2} = 2\right) \\
= {} & \sum_{i=1}^{2} P\left(S_t = 1 \mid S_{t-1} = i\right) P\left(S_{t-1} = i \mid S_{t-2} = 2\right) \\
= {} & \text{elemento } (2, 1) \text{ da matriz } P^2 = P \times P.
\end{aligned}
$$

Relativamente ao exemplo 7.5.1, calcule-se a matriz P^2. Tem-se:

$$\left(\begin{array}{cc} 0.7 & 0.3 \\ 0.2 & 0.8 \end{array} \right) \left(\begin{array}{cc} 0.7 & 0.3 \\ 0.2 & 0.8 \end{array} \right) = \left(\begin{array}{cc} 0.55 & 0.45 \\ 0.3 & 0.7 \end{array} \right).$$

Assim, $P\left(S_t = 1 \mid S_{t-2} = 2\right) = 0.3$ (elemento $(2, 1)$ da matriz P^2).

302 | Modelação de Séries Temporais Financeiras

O resultado geral é dado pelas designadas equações de Chapman-Kolmogorov:

$$P\left(S_{m+n} = j \mid S_0 = i\right) = \sum_{k=1}^{\#E} P\left(S_m = k \mid S_0 = i\right) P\left(S_{m+n} = k \mid S_m = j\right).$$

Deduz-se da expressão anterior que

$$P\left(S_{n+h} = j \mid S_n = i\right) = \text{elemento } (i, j) \text{ da matriz } P^h. \qquad (7.33)$$

Note-se ainda que não interessa o momento em que a probabilidade é calculada. O que é relevante é o desfasamento temporal entre as variáveis. Por exemplo, $P\left(S_t = 1 \mid S_{t-k} = 2\right)$ coincide com $P\left(S_{t+k} = 1 \mid S_t = 2\right)$. Esta propriedade resulta de se ter uma matriz de probabilidades de transição que não depende de t. Diz-se nestes casos que a matriz de probabilidades de transição é homogénea.

Em certos problemas é importante obter probabilidades relacionadas com eventos a longo prazo. No exemplo 7.5.1, é interessante saber a probabilidade da economia se encontrar em expansão (ou recessão) no longo prazo, dado que no momento presente a economia se encontra em expansão. Formalmente, a questão é

$$\lim_{n \to \infty} P\left(S_{t+n} = 2 \mid S_t = 2\right). \qquad (7.34)$$

Tendo em conta a observação anterior, a probabilidade em questão corresponde ao elemento (2; 2) da matriz limite

$$\lim_{n \to \infty} \left(\begin{array}{cc} 0.7 & 0.3 \\ 0.2 & 0.8 \end{array} \right)^n.$$

Observe-se

$$\left(\begin{array}{cc} 0.7 & 0.3 \\ 0.2 & 0.8 \end{array} \right)^{10} = \left(\begin{array}{cc} 0.40059 & 0.59941 \\ 0.39961 & 0.60039 \end{array} \right)$$

$$\left(\begin{array}{cc} 0.7 & 0.3 \\ 0.2 & 0.8 \end{array} \right)^{20} = \left(\begin{array}{cc} 0.4 & 0.6 \\ 0.4 & 0.6 \end{array} \right)$$

$$\left(\begin{array}{cc} 0.7 & 0.3 \\ 0.2 & 0.8 \end{array} \right)^{40} = \left(\begin{array}{cc} 0.4 & 0.6 \\ 0.4 & 0.6 \end{array} \right).$$

É intuitivo admitir que

$$\lim_{n \to \infty} \begin{pmatrix} 0.7 & 0.3 \\ 0.2 & 0.8 \end{pmatrix}^n = \begin{pmatrix} 0.4 & 0.6 \\ 0.4 & 0.6 \end{pmatrix}.$$

Logo $\lim P(S_{t+n} = 2| S_t = 2) = 0.6$, mas também $\lim P$ $(S_{t+n} = 2| S_t = 1) = 0.6$ (quando $n \to \infty$). Isto é, a probabilidade da economia se encontrar em expansão (ou recessão) no longo prazo é independente do estado inicial, o que é bastante intuitivo (no longo prazo é irrelevante saber se hoje a economia está ou não em expansão).

Nem todas as cadeias de Markov admitem estas probabilidades limites. Sob certas condições pode-se provar a

PROPOSIÇÃO 7.5.1. *Se S é recorrente[50] positiva aperiódica com espaço de estados finito $\{1, 2, ..., N\}$[51] então, o vector (linha) das probabilidades estacionárias*

$$\pi = \begin{pmatrix} \pi_1 & \pi_2 & \cdots & \pi_N \end{pmatrix}$$

onde

$$\begin{aligned} \pi_i &= \lim_{n \to \infty} P(S_{t+n} = i| S_t = j) \text{ (para qualquer } j) \\ &= P(S_t = i) \geq 0 \end{aligned}$$

satisfaz as equações

$$\pi = \pi P, \qquad \sum_{i=1}^{N} \pi_i = 1.$$

$\{\pi_i; i = 1, 2, ..., N\}$ *é a distribuição estacionária da cadeia S.*

---

[50] Um regime ou estado *i* é recorrente sse, depois de o processo se iniciar em *i*, a probabilidade de retornar a *i*, ao fim de algum tempo finito, é igual a um. Se *S* é contável e se todos os estados *comunicam*, então todos os estados são recorrentes ou *transientes* (Taylor e Karlin, 1984).

[51] O caso infinito adapta-se facilmente.

304 | Modelação de Séries Temporais Financeiras

EXEMPLO 7.5.2. *Considere-se o exemplo 7.5.1*

$$\mathbf{P} = \begin{pmatrix} 0.7 & 0.3 \\ 0.2 & 0.8 \end{pmatrix}.$$

O vector das probabilidades estacionárias pode ser determinar da seguinte forma:

$$\begin{pmatrix} \pi_1 & \pi_2 \end{pmatrix} = \begin{pmatrix} \pi_1 & \pi_2 \end{pmatrix} \begin{pmatrix} 0.7 & 0.3 \\ 0.2 & 0.8 \end{pmatrix}$$

$$\begin{pmatrix} \pi_1 & \pi_2 \end{pmatrix} = \begin{pmatrix} 0.7\pi_1 + 0.2\pi_2 & 0.3\pi_1 + 0.8\pi_2 \end{pmatrix}$$

Tem-se,

$$\begin{cases} \pi_1 = 0.7\pi_1 + 0.2\pi_2 \\ \pi_2 = 0.3\pi_1 + 0.8\pi_2 \\ \pi_1 + \pi_2 = 1 \end{cases} \Leftrightarrow \begin{cases} \pi_1 = 0.4 \\ \pi_2 = 0.6 \\ \pi_1 + \pi_2 = 1. \end{cases}$$

EXEMPLO 7.5.3. *Considere*

$$\begin{pmatrix} p_{11} & 1 - p_{11} \\ 1 - p_{22} & p_{22} \end{pmatrix}, \qquad 0 < p_{11}, p_{22} < 1.$$

Pela proposição 7.5.1 é fácil concluir que as probabilidades estacionárias são dadas por

$$\pi_1 = \frac{1 - p_{22}}{2 - p_{11} - p_{22}}, \qquad \pi_2 = \frac{1 - p_{11}}{2 - p_{11} - p_{22}}.$$

Retomando o exemplo 7.5.2, facilmente se obtém:

$$\pi_1 = \frac{1 - 0.8}{2 - 0.7 - 0.8} = 0.4, \qquad \pi_2 = \frac{1 - 0.7}{2 - 0.7 - 0.8} = 0.6.$$

OBSERVAÇÃO 7.5.1. *Um método para determinar $\mathbf{P}^n$ é o seguinte. Como se sabe, quando os vectores próprios de $\mathbf{P}$ são independentes verifica-se $\mathbf{P} = \mathbf{V}\boldsymbol{\Lambda}\mathbf{V}^{-1}$, onde $\mathbf{V}$ é a matriz dos vectores próprios de $\mathbf{P}$ e $\boldsymbol{\Lambda}$ é a matriz diagonal dos valores próprios. Ora se $\mathbf{V}_{\bullet 1}$ é vector próprio de $\mathbf{P}$ e λ_1 é o valor próprio associado $\mathbf{V}_{\bullet 1}$, então $\mathbf{V}_{\bullet 1}$ é ainda vector próprio* de $\mathbf{P}^n$ e λ_1^n é o valor próprio associado. Logo $\mathbf{P}^n = \mathbf{V}\Lambda^n\mathbf{V}$ permite obter facilmente $\mathbf{P}^n$.

7.5.3 Modelos Markov-Switching

Seja y a variável dependente. Um exemplo de um modelo MS com dois regimes $E = \{1, 2\}$ é, por exemplo,

$$y_t = \begin{cases} c_1 + \phi_1 y_{t-1} + \sigma_1 \varepsilon_t & \text{se } S_t = 1 \\ c_2 + \phi_2 y_{t-1} + \sigma_2 \varepsilon_t & \text{se } S_t = 2 \end{cases} \tag{7.35}$$

onde S_t é uma cadeia de Markov homogénea (escondida ou latente por S_t não ser observável) com matriz de probabilidades de transição

$$\mathbf{P} = \begin{pmatrix} p_{11} & p_{12} \\ p_{21} & p_{22} \end{pmatrix}.$$

Uma representação equivalente é

$$\begin{aligned} y_t &= c_1 + (c_2 - c_1)\,\mathcal{I}_{\{S_t=2\}} + \left(\phi_1 + (\phi_2 - \phi_1)\,\mathcal{I}_{\{S_t=2\}}\right) y_{t-1} \\ &\quad + \left(\sigma_1 + (\sigma_2 - \sigma_1)\,\mathcal{I}_{\{S_t=2\}t}\right) \varepsilon_t. \end{aligned}$$

Outra representação sugestiva:

$$y_t = c\,(S_t) + \phi\,(S_t)\,y_{t-1} + \sigma\,(S_t)\,\varepsilon_t \tag{7.36}$$

onde

$$c\,(S_t) = \begin{cases} c_1 & \text{se } S_t = 1 \\ c_2 & \text{se } S_t = 2 \end{cases},$$

$$\phi\,(S_t) = \begin{cases} \phi_1 & \text{se } S_t = 1 \\ \phi_2 & \text{se } S_t = 2 \end{cases}, \quad \sigma\,(S_t) = \begin{cases} \sigma_1 & \text{se } S_t = 1 \\ \sigma_2 & \text{se } S_t = 2. \end{cases}$$

A representação (7.36) sugere que o modelo MS (7.35) pode ser escrito como um processo AR(1) com coeficientes aleatórios (vários outros modelos não lineares podem também ser representados como um AR(1) com coeficientes aleatórios).

7.5.4 Função densidade de probabilidade de y

Vamos caracterizar a fdp $f(y_t|\mathcal{F}_{t-1})$ que é essencial no âmbito da estimação, inferência e previsão.

Retome-se o modelo

$$y_t = \begin{cases} c_1 + \phi_1 y_{t-1} + \sigma_1 \varepsilon_t & \text{se } S_t = 1 \\ c_2 + \phi_2 y_{t-2} + \sigma_2 \varepsilon_t & \text{se } S_t = 2. \end{cases}$$

Se assumirmos $\varepsilon_t \sim N(0,1)$ então as fdp condicionadas associadas aos regimes 1 e 2 ($N = 2$) são respectivamente

$$f(y_t|\mathcal{F}_{t-1}, S_t = 1) = \frac{1}{\sqrt{\sigma_1^2 2\pi}} e^{-\frac{1}{2\sigma_1^2}(y_t - c_1 - \phi_1 y_{t-1})^2}$$

$$f(y_t|\mathcal{F}_{t-1}, S_t = 2) = \frac{1}{\sqrt{\sigma_2^2 2\pi}} e^{-\frac{1}{2\sigma_2^2}(y_t - c_2 - \phi_2 y_{t-1})^2}.$$

Como obter $f(y_t|\mathcal{F}_{t-1})$? Recordando a regra da probabilidade total

$$P(A) = \sum_i P(A|B_i) P(B_i)$$

(ou $f_x(x) = \sum_i f_{x|y}(x|y_i) f_y(y_i)$ no caso em que y é uma v.a. discreta) tem-se que fdp condicionada de y é

$$\begin{aligned} f(y_t|\mathcal{F}_{t-1}) &= f(y_t|\mathcal{F}_{t-1}, S_t = 1) P(S_t = 1|\mathcal{F}_{t-1}) \\ &\quad + f(y_t|\mathcal{F}_{t-1}, S_t = 2) P(S_t = 2|\mathcal{F}_{t-1}) \\ &= \left(\sigma_1^2 2\pi\right)^{-1/2} e^{-\frac{1}{2\sigma_1^2}(y_t - c_1 - \phi_1 y_{t-1})^2} P(S_t = 1|\mathcal{F}_{t-1}) \\ &\quad + \left(\sigma_2^2 2\pi\right)^{-1/2} e^{-\frac{1}{2\sigma_2^2}(y_t - c_2 - \phi_2 y_{t-1})^2} P(S_t = 2|\mathcal{F}_{t-1}). \end{aligned}$$

Se identificarmos, para simplificar, $f(y_t|\mathcal{F}_{t-1}, S_t = i) = f_{it}$ tem-se

$$f(y_t|\mathcal{F}_{t-1}) = f_{1t} P(S_t = 1|\mathcal{F}_{t-1}) + f_{2t} P(S_t = 2|\mathcal{F}_{t-1}).$$

Claro que $P\left(S_t = 1 \mid \mathcal{F}_{t-1}\right) + P\left(S_t = 2 \mid \mathcal{F}_{t-1}\right) = 1$. É interessante observar que a fdp condicionada é igual à média ponderada das fdp condicionadas associadas aos vários regimes. Os ponderadores são naturalmente $P\left(S_t = 1 \mid \mathcal{F}_{t-1}\right)$ e $P\left(S_t = 1 \mid \mathcal{F}_{t-1}\right)$ (e somam 1). Por exemplo, se num determinado momento, $P\left(S_t = 1 \mid \mathcal{F}_{t-1}\right)$ é muito alto (perto de 1) a função $f\left(y_t \mid \mathcal{F}_{t-1}\right)$ dependerá sobretudo de f_{1t} e pouco de f_{2t}.

No caso geral com N regimes, a expressão da fdp é

$$f\left(y_t \mid \mathcal{F}_{t-1}\right) = \sum_{i=1}^{N} f_{it} P\left(S_t = i \mid \mathcal{F}_{t-1}\right). \tag{7.37}$$

7.5.5 Probabilidades Associadas aos Regimes

A expressão (7.37) envolve as probabilidades $P\left(S_t = i \mid \mathcal{F}_{t-1}\right)$, $i = 1, 2, ..., N$ que são necessário caracterizar.

7.5.5.1 *Regimes Independentes*

No caso mais simples em que $\{S_t\}$ é uma sucessão de v.a. independentes (não só dos seus valores passados e futuros como também de $\mathcal{F}_{t-1}$) tem-se

$$P\left(S_t = i \mid \mathcal{F}_{t-1}\right) = P\left(S_t = i\right) = p_i \tag{7.38}$$

e, portanto,

$$f\left(y_t \mid \mathcal{F}_{t-1}\right) = \sum_{i=1}^{N} f_{it} p_i.$$

Esta hipótese é conhecida pelo menos desde 1972 com os trabalhos de Goldfeld e Quandt, entre outros.

O caso de regimes independentes é um caso particular da cadeia de Markov. Notando que

$$P\left(S_t = i \mid S_{t-1} = j\right) = P\left(S_t = i\right)$$

308 | Modelação de Séries Temporais Financeiras

para qualquer i e $j \in E$, conclui-se que este caso induz uma matriz de probabilidades de transição com colunas iguais,

$$
\mathbf{P} = \begin{pmatrix}
P(S_t = 1) & P(S_t = 2) & \cdots & P(S_t = N) \\
P(S_t = 1) & P(S_t = 2) & \cdots & P(S_t = N) \\
\vdots & \vdots & \ddots & \vdots \\
P(S_t = 1) & P(S_t = 2) & \cdots & P(S_t = N)
\end{pmatrix}.
$$

A probabilidade de atingir, por exemplo, o regime 1 é sempre igual a $P(S_t = 1)$ não importando o regime em que S se encontre no período anterior (ou seja, o evento $S_t = 1$ é independente de S_{t-1}).

7.5.5.2 *Regimes Seguem uma Cadeia de Markov*

Sob esta hipótese, S_t dado S_{t-1}, não depende de $\mathcal{F}_{t-1}$. Isto é,

$$
P(S_t = i \mid S_{t-1} = j, \mathcal{F}_{t-1}) = P(S_t = i \mid S_{t-1} = j) = p_{ji}. \quad (7.39)
$$

Tem-se, pela regra da probabilidade total, com $N = 2$

$$
\begin{aligned}
P(S_t = 1 \mid \mathcal{F}_{t-1}) &= P(S_t = 1 \mid S_{t-1} = 1, \mathcal{F}_{t-1}) P(S_{t-1} = 1 \mid \mathcal{F}_{t-1}) \\
&\quad + P(S_t = 1 \mid S_{t-1} = 2, \mathcal{F}_{t-1}) P(S_{t-1} = 2 \mid \mathcal{F}_{t-1}) \\
&= P(S_t = 1 \mid S_{t-1} = 1) P(S_{t-1} = 1 \mid \mathcal{F}_{t-1}) \\
&\quad + P(S_t = 1 \mid S_{t-1} = 2) P(S_{t-1} = 2 \mid \mathcal{F}_{t-1}) \\
&= p_{11} P(S_{t-1} = 1 \mid \mathcal{F}_{t-1}) + p_{21} P(S_{t-1} = 2 \mid \mathcal{F}_{t-1}).
\end{aligned}
$$

De uma forma geral,

$$
P(S_t = i \mid \mathcal{F}_{t-1}) = \sum_{j=1}^{N} p_{j1} P(S_{t-1} = i \mid \mathcal{F}_{t-1}) \quad (7.40)
$$

Estas expressões envolvem uma estrutura recursiva que iremos expor a seguir.

Tendo em conta a expressão (7.40), calcule-se $P(S_{t-1} = i \mid \mathcal{F}_{t-1})$. Observe-se, em primeiro lugar, que

$$P\left(S_{t-1} = 1 | \mathcal{F}_{t-1}\right) = P\left(S_{t-1} = 1 | y_{t-1}, \mathcal{F}_{t-2}\right) = \frac{g\left(y_{t-1}, S_{t-1} = 1 | \mathcal{F}_{t-2}\right)}{f\left(y_{t-1} | \mathcal{F}_{t-2}\right)}.$$

A primeira igualdade verifica-se por definição. A segunda envolve a regra

$$P\left(A | B, C\right) = P\left(A, B | C\right) / P\left(B | C\right),$$

sendo g a função de probabilidade conjunta de (y_{t-1}, S_{t-1}). Tem-se assim, pela regra das probabilidades totais (com $N = 2$)

$$
\begin{aligned}
P\left(S_{t-1} = 1 | \mathcal{F}_{t-1}\right) &= \frac{g\left(y_{t-1}, S_{t-1} = 1 | \mathcal{F}_{t-2}\right)}{f\left(y_{t-1} | \mathcal{F}_{t-2}\right)} \\
&= \frac{f\left(y_{t-1} | \mathcal{F}_{t-2}, S_{t-1} = 1\right) P\left(S_{t-1} = 1 | \mathcal{F}_{t-2}\right)}{\sum_{j=1}^{N} f\left(y_{t-1} | \mathcal{F}_{t-2}, S_{t-1} = j\right) P\left(S_{t-1} = j | \mathcal{F}_{t-2}\right)}.
\end{aligned}
$$

$$(7.41)$$

Para simplificar, defina-se

$$
\begin{aligned}
p_{it} &= P\left(S_t = i | \mathcal{F}_{t-1}\right) \\
p_{i,t-1} &= P\left(S_{t-1} = i | \mathcal{F}_{t-2}\right) \\
f_{i,t-1} &= f\left(y_{t-1} | \mathcal{F}_{t-2}, S_{t-1} = i\right).
\end{aligned}
$$

Em suma, com $N = 2$; a expressão da fdp é

$$f\left(y_t | \mathcal{F}_{t-1}\right) = f_{1t} p_{1t} + f_{2t} p_{2t} = f_{1t} p_{1t} + f_{2t}\left(1 - p_{1t}\right)$$

onde

$$
\begin{aligned}
p_{1t} &= p_{11} P\left(S_{t-1} = 1 | \mathcal{F}_{t-1}\right) + p_{21} P\left(S_{t-1} = 2 | \mathcal{F}_{t-1}\right) \\
&= p_{11} P\left(S_{t-1} = 1 | \mathcal{F}_{t-1}\right) + p_{21}\left(1 - P\left(S_{t-1} = 1 | \mathcal{F}_{t-1}\right)\right) \\
&= p_{11} \frac{f_{1,t-1} p_{1,t-1}}{f_{1,t-1} p_{1,t-1} + f_{2,t-1}\left(1 - p_{1,t-1}\right)}
\end{aligned}
$$

$$(7.42a)$$

$$+ p_{21}\left(1 - \frac{f_{1,t-1} p_{1,t-1}}{f_{1,t-1} p_{1,t-1} + f_{2,t-1}\left(1 - p_{1,t-1}\right)}\right). \qquad (7.42b)$$

Observe-se a estrutura recursiva: dadas as condições iniciais

$$f_{1,0}, \ f_{2,0} \ \text{e} \ p_{1,0},$$

310 | Modelação de Séries Temporais Financeiras

obtém-se (para $t = 1$) $p_{1,1}$ e depois $f(y_1|\mathcal{F}_0)$. Com os valores

$$f_{1,1}, \ f_{2,1} \ e \ p_{1,1}$$

obtém-se (para $t = 2$) $p_{1,2}$ e depois $f(y_2|\mathcal{F}_1)$. O procedimento recursivo é repetido até se obter $f(y_n|\mathcal{F}_{n-1})$.

7.5.5.3 *Regimes dependentes de S_{t-1} e de $\mathcal{F}_{t-1}$*

Assume-se para simplificar N = 2. Sob esta hipótese a cadeia de Markov é não homogénea (varia ao longo do tempo). Desta forma, as probabilidades

$$P(S_t = 1|\, S_{t-1} = 1, \mathcal{F}_{t-1}) \ e \ P(S_t = 2|\, S_{t-1} = 2, \mathcal{F}_{t-1})$$

dependem de $\mathcal{F}_{t-1}$. Suponha-se, para simplificar, que estas probabilidades dependem apenas de y_{t-1}. Uma forma de relacionarmos as probabilidades com y_{t-1} consiste, por exemplo, em formular uma representação *probit* para as probabilidades:

$$\begin{aligned}
P(S_t = 1|\, S_{t-1} = 1, \mathcal{F}_{t-1}) &= \Phi(\alpha_0 + \alpha_1 y_{t-1}), \\
P(S_t = 2|\, S_{t-1} = 2, \mathcal{F}_{t-1}) &= \Phi(\beta_0 + \beta_1 y_{t-1})
\end{aligned}$$

onde Φ é a função de distribuição normal (como é usual na representação *probit*).

A matriz de probabilidades de transição é agora

$$P_t = \begin{bmatrix} p_{11t} & p_{12t} \\ p_{21t} & p_{22t} \end{bmatrix} = \begin{bmatrix} \Phi(\alpha_0 + \alpha_1 y_{t-1}) & 1 - \Phi(\alpha_0 + \alpha_1 y_{t-1}) \\ 1 - \Phi(\beta_0 + \beta_1 y_{t-1}) & \Phi(\beta_0 + \beta_1 y_{t-1}) \end{bmatrix}$$

O procedimento anterior (ponto "Regimes Seguem uma Cadeia de Markov") mantém-se válido, havendo apenas que substituir p_{ij} por p_{ijt}.

7.5.5.4 *Regimes dependentes apenas de $\mathcal{F}_{t-1}$*

Assume-se para simplificar $N = 2$. Sob esta hipótese, S_t dado $\mathcal{F}_{t-1}$, não depende de S_{t-1}. Por exemplo, suponha-se que S_t

depende de y_{t-1}. Desta forma, a probabilidade $P\left(S_t = i | \mathcal{F}_{t-1}\right)$ pode ser estimada no quadro do modelo *probit* ou *logit*. Considerando a representação *probit*, tem-se

$$P\left(S_t = 1 | \mathcal{F}_{t-1}\right) = \Phi\left(\beta_0 + \beta_1 y_{t-1}\right). \tag{7.43}$$

Esta hipótese, mais restritiva do que a precedente, simplifica consideravelmente a calculatória já que a função densidade de probabilidade condicional pode agora expressar-se simplesmente na forma

$$
\begin{aligned}
f\left(y_t | \mathcal{F}_{t-1}\right) &= \sum_{i=1}^{2} f_{it} P\left(S_t = i | \mathcal{F}_{t-1}\right) \\
&= f_{1t}\Phi\left(\beta_0 + \beta_1 y_{t-1}\right) + f_{2t}\left(1 - \Phi\left(\beta_0 + \beta_1 y_{t-1}\right)\right).
\end{aligned}
$$

7.5.6 Estacionaridade

Considere-se

$$
y_t = \left\{
\begin{array}{ll}
c_1 + \phi_{11} y_{t-1} + \ldots + \phi_{1p} y_{t-p} + u_t & \text{se } S_t = 1 \\
\ldots & \\
c_N + \phi_{N1} y_{t-1} + \ldots + \phi_{Np} y_{t-p} + u_t & \text{se } S_t = N
\end{array}
\right. \tag{7.44}
$$

onde u_t é um ruído branco e S é uma cadeia de Markov estacionária com vector de probabilidades estacionárias (π_1, π_2). O modelo anterior pode escrever-se na forma

$$y_t = c\left(S_t\right) + \phi_1\left(S_t\right) y_{t-1} + \ldots + \phi_p\left(S_t\right) y_{t-p} + u_t$$

ou ainda na forma Markoviana

$$
\underbrace{\begin{pmatrix} y_t \\ y_{t-1} \\ y_{t-2} \\ \vdots \\ y_{t-p+1} \end{pmatrix}}_{\mathbf{y}_t} = \underbrace{\begin{pmatrix} \phi_1\left(S_t\right) & \phi_2\left(S_t\right) & \cdots & \phi_p\left(S_t\right) \\ 1 & 0 & \cdots & 0 \\ 0 & 1 & \cdots & 0 \\ \vdots & \vdots & \ddots & \vdots \\ 0 & 0 & \cdots & 0 \end{pmatrix}}_{\mathbf{A}_t} \underbrace{\begin{pmatrix} y_{t-1} \\ y_{t-2} \\ y_{t-3} \\ \vdots \\ y_{t-p} \end{pmatrix}}_{\mathbf{y}_{t-1}} + \underbrace{\begin{pmatrix} c\left(S_t\right) + u_t \\ 0 \\ 0 \\ 0 \\ 0 \end{pmatrix}}_{\mathbf{C}_t}.
$$

$$\tag{7.45}$$

Stelzer (2009) estabelece a seguinte

PROPOSIÇÃO 7.5.2. *Considere-se o processo (7.44) na representa-*
ção (7.45) e assuma-se: $\{u\}$ *é um processo EE,* $\mathrm{E}\left(\log^+\|\mathbf{A}_0\|\right) < \infty$,
$\mathrm{E}\left(\log^+\|\mathbf{C}_0\|\right) < \infty$ *e*

$$\gamma = \lim_{n\to\infty} 1/(n+1)\,\mathrm{E}\left(\log^+\|\mathbf{A}_0\mathbf{A}_{-1}...\mathbf{A}_{-t}\|\right) < 0.$$

Então y *é EE. Além disso, se* $\{\mathbf{A}_t\}$ *é um processo EE então*
$\mathrm{E}\left(\log^+\|\mathbf{A}_0\|\right) < 0$ *implica* $\gamma < 0$.

PROPOSIÇÃO 7.5.3. *Considere-se* $y_t = c\left(S_t\right) + \phi_1\left(S_t\right)y_{t-1} + u_t$
com dois regimes $N = 2$. *Sejam* π_1 *e* π_2 *as probabilidades estacionárias*
da cadeia de Markov S. Se $\{u_t\}$ *é um processo EE com segundo momento*
finito e $|\phi_{11}|^{\pi_1}|\phi_{21}|^{\pi_2} < 1$ *então* y *é EE.*

DEM. Considerando a norma Euclidiana e a desigualdade de
Jensen, tem-se

$$
\begin{aligned}
\mathrm{E}\left(\log^+\|\mathbf{C}_0\|\right) &= \mathrm{E}\left(\log^+\sqrt{c^2\left(S_t\right)+u_t^2}\right) = \frac{1}{2}\,\mathrm{E}\left(\log^+\left(c^2\left(S_t\right)+u_t^2\right)\right) \\
&\leq \frac{1}{2}\log\left(\mathrm{E}\left(c^2\left(S_t\right)\right)+\mathrm{E}\left(u_t^2\right)\right) < \infty.
\end{aligned}
$$

Como a cadeia de Markov é estritamente estacionária (tem
distribuição estacionária $\pi = (\pi_1, \pi_2)$, segue-se que $\{\mathbf{A}_t\}$ é um
processo EE, pelo que basta verificar $\mathrm{E}\left(\log^+\|\mathbf{A}_0\|\right) < 0$. No caso
em análise a "matriz" $\mathbf{A}_0$ reduz-se ao elemento $\mathbf{A}_0 = \phi_1\left(S_t\right)$. Tem-se

$$\log|\phi_1\left(S_t\right)| = \begin{cases} \log|\phi_{11}| & S_t = 1 \\ \log|\phi_{21}| & S_t = 2 \end{cases}$$

e, portanto,

$$
\begin{aligned}
\mathrm{E}\left(\log^+\|\mathbf{A}_0\|\right) &= \mathrm{E}\left(\log|\phi_1\left(S_t\right)|\right) \\
&= P\left(S_t = 1\right)\log|\phi_{11}| + P\left(S_t = 2\right)\log|\phi_{21}| \\
&= \pi_1\log|\phi_{11}| + \pi_2\log|\phi_{21}| \\
&= \log\left(|\phi_{11}|^{\pi_1}|\phi_{21}|^{\pi_2}\right).
\end{aligned}
$$

Segue-se que $|\phi_{11}|^{\pi_1}|\phi_{21}|^{\pi_2} < 1$ implica $\mathrm{E}\left(\log^+\|\mathbf{A}_0\|\right) < 0.$ $\square$

EXEMPLO 7.5.4. *Considere-se*

$$y_t = \left\{ \begin{array}{ll} 2y_{t-1} + u_t & se\ S_t = 1 \\ 0.6y_{t-1} + u_t & se\ S_t = 2 \end{array} \right. \qquad P = \left(\begin{array}{cc} 0.1 & 0.9 \\ 0.2 & 0.8 \end{array} \right) \quad (7.46)$$

onde u_t é um processo ruído branco. Um processo AR(1) com coeficiente $\phi = 2$ não só é não estacionário como é explosivo (tende para mais infinito em tempo finito). No entanto, y_t é EE. Com efeito, a partir de P obtém- -se $\pi_1 = 0.1818$ e $\pi_2 = 1 - \pi_1 = 0.8182$ (conferir a proposição 7.5.1 e o exemplo 7.5.3). Por outro lado, invocando a proposição 7.5.3, tem-se $|\phi_{11}|^{\pi_1}|\phi_{21}|^{\pi_2} = 2^{0.1818}0.6^{0.8182} = 0.746 < 1.$ Logo y é EE. Este re- sultado é interessante. De facto poderíamos pensar que o comportamento explosivo de y_t no regime 1 implicaria um processo não estacionário. Isto não sucede porque a probabilidade do sistema estar num dado momento no regime estável é relativamente elevada. O processo pode, episodicamente, entrar no regime 1 e atingir valores extremamente elevados, mas num in- tervalo de tempo relativamente curto o processo reentra no regime 2 com probabilidade elevada. A figura 7.23 apresenta uma trajectória simulada de y.

No contexto dos modelos MS com heterocedasticidade condi- cional, Bauwens et al. (2006) estudam o seguinte modelo

$$y_t = \left\{ \begin{array}{ll} c_1 + \sigma_{1t}\varepsilon_t & se\ S_t = 1 \\ \quad\quad \dots \\ c_N + \sigma_{Nt}\varepsilon_t & se\ S_t = N \end{array} \right.$$

onde

$$\sigma_{it}^2 = \omega_i + \alpha_i u_{t-1}^2 + \beta_i \sigma_{t-1}^2.$$

Supõe-se ainda que a cadeia S_t depende de y_{t-1},

$$P\left(S_t = i|\ \mathcal{F}_{t-1}\right) = p_{it}\left(y_{t-1}^2\right), \qquad i = 1, 2, ..., N$$

Figura 7.23: Simulação de uma trajectória do processo (7.46) onde $u_t \sim N(0,1)$ (10000 observações)

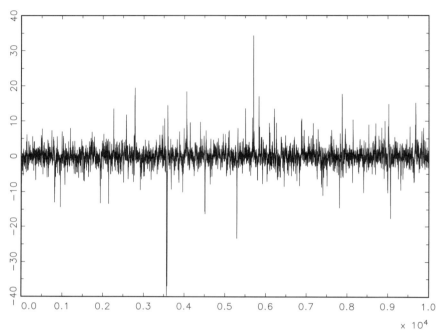

Sem perda de generalidade, seleccione-se o regime 1 como sendo o regime "estável", $\alpha_1 + \beta_1 < 1$. Bauwens et al. (2006) estabelecem a

PROPOSIÇÃO 7.5.4. *Suponha-se:* **(a)** $\{\varepsilon_t\}$ *é uma sucessão de v.a. i.i.d. de média zero e variância um, com função de densidade contínua em* $\mathbb{R}$; **(b)** $\alpha_i > 0$, $\beta_i > 0$, *para* $i = 1, 2, ..., N$; **(c)** $\alpha_1 + \beta_1 < 1$ *e* **(d)** $p_{1t}(y_{t-1}^2) > 0$ *e* $p_{it}(y_{t-1}^2) \to 1$ *quando* $y_{t-1}^2 \to \infty$. *Então* y *é EE.*

A proposição assegura que o processo retorna ao regime estável sempre que y_t tende a assumir valores muito altos (alínea d)).

No caso especial em que as probabilidades são constantes, $p_{it} = \pi_i$, é válido a seguinte

Proposição 7.5.5. *Suponham-se verificadas as condições **(a)** e **(b)** da proposição anterior. Se*

$$\sum_{j=1}^{N} \pi_j \left(\beta_j + \alpha_j \right) < 1$$

então é EE.

7.5.7 Estimação e Inferência

Comece-se por analisar o modelo (7.35) e seja $\boldsymbol{\theta}$ o vector dos parâmetros a estimar. Como habitualmente, o estimador de máxima verosimilhança é dado por $\hat{\boldsymbol{\theta}}_n = \arg\max_{\boldsymbol{\theta}} \sum_{t=1}^{n} l_t(\boldsymbol{\theta})$, onde

$$l_t(\boldsymbol{\theta}) = \log f\left(y_t | \mathcal{F}_{t-1}; \boldsymbol{\theta}\right) = \log \left(f_{1t} p_{1t} + f_{2t} \left(1 - p_{1t}\right)\right).$$

Se os regimes são independentes, p_{1t} é dado pela equação (7.38); se seguem uma cadeia de Markov, p_{1t} é dada por (7.42).

Pode-se mostrar:

$$\sqrt{n}\left(\hat{\boldsymbol{\theta}}_n - \boldsymbol{\theta}_0\right) \xrightarrow{d} N\left(0, I\left(\boldsymbol{\theta}_0\right)^{-1}\right)$$

onde $I\left(\boldsymbol{\theta}_0\right)$ é a matriz de informação de Fisher. Verifica-se $I\left(\boldsymbol{\theta}_0\right) = A\left(\boldsymbol{\theta}_0\right) = B\left(\boldsymbol{\theta}_0\right)$ onde

$$A\left(\boldsymbol{\theta}\right) = -\operatorname{E}\left(\frac{\partial^2 l_t\left(\boldsymbol{\theta}\right)}{\partial\boldsymbol{\theta}\partial\boldsymbol{\theta}'}\right), \qquad B\left(\boldsymbol{\theta}\right) = \operatorname{E}\left(\frac{\partial l_t\left(\boldsymbol{\theta}\right)}{\partial\boldsymbol{\theta}}\frac{\partial l_t\left(\boldsymbol{\theta}\right)}{\partial\boldsymbol{\theta}'}\right).$$

Estimadores consistentes de A e B são

$$\hat{A}_n = -\frac{1}{n}\sum_{t=1}^{n}\frac{\partial^2 l_t\left(\hat{\boldsymbol{\theta}}_n\right)}{\partial\boldsymbol{\theta}\partial\boldsymbol{\theta}'} \xrightarrow{p} A\left(\boldsymbol{\theta}_0\right)$$

$$\hat{B}_n = \frac{1}{n}\sum_{t=1}^{n}\frac{\partial l_t\left(\hat{\boldsymbol{\theta}}_n\right)}{\partial\boldsymbol{\theta}}\frac{\partial l_t\left(\hat{\boldsymbol{\theta}}_n\right)}{\partial\boldsymbol{\theta}'} \xrightarrow{p} B\left(\boldsymbol{\theta}_0\right).$$

316 | Modelação de Séries Temporais Financeiras

Os ensaios individuais para os parâmetros da média e da variância condicional (GARCH) podem ser feitos como habitualmente. Isto é, podem basear-se no resultado

$$\hat{\theta}_{i,n} \overset{a}{\sim} N\left(\theta_i, \hat{v}_{ii}\right)$$

onde θ_i é o parâmetro (escalar) i, e v_{ii} é o elemento ii da matriz $I\left(\theta_0\right)^{-1}/n$.

No ensaio, um regime versus dois regimes, $H_0 : c_1 = c_2$, $\phi_1 = \phi_2$, $\sigma_1 = \sigma_2$, $H_1 : H_0$ é falsa, a situação é similar ao do ensaio $H_0 : \phi_1 = \phi_2$ no contexto do modelo TAR: os testes assimptóticos habituais (rácio de verosimilhanças, Wald e multiplicador de Lagrange) não podem ser empregues. Sob a hipótese nula (um regime) vários parâmetros não são identificáveis (o *score* com respeito a estes parâmetros é identicamente nulo e a matriz informação de Fisher resulta singular). Uma forma de lidar com este tipo de ensaio não *standard* é proposto por Davies (1987), que obtém um limite superior para o nível de significância do teste rácio de verosimilhança quando q parâmetros apenas são identificáveis sob a hipóteses alternativa:

$$P\left(\sup LR > LR_{obs}\right) \leq P\left(\chi_q^2 > LR_{obs}\right) \\ +V.LR_{obs}^{(q-1)/2} . \exp\left\{-LR_{obs}\right\} \tfrac{2^{-q/2}}{\Gamma(q/2)}. \qquad (7.47)$$

onde Γ é a função gama, $LR_{obs} = 2\left(\log L_n^1 - \log L_n^0\right)$ e L_n^1 e L_n^0 são os valores da função de log-verosimilhança sob H_1 e H_0, respectivamente. Se a função o rácio de verosimilhanças admite um máximo global então $V = 2\sqrt{LR_{obs}}$.. Os passos para implementar o teste no contexto do modelo (7.35) são os seguintes:

(1) Estimar o modelo AR(1) e obter L_n^0;

(2) Estimar o MS (7.35) e obter L_n^1;

(3) Calcular LR_{obs}, $P\left(\chi_q^2 > LR_{obs}\right)$, V, etc.;

(4) Calcular o limite superior de $P\left(\sup LR > LR_{obs}\right)$ usando a expressão (7.47).

Suponhamos que se obtém $P\left(\sup LR > LR_{obs}\right) \leq 0.02$. Então rejeita-se H0 ao nível de significância de 5% pois o verdadeiro valor-p é inferior a 0.02. Suponhamos que $P\left(\sup LR > LR_{obs}\right) \leq 0.06$. Nada se pode concluir ao nível de significância de 5% pois o verdadeiro valor-p pode ser 0.04 ou 0.055. Tudo o que sabemos é que é inferior a 0.06.

Outro teste, designado por teste-J, é proposto por Garcia e Perron (1996) e baseia-se na significância estatística do parâmetro δ (teste-t) da regressão

$$X_t = (1 - \delta)\,\hat{X}_t^{(1)} + \delta \hat{X}_t^{(2)} + \varepsilon_t$$

onde $\hat{X}_t^{(1)}$ e $\hat{X}_t^{(2)}$ são os previsores dos modelos com um e dois regimes, respectivamente (o teste generaliza-se imediatamente ao caso em que $\hat{X}_t^{(1)}$ é o previsor do modelo com menos regimes). Assim, a rejeição de H_0: $\delta = 0$ mostra evidência a favor do modelo com mais regimes.

7.5.8 Previsão

Suponha-se que y segue um modelo MS com dois regimes e estão disponíveis em n observações de y, $\{y_1, y_2, ..., y_n\}$. Usando, como previsor para y_{n+h} a função $\mathrm{E}\left(y_{n+h}|\,\mathcal{F}_n\right)$, tem-se

$$\begin{aligned} \mathrm{E}\left(y_{n+h}|\,\mathcal{F}_n\right) = {} & \mathrm{E}\left(y_{n+h}|\,\mathcal{F}_n, S_{n+h} = 1\right) P\left(S_{n+h} = 1|\,\mathcal{F}_n\right) \\ & + \mathrm{E}\left(y_{n+h}|\,\mathcal{F}_n, S_{n+h} = 2\right) P\left(S_{n+h} = 2|\,\mathcal{F}_n\right) \end{aligned}$$

onde $\mathrm{E}\left(y_{n+h}|\,\mathcal{F}_n, S_{n+h} = i\right)$ é, como já vimos, a média condicional do regime i (no contexto do modelo (7.35) tem-se $\mathrm{E}\left(y_{n+h}|\,\mathcal{F}_n, S_{n+h} = 1\right) = \mathrm{E}\left(c_1 + \phi_1 y_{n+h-1}|\,\mathcal{F}_n\right)$). A probabilidade $P\left(S_{n+h} = i|\,\mathcal{F}_n\right)$ depende da hipótese que se tem sobre S. Se admitirmos que S segue uma cadeia de Markov, vem

$$P\left(S_{n+h} = 1 \vert \mathcal{F}_n\right) = \sum_{i=1}^{2} P\left(S_{n+h} = 1, S_n = i \vert \mathcal{F}_n\right)$$

$$= \sum_{i=1}^{2} P\left(S_{n+h} = 1 \vert S_n = i, \mathcal{F}_n\right) P\left(S_n = i \vert \mathcal{F}_n\right)$$

$$= \sum_{i=1}^{2} P\left(S_{n+h} = 1 \vert S_n = i\right) P\left(S_n = i \vert \mathcal{F}_n\right).$$

Tendo em conta (7.33), resulta

$$P\left(S_{n+h} = j \vert S_n = i\right) = P_{i,j}^{h} = \text{elemento } (i, j) \text{ da matriz } P^{h}.$$

Finalmente, tendo em conta a equação (7.41),

$$P\left(S_n = i \vert \mathcal{F}_n\right) = \frac{f\left(y_n \vert S_n = i, \mathcal{F}_{n-1}\right) P\left(S_n = i \vert \mathcal{F}_{n-1}\right)}{\sum_{j=1}^{N} f\left(y_n \vert S_n = j, \mathcal{F}_{n-1}\right) P\left(S_n = j \vert \mathcal{F}_{n-1}\right)}.$$

7.5.9 Aplicação

Analisa-se a taxa de juros FED *fund*[52] (EUA) no período Julho de 1954 a Outubro de 2006 (628 observações mensais).

A literatura dos modelos de taxas de juro (a um factor) sugere que a volatilidade da taxa de juro depende do nível da taxa de juro. Um dos modelos mais usados em matemática financeira (tempo contínuo) é o processo CIR (devido a Cox, Ingersoll e Ross):

$$dr_t = \beta\left(\tau - r_t\right) dt + \sigma \sqrt{r_t} dW_t, \qquad \beta, \tau, \sigma > 0 \qquad (7.48)$$

---

[52] É oficialmente designada por *Federal funds effective rate*, com maturidade *overnight*.

Figura 7.24: Resultados da estimação do modelo (7.49)

```
Mean log-likelihood        -1.07420
Number of cases      628

Covariance of the parameters computed by the following method:
QML covariance matrix

Parameters     Estimates      Std. err.      Gradient
-----------------------------------------------------------------
c                0.0764        0.0394        0.0000
fhi              0.9878        0.0091        0.0000
sigma            0.0355        0.0052        0.0000
```

onde r_t é a taxa de juro *spot* instantânea e W é o chamado processo de Wiener. Todos os parâmetros podem ser estimados consistente e eficientemente pelo método da máxima verosimilhança. A discretização do processo (i.e. a passagem para um processo em tempo discreto que aproximadamente traduz a dinâmica de (7.48)) simplifica a análise (embora no caso presente não seja necessário). A discretização pelo esquema de Euler (supondo para simplificar que o hiato entre duas observações consecutivas, Δ, é constante e igual a um) conduz ao modelo,

$$r_t = c + \phi r_{t-1} + \sigma \sqrt{r_{t-1}} \varepsilon_t \tag{7.49}$$

onde $c = \beta \tau$, $\phi = (1 - \beta)$. Esta discretização de Euler envolveu a troca de dr_t por $r_t - r_{t-1}$, dt por $\Delta = 1$, e dW_t por $\sqrt{\Delta} \times \varepsilon_t$. Estas trocas representam apenas aproximações e envolvem, por isso, erros.

Resultados preliminares mostram que existe forte presença de heterocedasticidade e que a sua dinâmica é compatível com a que está subjacente ao modelo (7.49).

A estimação dos parâmetros do modelo (7.49), pelo método da máxima verosimilhança, assumindo normalidade, conduziu aos resultados que se apresentam na figura 7.24.

Vários autores têm sugerido a existência de diferentes dinâmicas ou regimes no comportamento da taxa de juro (veja-se, por exemplo, Gray, 1996). Concretamente, argumenta-se o seguinte: quando as taxas de juro são altas (anos 80) a volatilidade é alta e o

Figura 7.25: Resultados da estimação do modelo (7.49)

```
Mean log-likelihood        -0.767141
Number of cases      628

Covariance of the parameters computed by the following method:
Inverse of computed Hessian

Parameters     Estimates       Std. err.      Gradient
-------------------------------------------------------------------
c1               0.0937          0.0508         0.0000
fhi1             0.9848          0.0077         0.0000
sigma1           0.5497          0.0183         0.0000
c2               0.2100          0.1357         0.0000
fhi2             0.9697          0.0157         0.0000
sigma2           0.0866          0.0093         0.0000
p11              0.9976          0.0024         0.0000
p22              0.9912          0.0083         0.0000
```

processo exibe reversão para uma média de longo prazo; quando as taxas de juro são baixas, a volatilidade é baixa e observa-se ausência de reversão para uma média. Este argumento sugere a existência de dois regimes: um regime de altas taxas de juro e alta volatilidade e um regime de baixas taxas de juro e baixa volatilidade. Depois de vários ensaios seleccionou-se o seguinte modelo:

$$y_t = \begin{cases} c_1 + \phi_1 y_{t-1} + \sigma_1 \varepsilon_t & \text{se } S_t = 1 \\ c_2 + \phi_2 y_{t-1} + \sigma_2 \sqrt{y_{t-1}} \varepsilon_t & \text{se } S_t = 2 \end{cases} \quad (7.50)$$

cujos resultados de estimação, pelo método da máxima verosimilhança, assumindo normalidade, estão apresentados na figura 7.25.

A figura 7.26 apresenta a sucessão das probabilidades estimadas

$$\left\{ \hat{P}\left(S_t = 1 \mid \mathcal{F}_{t-1}\right); t = 2, ..., n \right\}.$$

Recorde-se que $P\left(S_t = 1 \mid \mathcal{F}_{t-1}\right)$ é a probabilidade de y se encontrar no regime 1 no momento t, dado $\mathcal{F}_{t-1}$. Podemos observar, a partir da figura 7.26, que o processo y se encontrou, com alta probabilidade, no regime 1 durante as décadas de 80 e 90. Durante os anos 2003-2005 o processo encontrou-se, com alta probabilidade no regime 2. Em 2006, o processo não está totalmente em nenhum dos regimes.

Figura 7.26: Taxa de juro e probabilidades $P(S_t = 1 | \mathcal{F}_{t-1})$ estimadas

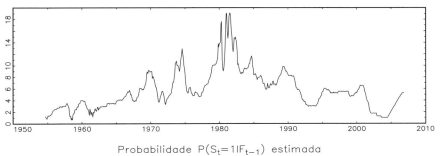
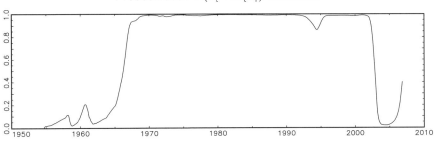

Capítulo 8

Modelação da Heterocedasticidade Condicionada – Caso Univariado

8.1 Introdução

Vimos no capítulo 3 que fortes variações dos retornos são normalmente seguidas de fortes variações dos retornos em ambos os sentidos, e que baixas variações dos retornos são normalmente seguidas de baixas variações dos retornos, também em ambos os sentidos (veja-se, por exemplo, a figura 3.17). Este facto estilizado indica muito claramente que a volatilidade não é constante ao longo do tempo. Uma forma mais subtil de mostrar que a volatilidade não é constante consiste em constatar que a série dos quadrados dos resíduos (ou mesmo os quadrados dos retornos) é autocorrelacionada.

8.1.1 Por que razão a volatilidade não é constante?

- Uma parte da volatilidade pode ser relacionada com a especulação. Em certos modelos distingue-se duas classes de investidores: investidores racionais que "empurram" o preço dos activos na direcção do valor fundamental ou intrínseco da empresa (normalmente formalizado como o valor actual dos fluxos financeiros que o investidor espera vir a receber no futuro), e especuladores que baseiam as suas decisões em informações estatísticas geradas pelo mercado, como por exemplo, os preços passados e o volume de transacções. Quando a proporção de especuladores é alta e os sinais de mercado são interpretados de forma análoga pela maior parte dos especuladores, formam-se tendências fortes de compra ou de venda que se reflectem no preço e na volatilidade.

- Episódios de extrema volatilidade ocorrem quando uma "bolha especulativa" rebenta, i.e., quando depois de um período considerável de crescimento dos preços, sucede uma repentina e inesperada quebra do mercado. Estas "bolhas especulativas" estão normalmente associadas a uma nova tecnologia (por exemplo, o *boom* da electrónica nos anos 60, da biotecnologia nos anos 80 ou da internet no fim dos anos 90) ou a um novo negócio (mais uma vez o caso da internet no fim dos anos 90). Gera-se um ambiente de euforia em torno dos títulos associados a uma certa tecnologia e/ou negócio e emerge um comportamento irracional de grupo totalmente desligado do valor intrínseco dos títulos.

- Graves crises económicas e políticas também explicam momentos de alta volatilidade.

- Uma outra explicação (em certa medida complementar com as precedentes) relaciona a volatilidade com a chegada de informação aos mercados. Suponha-se, num cenário ideal ou hipotético, que o mercado está em equilíbrio (não há flutuação dos preços). Quando chega informação ao mercado os agentes reavaliam as suas carteiras (perante a nova informação, deixam de ser "óptimas"); tenderão, por conseguinte, a vender ou a comprar activos até que se atinja um novo equilíbrio. A acção de comprar e vender títulos tende a alterar os preços. A hipótese crucial é a de que a informação não chega de forma homogénea e contínua ao mercado. Quando a chegada de informação é reduzida e pouco relevante os mercados tenderão a exibir baixa volatilidade; pelo contrário, quando a informação é intensa e relevante, pode-

Parte 2 – Capítulo 8. Modelação da heterocedasticidade condicionada | 325

rão ocorrer períodos de forte volatilidade. A informação relevante aqui deve ser entendida como a informação que, de alguma forma, afecta a rendibilidade dos activos. Por exemplo, a libertação de notícias relacionadas com inflação, taxas de juro, PIB, etc., geralmente têm impacto sobre a volatilidade e sobre os preços.

O modelo que se apresenta a seguir procura replicar o fenómeno de volatilidade não constante a partir do conceito de chegada de informação. Seja N_t o número de notícias no dia t. Quando uma notícia chega ao mercado supõe-se que existe uma revisão do preço de um certo activo. Essa revisão traduz-se numa variação do preço numa quantidade aleatória dada por $\varepsilon_{i,t}$ $(i = 1, ..., N_t)$. Se existir uma notícia (relevante) num certo dia t, o logaritmo do preço no dia t é representado por $\log P_t = \log P_{t-1} + \mu + \varepsilon_{1,t}$; se existirem duas notícias o modelo passa a ser representado por $\log P_t = \log P_{t-1} + \mu + \varepsilon_{1,t} + \varepsilon_{2,t}$ (e assim sucessivamente). Assuma-se que $\{\varepsilon_{i,t}; i = 1, 2, ..., N_t\}$ é uma sucessão de v.a. i.i.d. com distribuição $N(0, \sigma^2)$ e independentes de N_t. Tem-se assim que o retorno do activo é dado por

$$r_t = \mu + \sum_{i=1}^{N_t} \varepsilon_{i,t}. \tag{8.1}$$

Resulta do modelo que a variância de r_t dado N_t é não constante, pois

$$\text{Var}(r_t | N_t = n_t) = n_t \sigma^2$$

(de acordo com este modelo, quanto maior é o número de notícias que chegam ao mercado, maior é a volatilidade). É razoável admitir-se uma distribuição de Poisson de parâmetro λ para a v.a. N_t, i.e., $N_t \sim P(\lambda_t)$. Podemos ainda refinar o modelo, incorporando persistência em N_t, i.e. permitindo que N_t seja alto (baixo) sempre que N_{t-1} é alto (baixo). Por outras palavras, o volume de informação tende a ser alto (baixo) em períodos seguidos. Nestas circunstâncias, passa a assumir-se $N_t \sim P(\lambda_t)$ com $\lambda_t = N_{t-1} + 1$

326 | Modelação de Séries Temporais Financeiras

(o número médio de notícias no dia t é igual ao número de informações do período anterior mais uma unidade) (adiciona-se uma unidade para evitar que $\lambda_t = 0$ para algum t). Na figura 8.1 representase uma trajectória simulada de (8.1) para $\mu = 0$, $\sigma = 0.0015$ e $N_t \sim P(\lambda_t)$, $\lambda_t = N_{t-1} + 1$. Podemos observar que a trajectória simulada replica algumas das características típicas das séries financeiras.

Retome-se a equação (8.1). Esta equação sugere a especificação

$$r_t = \mu + u_t, \qquad u_t = \sigma_t \varepsilon_t.$$

O essencial nesta equação é a ideia de que u_t tem variância condicional σ_t^2 não constante. Suponha-se de agora em diante que σ_t^2 é $\mathcal{F}_{t-1}$-mensurável (i.e., σ_t^2 depende apenas de variáveis observadas no momento $t-1$)[53].

8.1.2 Processos Multiplicativos

Considere-se $u_t = \sigma_t \varepsilon_t$ e as seguintes hipóteses:

H1 $\{\varepsilon_t\}$ é uma sucessão de v.a. i.i.d. com $E(\varepsilon_t) = 0$ e $\text{Var}(\varepsilon_t) = 1$;

H2 ε_t é independente de u_{t-k}, $k \in \mathbb{N}$;

H3 σ_t é $\mathcal{F}_{t-1}$ mensurável.

Tem-se:

$$
\begin{aligned}
E(u_t | \mathcal{F}_{t-1}) &= E(\sigma_t \varepsilon_t | \mathcal{F}_{t-1}) = \sigma_t E(\varepsilon_t | \mathcal{F}_{t-1}) = 0 \\
\text{Var}(u_t | \mathcal{F}_{t-1}) &= E(u_t^2 | \mathcal{F}_{t-1}) = E(\sigma_t^2 \varepsilon_t^2 | \mathcal{F}_{t-1}) = \sigma_t^2 E(\varepsilon_t^2 | \mathcal{F}_{t-1}) = \sigma_t^2.
\end{aligned}
$$

Assim, processos multiplicativos do tipo $u_t = \sigma_t \varepsilon_t$, com σ_t não constante, são processos heterocedásticos (variância não constante). Este tipo de modelos estão presentes na abordagem tra-

---

[53] No exemplo anterior, $\sigma_t^2 = n_t \sigma^2$ não é $\mathcal{F}_{t-1}$-mensurável

Figura 8.1: Simulação de uma trajectória de r_t, assumindo $\mu = 0$, $\sigma = 0.0015$ e $N_t \sim P(\lambda_t)$ onde $\lambda_t = N_{t-1} + 1$.

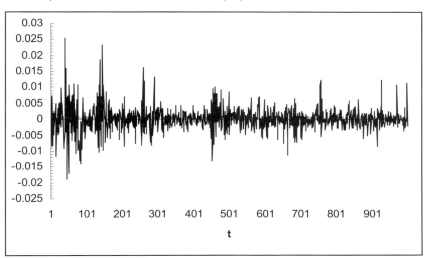

dicional da heterocedasticidade. Por exemplo, se $z_{t-1} > 0$ é exógena e $u_t = \alpha z_{t-1} \varepsilon_t$, então a expressão $\text{Var}(u_t|z_{t-1}) = \alpha^2 z_{t-1}^2$ não é constante.

Processos estocásticos com heterocedasticidade condicional (HC) (variância não constante ao longo do tempo) são também definidos a partir de um processo multiplicativo do tipo $u_t = \sigma_t \varepsilon_t$ mas, comparativamente ao caso tradicional, a forma como σ_t^2 é especificado varia substancialmente, como veremos a seguir. Que função especificar para σ_t ou σ_t^2? Vimos que uma das características das séries financeiras é exibir *volatility clustering*: fortes variações são normalmente seguidas de fortes variações em ambos os sentidos, devendo ocorrer, portanto, $\text{Corr}(u_{t-1}^2, u_t^2) > 0$. Suponha-se, por um momento que u_t representa a série financeira. Portanto, se u_{t-1}^2 é um valor alto (baixo), em média, u_t^2 será também um valor alto (baixo). Nestas circunstâncias, faz sentido escrever o seguinte modelo para σ_t^2:

$$\sigma_t^2 = \omega + \alpha_1 u_{t-1}^2, \quad \omega > 0, \alpha_1 \geq 0. \tag{8.2}$$

Com efeito, tem-se esquematicamente:

u_{t-1}^2 é "alto" $\Rightarrow \sigma_t^2$ é "alto" $\Rightarrow u_t^2$ é "alto" (recorde-se $u_t = \sigma_t \varepsilon_t$).

No caso clássico de heterocedasticidade, a variância depende da evolução de uma ou mais variáveis exógenas, determinadas fora do modelo (z_{t-1} no exemplo anterior); no modelo de HC, a volatilidade σ_t^2 é uma variável aleatória função de choques aleatórios determinada dinamicamente, a partir do próprio modelo:

$$u_{t-1}^2 \rightarrow \sigma_t^2 \rightarrow u_t^2 \rightarrow \sigma_{t+1}^2 \rightarrow \ldots$$

Se u_t é encarado como uma v.a. residual do modelo

$$y_t = \mu_t + u_t$$

é fácil ver que a heterocedasticidade definida em u_t é transmitida a y_t:

$$\text{Var}\left(y_t\mid \mathcal{F}_{t-1}\right) = \text{E}\left(\left.(y_t - \mu_t)^2\right|\mathcal{F}_{t-1}\right) = \text{Var}\left(u_t\mid \mathcal{F}_{t-1}\right) = \sigma_t^2.$$

8.1.3 Distribuições de Caudas Pesada

Uma característica muito importante dos modelos de HC é o de implicar (sob certas condições) distribuições marginais leptocúrticas. Retome-se o modelo $u_t = \sigma_t \varepsilon_t$ sob as hipóteses H1-H3. Admita-se ainda que o choque aleatório ε_t tem distribuição $N(0, 1)$. Tem-se

$$
\begin{aligned}
\text{E}\left(u_t\right) &= 0 \\
\text{Var}\left(u_t\right) &= \text{E}\left(u_t^2\right) = \text{E}\left(\sigma_t^2\right) \\
\text{E}\left(u_t^3\right) &= 0 \Rightarrow skweness = 0.
\end{aligned}
$$

Mostre-se que a distribuição marginal de u é leptocúrtica. Para o efeito, calcule-se o coeficiente de *kurtosis* de u,

$$k_u = \frac{\text{E}\left(u_t^4\right)}{\text{E}\left(u_t^2\right)^2}$$

e verifique-se que $k_u > 3$. Ora

$$
\begin{aligned}
\mathrm{E}\left(u_t^4\right) &= \mathrm{E}\left(\sigma_t^4 \varepsilon_t^4\right) = \mathrm{E}\left(\sigma_t^4\right) \mathrm{E}\left(\varepsilon_t^4\right) = \mathrm{E}\left(\left(\sigma_t^2\right)^2\right) \mathrm{E}\left(\varepsilon_t^4\right) \\
&> \mathrm{E}\left(\sigma_t^2\right)^2 \mathrm{E}\left(\varepsilon_t^4\right) = \mathrm{E}\left(u_t^2\right)^2 \mathrm{E}\left(\varepsilon_t^4\right) = \mathrm{E}\left(u_t^2\right)^2 3
\end{aligned}
$$

pelo que

$$
k_u = \frac{\mathrm{E}\left(u_t^4\right)}{\mathrm{E}\left(u_t^2\right)^2} > \frac{\mathrm{E}\left(u_t^2\right)^2 3}{\mathrm{E}\left(u_t^2\right)^2} = 3.
$$

Este resultado sugere que um modelo de HC pode ser adequado para modelar retornos, pois acomoda uma das características mais importantes das séries financeiras que é a dos retornos seguirem uma distribuição leptocúrtica.

8.1.4 O papel da Média Condicional e o Modelo de Heterocedasticidade Condicionada

Vimos que fortes variações de y são normalmente seguidas de fortes variações em ambos os sentidos. Teoricamente, este efeito pode ser modelado através da média condicional. Esta seria a situação ideal. Se a média condicional modelasse este efeito, conseguiríamos prever razoavelmente as variações de y e, nestas circunstâncias, não só o erro $u_t = y_t - \mu_t$ seria baixo como também a volatilidade de y poderia ser baixa e mesmo constante ao longo do período. No entanto, vimos que a média condicional é geralmente uma componente muito fraca do modelo (recorde-se a questão dos mercados eficientes). Isto é, se considerarmos o modelo $y_t = \mu_t + u_t$, a média condicional μ_t (representada, por exemplo, por um AR ou MA), é uma componente pouco explicativa do modelo. Assim, quando y_t^2 é alto, u_t^2 também é alto (porque a média condicional não acompanha as flutuações de y_t) e, consequentemente, espera--se que u_t^2 esteja fortemente correlacionado com u_{t-1}^2.

8.1.5 Vantagens dos modelos de Heterocedasticidade Condicionada

Antes do artigo seminal de Engle (1982) as dependências temporais nos momentos superiores a um eram tratadas como simples ruído. Engle mostrou que as dependências temporais do segundo momento, podem explicar razoavelmente a evolução da volatilidade ao longo do tempo. A volatilidade condicional (doravante volatilidade) da série pode ser identificada com a variância condicional, σ_t^2, ou, simplesmente, com σ_t (em princípio, é preferível identificar a volatilidade com σ_t, pois σ_t está na escala da variável).

Iremos ver que os modelos de HC permitem:

- modelar a volatilidade (e as covariâncias condicionais, no caso multivariado); como se sabe, a volatilidade é uma variável fundamental na análise do risco de mercado, na construção de *portfolios* dinâmicos, na valorização de opções, etc.;
- estimar de forma mais eficiente os parâmetros definidos na média condicional (por exemplo, se um processo ARMA exibir heterocedasticidade condicional, a estimação conjunta dos parâmetros da média e dos parâmetros da variância permite estimar eficientemente os parâmetros da média);
- estabelecer intervalos de confiança correctos para y. Isto é, se y exibe HC e esta é negligenciada, os intervalos de previsão para y são incorrectos. Observe-se, com efeito, que os intervalos de confiança dependem da variância do erro de previsão e o erro de previsão depende (entre outros aspectos) da variância (condicional) da v.a. residual.

8.2 Modelo ARCH

Considere-se o seguinte modelo

$$\begin{aligned}
y_t &= \mu_t + u_t, \\
\mu_t &= \mathrm{E}\left(y_t | \mathcal{F}_{t-1}\right) \text{ média condicional,} \\
u_t &= \sigma_t \varepsilon_t .
\end{aligned}$$

Assumam-se as hipóteses H1-H3.

DEFINIÇÃO 8.2.1. u_t *segue um modelo ARCH(q) (ou tem represen-tação ARCH(q)) se*

$$\begin{aligned}
u_t &= \sigma_t \varepsilon_t \\
\sigma_t^2 &= \omega + \alpha_1 u_{t-1}^2 + ... + \alpha_q u_{t-q}^2, \ \omega > 0, \alpha_i \geq 0
\end{aligned}$$

É importante constatar que $\sigma_t^2 \in \mathcal{F}_{t-1}$.

Como a volatilidade exibe forte dependência temporal, rara-mente se considera $q = 1$. Discute-se a seguir esta questão através de um exercício de simulação. Na figura 8.2 apresenta-se as trajec-tórias simuladas para o retorno (r_t) e σ_t considerando diferentes valores para os parâmetros α_i. O modelo simulado é

$$\begin{aligned}
r_t &= u_t, \qquad (\mu_t = 0) \\
u_t &= \sigma_t \varepsilon_t, \qquad \varepsilon_t \text{ RB Gaussiano com variância 1} \qquad (8.3) \\
\sigma_t^2 &= \omega + \alpha_1 u_{t-1}^2 + ... + \alpha_8 u_{t-8}^2.
\end{aligned}$$

Em todos os casos $\omega = 1$. Na figura 8.2 tem-se:

- Painel (a) ARCH(0) $\alpha_1 = ... = \alpha_8 = 0$;
- Painel (b) ARCH(1) $\alpha_1 = 0.8, \alpha_2 = ... = \alpha_8 = 0$;
- Painel (c) ARCH(3) $\alpha_1 = 0.3, \alpha_2 = 0.3, \alpha_3 = 0.2, \alpha_4 = ... =$
$$= \alpha_8 = 0;$$
- Painel (d) ARCH(8) $\alpha_1 = 0.2, \alpha_2 = ... = \alpha_8 = 0.1$

Na figura 8.2 os gráficos que mais fielmente reproduzem o fenómeno de *volatility clustering* (volatilidades altas (baixas) são

332 | Modelação de Séries Temporais Financeiras

geralmente seguidas por volatilidades altas (baixas)) e exibem alguma persistência no comportamento da volatilidade (tal como vimos nos pontos 3.2.2 e 3.2.3), correspondem aos painéis (c) e (d). A simulação sugere que é mais apropriado em aplicações empíricas considerar-se um q elevado (não obstante, veremos adiante que é problemático estimar-se um modelo com q elevado).

8.2.1 Dois Primeiros Momentos de u_t

Como ε_t é independente de u_{t-k}, $k \in \mathbb{N}$, segue-se que σ_t^2 (que é uma função de u_{t-k}, $k \in \mathbb{N}$) é independente de ε_t. Logo,

$$\mathrm{E}\left(u_t\right) = \mathrm{E}\left(\sigma_t \varepsilon_t\right) = \mathrm{E}\left(\sigma_t\right)\mathrm{E}\left(\varepsilon_t\right) = 0,$$
$$\mathrm{Var}\left(u_t\right) = \mathrm{E}\left(u_t^2\right) = \mathrm{E}\left(\sigma_t^2 \varepsilon_t^2\right) = \mathrm{E}\left(\sigma_t^2\right)\mathrm{E}\left(\varepsilon_t^2\right) = \mathrm{E}\left(\sigma_t^2\right).$$

(8.4)

Por outro lado, como $\{u_t\}$ é uma diferença de martingala, pois $\mathrm{E}\left(|u_t|\right) < \infty$ e $\mathrm{E}\left(u_t|\mathcal{F}_{t-1}\right) = 0$, resulta pela proposição 4.4.1, que u_t é não autocorrelacionado, i.e. $\mathrm{Cov}\left(u_t, u_{t-k}\right) = 0$.

8.2.2 Representação AR de um ARCH

Vimos, já por várias ocasiões, que existem dependências no segundo momento do processo. A representação autoregressiva do processo ARCH mostra exactamente esse aspecto. Tem-se,

$$\begin{aligned}
\sigma_t^2 &= \omega + \alpha_1 u_{t-1}^2 \\
u_t^2 + \sigma_t^2 &= \omega + \alpha_1 u_{t-1}^2 + u_t^2 \\
u_t^2 &= \omega + \alpha_1 u_{t-1}^2 + \underbrace{u_t^2 - \sigma_t^2}_{v_t} \\
u_t^2 &= \omega + \alpha_1 u_{t-1}^2 + v_t.
\end{aligned}$$

Como $\mathrm{E}\left(v_t|\mathcal{F}_{t-1}\right) = \mathrm{E}\left(u_t^2 - \sigma_t^2|\mathcal{F}_{t-1}\right) = \mathrm{E}\left(u_t^2|\mathcal{F}_{t-1}\right) - \sigma_t^2 = 0$, conclui-se pela definição 4.4.3, que $\{v_t\}$ (admitindo que

Figura 8.2: Simulação de 4 trajectórias ARCH
de acordo com o modelo (8.3)

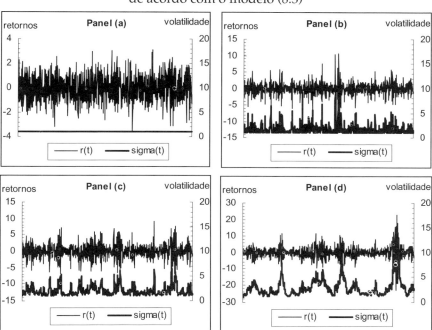

$E(|v_t|) < \infty)$ é uma diferença de martingala e, portanto, um processo não autocorrelacionado ($E(v_t) = 0$ e $\text{Cov}(v_t, v_{t-k}) = 0$). Logo, tem-se o importante resultado: se u_t segue um modelo ARCH(1) então u_t^2 segue um processo AR(1). Esquematicamente:

$$u_t \sim \text{ARCH}(1) \Rightarrow u_t^2 \sim \text{AR}(1).$$

Assim, o processo u_t^2 é autocorrelacionado (se $\alpha_1 > 0$) e apresenta as características básicas de um processo AR(1). De igual forma se conclui:

$$u_t \sim \text{ARCH}(q) \Rightarrow u_t^2 \sim \text{AR}(q).$$

8.2.3 Estacionaridade de Segunda Ordem do ARCH(q)

Estude-se a ESO de u. Vimos que $\mathrm{E}\,(u_t)$ e $\mathrm{Cov}\,(u_t, u_{t-k})$ são finitos e não dependem de t; só falta estudar $\mathrm{Var}\,(u_t)$. Em que condições $\mathrm{Var}\,(u_t) = \mathrm{E}\,(u_t^2)$ não depende de t e é finita? Considere-se o ARCH(1) na sua representação autoregressiva:

$$u_t^2 = \omega + \alpha_1 u_{t-1}^2 + v_t, \qquad \alpha_1 \geq 0.$$

Da estrutura autoregressiva conclui-se que a condição $|\alpha_1| < 1$ (ou equivalentemente: a raiz do polinómio AR $(1 - \alpha_1 L) = 0$ é, em módulo, superior a um) implica $\mathrm{E}\,(u_t^2) = \sigma^2 < \infty$. Se adicionarmos a esta condição, a restrição $\alpha_1 \geq 0$, a condição de ESO passa a ser simplesmente,

$$0 \leq \alpha_1 < 1.$$

Se u é um processo ESO vem

$$
\begin{aligned}
\mathrm{E}\,(u_t^2) &= \omega + \alpha_1 \,\mathrm{E}\,(u_{t-1}^2) \\
\mathrm{E}\,(u_t^2) &= \omega + \alpha_1 \,\mathrm{E}\,(u_t^2) \Rightarrow \mathrm{E}\,(u_t^2) = \frac{\omega}{1 - \alpha_1}\,.
\end{aligned}
$$

Considere-se agora o ARCH(q) na sua representação autoregressiva:

$$u_t^2 = \omega + \alpha_1 u_{t-1}^2 + ... + \alpha_q u_{t-q}^2 + v_t, \qquad \alpha_i \geq 0.$$

Da estrutura autoregressiva conclui-se que, se as raízes do polinómio AR

$$(1 - \alpha_1 L - ... - \alpha_q L^q) = 0,$$

estiverem todas fora do circulo unitário (complexo), então $\mathrm{E}\,(u_t^2) = \sigma^2 < \infty$. Se adicionarmos a esta condição, as restrições $\alpha_i \geq 0$, a condição de ESO simplifica-se e, pode-se provar, é igual a

$$\alpha_1 + \alpha_2 + ... + \alpha_q < 1\,.$$

Neste caso, depois de algumas contas, obtém-se

$$\mathrm{Var}\,(u_t) = \mathrm{E}\,(u_t^2) = \frac{\omega}{1 - (\alpha_1 + \alpha_2 + ... + \alpha_q)}.$$

Figura 8.3: Simulou-se ($n = 5000$) um ARCH(q). Qual a ordem de q?

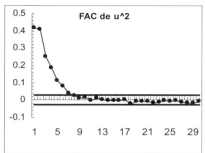

OBSERVAÇÃO 8.2.1. Embora a expressão $\text{Var}(u_t|\mathcal{F}_{t-1})$ seja variável, $\text{Var}(u_t)$ é constante. Assim: u_t é condicionalmente heterocedástico (heterocedasticidade condicional) mas em termos não condicionais ou marginais, u_t é homocedástico. De forma análoga, também num processo estacionário, a média condicional é variável e a não condicional é constante. Por exemplo, num processo AR(1) estacionário, a média condicional é variável ao longo do tempo e dada por $\mu_t = c + \phi y_{t-1}$; no entanto, a média marginal $c/(1-\phi)$ é constante.

8.2.4 FAC e FACP de um u_t^2 e Identificação do Processo ARCH(q)

Suponha-se que o momento de ordem quatro de u é finito não depende de t. A FAC de u_t^2 é dada por

$$\rho_k(u^2) = \rho_k = \frac{\text{Cov}(u_t^2, u_{t-k}^2)}{\sqrt{\text{Var}(u_t^2)\text{Var}(u_{t-k}^2)}}, \quad \text{Var}(u_t^2) = \text{E}(u_t^4) - \text{E}(u_t^2)^2$$

Vimos que se u_t segue um ARCH(q), então u_t^2 segue um AR(q). Assim, a FAC e a FACP teóricas de u^2 exibem o comportamento típico de um AR:

- (FAC) ρ_k não se anula e $\rho_k \to 0$;
- (FACP) $\phi_{kk} = \begin{cases} \text{não se anula} & \text{se } k = 1, 2, ..., q \\ 0 & \text{se } k = q+1, q+2, ... \end{cases}$

336 | Modelação de Séries Temporais Financeiras

Em particular, tem-se num ARCH(1):

$$\rho_k = \alpha_1^k, \ k \geq 1$$
$$\phi_{11} = \alpha \ \text{e} \ \phi_{kk} = 0, \ k \geq 2.$$

OBSERVAÇÃO 8.2.2. *Num ARCH(1) o 4º momento existe se* $3\alpha_1^2 < 1$ *i.e. se* $\alpha_1 < 0.5774$ *e esta condição é, na prática, um pouco severa.*

Passos para a identificação da ordem q de um processo ARCH(q)

(1) Estima-se o modelo $y_t = \mu_t + u_t$ supondo σ_t^2 constante.

(2) Obtêm-se os resíduos $\hat{u}_t = y_t - \hat{\mu}_t, t = 1, ..., n$.

(3) Calcula-se $\hat{u}_t^2, t = 1, ..., n$.

(4) Calcula-se a FAC e a FACP de $\hat{u}_t^2$ e identifica-se a ordem q.

Na figura 8.3 simulou-se um ARCH(q) com $n = 5000$ observações. Qual a ordem de q?

8.2.5 Características da Distribuição Marginal de u_t

Suponha-se que ε_t é um ruído branco Gaussiano $N(0, 1)$. Então a distribuição condicional de u_t é $N(0, \sigma^2)$, i.e., $u_t = \sigma_t \varepsilon_t | \mathcal{F}_{t-1} \sim N(0, \sigma_t^2)$. Sob certas condições, a distribuição marginal de u_t, $f(u_t)$, é dada pela expressão

$$f(u_t) = \lim_{s \to -\infty} f(u_t | \mathcal{F}_s).$$

Como na prática não se consegue obter a expressão para o limite anterior, f é geralmente desconhecida; podemos ainda assim investigar algumas propriedades de f calculando alguns momentos:

$$
\begin{aligned}
\mathrm{E}\left(u_t\right) &= 0 \\
\mathrm{Var}\left(u_t\right) &= \mathrm{E}\left(u_t^2\right) = \frac{\omega}{1 - \left(\alpha_1 + \ldots + \alpha_q\right)} \\
\mathrm{E}\left(u_t^3\right) &= 0 \Rightarrow skweness = 0 \\
k_u &= \frac{\mathrm{E}\left(u_t^4\right)}{\mathrm{E}\left(u_t^2\right)^2} > k_\varepsilon = 3 \text{ (já vimos).}
\end{aligned}
$$

Tem-se a seguinte importante conclusão: $k_u \geq k_\varepsilon$. A distribuição de u tem caudas mais pesadas do que a distribuição de ε. Se, como habitualmente, se assumir $\varepsilon_t \sim N\left(0, 1\right)$, então a distribuição marginal de u é leptocúrtica! Note-se, em esquema:

$$
u_t | \mathcal{F}_{t-1} = \sigma_t \varepsilon_t | \mathcal{F}_{t-1} \sim N\left(0, \sigma_t^2\right) \Rightarrow u_t \sim Dist.Leptocúrtica.
$$

Podemos obter uma expressão exacta para k_u. Por exemplo, suponha-se $u_t \sim \mathrm{ARCH}(1)$, $\varepsilon_t \overset{\text{i.i.d.}}{\sim} N\left(0, 1\right)$ e $3\alpha_1^2 < 1$. Deixa-se como exercício mostrar que

$$
\mathrm{E}\left(u_t^4\right) = 3\,\mathrm{E}\left(\sigma_t^4\right),
$$

$$
\mathrm{E}\left(\sigma_t^4\right) = \frac{\omega^2\left(1 + \alpha_1\right)}{\left(1 - \alpha_1\right)\left(1 - 3\alpha_1^2\right)},
$$

$$
k_u = \frac{\mathrm{E}\left(u_t^4\right)}{\mathrm{E}\left(u_t^2\right)^2} = \frac{3\left(1 - \alpha_1^2\right)}{1 - 3\alpha_1^2} = 3 + \frac{6\alpha_1^2}{1 - 3\alpha_1^2} > 3.
$$

Vimos que a distribuição de u tem caudas mais pesadas do que a distribuição de ε. A proposição seguinte caracteriza as caudas da distribuição marginal.

PROPOSIÇÃO 8.2.1. *Seja* $u_t = \sigma_t \varepsilon_t$ *onde* ε_t *é um ruído branco Gaussiano* $N\left(0, 1\right)$ *e* $\sigma_t^2 = \omega + \alpha_1 u_{t-1}^2$. *Suponha-se* $\alpha_1 \in \left(0, 2e^\gamma\right)$ *onde* γ *é a constante de Euler,* $\gamma \simeq 0.5772$. *Seja* $\kappa > 0$ *a solução única da equação*

$$
\alpha_1^\kappa \,\mathrm{E}\left(Z^{2\kappa}\right) = 1 \Leftrightarrow \frac{\left(2\alpha_1\right)^\kappa}{\sqrt{\pi}}\Gamma\left(\kappa + \frac{1}{2}\right) = 1 \tag{8.5}
$$

onde Γ *é a função Gama e* $Z \sim N(0,1)$. *Então quando* $x \to \infty$, *a probabilidade* $P(u_t > x)$ *converge para*

$$\frac{c}{2}x^{-2\kappa}, \quad c > 0.$$

A proposição 8.2.1 basicamente estabelece que as abas da fdp $f(x)$ de u_t têm caudas de Pareto (i.e., para x suficientemente "grande" $P(u_t > x)$ – como função de x - e $f(x)$ apresentam um decaimento polinomial). Este resultado está de acordo com os factos estilizados analisados no capítulo 3. É interessante verificar, mais uma vez, que embora a distribuição condicional seja normal a distribuição marginal é leptocúrtica e apresenta caudas pesadas (*light-value input causes heavytailed output*). O parâmetro obtém-se da resolução da equação (8.5). Não há, no entanto, uma solução explícita para κ (em função de α_1) – a equação (8.5) deve resolver-se numericamente.

Algumas conclusões:

- Embora $\{u_t\}$ seja um processo não autocorrelacionado, $\{u_t\}$ não é uma sucessão de variáveis independentes (basta observar, por exemplo, $\mathrm{E}\left(u_t^2 u_{t-1}^2\right) \neq 0$ ou que $\mathrm{E}\left(u_t^2 \mid \mathcal{F}_{t-1}\right)$ depende de u_{t-1}^2);
- Mesmo que u_t seja condicionalmente Gaussiano a distribuição marginal não é Gaussiana. Em particular, se u_t é condicionalmente Gaussiano então a distribuição marginal é leptocúrtica.

8.2.6 Momentos e Distribuição de y

Seja

$$\begin{aligned} y_t &= \mu_t + u_t \\ u_t &= \sigma_t \varepsilon_t \end{aligned}$$

Figura 8.4: Valor de kurtosis como função do parâmetro α_1, associada a um ARCH(1)

(assumem-se as hipóteses habituais para ε_t). Deixa-se como exercício verificar que:

- $\mathrm{E}\left(y_t|\, \mathcal{F}_{t-1}\right) = \mu_t$;
- $\mathrm{Var}\left(y_t|\, \mathcal{F}_{t-1}\right) = \sigma_t^2$;
- Se ε_t é Gaussiano então $y_t|\, \mathcal{F}_{t-1} \sim N\left(\mu_t, \sigma_t^2\right)$;
- $\mathrm{E}\left(y_t\right) = \mathrm{E}\left(\mu_t\right)$;
- $\mathrm{Var}\left(y_t\right) = \mathrm{Var}\left(\mathrm{E}\left(y_t|\, \mathcal{F}_{t-1}\right)\right) + \mathrm{E}\left(\mathrm{Var}\left(y_t|\, \mathcal{F}_{t-1}\right)\right) = \mathrm{Var}\left(\mu_t\right) + \mathrm{E}\left(\sigma_t^2\right)$.

8.2.7 Volatilidade: Definições

A **volatilidade condicional** no momento t (= σ_t) é uma medida da magnitude das variações (ou flutuações) não explicadas dos preços no momento t. No entanto, como μ_t é quase sempre uma componente pouco explicativa de y (i.e. $\mu_t \approx 0$, pelo menos para dados de frequência alta – dados semanais ou diários) podemos dizer (sem grande margem de erro) que a volatilidade condicional é

Figura 8.5: Qual é o retorno mais volátil?

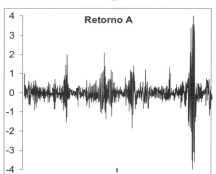
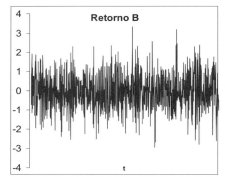

uma medida da magnitude das variações (ou flutuações) dos preços no momento t. Esta é a definição usual de volatilidade do ponto de vista das instituições financeiras:

"[...] *practitioners often refer to the term volatility when speaking of movements in financial prices and rates.*"
RiskMetrics

Um título A pode exibir, comparativamente a um outro título B, maior volatilidade condicional em certos momentos do tempo mas, globalmente A pode ser menos volátil do que B. Nas figuras 8.5 o retorno A exibe episódios de grande volatilidade, mas B é (globalmente) mais volátil (i.e. considerando o período todo).

Definimos **volatilidade não condicional (ou marginal)** como uma medida da magnitude das variações (ou flutuações) dos preços num hiato de tempo (meses ou anos) (que não são explicadas). Pode ser medida através da estatística

$$\widehat{\mathrm{Var}}\left(u_t\right) = \frac{\sum_{t=1}^{n} \hat{u}_t^{\,2}}{n}.$$

ou se $y_t \sim \mathrm{ARCH}(q)$

$$\widehat{\mathrm{Var}}\left(u_t\right) = \frac{\hat{\omega}}{1 - (\hat{\alpha}_1 + ... + \hat{\alpha}_q)}, \qquad (\alpha_1 + \alpha_2 + ... + \alpha_q < 1).$$

Parte 2 – Capítulo 8. Modelação da heterocedasticidade condicionada | 341

No exemplo acima, a volatilidade marginal de B é maior do que a de A, embora B exiba volatilidade constante.

8.3 Modelo GARCH

Tendo em conta a forte dependência temporal da volatilidade, era usual, nas primeiras aplicações, considerar-se um ARCH de ordem elevada. Um ARCH de ordem elevada levanta problemas de estimação (mais concretamente, de convergência dos algoritmos de optimização) e, não raras vezes obtêm-se máximos locais (e não globais, como é desejável). Como consequência, alguns das estimativas dos parâmetros podem vir desprovidos de significado (por exemplo, podem vir negativos)[54]. Para superar este problema, foram tentadas várias soluções (a maioria *ad-hoc* e sem muita relevância). Contudo, a melhor solução apareceu com o modelo GARCH. Veremos adiante este aspecto.

DEFINIÇÃO 8.3.1. *u_t segue um modelo GARCH(p,q) (ou tem representação GARCH(p,q)) se*

$$u_t = \sigma_t \varepsilon_t$$
$$\sigma_t^2 = \omega + \alpha_1 u_{t-1}^2 + ... + \alpha_q u_{t-q}^2 + \beta_1 \sigma_{t-1}^2 + .. + \beta_p \sigma_{t-p}^2$$

$\omega > 0, \alpha_i \geq 0, \beta \geq 0$ *(ver no entanto a observação 8.3.1).*

Surpreendentemente, o modelo mais simples GARCH(1,1), $\sigma_t^2 = \omega + \alpha_1 u_{t-1}^2 + \beta_1 \sigma_{t-1}^2$, veio a revelar-se suficiente em muitas aplicações.

---

[54] No método dos mínimos quadrados (OLS) a estimação é relativamente simples e imediata, mesmo que o número de parâmetros a estimar seja alto. Afinal, o "algoritmo de optimização" converge numa única iteração. Já no âmbito dos modelos ARCH a estimação é mais complicada pois a função a minimizar é altamente não linear e os estimadores não podem ser escritos através de uma fórmula "fechada".

342 | Modelação de Séries Temporais Financeiras

8.3.1 GARCH(p,q) representa um ARCH(∞)

Considere-se o GARCH(p,q):

$$\sigma_t^2 = \omega + \alpha_1 u_{t-1}^2 + \dots + \alpha_q u_{t-q}^2 + \beta_1 \sigma_{t-1}^2 + \dots + \beta_p \sigma_{t-p}^2$$

$$\sigma_t^2 = \omega + \underbrace{(\alpha_1 L + \dots + \alpha_q L^q)}_{A(L)} u_t^2 + \underbrace{(\beta_1 L + \dots + \beta_p L^p)}_{B(L)} \sigma_t^2$$

$$(1 - B(L)) \sigma_t^2 = \omega + A(L) u_t^2.$$

Assim,

$$
\begin{aligned}
(1 - B(L)) \sigma_t^2 &= \omega + A(L) u_t^2 \\
\sigma_t^2 &= \frac{\omega}{1 - B(L)} + \frac{A(L)}{1 - B(L)} u_t^2 = \frac{\omega}{1 - B(L)} + D(L) u_t^2 \\
\sigma_t^2 &= \frac{\omega}{1 - B(1)} + \left(d_1 L + d_2 L^2 + \dots\right) u_t^2 \\
&= \frac{\omega}{1 - B(1)} + \sum_{i=1}^{\infty} d_i u_{t-i}^2.
\end{aligned}
$$

Em suma, o modelo GARCH(p,q) pode ser representado como um ARCH(∞):

$$\sigma_t^2 = \frac{\omega}{1 - \beta_1 - \dots - \beta_p} + d_1 u_{t-1}^2 + d_2 u_{t-2}^2 + \dots$$

Os parâmetros d_i podem ser determinados pelo método dos coeficientes indeterminados[55] ou a partir da fórmula de Taylor (veja-se o exemplo seguinte).

---

[55] Considere-se

$$\frac{A(L)}{1 - B(L)} = D(L)$$

$$\Leftrightarrow \frac{\alpha_1 L + \alpha_2 L^2 + \dots + \alpha_q L^q}{1 - \beta_1 L - \dots - \beta_p L^P} = d_1 L + d_2 L^2 + \dots$$

$$\Leftrightarrow \alpha_1 L + \alpha_2 L^2 + \dots + \alpha_q L^q = \left(d_1 L + d_2 L^2 + \dots\right) \left(1 - \beta_1 L - \dots - \beta_p L^P\right).$$

A partir da última equação igualam-se os coeficientes homólogos e resolvem-se as igualdades obtidas em ordem a d_i

Parte 2 – Capítulo 8. Modelação da heterocedasticidade condicionada | 343

EXEMPLO 8.3.1. *Represente-se o GARCH(1,2) num ARCH(∞).*
Tem-se

$$\begin{aligned}
\sigma_t^2 &= \omega + \alpha_1 u_{t-1}^2 + \alpha_2 u_{t-2}^2 + \beta_1 \sigma_{t-1}^2 \\
\sigma_t^2 &= \omega + \underbrace{(\alpha_1 L + \alpha_2 L^2)}_{A(L)} u_t^2 + \underbrace{(\beta_1 L)}_{B(L)} \sigma_t^2.
\end{aligned}$$

Assim, o GARCH(1,2) pode representar-se na forma

$$\sigma_t^2 = \frac{\omega}{1 - B(1)} + \frac{A(L)}{1 - B(L)} u_t^2 = \frac{\omega}{1 - \beta_1} + \frac{\alpha_1 L + \alpha_2 L^2}{1 - \beta_1 L} u_t^2.$$

Podemos obter os primeiros termos do desenvolvimento em série (de potências de L) de $\frac{\alpha_1 L + \alpha_2 L^2}{1 - \beta_1 L}$ no programa Mathematica através da instrução

$$\texttt{Series}[\frac{\alpha_1 L + \alpha_2 L^2}{1 - \beta_1 L}, \{\texttt{L}, 0, 7\}].$$

O output do programa fornece:

$$\begin{aligned}
\frac{\alpha_1 L + \alpha_2 L^2}{1 - \beta_1 L} &= \alpha_1 L + (\alpha_2 + \alpha_1 \beta_1) L^2 + (\alpha_2 \beta_1 + \alpha_1 \beta_1^2) L^3 \\
&\quad + (\alpha_2 \beta_1^2 + \alpha_1 \beta_1^3) L^4 + (\alpha_2 \beta_1^3 + \alpha_1 \beta_1^4) L^5 \\
&\quad + (\alpha_2 \beta_1^4 + \alpha_1 \beta_1^5) L^6 + (\alpha_2 \beta_1^5 + \alpha_1 \beta_1^6) L^7 + \dots
\end{aligned}$$

Assim,

$$d_1 = \alpha_1, \qquad d_2 = \alpha_2 + \alpha_1 \beta_1, \qquad d_3 = \alpha_2 \beta_1 + \alpha_1 \beta_1^2, \text{ etc.}$$

Em geral $d_i = \beta_1 d_{i-1}$, $i = 3, 4\dots$

OBSERVAÇÃO 8.3.1. *A condição $\omega > 0$, $\alpha_i \geq 0, \beta \geq 0$ certamente implica $\sigma_t^2 > 0$ mas não é necessário exigir tanto. Vimos atrás que $\sigma_t^2 = \frac{\omega}{1 - B(1)} + \sum_{i=1}^{\infty} d_i u_{t-i}^2$. Logo, para se ter $\sigma_t^2 > 0$ basta exigir*

$$\omega > 0 \ e \ d_i \geq 0, \ i = 1, 2, \dots$$

Por exemplo, no GARCH(1,2) vimos:

$$d_2 = \alpha_2 + \alpha_1\beta_1, \qquad d_i = \beta_1 d_{i-1}$$

Assim, temos apenas de garantir

$$\alpha_1 \geq 0, \qquad \beta_1 \geq 0, \qquad \alpha_2 \geq -\alpha_1\beta_1$$

(verifique que os valores $\alpha_1 = 0.2, \alpha_2 = -0.05, \beta_1 = 0.5$ *são admissíveis).*

8.3.2 Representação ARMA de um GARCH

Para simplificar considere-se o GARCH(1,1): $\sigma_t^2 = \omega + \alpha_1 u_{t-1}^2 + \beta_1 \sigma_{t-1}^2$. Some-se a ambos os termos a variável u_t^2 :

$$u_t^2 + \sigma_t^2 = \omega + \alpha_1 u_{t-1}^2 + u_t^2 + \beta_1 \sigma_{t-1}^2,$$

isole-se u_t^2 no lado esquerdo da equação e simplifique-se a equação até se obter o ARMA implícito:

$$
\begin{aligned}
u_t^2 &= \omega + \alpha_1 u_{t-1}^2 + \beta_1 \sigma_{t-1}^2 + \underbrace{u_t^2 - \sigma_t^2}_{v_t} \\
&= \omega + \alpha_1 u_{t-1}^2 + \beta_1 \sigma_{t-1}^2 + \beta_1 u_{t-1}^2 - \beta_1 u_{t-1}^2 + v_t \\
&= \omega + (\alpha_1 + \beta_1) u_{t-1}^2 - \beta_1 \underbrace{\left(u_{t-1}^2 - \sigma_{t-1}^2\right)}_{v_{t-1}} + v_t \\
&= \omega + (\alpha_1 + \beta_1) u_{t-1}^2 - \beta_1 v_{t-1} + v_t.
\end{aligned}
$$

Como $\mathrm{E}(v_t) = 0$ e $\mathrm{Cov}(v_t, v_{t-k}) = 0$ conclui-se: $u_t^2 \sim ARMA$ (1, 1). No caso geral pode-se mostrar

$$u_t \sim \text{GARCH(p,q)} \Rightarrow u_t^2 \sim \text{ARMA}(\max\{p, q\}, p).$$

Por exemplo,

$$
\begin{aligned}
u_t &\sim \text{GARCH(1,2)} \Rightarrow u_t^2 \sim \text{ARMA(2,1)} \\
u_t &\sim \text{GARCH(2,1)} \Rightarrow u_t^2 \sim \text{ARMA(2,2)} \\
u_t &\sim \text{GARCH(2,2)} \Rightarrow u_t^2 \sim \text{ARMA(2,2)}
\end{aligned}
$$

Em geral é problemático identificar o GARCH a partir das FAC e FACP de u_t^2. Por duas razões: 1) o GARCH implica uma estrutura ARMA para u_t^2 e, como se sabe, no ARMA, nenhuma das funções de autocorrelação (FAC ou FACP) é nula a partir de certa ordem em diante (e, é esta característica que facilita a identificação das ordens do AR ou do MA, mas não do ARMA); 2) não existe uma correspondência perfeita entre as estruturas ARMA e GARCH (por exemplo, um ARMA(2,2) para u_t^2 pode ser um GARCH(2,1) ou um GARCH(2,2) para u_t). Quer isto dizer que as funções de autocorrelação não são interessantes nesta fase? De forma alguma, por duas razões: 1) se FAC e a FACP de u_t^2 não apresentarem coeficientes significativos então não existe efeito ARCH; 2) a existência de vários coeficientes de autocorrelação e de autocorrelação parcial significativos é indício forte da presença de efeitos ARCH[56].

Como regra geral, não devemos usar o ARCH; o GARCH é preferível. A identificação das ordens p e q do GARCH faz-se na fase da estimação.

Estacionaridade de Segunda Ordem num GARCH(p,q)

Como se sabe $\mathrm{E}\left(u_t\right) = \mathrm{Cov}\left(u_t, u_{t-k}\right) = 0, \forall k \in \mathbb{N}$. Assim, para discutir a ESO do processo u, basta analisar $\mathrm{E}\left(u_t^2\right)$.

Vimos

$$u_t \sim \mathrm{GARCH(p,q)} \Rightarrow u_t^2 \sim \mathrm{ARMA}(\max\{p, q\}, p).$$

De facto, pode-se mostrar

$$
\begin{aligned}
u_t^2 &= \omega + \sum_{i=1}^{q} \alpha_i u_{t-i}^2 + \sum_{i=1}^{p} \beta_i u_{t-i}^2 - \sum_{i=1}^{p} \beta_i v_{t-i} + v_t \\
&= \omega + \sum_{i=1}^{\max\{p,q\}} \left(\alpha_i + \beta_i\right) u_{t-i}^2 - \sum_{i=1}^{p} \beta_i v_{t-i} + v_t \\
&= \omega + \left(A\left(L\right) + B\left(L\right)\right) u_{t-i}^2 + \left(1 - B\left(L\right)\right) v_t.
\end{aligned}
$$

---

[56] Coeficientes de autocorrelação de u_t^2 estatisticamente significativos podem ainda dever-se a um erro de especificação do modelo (veremos isso adiante) ou à presença de outros modelos não lineares, como por exemplo, o modelo bilinear.

346 | Modelação de Séries Temporais Financeiras

Tem-se assim

$$(1 - A(L) - B(L)) u_t^2 = \omega + (1 - B(L)) v_t.$$

A ESO de u_t depende das raízes do polinómio autoregressivo, $(1 - A(L) - B(L))$. Concretamente, para que se tenha $E\left(u_t^2\right) = \sigma^2 < \infty$ é necessário e suficiente que as raízes do polinómio autoregressivo estejam fora do circulo unitário. Se adicionarmos a esta condição, as restrições $\alpha_i \geq 0$ e $\beta_i \geq 0$, a condição de ESO simplifica-se e, pode-se provar, é igual a

$$\sum_{i=1}^{q} \alpha_i + \sum_{i=1}^{p} \beta_i < 1.$$

8.4 Modelo IGARCH

DEFINIÇÃO 8.4.1. u_t segue um modelo IGARCH(p,q) (ou tem representação IGARCH(p,q)) se

$$
\begin{aligned}
u_t &= \sigma_t \varepsilon_t \\
\sigma_t^2 &= \omega + \alpha_1 u_{t-1}^2 + ... + \alpha_q u_{t-q}^2 + \beta_1 \sigma_{t-1}^2 + .. + \beta_p \sigma_{t-p}^2
\end{aligned}
$$

e

$$\sum_{i=1}^{q} \alpha_i + \sum_{i=1}^{p} \beta_i = 1$$

i.e., a soma dos parâmetros $\alpha's$ e $\beta's$ é igual a um.

Vamos analisar apenas o IGARCH(1,1): $\sigma_t^2 = \omega + \alpha_1 u_{t-1}^2 + \beta_1 \sigma_{t-1}^2$, onde $\alpha_1 + \beta_1 = 1$. A designação *Integrated* GARCH resulta do facto de u_t^2 possuir uma raiz unitária:

$$u_t^2 = \omega + \underbrace{(\alpha_1 + \beta_1)}_{1} u_{t-1}^2 - \beta_1 v_{t-1} + v_t$$

$$u_t^2 = \omega + u_{t-1}^2 - \beta_1 v_{t-1} + v_t$$

$$(1 - L) u_t^2 = \omega - \beta_1 v_{t-1} + v_t$$

Parte 2 – Capítulo 8. Modelação da heterocedasticidade condicionada | 347

(logo u_t^2 é um ARIMA(0,1,1)). Nestas condições u_t não é ESO. Durante algum tempo pensou-se que u_t seria também não estacionário em sentido estrito. Daniel Nelson mostrou que um IGARCH poderia ser estritamente estacionário (EE). Concretamente mostrou:
1) a condição necessária e suficiente para que u_t seja EE[57] é

$$E\left(\log\left(\beta_1 + \alpha_1\varepsilon_t^2\right)\right) < 0;$$

2) e que esta condição acaba por ser menos exigente que a condição de ESO, $\alpha_1 + \beta_1 < 1$.

Se $E\left(\log\left(\beta_1 + \alpha_1\varepsilon_t^2\right)\right) < 0$, então a distribuição conjunta de $(u_1, u_2, ..., u_k)$ é igual à distribuição conjunta de $(u_t, u_{t+1}, ..., u_{t+k})$ para todo o t e k e, em particular, as funções densidade de probabilidade são constantes no tempo $f(u_t) = f(u_s), \forall t, s$; pode-se ainda mostrar que σ_t^2 é uma variável aleatória limitada em probabilidade (não tende para ∞, como à primeira vista poderíamos pensar) e $\sigma_t^2 \xrightarrow{p} \sigma^2(\omega)$ ($\sigma^2(\omega)$ é uma v.a.) (embora não exista o segundo momento). Vários estudos mostram que os testes assimptóticos habituais permanecem válidos[58]. Para assentar ideias, suponha-se $\varepsilon_t \sim N(0, 1)$. Então:

- se $\alpha_1 + \beta_1 < 1 \Rightarrow u_t$ é ESO;
- se $\alpha_1 + \beta_1 < 1$ vem, pela desigualdade de Jensen,
  $$E\left(\log\left(\beta_1 + \alpha_1\varepsilon_t^2\right)\right) \leq \log E\left(\beta_1 + \alpha_1\varepsilon_t^2\right) = \log\left(\beta_1 + \alpha_1\right) < 0$$
  e, portanto, $\alpha_1 + \beta_1 < 1 \Rightarrow \log E\left(\beta_1 + \alpha_1\varepsilon_t^2\right) < 0$; isto é, se o processo é ESO então é também EE;
- pode-se provar que $\alpha_1 + \beta_1 = 1 \Rightarrow E\left(\log\left(\beta_1 + \alpha_1\varepsilon_t^2\right)\right) < 0$ (este valor esperado pode ser calculado de forma exacta[59]).

---

[57] Na proposição 7.3.5 e exemplo 7.3.13 aborda-se, do ponto de vista teórico, esta questão.

[58] Esta conclusão contrasta com o processos integrados na média, por exemplo do tipo, $y_t = y_{t-1} + \varepsilon_t$ que, como se sabe, não são nem estacionários de segunda ordem nem estritamente estacionários e onde os testes habituais não são válidos.

[59] Com efeito, a variável aleatória $Z = \log\left(\beta_1 + \alpha_1\varepsilon^2\right)$ tem distribuição conhecida. Por exemplo, basta fazer uma transformação de variável e atender ao facto de $\varepsilon^2 \sim \chi_{(1)}^2$.

Como referimos, o processo IGARCH é EE. A condição de ESO acaba por ser mais exigente do que a condição de EE. A primeira exige a existência do momento de segunda ordem enquanto EE exige que toda a estrutura probabilística (leia-se função de distribuição finita) seja estável ao longo do tempo, independentemente dos momentos serem finitos ou não.

- $\mathrm{E}\left(\log\left(\beta_1 + \alpha_1 \varepsilon_t^2\right)\right) < 0 \not\Rightarrow \alpha_1 + \beta_1 < 1$

A figura 8.6 mostra três regiões no espaço dos parâmetros (α_1, β_1). Na região

$$\left\{(\alpha_1, \beta_1) \in \mathbb{R}^2 : \alpha_1 + \beta_1 < 1, \mathrm{E}\left(\log\left(\beta + \alpha\varepsilon^2\right)\right) < 0\right\}$$

o processo $\{u_t\}$ é ESO e EE. Na região

$$\left\{(\alpha_1, \beta_1) \in \mathbb{R}^2 : \alpha_1 + \beta_1 > 1, \mathrm{E}\left(\log\left(\beta + \alpha\varepsilon^2\right)\right) < 0\right\}$$

o processo $\{u_t\}$ não é ESO mas é EE. Na região

$$\left\{(\alpha_1, \beta_1) \in \mathbb{R}^2 : \alpha_1 + \beta_1 > 1, \mathrm{E}\left(\log\left(\beta + \alpha\varepsilon^2\right)\right) < 0\right\}$$

o processo $\{u_t\}$ não é ESO nem EE.

8.4.1 Persistência na Variância

Certos processos exibem reversão para a média; outros não (e.g. RW). É usual chamar a estes últimos processos persistentes no sentido em que choques nas inovações exercem um efeito persistente no nível do processo. Na literatura, variam não só as definições de persistência como também as ferramentas estatísticas usadas para a avaliar.

Considere-se por exemplo o AR(1)

$$y_t = \mu\left(1 - \phi\right) + \phi y_{t-1} + \varepsilon_t, \qquad u_t \text{ ruído branco}$$

Figura 8.6: Regiões no espaço dos parâmetros (α_1, β_1) onde o processo $\{u_t\}$ é ESO e EE

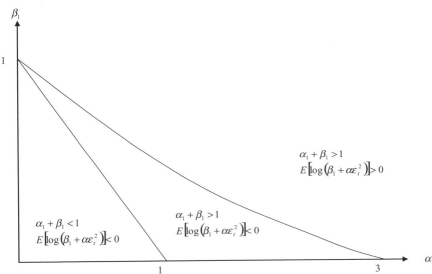

Uma medida de persistência pode basear-se em ϕ. Se $\phi = 1$ o processo é persistente. Se $|\phi| < 1$ não é persistente. Poderíamos ainda discutir "níveis de persistência" (quanto mais perto ϕ estiver de 1 maior é a "persistência"). Na figura 8.7 mostram-se 4 trajectórias simuladas de $y_t = \mu(1-\phi) + \phi y_{t-1} + \varepsilon_t$, ($\varepsilon_t$ ruído branco Gaussiano) para $\mu = 100$, $y_0 = 80$. Apenas ϕ varia (tudo o resto é igual, incluindo as inovações ε_t). Consideram-se os casos $\phi = 0.1$, $\phi = 0.8$, $\phi = 0.98$ e $\phi = 1$. Procura-se verificar a velocidade da reversão do processo face à sua média de longo prazo (no caso $\phi = 1$ não existe média de longo prazo) dada uma condição inicial $y_0 = 80$ relativamente afastada da média de longo prazo. Isto é, tende ou não o processo rapidamente para a sua média de longo prazo? A figura mostra que quanto maior é o valor do parâmetro ϕ mais lenta é a reversão e, portanto, maior é o nível de persistência.

Existem outras medidas de persistência. Por exemplo a *half-life* é o valor de h tal que

$$E\left(y_{t+h} - \mu \mid \mathcal{F}_t\right) \leq \frac{1}{2}\left(y_t - \mu\right), \qquad \text{(supondo } y_t > \mu\text{)} .$$

Suponha-se que em t existe um desvio de y face à sua média de longo prazo igual a $y_t - \mu$. Questão: quantos períodos são necessários para que metade desse desvio seja eliminado (em média)? Ou, em quanto tempo o processo elimina metade do desvio $y_t - \mu$? A resposta é h.

Para exemplificar, considere-se o processo AR(1), $y_t = \phi y_{t-1} + u_t$ (note-se, $\mu = 0$). Como se viu atrás

$$E\left(y_{t+h} \mid \mathcal{F}_t\right) = \phi^h y_t .$$

Assim, a *half-life* é o valor de h tal que $\phi^h y_t = \frac{1}{2} y_t$. Logo

$$\phi^h y_t = \frac{1}{2} y_t \Rightarrow h = \frac{\log\left(1/2\right)}{\log \phi} .$$

Se temos dados diários ($t = 1$ corresponde a uma dia) e, por exemplo, $\phi = 0.8$; então $h = \log\left(1/2\right) / \log\left(0.8\right) = 3.1$ é o número de dias necessários para que, em média, metade do desvio de y face à sua média de longo prazo seja eliminado. Valores altos de h indicam maior persistência (o processo demora mais tempo a eliminar desvios face à média de longo prazo e, neste caso, o processo exibe uma reversão para a média mais lenta). No caso $\phi \to 1 \Rightarrow h \to \infty$ e o processo é persistente. Obviamente, se $E\left(y_{t+h} \mid \mathcal{F}_t\right)$ não converge quando $h \to \infty$ o processo y é persistente.

Tradicionalmente, o conceito de persistência aplica-se à média do processo. Com o GARCH surgiu a ideia da persistência em variância. Choques na variância são rapidamente eliminados e σ_t^2 tende rapidamente para $E\left(\sigma_t^2\right)$ ou, pelo contrário, os choques têm um efeito duradouro na variância?

Podemos também definir uma *half-life* para a variância. Trata-se do valor de h tal que

$$E\left(\sigma_{t+h}^2 - \sigma^2 \mid \mathcal{F}_t\right) \leq \frac{1}{2}\left(\sigma_t^2 - \sigma^2\right) \qquad \text{(supondo } \sigma_t^2 > \sigma^2\text{)}$$

Figura 8.7: Persistência e o processo AR(1)

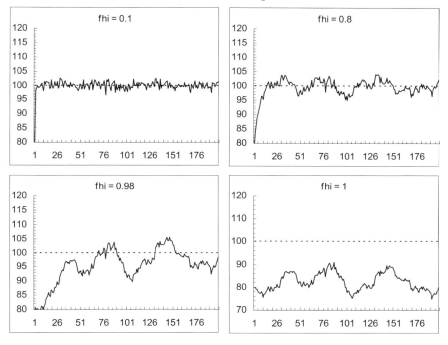

onde $\sigma^2 = E\left(\sigma_t^2\right)$. Para exemplificar, considere-se o GARCH(1,1). Vem $\sigma^2 = \omega/\left(1 - \alpha_1 - \beta_1\right)$ e

$$E\left(\sigma_{t+h}^2 - \sigma^2 \mid \mathcal{F}_t\right) = (\alpha_1 + \beta_1)^h \left(\sigma_t^2 - \sigma^2\right)$$

(este resultado mostra-se no capítulo da previsão). Assim a *half-life* é o valor de h tal que $(\alpha_1 + \beta_1)^h \left(\sigma_t^2 - \sigma^2\right) = \frac{1}{2}\left(\sigma_t^2 - \sigma^2\right)$. Logo

$$(\alpha_1 + \beta_1)^h \left(\sigma_t^2 - \sigma^2\right) = \frac{1}{2}\left(\sigma_t^2 - \sigma^2\right) \Rightarrow h = \frac{\log\left(1/2\right)}{\log\left(\alpha_1 + \beta_1\right)}.$$

Quando $\alpha_1 + \beta_1$ tende para 1, h tende para mais infinito e o processo é persistente na variância (ou a volatilidade é persistente).

Uma das dificuldades na análise dos processos GARCH em geral, e dos IGARCH em particular, é o de que certos processos podem ser persistentes num certo modo de convergência e não ser

352 | Modelação de Séries Temporais Financeiras

num outro modo de convergência. Pode-se provar que os IGARCH, embora persistentes de acordo com a medida $E\left(\sigma_{t+h}^2 - \sigma^2 \mid \mathcal{F}_t\right)$ não são persistentes no modo de convergência designado "quase certamente" ou "com probabilidade 1" (como notámos $\sigma_t^2 \xrightarrow{q.c.} \sigma^2(\omega)$, i.e. σ_t^2 converge quase certamente para uma variável aleatória, apesar de $E\left(\sigma_t^2\right)$ não existir).

Em muitas aplicações empíricas observa-se que a estimativa para $\alpha_1 + \beta_1$ se encontra muito perto de um, sugerindo que a volatilidade pode ser persistente (forte dependência temporal) e que $\text{Var}(y_t)$ pode não existir. Este facto está de acordo com os factos estilizados discutido no capítulo 3.

Um modelo estacionário mas em que a volatilidade exibe memória longa é o FIGARCH (GARCH fraccionário).

8.4.2 Alterações de Estrutura e o IGARCH

Modelos aparentemente IGARCH podem também dever-se a alterações de estrutura (tal como processos aparentemente do tipo $y_t = y_{t-1} + u_t$ podem dever-se a alterações de estrutura). Por exemplo, considere-se a seguinte simulação de Monte Carlo:

$$y_t = u_t, \qquad u_t = \sigma_t \varepsilon_t, \qquad t = 1, 2, ..., 1000$$
$$\sigma_t^2 = \omega + \alpha u_{t-1}^2 + \beta \sigma_{t-1}^2,$$
$$\alpha = 0.1, \quad \beta = 0.6, \quad \omega = \left\{ \begin{array}{ll} 0.5 & t = 1, 2, ..., 500 \\ 1.5 & t = 501, 502, ..., 1000 \end{array} \right. \tag{8.6}$$

Este modelo foi simulado 500 vezes. Na figura 8.8 representa--se uma das 500 trajectórias simuladas.

Em cada simulação (ou trajectória simulada) estimaram-se os parâmetros. Embora o modelo simulado não seja claramente um IGARCH (note-se que $\alpha + \beta = 0.7$), concluiu-se que:

- em 83% das simulações a soma dos parâmetros $\hat{\alpha} + \hat{\beta}$ esteve acima de 0.99;

Figura 8.8: Uma trajectória simulada de acordo com o modelo 8.6

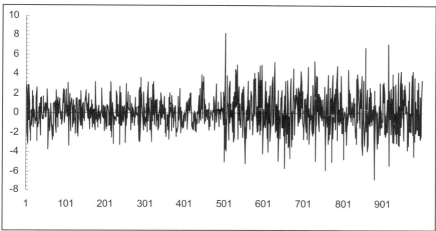

- em 99.6% das simulações a soma dos parâmetros $\hat{\alpha} + \hat{\beta}$ esteve acima de 0.95;
- em todos os casos $\hat{\alpha} + \hat{\beta}$ esteve acima de 0.9.

Este exercício de simulação ilustra o impacto de alterações de estrutura sobre os coeficientes α e β. A mensagem é clara: num aplicação empírica, se $\hat{\alpha} + \hat{\beta}$ estiver próximo de um, convém verificar se o modelo subjacente é de facto um IGARCH ou, pelo contrário, se existem alterações de estrutura que causem um falso IGARCH. Não obstante, quer se verifique $\alpha + \beta = 1$ ou o caso de ω não ser constante ao longo da amostra, o processo subjacente é sempre não estacionário de segunda ordem. No primeiro caso a variância não é finita; no segundo não é constante. Quebras de estrutura ocorrem frequentemente quando o período de análise é muito extenso. Nestes casos, ou se modela a quebra de estrutura (em princípio é a melhor estratégia) ou se encurta o período de observação (se os objectivos da aplicação empírica assim o permitirem).

8.4.3 EWMA (*Exponential Weighted Moving Averages*)

Considere-se a seguinte estimativa para a volatilidade no momento t

$$\sigma_t^2(h) = \frac{1}{h}\sum_{i=1}^{h} y_{t-i}^2 = \frac{1}{h}\left(y_{t-1}^2 + y_{t-2}^2 + \dots + y_{t-h}^2\right)$$

(supomos $E\left(y_t|\,\mathcal{F}_{t-1}\right) = 0$).

Na figura 8.9 mostram-se várias estimativas da volatilidade do índice Dow Jones ao longo do período, baseadas no estimador $\sigma^2(h)$ para diferentes valores de h (e.g., $\text{Vol30} = \sigma_t^2(30)$, $\text{Vol60} = \sigma_t^2(60)$, etc.)

O estimador $\sigma^2(h)$ levanta as seguintes questões e objecções:

- qual o melhor valor de h? É um pouco arbitrária a escolha de h;
- o estimador $\sigma^2(h)$ implica que todas as observações no período $(t-h, t-1)$ têm o mesmo peso na determinação do valor de $\sigma^2(h)$. Por exemplo, com

$$\sigma_t^2(240) = \frac{1}{240}\sum_{i=1}^{240} y_{t-i}^2 = \frac{1}{240}\left(y_{t-1}^2 + y_{t-2}^2 + \dots + y_{t-240}^2\right)$$

todas as observações têm um peso de $1/240$. No entanto, seria preferível dar mais peso às observações mais recentes;
- o estimador $\sigma^2(h)$ implica que todas as observações fora do período $(t-h, t-1)$ têm peso zero. Como consequência, pode suceder o seguinte. Se na janela amostral $(t-h, t-1)$ existir uma observação extrema, a volatilidade é sobrestimada; quando essa observação sai da janela amostral, a volatilidade estimada cai depois abruptamente.

O estimador *Exponential Weighted Moving Averages* (EWMA, proposto pela J.P. Morgan) resolve algumas das fragilidades do

Figura 8.9: Estimativas da volatilidade do índice Dow Jones ao longo do período, baseadas no estimador $\sigma^2(h)$ para diferentes valores de h (e.g., Vol30 = σ_t^2 (30), Vol60 = σ_t^2 (60), etc.)

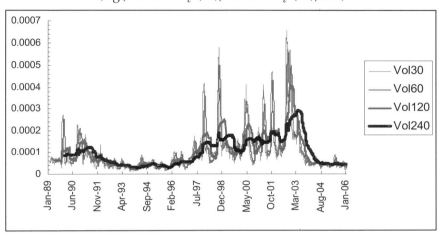

estimador acima descrito, dando mais peso às observações mais recentes:

$$\begin{aligned}\sigma_t^2 &= (1-\lambda)\sum_{i=1}^{\infty}\lambda^{i-1}y_{t-i}^2, \qquad 0<\lambda<1 \\ &= (1-\lambda)\left(y_{t-1}^2 + \lambda y_{t-2}^2 + \lambda^2 y_{t-3}^2 + ...\right).\end{aligned}$$

Quanto mais alto for λ, mais peso o estimador dá às observações mais antigas (o decréscimo dos ponderadores é, no entanto, sempre exponencial).

Os ponderadores $\omega_i = (1-\lambda)\lambda^i$, somam 1,

$$\sum_{i=1}^{\infty}\omega_i = (1-\lambda)\left(1+\lambda+\lambda^2+...\right) = 1$$

(recorde-se a soma de uma progressão geométrica). Por exemplo, com $\lambda = 0.5$ vem

$$\sigma_t^2 = (1 - \lambda)\left(y_{t-1}^2 + \lambda y_{t-2}^2 + \lambda^2 y_{t-3}^2 + ...\right)$$
$$= 0.5 \times \left(y_{t-1}^2 + 0.5 y_{t-2}^2 + 0.25 y_{t-3}^2 + 0.125 y_{t-4}^2 + ...\right).$$

A expressão de σ_t^2 pode ser reescrita de uma forma mais sugestiva. Notando que

$$\sigma_{t-1}^2 = (1 - \lambda)\left(y_{t-2}^2 + \lambda y_{t-3}^2 + \lambda^2 y_{t-4}^2 + ...\right)$$

temos

$$\sigma_t^2 = (1 - \lambda) y_{t-1}^2 + \lambda \sigma_{t-1}^2. \tag{8.7}$$

Qual a relação entre o IGARCH e o EWMA? Considere-se um processo y com média condicional igual a zero e com especificação IGARCH(1,1): $y_t = u_t$, $u_t = \sigma_t \varepsilon_t$.Vem

$$\sigma_t^2 = \omega + \alpha_1 u_{t-1}^2 + \beta_1 \sigma_{t-1}^2, \qquad \alpha_1 + \beta_1 = 1$$
$$= \omega + (1 - \beta_1) y_{t-1}^2 + \beta_1 \sigma_{t-1}^2.$$

Se $\omega = 0$ conclui-se que um IGARCH(1,1) corresponde ao modelo EWMA. Assim, o modelo EWMA é um caso muito particular do IGARCH.

8.5 Modelo CGARCH

Considere-se o GARCH(1,1):

$$\sigma_t^2 = \omega + \alpha_1 u_{t-1}^2 + \beta_1 \sigma_{t-1}^2$$
$$= \omega + \alpha_1 \left(u_{t-1}^2 - \sigma^2\right) + \beta_1 \left(\sigma_{t-1}^2 - \sigma^2\right) + \alpha_1 \sigma^2 + \beta_1 \sigma^2$$
$$= \sigma^2 (1 - \alpha_1 - \beta_1) + \alpha_1 \sigma^2 + \beta_1 \sigma^2 + \alpha_1 \left(u_{t-1}^2 - \sigma^2\right) + \beta_1 \left(\sigma_{t-1}^2 - \sigma^2\right)$$
$$= \sigma^2 + \alpha_1 \left(u_{t-1}^2 - \sigma^2\right) + \beta_1 \left(\sigma_{t-1}^2 - \sigma^2\right).$$

Esta equação relaciona σ_t^2 com a respectiva média de longo prazo e mostra como se processa a dinâmica de ajustamento de σ_t^2 face à constante σ^2.

O *Component* GARCH *model* (CGARCH) permite representar:

$$
\begin{aligned}
\sigma_t^2 &= q_t + \alpha_1 \left(u_{t-1}^2 - q_{t-1}\right) + \beta_1 \left(\sigma_{t-1}^2 - q_{t-1}\right) \\
q_t &= \sigma^2 + \rho \left(q_{t-1} - \sigma^2\right) + \phi \left(u_{t-1}^2 - \sigma_{t-1}^2\right)
\end{aligned}
\tag{8.8}
$$

onde $\sigma^2 = \mathrm{E}\left(\sigma_t^2\right)$. O ajustamento de curto prazo de σ_t^2 faz-se agora em relação à v.a. q_t, a qual tende, no "longo prazo", para σ^2. A primeira equação é designada de componente transitória e a segunda equação de componente de longo prazo. O modelo CGARCH é um GARCH(2,2) com restrições sobre os parâmetros. Com efeito, substituindo

$$
q_t = \frac{\sigma^2 \left(1 - \rho\right) + \phi \left(u_{t-1}^2 - \sigma_{t-1}^2\right)}{\left(1 - \rho L\right)}
$$

na equação (8.8) vem

$$
\begin{aligned}
\sigma_t^2 &= \frac{\sigma^2 \left(1 - \rho\right) + \phi \left(u_{t-1}^2 - \sigma_{t-1}^2\right)}{\left(1 - \rho L\right)} + \alpha_1 \left(u_{t-1}^2 - \frac{\sigma^2 \left(1 - \rho\right) + \phi \left(u_{t-2}^2 - \sigma_{t-2}^2\right)}{\left(1 - \rho L\right)}\right) \\
&\quad + \beta_1 \left(\sigma_{t-1}^2 - \frac{\sigma^2 \left(1 - \rho\right) + \phi \left(u_{t-2}^2 - \sigma_{t-2}^2\right)}{\left(1 - \rho L\right)}\right) = \ldots = \\
&= \left(1 - \alpha_1 - \beta_1\right)\left(1 - \rho\right)\sigma^2 + \left(\alpha_1 + \phi\right)u_{t-1}^2 - \left(\alpha_1 \rho + \left(\alpha_1 + \beta_1\right)\phi\right)u_{t-2}^2 \\
&\quad + \left(\beta_1 - \phi + \rho\right)\sigma_{t-1}^2 + \left(\left(\alpha_1 + \beta_1\right)\phi - \beta_1 \rho\right)\sigma_{t-2}^2.
\end{aligned}
$$

Atendendo à condição de ESO do GARCH(p,q) é fácil concluir que o processo CGARCH é ESO sse

$$
\rho \left(1 - \alpha_1 - \beta_1\right) + \alpha_1 + \beta_1 < 1.
$$

Nestas circunstâncias,

$$
\mathrm{Var}\left(u_t\right) = \frac{\left(1 - \alpha_1 - \beta_1\right)\left(1 - \rho\right)\sigma^2}{1 - \left(\rho \left(1 - \alpha_1 - \beta_1\right) + \alpha_1 + \beta_1\right)} = \sigma^2.
$$

A principal vantagem do CGARCH está na interpretação da dinâmica de ajustamento, e não necessariamente no ajustamento da variância (um GARCH(2,2), sem restrições nos parâmetros, ajusta melhor, i.e., o valor da função de verosimilhança não decresce).

O caso $\phi = 0$ sugere a presença de um GARCH(1,1). Com efeito, se $\phi = 0$, vem $q_t = \sigma^2 + \rho(q_{t-1} - \sigma^2)$. Para simplificar, suponha-se que $q_0 = \sigma^2$. Se $\phi = 0 \Rightarrow q_t = \sigma^2$ (verifique!). No caso $q_0 \neq \sigma^2$ tem-se $q_t \to \sigma^2$ (se $|\rho| < 1$). Esta convergência é determinística (a velocidade de ajustamento depende de ρ). Em qualquer dos casos ($q_0 = \sigma^2$ ou $q_0 \neq \sigma^2$), e supondo $|\rho| < 1$, tem-se, ao fim de algum tempo, um ajustamento dinâmico, de acordo com o modelo $\sigma_t^2 = \sigma^2 + \alpha_1\left(u_{t-1}^2 - \sigma^2\right) + \beta_1\left(\sigma_{t-1}^2 - \sigma^2\right)$. Assim, o caso $\phi = 0$, sugere a presença de um GARCH(1,1).

O parâmetro ρ está associado à reversão de q_t para σ^2. Quanto mais alto (mais próximo de um) mais lenta é a velocidade de reversão e, portanto, maior é o nível de persistência na variância condicional. Note-se que a reversão de σ_t^2 para σ^2 é feita através de q_t, i.e., $\sigma_t^2 \to q_t \to \sigma^2$.

8.6 Modelo GJR-GARCH

O modelo GJR-GARCH é devido a Glosten, Jagannathan e Runkle. Séries de retornos exibem frequentemente efeitos assimétricos (i.e. momentos de maior volatilidade são despoletados por variações negativas nos preços). Vimos no ponto 3.2.4 que este efeito pode ser detectado através da medida (*naive*) $\text{Cov}\left(y_t^2, y_{t-1}\right) < 0$. Veremos agora uma forma bastante mais eficiente de estimar esse efeito. Comece-se por observar que o modelo ARCH/GARCH apenas detecta o chamado "efeito magnitude". Isto é, a volatilidade só responde à magnitude do valor de u_t. Em esquema:

$$\uparrow u_{t-1}^2 \Rightarrow \uparrow \sigma_t^2 \text{ (efeito magnitude)}$$

Para modelar o efeito assimétrico é necessário que a volatilidade responda assimetricamente ao sinal de u_t. Mais precisamente, a volatilidade deve aumentar mais quando $u_t < 0$ ("má notícia") do que quando $u_t > 0$ ("boa notícia").

Figura 8.10: NIC GARCH e GJR-GARCH para
$\alpha_1 = 0.2, \ \beta_1 = 0.5, \omega = 0.1, \gamma_1 = 0.4$

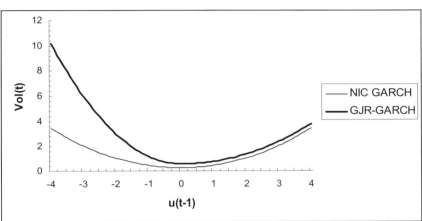

O modelo GJR-GARCH (assim como o EGARCH, AARCH, etc.) modela não só o efeito magnitude como também o efeito assimétrico. A especificação mais simples (suficiente para um grande número de aplicações) é

$$\sigma_t^2 = \omega + \alpha_1 u_{t-1}^2 + \beta_1 \sigma_{t-1}^2 + \gamma_1 u_{t-1}^2 \mathcal{I}_{\{u_{t-1}<0\}},$$

$$\mathcal{I}_{\{u_{t-1}<0\}} = \begin{cases} 1 & \text{se } u_{t-1} < 0 \\ 0 & \text{se } u_{t-1} \geq 0. \end{cases}$$

De acordo com o efeito assimétrico devemos esperar $\gamma_1 > 0$. Como é que σ_t^2 varia como resposta a uma variação em u_{t-1}? Uma forma de visualizar esta relação consiste em fixar $\sigma_{t-1}^2 = \sigma^2$ (variância marginal) e depois traçar σ_t^2 como função de u_{t-1}. Este gráfico designa-se por *news impact curve* (NIC). NIC é portanto uma função de u_{t-1}. No caso GARCH, tem-se

$$NIC(u_{t-1}) = \omega + \beta_1 \sigma^2 + \alpha_1 u_{t-1}^2 = const. + \alpha_1 u_{t-1}^2 \quad (8.9)$$

e, no caso do modelo GJR-GARCH, a NIC é

$$\begin{aligned} NIC\left(u_{t-1}\right) &= \omega + \beta_1\sigma^2 + \alpha_1 u_{t-1}^2 + \gamma_1 u_{t-1}^2 \mathcal{I}_{\{u_{t-1}<0\}} \\ &= const. + \alpha_1 u_{t-1}^2 + \gamma_1 u_{t-1}^2 \mathcal{I}_{\{u_{t-1}<0\}} \end{aligned} \tag{8.10}$$

Por exemplo, admita-se $\alpha_1 = 0.2$, $\beta_1 = 0.5$, $\omega = 0.1$, $\gamma_1 = 0.4$. Para estes valores as NIC (8.9) e (8.10) estão representadas na figura 8.10. Como seria de esperar, a NIC associada ao modelo (8.10) é assimétrica e aba esquerda é mais inclinada, traduzindo o facto de que a volatilidade é comparativamente maior quando $u_{t-1} < 0$.

Para ensaiar o efeito assimétrico podemos considerar o ensaio H_0: $\gamma_1 = 0$ (através, por exemplo, do teste de Wald). Pode-se provar que a condição de ESO (no caso em que a distribuição de ε é simétrica) é $\alpha_1 + \gamma_1/2 + \beta_1 < 1$. Nesta circunstâncias,

$$\text{Var}\left(u_t\right) = \text{E}\left(\sigma_t^2\right) = \frac{\omega}{1 - \left(\alpha_1 + \gamma_1/2 + \beta_1\right)}$$

Este modelo é designado por TGARCH no EVIEWS.

8.7 Modelo GARCH-M

A teoria financeira postula uma relação entre rendimento esperado e o risco associado. Em geral deve-se esperar que os activos com maior risco estejam associados aos activos com maior rendimento.

$$y_t = c + \lambda g\left(\sigma_t^2\right) + u_t, \qquad u_t = \sigma_t\varepsilon_t, \qquad \sigma_t^2 = \omega + \alpha_1 u_{t-1}^2 + \beta_1\sigma_{t-1}^2.$$

Especificações mais utilizadas:

$$g\left(\sigma_t^2\right) = \sigma_t, \qquad g\left(\sigma_t^2\right) = \log\sigma_t .$$

Dada a estreita relação entre os parâmetros da média e da variância condicional, um erro de especificação da variância condicional afecta a consistência dos estimadores dos parâmetros da média condicional.

8.8 Modelo de Heterocedasticidade Condicionada com Variáveis Explicativas

Considere-se um modelo GARCH(1,1) (poderia ser outro modelo qualquer) com variáveis explicativas:

$$\begin{aligned}
y_t &= \mu_t + u_t \\
u_t &= \sigma_t \varepsilon_t \\
\sigma_t^2 &= \omega + \alpha_1 u_{t-1}^2 + \beta_1 \sigma_{t-1}^2 + g(x_t)
\end{aligned}$$

onde a função g é tal que $\sigma_t^2 > 0$ (com probabilidade 1). Que variáveis poderemos considerar para x_t? Vejamos alguns exemplos:

- Dias da semana (ou qualquer outro efeito de calendário):
$$\sigma_t^2 = \omega + \alpha_1 u_{t-1}^2 + \beta_1 \sigma_{t-1}^2 + \delta_1 S_t + \delta_2 T_t + \delta_3 Q_t^a + \delta_5 Q_t^u$$

  onde $S_t = 1$ se t é uma segunda-feira, etc. (deverá ter-se $\omega + \min\{\delta_i\} > 0 \Rightarrow \sigma_t^2 > 0$

- Ocorrência de factos, notícias significativas. Por exemplo[60],
$$\sigma_t^2 = \omega + \alpha_1 u_{t-1}^2 + \beta_1 \sigma_{t-1}^2 + \delta_1 good_t + \delta_2 bad_t$$

$$good_t = \begin{cases} 1 & t = \text{são divulgados resultados da empresa ABC acima do esperado} \\ 0 & 0 \end{cases}$$

$$bad_t = \begin{cases} 1 & t = \text{são divulgados resultados da empresa ABC abaixo do esperado} \\ 0 & 0 \end{cases}$$

- Variação do preço do crude.
- Medida de volatilidade de outro activo/mercado
- Volume de transacções:
$$\sigma_t^2 = \omega + \alpha_1 u_{t-1}^2 + \beta_1 \sigma_{t-1}^2 + \delta_1 vol_{t-1}^*$$

onde vol_{t-1}^* pode ser especificada como $vol_{t-1}^* = \frac{vol_{t-1}}{\sigma_{vol}}$ ou $vol_{t-1}^* = \log(vol_{t-1})$ ou $vol_{t-1}^* = vol_{t-1}/vol_{t-2}$ sendo vol o volume de transacções. Observe-se que o volume de transacções

---

[60] A chamada "armadilha das variáveis artificiais" não ocorre no exemplo (embora pareça) pois as notícias podem ser "boas", "más" ou simplesmente não ocorrerem (e, neste caso, vem $good_t = bad_t = 0$).

362 | Modelação de Séries Temporais Financeiras

pode ser considerado como uma variável *proxy* da variável não observada "chegada de informação".

- Qualquer outra variável (estacionária) que supostamente afecte a volatilidade.

No ponto 7.5.9 vimos que o modelo em tempo discreto, compatível com o processo CIR, em tempo contínuo, $dr_t = \beta (\tau - r_t)\, dt + \sigma \sqrt{r_t} dW_t$ conduz ao modelo,

$$
\begin{aligned}
r_t &= c + \phi r_{t-1} + u_t \\
u_t &= \sigma_t \varepsilon_t \\
\sigma_t^2 &= \sigma^2 r_{t-1}
\end{aligned}
$$

Inspirados nesta especificação, certos autores modelam a taxa de juro em tempo discreto combinando as características do GARCH com as características do processo de difusão (modelo CIR):

$$
\begin{aligned}
r_t &= c + \phi r_{t-1} + u_t \\
u_t &= \sigma_t \varepsilon_t \\
\sigma_t^2 &= \omega + \alpha_1 u_{t-1}^2 + \beta \sigma_{t-1}^2 + \gamma r_{t-1}.
\end{aligned}
$$

O ensaio H_0: $\gamma = 0$ vs. $H_1 : \gamma > 0$ permite analisar se a nível da taxa de juro influencia positivamente a volatilidade. Geralmente conclui-se $\gamma > 0$. A figura 8.11 sugere (claramente) $\gamma > 0$.

8.9 Estimação

Seja $y_t = \mu_t + u_t$ onde $u_t = \sigma_t \varepsilon_t$. Suponha-se que v.a. ε_t tem distribuição conhecida (normal, t-Student ou outra) de média zero e variância um. O vector dos parâmetros desconhecidos, θ, envolve parâmetros definidos na média condicional e na variância condicional.

A média condicional μ_t pode depender de uma variável x_t (esta variável pode ser encarada também como um vector de variáveis explicativas). Por exemplo, podemos ter,

Figura 8.11: Taxa de Juro (Bilhetes do Tesouro a 3 meses – EUA)

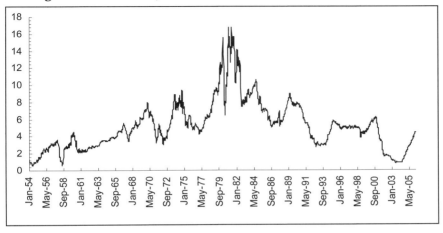

$$y_t = \gamma_0 + \gamma_1 x_t + \phi_1 y_{t-1} + u_t$$
$$u_t = \sigma_t \varepsilon_t, \quad \varepsilon_t \sim N(0,1)$$
$$\sigma_t^2 = \omega + \alpha_1 u_{t-1}^2$$

$$\boldsymbol{\theta} = (\gamma_0, \gamma_1, \phi_1, \omega, \alpha_1)'.$$

A estimação do vector $\boldsymbol{\theta}$ poderia ser feita da seguinte forma (tome-se como referência o modelo acima apresentado):

Passo 1: Estimação OLS de γ_0, γ_1 e ϕ_1 com base na equação $y_t = \gamma_0 + \gamma_1 x_t + \phi_1 y_{t-1} + u_t$.

Passo 2: A partir do passo 1, obtêm-se os resíduos $\hat{u}_t^2$. Como $\sigma_t^2 = \omega + \alpha_1 u_{t-1}^2$ implica uma representação AR(1) para $\sigma_t^2 = \omega + \alpha_1 u_{t-1}^2$, ou seja, $u_t^2 = \omega + \alpha_1 u_{t-1}^2 + v_t$ (vejam-se os pontos 8.2.2 e 8.3.2), os parâmetros ω e α_1 estimam-se a partir da equação $\hat{u}_t^2 = \omega + \alpha_1 \hat{u}_{t-1}^2 + v_t$, considerando o estimador OLS.

O procedimento acima descrito envolve estimadores consistentes mas altamente ineficientes, pois em ambos os casos os erros das equações são heterocedásticos (no caso da estimação ω e α_1, a situação é particularmente grave, pois, pode mostrar-se, v_t tende a exibir forte heterocedasticidade).

O método de estimação mais utilizado é o método da máxima verosimilhança (o GMM também pode ser utilizado) que se descreve a seguir.

8.9.1 Estimador de Máxima Verosimilhança

Assuma-se que todos os parâmetros de interesse, incluídos em θ, apenas aparecem na densidade conjunta condicional $f(\mathcal{Y}_n | \mathcal{X}_n; \theta)$, onde $\mathcal{Y}_n = (y_n, y_{n-1}, ..., y_1)$ e $\mathcal{X}_n = (x_n, x_{n-1}, ..., x_1)$. Para simplificar a exposição, admite-se (sem perda de generalidade) que as condições iniciais $\mathcal{Y}_0$ são conhecidas. Tem-se assim, que a densidade relevante, para a estimação de θ, é $f(\mathcal{Y}_n | \mathcal{Y}_0, \mathcal{X}_n; \theta)$.

PROPOSIÇÃO 8.9.1. *Se y_t é condicionalmente independente de* $(x_n, ..., x_{t+1})$ $(n > t)$ *dado* $(\mathcal{Y}_{t-1}, \mathcal{X}_t)$, *i.e.*,

$$f(y_t | \mathcal{Y}_{t-1}, \mathcal{X}_n) = f(y_t | \mathcal{Y}_{t-1}, \mathcal{X}_t),$$

então

$$
\begin{aligned}
f(\mathcal{Y}_n | \mathcal{Y}_0, \mathcal{X}_n; \theta) &= f(y_n | \mathcal{Y}_{n-1}, \mathcal{X}_n; \theta) \times f(y_{n-1} | \mathcal{Y}_{n-2}, \mathcal{X}_{n-1}; \theta) \\
&\quad \times ... \times f(y_1 | \mathcal{Y}_0, x_1; \theta) \\
&= \prod_{t=1}^{n} f(y_t | \mathcal{Y}_{t-1}, \mathcal{X}_t; \theta)
\end{aligned}
\tag{8.11}
$$

DEM. (esboço) Tem-se

$$f(\mathcal{Y}_n | \mathcal{Y}_0, \mathcal{X}_n; \theta) = f(y_n | \mathcal{Y}_{n-1}, \mathcal{X}_n; \theta) \underbrace{f(\mathcal{Y}_{n-1} | \mathcal{Y}_0, \mathcal{X}_n; \theta)}_{(*)} \tag{8.12}$$

Desenvolva-se a expressão (*):

$$
\begin{aligned}
f\left(\mathcal{Y}_{n-1} \mid \mathcal{Y}_0, \mathcal{X}_n; \boldsymbol{\theta}\right) &= f\left(y_{n-1} \mid \mathcal{Y}_{n-2}, \mathcal{X}_n; \boldsymbol{\theta}\right) f\left(\mathcal{Y}_{n-2} \mid \mathcal{Y}_0, \mathcal{X}_n; \boldsymbol{\theta}\right) \\
&= \underbrace{f\left(y_{n-1} \mid \mathcal{Y}_{n-2}, \mathcal{X}_{n-1}; \boldsymbol{\theta}\right)}_{\text{por hipótese}} \underbrace{f\left(\mathcal{Y}_{n-2} \mid \mathcal{Y}_0, \mathcal{X}_n; \boldsymbol{\theta}\right)}_{(*)} \qquad (8.13)
\end{aligned}
$$

Desenvolva-se a nova expressão (*):

$$
\begin{aligned}
f\left(\mathcal{Y}_{n-2} \mid \mathcal{Y}_0, \mathcal{X}_n; \boldsymbol{\theta}\right) &= f\left(y_{n-2} \mid \mathcal{Y}_{n-3}, \mathcal{X}_n; \boldsymbol{\theta}\right) f\left(\mathcal{Y}_{n-3} \mid \mathcal{Y}_0, \mathcal{X}_n; \boldsymbol{\theta}\right) \\
&= \underbrace{f\left(y_{n-2} \mid \mathcal{Y}_{n-3}, \mathcal{X}_{n-2}; \boldsymbol{\theta}\right)}_{\text{por hipótese}} \underbrace{f\left(\mathcal{Y}_{n-3} \mid \mathcal{Y}_0, \mathcal{X}_n; \boldsymbol{\theta}\right)}_{(*)} \qquad (8.14)
\end{aligned}
$$

A nova expressão (*) pode ser desenvolvida de forma similar. Coligindo as equações (8.12)-(8.14), obtém-se (8.11). $\qquad \square$

A hipótese definida na proposição anterior, estabelece que y_t não depende dos valores futuros x_{t+1}, x_{t+2} dado $\mathcal{I}_t = \mathcal{Y}_{t-1} \cup \mathcal{X}_t$ ou, por outras palavras, x_t dado $\mathcal{X}_{t-1}$ não depende de $\mathcal{Y}_{t-1}$ (ou ainda, y não *causa à Granger* x). Doravante assume-se esta hipótese.

A função de verosimilhança (supondo que as condições iniciais são dadas) é

$$
L_n(\boldsymbol{\theta}) = f\left(\mathcal{Y}_n \mid \mathcal{Y}_0, \mathcal{X}_n; \boldsymbol{\theta}\right) = \prod_{t=1}^{n} f\left(y_t \mid \mathcal{I}_t; \boldsymbol{\theta}\right) \qquad (8.15)
$$

onde $\mathcal{I}_t = \mathcal{Y}_{t-1} \cup \mathcal{X}_t$ (na prática, se a ordem máxima do desfasamento das variáveis definidas na média condicional for p, deverá ler-se no produtório, "$t = p + 1$" e não "$t = 1$"; para simplificar, continue a assumir-se "$t = 1$").

O estimador de máxima verosimilhança é, como habitualmente,

$$
\hat{\boldsymbol{\theta}}_n = \arg\max_{\boldsymbol{\theta}} \log L_n(\boldsymbol{\theta}) = \arg\max_{\boldsymbol{\theta}} \log \prod_{t=1}^{n} f\left(y_t \mid \mathcal{I}_t; \boldsymbol{\theta}\right) = \arg\max_{\boldsymbol{\theta}} \sum_{t=1}^{n} \log f\left(y_t \mid \mathcal{I}_t; \boldsymbol{\theta}\right).
$$

366 | Modelação de Séries Temporais Financeiras

Sob certas hipóteses, incluindo, $\{(y_t, x_t)\}$ é um processo estacionário e fracamente dependente, o estimador de máxima verosimilhança é consistente e assimptoticamente eficiente. A sua distribuição é dada por

$$\sqrt{n}\left(\hat{\boldsymbol{\theta}}_n - \boldsymbol{\theta}_0\right) \xrightarrow{d} N\left(0, I\left(\boldsymbol{\theta}_0\right)^{-1}\right)$$

onde $I\left(\boldsymbol{\theta}_0\right)$ é a matriz de informação de Fisher. Verifica-se $I\left(\boldsymbol{\theta}_0\right) = A\left(\boldsymbol{\theta}_0\right) = B\left(\boldsymbol{\theta}_0\right)$ onde

$$A\left(\boldsymbol{\theta}\right) = -\mathrm{E}\left(\frac{\partial^2 l_t\left(\boldsymbol{\theta}\right)}{\partial\boldsymbol{\theta}\partial\boldsymbol{\theta}'}\right), \qquad B\left(\boldsymbol{\theta}\right) = \mathrm{E}\left(\frac{\partial l_t\left(\boldsymbol{\theta}\right)}{\partial\boldsymbol{\theta}}\frac{\partial l_t\left(\boldsymbol{\theta}\right)}{\partial\boldsymbol{\theta}'}\right)$$

$$l_t\left(\boldsymbol{\theta}\right) = \log f\left(y_t | \mathcal{I}_t; \boldsymbol{\theta}\right).$$

Sob certas condições, A e B podem ser estimados consistentemente por

$$\hat{A}_n = -\frac{1}{n}\sum_{t=1}^{n}\frac{\partial^2 l_t\left(\hat{\boldsymbol{\theta}}_n\right)}{\partial\boldsymbol{\theta}\partial\boldsymbol{\theta}'} \xrightarrow{p} A\left(\boldsymbol{\theta}_0\right)$$

$$\hat{B}_n = \frac{1}{n}\sum_{t=1}^{n}\frac{\partial l_t\left(\hat{\boldsymbol{\theta}}_n\right)}{\partial\boldsymbol{\theta}}\frac{\partial l_t\left(\hat{\boldsymbol{\theta}}_n\right)}{\partial\boldsymbol{\theta}'} \xrightarrow{p} B\left(\boldsymbol{\theta}_0\right).$$

A aplicação do método da máxima verosimilhança exige (em princípio) o conhecimento da fdp condicional de y_t dado $\mathcal{I}_t$; ou seja, é necessário conhecer-se $f\left(y_t | \mathcal{I}_t\right)$. Num modelo de heterocedasticidade condicional do tipo $y_t = \mu_t + u_t$ onde $u_t = \sigma_t\varepsilon_t$, a fdp f resulta imediatamente da distribuição dos erros ε. Por exemplo, suponha-se $\varepsilon_t \overset{i.i.d}{\sim} N\left(0, 1\right)$. Logo,

$$u_t | \mathcal{I}_t = \sigma_t\varepsilon_t | \mathcal{I}_t \sim N\left(0, \sigma_t^2\right) \Rightarrow y_t | \mathcal{I}_t \sim N\left(\mu_t, \sigma_t^2\right).$$

e, portanto,

$$\log f\left(y_t | \mathcal{I}_t; \boldsymbol{\theta}\right) = -\frac{1}{2}\log\left(2\pi\right) - \frac{1}{2}\log\sigma_t^2\left(\boldsymbol{\theta}\right) - \frac{1}{2\sigma_t^2\left(\boldsymbol{\theta}\right)}\left(y_t - \mu_t\left(\boldsymbol{\theta}\right)\right)^2$$

$$\tag{8.16}$$

Implementação no programa EVIEWS

Considere-se, a título de exemplo, o modelo

$$y_t = \gamma_0 + \gamma_1 x_t + \phi_1 y_{t-1} + u_t$$
$$u_t = \sigma_t \varepsilon_t, \qquad \varepsilon_t \sim N(0,1)$$
$$\sigma_t^2 = \omega + \alpha_1 u_{t-1}^2 + \alpha_1 u_{t-2}^2 + \beta_1 \sigma_{t-1}^2 + \delta_0 seg_t + \delta volume_{t-1}$$

onde seg_t é uma variável *dummy* que assume 1 se t corresponde a uma segundafeira. Para estimar o modelo no EVIEWS, através do método da máxima verosimilhança, basta seleccionar "estimate" e depois "ARCH" em *method*. Ver a figura 8.12.

Escolhendo 1 em "Threshold order" poderia estimar-se o GJR--GARCH.

Eficiência do Estimador de MV vs. Estimador OLS

Considere-se o modelo de regressão linear

$$y_t = \mathbf{x}_t' \boldsymbol{\beta} + u_t, \qquad u_t = \varepsilon_t \sigma_t, \ \varepsilon_t \overset{i.i.d}{\sim} N(0,1)$$

onde $\mathbf{x}_t' = \begin{pmatrix} 1 & x_{2t} & \cdots & x_{kt} \end{pmatrix}$. Se $\{u_t\}$ é não autocorrelacionado e a variância de u_t dado $\mathbf{x}_t$ é constante então o estimador OLS $\tilde{\boldsymbol{\beta}}_n = (\mathbf{X}'\mathbf{X})^{-1}\mathbf{X}'\mathbf{y}$ é BLUE (*best linear unbiased estimator*). Significa que é o melhor estimador? Não. O estimador de MV (**não linear**) para $\boldsymbol{\beta}$, $\hat{\boldsymbol{\beta}}_n$, é assimptoticamente mais eficiente. Pode-se provar que a matriz

$$\mathrm{Var}\left(\tilde{\boldsymbol{\beta}}_n\right) - \mathrm{Var}\left(\hat{\boldsymbol{\beta}}_n\right)$$

é semidefinida positiva. Isto implica, em particular, que as variâncias dos estimadores OLS são maiores ou iguais às correspondentes variâncias dos estimadores de máxima verosimilhança. Para confirmarmos esta ideia, simulou-se 1000 vezes o modelo

$$y_t = \beta_1 + \beta_2 x_t + u_t, \ x_t \overset{i.i.d}{\sim} N(0,1), \ t = 1,...,1000$$
$$\beta_1 = 10, \qquad \beta_2 = 5,$$
$$u_t = \varepsilon_t \sigma_t, \ \varepsilon_t \overset{i.i.d}{\sim} N(0,1)$$
$$\sigma_t^2 = 0.05 + 0.2 u_{t-1}^2 + 0.75 \sigma_{t-1}^2$$

Figura 8.12: Estimação do GARCH no EVIEWS

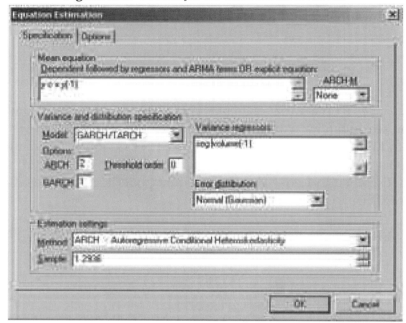

Em cada simulação estimaram-se os β_1 e β_2 pelo método OLS e pelo método da MV (usando este último método estimaram-se ainda os parâmetros da variância condicional). Os resultados estão presentes na tabela 1. Por exemplo, o erro quadrático médio do estimador OLS relativamente ao parâmetro β_1 é

$$\frac{1}{1000}\sum_{i=1}^{1000}\left(\tilde{\beta}_1^{(i)} - 10\right)^2$$

e $\tilde{\beta}_1^{(i)}$ é a estimativa OLS para β_1 obtida na i-ésima simulação).

A tabela 1 sugere que o estimador ML é substancialmente mais preciso do que o estimador OLS. Com base nas 1000 estimativas OLS e de MV do parâmetro β_2, apresenta-se na figura 8.13 as fdp estimadas (não parametricamente) dos estimadores OLS e de MV.

Tabela 1: Eficiência do Estimador OLS vs. Estimador de MV

	β_1			β_2		
	(1) OLS	(2) MV	(1)/(2)	(3) OLS	(4) MV	(3)/(4)
Erro Quad.Médio	0.001	0.0006	1.667	0.0011	0.0006	1.833

FIGURA **8.13**: Distribuições do Estimadores OLS e de MV de β_2
(obtidas a partir de uma simulação Monte Carlo)

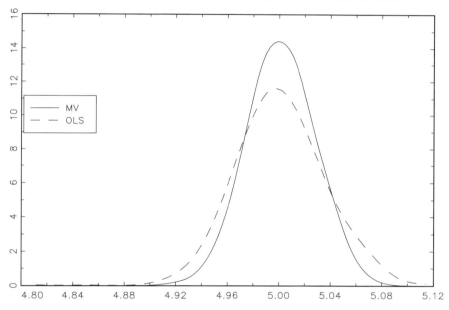

A figura 8.13 confirma a tabela 1: o estimador de MV é mais eficiente do que o estimador OLS (i.e., é mais preciso ou apresenta menor variabilidade). A figura 8.13 também sugere que ambos os estimadores são assimptoticamente centrados.

Prova-se (sob as condições usuais de regularidade) que o estimador de máxima verosimilhança apresenta as propriedades habituais, isto é, é consistente, assimptoticamente eficiente e tem distribuição assimptótica normal (como vimos). O estimador OLS é consistente para os parâmetros da média condicional mas, como vimos, não é assimptoticamente eficiente.

8.9.2 Estimador de Pseudo Máxima Verosimilhança

Na prática, a distribuição de ε_t não é conhecida. Podemos ainda assim supor, por exemplo, $\varepsilon_t \sim N(0,1)$ ou $\varepsilon_t \sim t(n)$? A resposta é afirmativa no seguinte sentido: mesmo que a verdadeira distribuição seja desconhecida, podemos ainda assim "trabalhar" com a hipótese $\varepsilon_t \sim N(0,1)$ ou $\varepsilon_t \sim t(n)$ e obter, sob certas condições, estimadores consistentes. Seja

$$
\begin{aligned}
y_t &= \mu_t(y_{t-1}, y_{t-2}, ..., x_t, x_{t-1}, ...; \boldsymbol{\theta}) + u_t \\
u_t &= \sigma_t(u_{t-1}, u_{t-2}, ...; \boldsymbol{\theta})\varepsilon_t \qquad \varepsilon_t \sim \boxed{?}
\end{aligned}
$$

Suponhamos que a verdadeira mas desconhecida fdp condicional de ε é f. O estimador de máxima verosimilhança

$$
\hat{\boldsymbol{\theta}}_n = \arg\max_{\boldsymbol{\theta}} \sum_{t=1}^{n} \log f(y_t | \mathcal{I}_t; \boldsymbol{\theta})
$$

não pode ser implementado, pois a função f é desconhecida. O estimador de pseudo máxima verosimilhança usa como pseudo verdadeira fdp a função h (que na generalidade dos casos é diferente de f),

$$
\hat{\boldsymbol{\theta}}_n^{pmv} = \arg\max_{\boldsymbol{\theta}} \sum_{t=1}^{n} \log h(y_t | x_t, ...x_1, y_{t-1}, y_{t-2}, ...y_1; \boldsymbol{\theta})
$$

Sob certas condições, mesmo que $h \neq f$, o estimador de pseudo máxima verosimilhança apresenta boas propriedades. As condições são:

- h pertence à família das densidades exponenciais quadráticas (a normal e a t-Student, entre muitas outras distribuições, pertencem a esta família); t
- $\int y h(y | \mathcal{I}_t) \, dy = \mu_t$ (a média condicional está bem especificada)
- $\int (y - \mu_t)^2 h(y | \mathcal{I}_t) \, dy = \sigma_t^2$ (a variância condicional está bem especificada).

Parte 2 – Capítulo 8. Modelação da heterocedasticidade condicionada | 371

Pode-se provar, sob estas condições:

$$\hat{\theta}_n^{pmv} \xrightarrow{p} \theta_0$$

$$\sqrt{n}\left(\hat{\theta}_n^{pmv} - \theta_0\right) \xrightarrow{d} N\left(0, \mathbf{A}(\theta_0)^{-1}\mathbf{B}(\theta_0)\mathbf{A}(\theta_0)^{-1}\right)$$

Se, por acaso, a função h é a própria função f, i.e., $f = h$, então o estimador de pseudo máxima verosimilhança é o estimador de máxima verosimilhança e, neste caso, tem-se $\mathbf{A}(\theta_0) = \mathbf{B}(\theta_0)$ e, portanto, $\mathbf{A}(\theta_0)^{-1}\mathbf{B}(\theta_0)\mathbf{A}(\theta_0)^{-1} = A^{-1}(\theta_0)$.

Em suma, mesmo que a distribuição de ε_t não seja conhecida podemos supor, por exemplo, $\varepsilon_t \sim N(0,1)$ (ou $\varepsilon_t \sim D$ tal que a densidade h satisfaça as condições estabelecidas), porque $\hat{\theta}_n^{pmv}$ é, ainda assim, um estimador consistente (embora não assimptoticamente eficiente) e tem distribuição assimptótica normal. O único cuidado adicional é tomar como matriz de variâncias-covariâncias (assimptótica) a expressão[61] $\mathbf{A}(\theta_0)^{-1}\mathbf{B}(\theta_0)\mathbf{A}(\theta_0)^{-1}$ e não $\mathbf{I}(\theta_0)^{-1}$.

8.9.3 Método da Máxima Verosimilhança com Distribuições Não Normais

No âmbito do método da máxima (ou da pseudo máxima) verosimilhança, normalmente assume-se $\varepsilon_t \sim N(0,1)$. Contudo, verifica-se habitualmente que os resíduos estandardizados, $\hat{\varepsilon} = \hat{u}_t/\hat{\sigma}_t$ apresentam um valor de *kurtosis* quase sempre acima do valor 3, i.e., $k_{\hat{\varepsilon}} > 3$. Este resultado é, até certo ponto, inesperado. O que é habitual é ter-se $k_{\hat{u}} > 3$. Quando $\hat{u}_t$ são ponderados por $\hat{\sigma}_t$ seria natural esperar-se uma redução significativa do valor da *kurtosis* pois os valores muito altos e muito baixos de $\hat{u}_t$ serão ponderados por valores altos de $\hat{\sigma}_t$. Embora ocorra uma redução do valor da estatística de *kurtosis* quando se passa de $\hat{u}_t$ para $\hat{\varepsilon}_t = \hat{u}_t/\hat{\sigma}_t$,

---

[61] Esta opção no EVIEWS é dada por "heteroskedasticity consistent covariance (Bollerslev-Wooldridge)" no menu "options" da estimação.

372 | Modelação de Séries Temporais Financeiras

normalmente observa-se ainda $k_{\hat{\varepsilon}} > 3$ (embora $k_{\hat{\varepsilon}} < k_{\hat{u}}$). Assim, também a distribuição condicional $u_t|\,\mathcal{F}_{t-1}$ (e não só a marginal) é leptocúrtica.

Já vimos uma forma de lidar com este problema: basta tomar o estimador de pseudo máxima verosimilhança. Uma alternativa consiste em formular uma distribuição leptocúrtica para ε_t tal que $\mathrm{E}\,(\varepsilon_t) = 0$ e $\mathrm{Var}\,(\varepsilon_t) = 1$. É importante assegurar $\mathrm{E}\,(\varepsilon_t) = 0$ e $\mathrm{Var}\,(\varepsilon_t) = 1$. Com efeito, suponha-se que $\mathrm{Var}\,(\varepsilon_t) = \lambda^2 \neq 1$. Vem então $\mathrm{Var}\,(\,u_t|\,\mathcal{F}_{t-1}) = \lambda^2\sigma_t^2$ e deixamos de poder identificar a variância condicional como σ_t^2. Vejamos algumas distribuições habitualmente consideradas na literatura.

Hipótese: $\varepsilon_t \sim$ **t-Student(v)**

A implementação desta distribuição envolve uma (pequena) dificuldade: se $X \sim$ t-Student(v) então $\mathrm{Var}\,(X) = v/\,(v-2)$. Mas deverá ter-se $\mathrm{Var}\,(\varepsilon_t) = 1$ (pois só assim $\mathrm{Var}\,(\,u_t|\,\mathcal{F}_{t-1}) = \sigma_t^2$ − caso contrário ter-se-á $\mathrm{Var}\,(\,u_t|\,\mathcal{F}_{t-1}) = \sigma_t^2 v/\,(v-2))$. A solução é simples. Basta reparametrizar a variável:

$$\varepsilon_t = X\sqrt{(v-2)\,/v} \Rightarrow \mathrm{Var}\,(\varepsilon_t) = 1,\ k_\varepsilon = k_x = 3 + \frac{6}{v-4}$$

Considere-se assim a distribuição t-Student T(0,1) (de média zero e variância 1):

$$g\,(x) = \frac{1}{\sqrt{\pi\,(v-2)}}\frac{\Gamma\left(\frac{v+1}{2}\right)}{\Gamma\left(\frac{v}{2}\right)}\left(1 + \frac{x^2}{v-2}\right)^{-\frac{v+1}{2}}.$$

Para aplicar o método da máxima verosimilhança é necessário conhecer-se $f\,(\,y_t|\,\mathcal{I}_{t-1})$. Pode-se provar[62]

---

[62] Seja $g\,(x)$ a fdp de ε e $G\,(x) = \int_{-\infty}^{x} g\,(x)\,dx$ a respectiva função de distribuição. Qual é a fdp de $y_t = \mu_t + \sigma_t\varepsilon_t$ condicionada a $\mathcal{F}_{t-1}$, sabendo que (1) a fdp de ε_t é dada pela função g e (2) μ_t e σ_t são conhecidos dado $\mathcal{F}_{t-1}$ (ou $\mathcal{I}_t$)? Trata-se de um problema clássico de mudança de variáveis. Comece-se por analisar a função de distribuição condicional

$$P\,(\,y_t \leq y|\,\mathcal{F}_{t-1}) = P\,(\mu_t + \sigma_t\varepsilon_t \leq y|\,\mathcal{F}_{t-1}) = P\left(\varepsilon_t \leq \frac{y-\mu_t}{\sigma_t}\bigg|\,\mathcal{F}_{t-1}\right) = G\left(\frac{y-\mu_t}{\sigma_t}\right)$$

Parte 2 – Capítulo 8. Modelação da heterocedasticidade condicionada | 373

$$f\left(y_t|\,\mathcal{I}_t\right) = \frac{1}{\sigma_t}g\left(\frac{y_t - \mu_t}{\sigma_t}\right) = \frac{1}{\sigma_t}\frac{1}{\sqrt{\pi\left(v-2\right)}}\frac{\Gamma\left(\frac{v+1}{2}\right)}{\Gamma\left(\frac{v}{2}\right)}\left(1 + \frac{\left(\frac{y_t - \mu_t}{\sigma_t}\right)^2}{v-2}\right)^{-\frac{v+1}{2}}.$$

Assim, o estimador de máxima verosimilhança é $\hat{\boldsymbol{\theta}}_n = \arg\max_{\boldsymbol{\theta}}\sum_{t=1}^{n}l_t\left(\boldsymbol{\theta}\right)$, $(\boldsymbol{\theta}$ inclui $v)$ onde

$$
\begin{aligned}
l_t\left(\boldsymbol{\theta}\right) &= \log f\left(y_t|\,\mathcal{I}_t\right) = \log\frac{1}{\sqrt{\sigma_t^2\pi\left(v-2\right)}}\frac{\Gamma\left(\frac{v+1}{2}\right)}{\Gamma\left(\frac{v}{2}\right)}\left(1 + \frac{\left(\frac{y_t - \mu_t}{\sigma_t}\right)^2}{v-2}\right)^{-\frac{v+1}{2}} \\
&= -\frac{1}{2}\log\sigma_t^2 - \frac{1}{2}\log\pi - \frac{1}{2}\log\left(v-2\right) \\
&\quad + \log\frac{\Gamma\left(\frac{v+1}{2}\right)}{\Gamma\left(\frac{v}{2}\right)} - \frac{v+1}{2}\log\left(1 + \frac{1}{v-2}\frac{\left(y_t - \mu_t\right)^2}{\sigma_t^2}\right)
\end{aligned}
$$

Hipótese: $\varepsilon_t \sim$ **GED (*Generalized Error Distribution*)**

Diz-se que ε_t tem distribuição GED se a sua fdp é dada por

$$g\left(\varepsilon_t\right) = \frac{v\exp\left\{-\frac{1}{2}\left|\frac{\varepsilon_t}{\lambda}\right|^v\right\}}{\lambda 2^{(1+1/v)}\Gamma\left(1/v\right)}, \quad \Gamma \text{ função Gama, } \lambda = \sqrt{\frac{2^{-2/v}\Gamma\left(1/v\right)}{\Gamma\left(3/v\right)}}$$

Pode-se provar $\mathrm{E}\left(\varepsilon_t\right) = 0$ e $Var\left(\varepsilon_t\right) = 1$. A distribução GED inclui como casos particulares a distribuição normal padronizada ($v = 2$), a distribuição de Laplace ($v = 1$) e a distribuição uniforme ($v \to \infty$). A distribuição GED é leptocúrtica se $v < 2$. Na figura 8.14 traça-se a função g para $v = 1, v = 2$ e $v = 50$.

Logo, a fdp de y_t condicionada a $\mathcal{F}_{t-1}$ é, pelo teorema da derivada da função composta, dada pela expressão

$$f\left(y|\,\mathcal{F}_{t-1}\right) = \frac{dP\left(y_t \leq y|\,\mathcal{F}_{t-1}\right)}{dy} = G'\left(\frac{y - \mu_t}{\sigma_t}\right)\frac{d\left(\frac{y - \mu_t}{\sigma_t}\right)}{y} = g\left(\frac{y - \mu_t}{\sigma_t}\right)\frac{1}{\sigma_t}.$$

374 | Modelação de Séries Temporais Financeiras

8.10. Ensaios Estatísticos

8.10.1 Ensaios Pré-Estimação. Teste ARCH (teste multiplicador de Lagrange)

Considere-se

$$
\begin{aligned}
y_t &= \mu_t + u_t \\
u_t &= \sigma_t \varepsilon \\
\sigma_t^2 &= \omega + \alpha_1 u_{t-1}^2 + \dots + \alpha_q u_{t-q}^2.
\end{aligned}
$$

Existe efeito ARCH se pelo menos um parâmetro α_i for diferente de zero. Se todos forem zero, não existe efeito ARCH. Pode-se provar, sob a hipótese H_0: $\alpha_2 = \dots = \alpha_q = 0$ que

$$
nR^2 \xrightarrow{d} \chi_{(q)}^2
$$

onde R^2 é o coeficiente de determinação da regressão de $\hat{u}_t^2$ sobre as variáveis

$$
\begin{pmatrix} 1 & \hat{u}_{t-1}^2 & \dots & \hat{u}_{t-q}^2 \end{pmatrix} \tag{8.17}
$$

($\hat{u}$ é o resíduo supondo σ_t^2 constante). Suponha-se que q é elevado e a hipótese nula é rejeitada. Então é conveniente considerar o GARCH. Na verdade, pode-se provar que o teste multiplicador de Lagrange do efeito GARCH baseia-se também na regressão de $\hat{u}_t^2$ t sobre as variáveis $\hat{u}_{t-i}^2$.

Para a realização do teste os passos são:

(1) Estima-se o modelo $y_t = \mu_t + u_t$ supondo σ_t^2 constante;
(2) obtêm-se os resíduos $\hat{u}_t = y_t - \hat{\mu}_t, t = 1, \dots, n$; (resíduos OLS, depois da regressão OLS de y sobre as variáveis explicativas, ou resíduos ARMA);
(3) regressão OLS de $\hat{u}_t^2$ sobre as variáveis definidas em (8.17);
(4) obtenção de R^2 da equação anterior e cálculo do valor-p.

Figura 8.14: Distribuição GED. $v = 1$ (traço fino), $v = 2$ (traço médio), $v = 50$ (traço grosso)

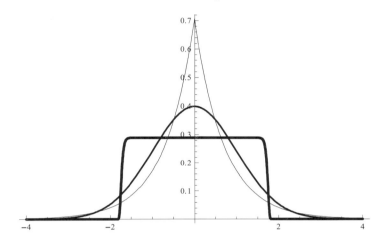

FAC de $\hat{u}_t^2$

Como se viu, a existência de um processo GARCH implica a correlação das variáveis u_t^2 e u_{t-k}^2. O teste Ljung-Box é assimptoticamente equivalente ao teste ARCH. A sua hipótese nula é $H_0: \rho_1\left(\hat{u}_t^2\right) = \ldots = \rho_m\left(\hat{u}_t^2\right) = 0$ sendo $\rho_i\left(\hat{u}_t^2\right)$ o coeficiente de autocorrelação entre $\hat{u}_t^2$ e $\hat{u}_{t-i}^2$. Sob H_0 tem-se

$$Q = n(n+2) \sum_{i=1}^{m} \frac{1}{n-i} \hat{\rho}_i^2\left(\hat{u}_t^2\right) \xrightarrow{d} \chi^2_{(m-k)}$$

onde k é o número de parâmetros estimados menos o termo constante. Evidência contra a hipótese nula sugere a existência de um efeito ARCH.

Implementação no programa EVIEWS

O programa EVIEWS fornece o valor-p do teste multiplicador de Lagrange. Para obter esse valor é necessário estimar primeiro o

376 | Modelação de Séries Temporais Financeiras

modelo sem efeito ARCH. No exemplo a seguir (figura 8.15) considerou-se

$$y_t = c + \theta u_{t-1} + u_t.$$

onde y são os retornos do PSI20 (Jan 93 a Out 04). O modelo foi estimado através da instrução **y c ma(1)**. Uma vez estimado o modelo, o programa EVIEWS oferece a opção "ARCH LM test..." em "view" – "Residual Tests". A figura 8.15 mostra que o valor-p é zero, pelo que existe forte evidência contra a hipótese nula; por outras palavras, existe forte evidência da presença de efeito ARCH. O teste Ljung-Box (ver a figura 8.16) corrobora as conclusões do teste ARCH.

Existem muitos outros testes para ensaiar efeitos e modelos específicos (ver por exemplo, Franses e van Dijk, 2000). Estes testes têm como objectivo sugerir a especificação da estrutura de σ_t^2 e, portanto, são realizados antes da fase da estimação (final) do modelo. Como alternativa, podemos discutir esses efeitos específicos (por exemplo, efeito assimétrico) na fase da estimação, a partir dos ensaios habituais de significância e dos critérios SC e AIC.

Por exemplo, suponha-se que se pretende ensaiar a presença do efeito assimétrico. Em alternativa aos testes apresentados em Franses e van Dijk (2000), pode-se ensaiar a hipótese $\gamma_1 = 0$ (já na fase da estimação) no contexto do modelo

$$\sigma_t^2 = \omega + \alpha_1 u_{t-1}^2 + \beta_1 \sigma_{t-1}^2 + \gamma_1 u_{t-1}^2 \mathcal{I}_{\{u_{t-1}<0\}}, \quad \mathcal{I}_{\{u_{t-1}<0\}} = \left\{ \begin{array}{ll} 1 & \text{se } u_{t-1} < 0 \\ 0 & \text{se } u_{t-1} \geq 0. \end{array} \right.$$

8.10.2 Ensaios Pós-Estimação

Depois do modelo estimado (pelo método da máxima (ou da pseudo) verosimilhança) há interesse em testar determinada suposição envolvendo os parâmetros ou em analisar a adequabilidade do modelo. Os três testes assimptóticos, rácio de verosimilhanças, multiplicador de Lagrange ou teste de Wald, podem naturalmente ser usados. Uma aplicação do teste multiplicador de Lagrange foi já vista (teste ARCH).

Parte 2 – Capítulo 8. Modelação da heterocedasticidade condicionada | 377

Figura 8.15: Output do EVIEWS associado ao teste multiplicador de Lagrange H_0: $\alpha_1 = \alpha_2 = \ldots = \alpha_{10} = 0$ (o valor-p está destacado)

ARCH Test:

F-statistic	23.58130	Probability	0.000000
Obs*R-squared	218.9822	Probability	0.000000

Test Equation:
Dependent Variable: RESID^2
Method: Least Squares
Included observations: 2925 after adjustments

Variable	Coefficient	Std. Error	t-Statistic	Prob.
C	5.64E-05	8.24E-06	6.840992	0.0000
RESID^2(-1)	0.183900	0.018517	9.931537	0.0000
RESID^2(-2)	0.058698	0.018824	3.118322	0.0018
RESID^2(-3)	0.019230	0.018745	1.025890	0.3050
RESID^2(-4)	0.040301	0.018739	2.150692	0.0316
RESID^2(-5)	0.004380	0.018741	0.233690	0.8152
RESID^2(-6)	0.036872	0.018741	1.967414	0.0492
RESID^2(-7)	0.032363	0.018739	1.727034	0.0843
RESID^2(-8)	0.109910	0.018745	5.863338	0.0000
RESID^2(-9)	-0.020103	0.018824	-1.067965	0.2856
RESID^2(-10)	0.029723	0.018517	1.605224	0.1086

R-squared	0.074866	Mean dependent var	0.000112
Adjusted R-squared	0.071691	S.D. dependent var	0.000391
S.E. of regression	0.000376	Akaike info criterion	-12.92829
Sum squared resid	0.000413	Schwarz criterion	-12.90579
Log likelihood	18918.62	F-statistic	23.58130
Durbin-Watson stat	1.999284	Prob(F-statistic)	0.000000

Teste de Wald

O teste de Wald é muito fácil de usar no programa EVIEWS. Veja-se primeiro um esboço da teoria. Já concluímos que

$$\sqrt{n}\left(\hat{\boldsymbol{\theta}}_n - \boldsymbol{\theta}_0\right) \xrightarrow{d} N\left(\mathbf{0}, \mathbf{V}_0\right) \tag{8.18}$$

onde

$$\mathbf{V}_0 = \begin{cases} \mathbf{I}\left(\boldsymbol{\theta}_0\right)^{-1} = \mathbf{A}\left(\boldsymbol{\theta}_0\right)^{-1} & \text{se } \hat{\boldsymbol{\theta}}_n \text{ é o est. de máxima verosimilhança} \\ \mathbf{A}\left(\boldsymbol{\theta}_0\right)^{-1} \mathbf{B}\left(\boldsymbol{\theta}_0\right) \mathbf{A}\left(\boldsymbol{\theta}_0\right)^{-1} & \text{se } \hat{\boldsymbol{\theta}}_n \text{ é o est. de pseudo máxima verosimilhança} \end{cases}$$

Suponha-se que se pretende ensaiar H_0: $\mathbf{R}\boldsymbol{\theta}_0 = \mathbf{r}$ onde $\mathbf{R}$ é uma matriz de tipo $q \times k$ (recorde-se que $\boldsymbol{\theta}$ é um vector coluna de dimensão k) e r é um escalar. Por exemplo, se $k = 5$ e H_0: $\theta_4 + 2\theta_5 = 3$ tem-se $q = 1$ e

$$\theta_4 + 2\theta_5 = 3 \Leftrightarrow \underbrace{\begin{pmatrix} 0 & 0 & 0 & 1 & 2 \end{pmatrix}}_{\mathbf{R}} \underbrace{\begin{pmatrix} \theta_1 \\ \theta_2 \\ \theta_3 \\ \theta_4 \\ \theta_5 \end{pmatrix}}_{\boldsymbol{\theta}} = \underbrace{3}_{r}.$$

Para obter a estatística de teste associada a H_0: $\mathbf{R}\boldsymbol{\theta}_0 = \mathbf{r}$ considera-se, a partir de (8.18),

$$\sqrt{n}\left(\mathbf{R}\hat{\boldsymbol{\theta}}_n - \mathbf{r}\right) \xrightarrow{d} N\left(\mathbf{0}, \mathbf{R}\mathbf{V}_0\mathbf{R}'\right)$$

e, consequentemente[63],

$$n\left(\mathbf{R}\hat{\boldsymbol{\theta}}_n - \mathbf{r}\right)'\left(\mathbf{R}\mathbf{V}_0\mathbf{R}'\right)^{-1}\left(\mathbf{R}\hat{\boldsymbol{\theta}}_n - \mathbf{r}\right) \xrightarrow{d} \chi^2_{(q)}. \qquad (8.19)$$

O programa EVIEWS permite aplicar de forma muito fácil o teste de Wald. No exemplo anterior, e depois de estimado o modelo GARCH, bastaria seleccionar "view" – "coefficient tests" – "Wald" e depois escrever "c(4)+2*c(5)=3". É possível também ensaiar relações não lineares entre os parâmetros, como por exemplo, "c(4)^2+c(5)^2=1".[64]

Testes individuais (por exemplo, do tipo H_0: $\theta_2 = 0$) baseiam-se na relação

$$\hat{\boldsymbol{\theta}}_n \overset{a}{\sim} N\left(\boldsymbol{\theta}_0, \frac{\hat{\mathbf{V}}_0}{n}\right)$$

---

[63] Note-se que se X é um vector aleatório dimensão $q \times 1$ com distribuição $N(\mu, \Sigma)$, então $(x - \mu)'\Sigma^{-1}(x - \mu) \sim \chi^2_{(q)}$.

[64] Neste caso não linear seria necessário adaptar a estatística de teste (8.19). Observe-se que $R\theta_0$ expressa uma relação linear.

Figura 8.16: FAC de $\hat{u}_t^2$ (e valores-p da estatística Ljung-Box)

Included observations: 2935
Q-statistic probabilities adjusted for 1 ARMA term(s)

Autocorrelation	Partial Correlation		AC	PAC	Q-Stat	Prob
		1	0.215	0.215	136.23	
		2	0.124	0.082	181.60	0.000
		3	0.077	0.036	198.85	0.000
		4	0.084	0.055	219.80	0.000
		5	0.056	0.020	228.98	0.000
		6	0.081	0.055	248.32	0.000
		7	0.087	0.053	270.70	0.000
		8	0.146	0.109	333.76	0.000
		9	0.053	-0.015	342.03	0.000
		10	0.068	0.030	355.69	0.000

devido a (8.18) (para n finito mas suficientemente alto, $\hat{\boldsymbol{\theta}}_n$ tem distribuição aproximadamente igual a $N(\boldsymbol{\theta}_0, \mathbf{V}_0/n)$). Assim, para ensaiar, por exemplo, H_0: $\theta_2 = 0$ considera-se o rácio-t

$$t_{\hat{\theta}_{n,2}} = \frac{\hat{\theta}_{n,2}}{se\left(\hat{\theta}_{n,2}\right)}$$

com distribuição $N(0, 1)$ onde $se\left(\hat{\theta}_{n,2}\right)$ é o erro padrão de $\hat{\theta}_{n,2}$ (é a raiz quadrada do elemento $(2,2)$ da matriz $\hat{\mathbf{V}}_0/n$). O programa EVIEWS fornece automaticamente os rácios-t.

Testes de Diagnóstico

O modelo em análise é

$$y_t = \mu_t + u_t, \qquad u_t = \sigma_t \varepsilon_t$$

e as hipóteses são $E(\varepsilon_t) = 0$, $Var(\varepsilon_t) = 1$ (verificam-se sempre, por construção), $\{\varepsilon_t\}$ é um processo diferença de martingala ou ruído branco e $\{\varepsilon_t\}$ é um processo homocedástico.

380 | Modelação de Séries Temporais Financeiras

Nestas circunstância, se o modelo está bem especificado, deve ter-se: $\{\varepsilon_t\}$ deve ser não autocorrelacionado e $\{\varepsilon_t\}$ deve ser condicionalmente homocedástico.

Assim, se

(a) y é, por exemplo, um ARMA e a média condicional não captar esta estrutura, os processos $\{u_t\}$ e $\{\varepsilon_t\}$ exibirão autocorrelação;

(b) de igual forma, se y segue um GARCH e a variância condicional não captar esta estrutura $\varepsilon_t^2 = u_t^2/\sigma_t^2$ exibirá autocorrelação;

(c) finalmente, se ε segue uma distribuição leptocúrtica então $k_{\hat{\varepsilon}} > 3$.

Para analisar (a) e (b), devemos:

(1) estimar um modelo ARMAX+GARCH;

(2) obter os resíduos $\hat{u}_t$;

(3) obter os resíduos estandardizados $\hat{\varepsilon}_t = \hat{u}_t/\hat{\sigma}_t$;

(4) (Análise da questão (a)). Efectuar o teste Ljung-Box tomando como hipótese nula, H_0: $\rho_1(\hat{\varepsilon}_t) = ... = \rho_m(\hat{\varepsilon}_t) = 0$ ($\rho_i(\hat{\varepsilon}_t)$ é o coeficiente de autocorrelação entre $\hat{\varepsilon}_t$ e $\hat{\varepsilon}_{t-i}$) e estatística de teste

$$Q = n(n+2) \sum_{i=1}^{m} \frac{1}{n-i} \hat{\rho}_i^2(\hat{\varepsilon}_t) \xrightarrow{d} \chi^2_{(m-k)}$$

onde k é o número de parâmetros AR e MA estimados. Evidência contra a hipótese nula sugere que $\hat{\varepsilon}_t$ é autocorrelacionado. Neste caso é necessário rever a especificação da média condicional.

(5) (Análise da questão (b)). Efectuar o teste Ljung-Box tomando como hipótese nula, H_0: $\rho_1(\hat{\varepsilon}_t^2) = ... = \rho_m(\hat{\varepsilon}_t^2) = 0$ ($\rho_i(\hat{\varepsilon}_t^2)$ é o coeficiente de autocorrelação entre $\hat{\varepsilon}_t^2$ e $\hat{\varepsilon}_{t-i}^2$ e estatística de teste

$$Q = n(n+2) \sum_{i=1}^{m} \frac{1}{n-i} \hat{\rho}_i^2(\hat{\varepsilon}_t^2) \xrightarrow{d} \chi^2_{(m-k)}$$

onde k é o número de parâmetros estimados (McLeod e Li, 1983, sugere que k pode ser apenas o número de parâmetros dinâmicos estimados na variância condicional; por exemplo, 2 no GARCH(1,1)). Evidência contra a hipótese nula sugere que $\hat{\varepsilon}_t^2$ é autocorrelacionado. Neste caso é necessário rever a especificação da variância condicional.

Taylor (2005), p. 258, aponta outros procedimentos alternativos.

Teste Alternativo

Uma forma alternativa de analisar a questão (b) atrás referida consiste em verificar a presença de efeitos ARCH remanescentes através da especificação (Franses e van Dijk, 2000, e Lundbergh e Teräsvirta, 2002):

$$
\begin{aligned}
y_t &= \mu_t + u_t \\
u_t &= \sigma_t \varepsilon_t \\
\varepsilon_t &= e_t \sqrt{1 + \pi_1 \varepsilon_{t-1}^2 + \ldots + \pi_m \varepsilon_{t-m}^2}
\end{aligned}
$$

Sob H_0: $\pi_1 = \pi_2 = \ldots = \pi_m = 0$ (não existem efeitos ARCH remanescentes), tem-se

$$
nR^2 \xrightarrow{d} \chi_{(m)}^2
$$

onde R^2 é o coeficiente de determinação da regressão de $\hat{\varepsilon}_t^2$ sobre as variáveis

$$
\begin{pmatrix} 1 & \hat{\varepsilon}_{t-1}^2 & \ldots & \hat{\varepsilon}_{t-m}^2 & \hat{x}_t \end{pmatrix}
$$

onde

$$
\hat{x}_t = \frac{1}{\hat{\sigma}_t} \frac{\partial \hat{\sigma}_t^2}{\partial \eta'}
$$

e η' é o vector de parâmetros especificados em σ_t^2. Calcule-se $\frac{\partial \sigma_t^2}{\partial \eta'}$ no caso $\sigma_t^2 = \omega + \alpha_1 u_{t-1}^2 + \beta_1 \sigma_{t-1}^2$. Tem-se

$$\frac{\partial \sigma_t^2}{\partial \eta'} = \frac{\partial \sigma_t^2}{\partial \left(\begin{array}{ccc} \omega & \alpha_1 & \beta_1 \end{array} \right)} = \left(\begin{array}{ccc} \frac{\partial \sigma_t^2}{\partial \omega} & \frac{\partial \sigma_t^2}{\partial \alpha_1} & \frac{\partial \sigma_t^2}{\partial \beta_1} \end{array} \right).$$

Suponha-se $\frac{\partial \sigma_0^2}{\partial \omega} = 0$. Vem

$$\begin{aligned} \frac{\partial \sigma_t^2}{\partial \omega} &= 1 + \beta_1 \frac{\partial \sigma_{t-1}^2}{\partial \omega} = 1 + \beta_1 \left(1 + \beta_1 \frac{\partial \sigma_{t-2}^2}{\partial \omega} \right) = \ldots = \\ &= 1 + \beta_1 + \beta_1^2 + \ldots + \beta_1^{t-1} = \sum_{i=1}^{t} \beta_1^{i-1} = \frac{1}{\beta_1 - 1} \left(\beta_1^t - 1 \right). \end{aligned}$$

Deixa-se como exercício verificar que

$$\frac{\partial \sigma_t^2}{\partial \eta'} = \left(\begin{array}{ccc} \sum_{i=1}^{t} \beta_1^{i-1} & \sum_{i=1}^{t} \beta_1^{i-1} \hat{u}_{t-i}^2 & \sum_{i=1}^{t} \beta_1^{i-1} \hat{\sigma}_{t-i}^2 \end{array} \right).$$

Nota: O programa EVIEWS "esquece o vector $\hat{x}_t$". Como consequência, o valor da estatística nR^2 apurado no EVIEWS depois da estimação ARCH/GARCH está subestimado e, assim, a probabilidade P (rejeitar H0| H1 é verdadeira) vem baixa. Tenderemos a concluir quase sempre que o modelo está bem especificado, mesmo nos casos em que ainda existem efeitos ARCH remanescentes.

8.11 Previsão

A previsão no contexto do modelo ARCH/GARCH envolve habitualmente a previsão de y_t e de σ_t^2. Todavia, em várias aplicações, como por exemplo, estimação do risco de mercado, construção de *portfolios* dinâmicos, valorização de opções, etc., a previsão da volatilidade é mais importante do que a previsão de y_t.

Vamos analisar a previsão de y_t e de σ_t^2 e estabelecer os respectivos intervalos de confiança (ICs) ou de previsão. Concretamente, temos um modelo do tipo ARMA+GARCH, baseado em n observações, $\{y_1, y_2, ..., y_n\}$ e procura-se,

- prever $y_{n+1}, y_{n+2}, ...$;
- estabelecer ICs para $y_{n+1}, y_{n+2}, ...$;
- prever $\sigma_{n+1}^2, \sigma_{n+2}^2, ...$;
- estabelecer ICs para $\sigma_{n+1}^2, \sigma_{n+2}^2, ...$;

8.11.1 Previsão da Variância Condicional

Vimos que o previsor com EQM mínimo para y_{n+h} (dada a informação em $\mathcal{F}_n$) é $\mathrm{E}(y_{n+h} \,|\, \mathcal{F}_n)$. De igual forma, o previsor com EQM mínimo para σ_{n+h}^2 (dada a informação em $\mathcal{F}_n$) é (naturalmente)

$$\mathrm{E}\left(\sigma_{n+h}^2 \,\middle|\, \mathcal{F}_n\right).$$

Note-se que $\mathrm{E}\left(u_{n+h}^2 \,\middle|\, \mathcal{F}_n\right) = \mathrm{E}\left(\sigma_{n+h}^2 \varepsilon_{n+h}^2 \,\middle|\, \mathcal{F}_n\right) = \mathrm{E}\left(\sigma_{n+h}^2 \,\middle|\, \mathcal{F}_n\right)$. Para facilitar a notação considere-se $\sigma_{n+h,n}^2 := \mathrm{E}\left(\sigma_{n+h}^2 \,\middle|\, \mathcal{F}_n\right)$. Vejam-se os exemplos seguintes.

8.11.1.1 *Modelo ARCH(1)* $\sigma_t^2 = \omega + \alpha_1 u_{t-1}^2$

Previsão a um passo $h = 1$

Como $\sigma_{n+1}^2 = \omega + \alpha_1 u_n^2$ tem-se

$$\sigma_{n+1,n}^2 = \mathrm{E}\left(\omega + \alpha_1 u_n^2 \,\middle|\, \mathcal{F}_n\right) = \omega + \alpha_1 u_n^2$$

(na prática, como $\sigma_{n+1,n}^2$ é desconhecido deve considerar-se $\hat{\sigma}_{n+1,n}^2 = \hat{\omega} + \hat{\alpha}_1 \hat{u}_n^2$).

Previsão a dois passos $h = 2$

Como $\sigma_{n+2}^2 = \omega + \alpha_1 u_{n+1}^2$ tem-se

$$
\begin{aligned}
\sigma_{n+2,n}^2 &= \mathrm{E}\left(\omega + \alpha_1 u_{n+1}^2 \,\middle|\, \mathcal{F}_n\right) \\
&= \omega + \alpha_1 \mathrm{E}\left(u_{n+1}^2 \,\middle|\, \mathcal{F}_n\right) \\
&= \omega + \alpha_1 \mathrm{E}\left(\sigma_{n+1}^2 \,\middle|\, \mathcal{F}_n\right) \\
&= \omega + \alpha_1 \sigma_{n+1,n}^2 \,.
\end{aligned}
$$

Podemos ainda escrever $\sigma_{n+2,n}^2$ como função do valor u_n^2. Basta substituir na expressão anterior, $\sigma_{n+1,n}^2$ por $\omega + \alpha_1 u_n^2$. Vem

$$
\begin{aligned}
\sigma_{n+2,n}^2 &= \omega + \alpha_1 \sigma_{n+1,n}^2 \\
&= \omega + \alpha_1\left(\omega + \alpha_1 u_n^2\right) \\
&= \omega\left(1 + \alpha\right) + \alpha_1^2 u_n^2 \,.
\end{aligned}
$$

Previsão a h passos

$$
\begin{aligned}
\sigma_{n+h,n}^2 &= \mathrm{E}\left(\omega + \alpha_1 u_{n+h-1}^2 \,\middle|\, \mathcal{F}_n\right) \\
&= \omega + \alpha_1 \mathrm{E}\left(u_{n+h-1}^2 \,\middle|\, \mathcal{F}_n\right) \\
&= \omega + \alpha_1 \mathrm{E}\left(\sigma_{n+h-1}^2 \,\middle|\, \mathcal{F}_n\right) \\
&= \omega + \alpha_1 \sigma_{n+h-1,n}^2 .
\end{aligned}
$$

Tal como anteriormente, podemos escrever $\sigma_{n+h,n}^2$ como função de u_n^2. Pode-se provar que

$$
\sigma_{n+h,n}^2 = \omega + \alpha_1 \sigma_{n+h-1,n}^2 = \omega \frac{1 - \alpha_1^h}{1 - \alpha_1} + \alpha_1^h u_n^2
$$

Se $0 \le \alpha_1 < 1$, conclui-se

$$
\sigma_{n+h,n}^2 \to \frac{\omega}{1 - \alpha_1} = \mathrm{Var}\left(u_t\right) \qquad \text{(quando } h \to \infty\text{)}.
$$

O caso $\alpha_1 = 1$ é analisado adiante, no contexto do GARCH.

8.11.1.2 *Modelo GARCH(1,1)* $\sigma_t^2 = \omega + \alpha_1 u_{t-1}^2 + \beta_1 \sigma_{t-1}^2$

Previsão a um passo $h = 1$

Como $\sigma_{n+1}^2 = \omega + \alpha_1 u_n^2 + \beta_1 \sigma_n^2$ tem-se

$$\sigma_{n+1,n}^2 = \mathrm{E}\left(\omega + \alpha_1 u_n^2 + \beta_1 \sigma_n^2 \big| \mathcal{F}_n\right) = \omega + \alpha_1 u_n^2 + \beta_1 \sigma_n^2$$

(na prática, como $\sigma_{n+1,n}^2$ é desconhecido deve considerar-se $\hat{\sigma}_{n+1,n}^2 = \hat{\omega} + \hat{\alpha}_1 \hat{u}_n^2 + \beta_1 \hat{\sigma}_n^2$).

Previsão a dois passos $h = 2$

Como $\sigma_{n+2}^2 = \omega + \alpha_1 u_{n+1}^2 + \beta_1 \sigma_{n+1}^2$ tem-se

$$
\begin{aligned}
\sigma_{n+2,n}^2 &= \mathrm{E}\left(\omega + \alpha_1 u_{n+1}^2 + \beta_1 \sigma_{n+1}^2 \big| \mathcal{F}_n\right) \\
&= \omega + \alpha_1 \mathrm{E}\left(u_{n+1}^2 \big| \mathcal{F}_n\right) + \beta_1 \mathrm{E}\left(\sigma_{n+1}^2 \big| \mathcal{F}_n\right) \\
&= \omega + (\alpha_1 + \beta_1)\, \sigma_{n+1,n}^2.
\end{aligned}
$$

Previsão a h **passos**

$$
\begin{aligned}
\sigma_{n+h,n}^2 &= \mathrm{E}\left(\omega + \alpha_1 u_{n+h-1}^2 + \beta_1 \sigma_{n+h-1}^2 \big| \mathcal{F}_n\right) \\
&= \omega + \alpha_1 \mathrm{E}\left(u_{n+h-1}^2 \big| \mathcal{F}_n\right) + \beta_1 \mathrm{E}\left(\sigma_{n+h-1}^2 \big| \mathcal{F}_n\right) \\
&= \omega + (\alpha_1 + \beta_1)\, \sigma_{n+h-1,n}^2.
\end{aligned}
$$

Um pouco à semelhança do que fizemos para a previsão no ARCH, a expressão

$$\sigma_{n+h,n}^2 = \omega + (\alpha_1 + \beta_1)\, \sigma_{n+h-1,n}^2 \tag{8.20}$$

pode ser reescrita, como função de u_n^2 e σ_n^2. Pode-se provar que a solução da equação (8.20), sob a condição $0 \leq \alpha_1 + \beta_1 < 1$ (e dada a condição inicial $\sigma_{n+1,n}^2 = \omega + \alpha_1 u_n^2 + \beta_1 \sigma_n^2$) é

386 | Modelação de Séries Temporais Financeiras

$$\sigma^2_{n+h,n} = \frac{\omega\left(1 - (\alpha_1 + \beta_1)^h\right)}{1 - \alpha_1 - \beta_1} + (\alpha_1 + \beta_1)^{h-1}\left(\alpha_1 u_n^2 + \beta_1 \sigma_n^2\right).$$

Assim, no caso $\alpha_1 + \beta_1 < 1$, tem-se

$$\sigma^2_{n+h,n} \to \frac{\omega}{1 - \alpha_1 - \beta_1} = \text{Var}\,(u_t) \qquad \text{(quando } h \to \infty\text{)}.$$

No caso $\alpha_1 + \beta_1 = 1$ (IGARCH(1,1)) vem

$$\begin{aligned}
\sigma^2_{n+2,n} &= \omega + \sigma^2_{n+1,n} \\
\sigma^2_{n+3,n} &= \omega + \sigma^2_{n+2,n} = \omega + \left(\omega + \sigma^2_{n+1,n}\right) = 2\omega + \sigma^2_{n+1,n} \\
&\quad \cdots \\
\sigma^2_{n+h,n} &= (h-1)\,\omega + \sigma^2_{n+1,n}
\end{aligned}$$

e, portanto,

$$\begin{aligned}
\sigma^2_{n+h,n} &= \sigma^2_{n+1,n}, \qquad \text{se } \omega = 0 \\
\sigma^2_{n+h,n} &\to \infty, \qquad \text{se } \omega > 0 \text{ (quando } h \to \infty\text{)}.
\end{aligned}$$

Para além da estimação pontual de $\sigma^2_{n+h,n}$, há interesse também em estabelecer ICs. Esta questão é tratada no ponto 8.11.3.

8.11.2 A Previsão da Variável Dependente y

Qualquer que seja o modelo para y, o previsor de y_{n+h} com EQM mínimo, baseia-se, como vimos, no valor esperado condicionado de y. Assim, a previsão pontual de y_{n+h} não envolve qualquer novidade face ao que foi já exposto no ponto 6.6. Todavia, a estimação por intervalos deve agora reflectir a presença de heterocedasticidade condicional. Seja (l_1, l_2) o IC a $(1 - \alpha)\,100\%$ associado a y_{n+h}, i.e, l_1 e l_2 são tais que

Parte 2 – Capítulo 8. Modelação da heterocedasticidade condicionada | 387

$$P\left(l_1 < y_{n+h} < l_2 \mid \mathcal{F}_n\right) = 1 - \alpha \Leftrightarrow$$

$$P\left(\frac{l_1 - \mathrm{E}\left(y_{n+h}\mid \mathcal{F}_n\right)}{\sqrt{\mathrm{Var}\left(y_{n+h}\mid \mathcal{F}_n\right)}} < \frac{y_{n+h} - \mathrm{E}\left(y_{n+h}\mid \mathcal{F}_n\right)}{\sqrt{\mathrm{Var}\left(y_{n+h}\mid \mathcal{F}_n\right)}} < \frac{l_2 - \mathrm{E}\left(y_{n+h}\mid \mathcal{F}_n\right)}{\sqrt{\mathrm{Var}\left(y_{n+h}\mid \mathcal{F}_n\right)}} \middle| \mathcal{F}_n\right) = 1 - \alpha.$$

Seja $Z_{n+h} = \left(y_{n+h} - \mathrm{E}\left(y_{n+h}\mid \mathcal{F}_n\right)\right)/\sqrt{\mathrm{Var}\left(y_{n+h}\mid \mathcal{F}_n\right)}$ e $q_{1-\alpha/2}$ o quantil de ordem $1 - \alpha/2$ da distribuição da v.a. $Z_{n+h}\mid \mathcal{F}_n$. Como também se tem

$$P\left(-q_{1-\alpha/2} < Z_{n+h} < q_{1-\alpha/2} \middle| \mathcal{F}_n\right) = 1 - \alpha$$

(supondo que a distribuição de $Z\mid \mathcal{F}_n$ é simétrica) conclui-se

$$\frac{l_1 - \mathrm{E}\left(y_{n+h}\mid \mathcal{F}_n\right)}{\sqrt{\mathrm{Var}\left(y_{n+h}\mid \mathcal{F}_n\right)}} = -q_{1-\alpha/2} \text{ e } \frac{l_2 - \mathrm{E}\left(y_{n+h}\mid \mathcal{F}_n\right)}{\sqrt{\mathrm{Var}\left(y_{n+h}\mid \mathcal{F}_n\right)}} = q_{1-\alpha/2}.$$

Resolvendo estas igualdades em ordem a l_1 e a l_2,

$$
\begin{aligned}
l_1 &= \mathrm{E}\left(y_{n+h}\mid \mathcal{F}_n\right) - q_{1-\alpha/2}\sqrt{\mathrm{Var}\left(y_{n+h}\mid \mathcal{F}_n\right)}, \\
l_2 &= \mathrm{E}\left(y_{n+h}\mid \mathcal{F}_n\right) + q_{1-\alpha/2}\sqrt{\mathrm{Var}\left(y_{n+h}\mid \mathcal{F}_n\right)}
\end{aligned}
$$

obtém-se o seguinte IC[65] a $(1 - \alpha)\,100\%$ para y_{n+h}:

$$\mathrm{E}\left(y_{n+h}\mid \mathcal{F}_n\right) \pm q_{1-\alpha/2}\sqrt{\mathrm{Var}\left(y_{n+h}\mid \mathcal{F}_n\right)}$$

Por exemplo, assuma-se que $y_{n+h}\mid \mathcal{F}_n$ tem distribuição $N\left(\mathrm{E}\left(y_{n+h}\mid \mathcal{F}_n\right), \mathrm{Var}\left(y_{n+h}\mid \mathcal{F}_n\right)\right)$ e, portanto, $Z_{n+h}\mid \mathcal{F}_n \sim N\left(0, 1\right)$. Nestas condições, o IC a 95% para y_{n+h} é

$$\mathrm{E}\left(y_{n+h}\mid \mathcal{F}_n\right) \pm 1.96\sqrt{\mathrm{Var}\left(y_{n+h}\mid \mathcal{F}_n\right)}.$$

Infelizmente esta expressão só está correcta para $h = 1$. O problema é o de que $y_{n+h}\mid \mathcal{F}_n$ para $h > 1$ não tem geralmente distribuição normal na presença de efeitos ARCH/GARCH, mesmo

---

[65] Note-se que $\mathrm{Var}\left(y_{n+h}\mid \mathcal{F}_n\right) = \mathrm{Var}\left(e_n\left(h\right)\mid \mathcal{F}_n\right)$ onde $e_n\left(h\right) = y_{n+h} - \mathrm{E}\left(y_{n+h}\mid \mathcal{F}_n\right)$ é o erro de previsão a h passos. Assim, o IC $(1 - \alpha)\,100\%$ pode ser também apresentado da seguinte forma:

$$\mathrm{E}\left(y_{n+h}\mid \mathcal{F}_n\right) \pm q_{1-\alpha/2}\sqrt{\mathrm{Var}\left(e_n\left(h\right)\mid \mathcal{F}_n\right)}.$$

388 | Modelação de Séries Temporais Financeiras

que as inovações ε_t sejam Gaussianas e, portanto, mesmo que $y_{n+1} | \mathcal{F}_n$ tenha distribuição normal. No ponto 8.11.3 apresentamos um procedimento de *bootstrap* que permite obter IC correctos para y_{n+h}, com $h \geq 1$.

Outro caso de interesse é o da previsão de longo prazo. Se o processo é ESO (e ergódico), a previsão de y_t e de σ_t^2 no longo prazo, i.e. quando $t \to \infty$ é, respectivamente, $\mathrm{E}\,(y) = \lim_{h \to \infty} \mathrm{E}\,(y_{n+h} | F_n)$ e $\mathrm{Var}\,(y) = \lim_{h \to \infty} \mathrm{Var}\,(y_{n+h} | F_n)$ (tratam-se afinal dos momentos marginais da distribuição de y). O IC a $(1 - \alpha)\,100\%$ para a previsão de longo prazo de y é, desta forma,

$$\mathrm{E}\,(y) \pm \zeta_{1-\alpha/2} \sqrt{\mathrm{Var}\,(y)}$$

onde $\zeta_{1-\alpha/2}$ é o quantil de ordem $1 - \alpha/2$ da distribuição marginal de y. Este quantil pode ser estimado a partir da distribuição empírica da sucessão de valores observados $\{y_1, ..., y_n\}$.

Analise-se nesta secção apenas a previsão a um passo e deixe-se o caso da previsão a $h > 1$ passos para o ponto 8.11.3

EXEMPLO 8.11.1. *Considere-se o modelo AR(1)+GARCH(1,1)*

$$y_t = c + \phi y_{t-1} + u_t,$$
$$\sigma_t^2 = \omega + \alpha_1 u_{t-1}^2 + \beta_1 \sigma_{t-1}^2.$$

Se $u_t | \mathcal{F}_{t-1} \sim N\left(0, \sigma_t^2\right)$ então um IC a 95% para y_{n+1} é

$$\mathrm{E}\,(y_{n+h} | \mathcal{F}_n) \pm 1.96 \sqrt{\mathrm{Var}\,(y_{n+h} | \mathcal{F}_n)}$$

ou seja

$$c + \phi y_n \pm 1.96 \sqrt{\omega + \alpha_1 u_n^2 + \beta_1 \sigma_n^2}.$$

8.11.2.1 *Modelo de Regressão*

Considere-se o modelo de regressão

$$y_t = \mathbf{x}_t' \boldsymbol{\beta} + u_t$$

onde $\mathbf{x}'_t$ é um vector linha de dimensão k e $\boldsymbol{\beta}$ vector coluna de dimensão k. Supomos que u e $\mathbf{X}$ são independentes e ainda que $u_t | \mathcal{F}_{t-1} \sim N\left(0, \sigma_t^2\right)$. O previsor de y_{n+1} de EQM mínimo é

$$\mathrm{E}\left(y_{n+1} | \mathcal{F}_n, \mathbf{x}_{n+1}\right) = \mathbf{x}'_{n+1}\boldsymbol{\beta} \, .$$

Por que razão o valor esperado é condicionado também a $\mathbf{x}_{n+1}$? A razão é a seguinte: a previsão de y no momento $n+1$ depende de $\mathbf{x}_{n+1}$, e, portanto, $\mathbf{x}_{n+1}$ tem de ser conhecido. Na prática, só em casos muito especiais se conhece $\mathbf{x}_{n+1}$ no momento n (mesmo assim, podemos estar interessados em prever y_{n+1} admitindo um dado cenário ou hipótese para $\mathbf{x}_{n+1}$).

Assim, um IC para y_{n+1} a 95% é

$$\mathbf{x}'_{n+1}\boldsymbol{\beta} \pm 1.96 \sqrt{\mathrm{Var}\left(y_{n+1} | \mathcal{F}_n\right)} \Leftrightarrow \mathbf{x}'_{n+1}\boldsymbol{\beta} \pm 1.96\sigma_{n+1,n}.$$

Analise-se agora uma questão que é normalmente descurada no âmbito das séries temporais (mas não na área da econometria). O intervalo de previsão acima estabelecido assume que $\boldsymbol{\beta}$ é conhecido. Ao substituirmos $\boldsymbol{\beta}$ pela respectiva estimativa, introduz-se uma nova fonte de variabilidade, que deve ser incorporada no intervalo de previsão. Para se ter em conta a variabilidade de $\hat{\boldsymbol{\beta}}$, , é necessário obter a distribuição da variável $y_{n+1} - \mathbf{x}'_{n+1}\hat{\boldsymbol{\beta}}$. A representação

$$y_{n+1} - \mathbf{x}'_{n+1}\hat{\boldsymbol{\beta}} = \mathbf{x}'_{n+1}\boldsymbol{\beta} + u_{n+1} - \mathbf{x}'_{n+1}\hat{\boldsymbol{\beta}} = u_{n+1} + \mathbf{x}'_{n+1}\left(\boldsymbol{\beta} - \hat{\boldsymbol{\beta}}\right) = e_n \, (1)$$

permite concluir que $y_{n+1} - \mathbf{x}'_{n+1}\hat{\boldsymbol{\beta}}$ tem distribuição normal de média

$$\mathrm{E}\left(e_n\,(1) | \mathcal{F}_n, \mathbf{x}_{n+1}\right) = 0$$

e variância

$$
\begin{aligned}
\mathrm{Var}\left(e_n\,(1) | \mathcal{F}_n, \mathbf{X}\right) &= \mathrm{Var}\left(\mathbf{x}'_{n+1}\left(\boldsymbol{\beta} - \hat{\boldsymbol{\beta}}\right) + u_{n+1} \big| \mathcal{F}_n, \mathbf{x}_{n+1}\right) \\
&= \mathbf{x}'_{n+1} \mathrm{Var}\left(\left(\boldsymbol{\beta} - \hat{\boldsymbol{\beta}}\right) \big| \mathcal{F}_n, \mathbf{x}_{n+1}\right) \mathbf{x}_{n+1} + \mathrm{E}\left(u_{n+1}^2 \big| \mathcal{F}_n, \mathbf{x}_{n+1}\right) \\
&= \mathbf{x}'_{n+1} \mathrm{Var}\left(\hat{\boldsymbol{\beta}}\right) \mathbf{x}_{n+1} + \sigma_{n+1,n}^2
\end{aligned}
$$

(assumindo-se $E\left(u_{n+1}|\mathbf{X}\right)=0$). Considerando $(1-\alpha)\,100\%=95\%$ tem-se

$$P\left(l_1<y_{n+1}<l_2|\,\mathcal{F}_n\right)=0.95\Leftrightarrow$$

$$P\left(\frac{l_1-\mathbf{x}'_{n+1}\hat{\boldsymbol{\beta}}}{\sqrt{\mathrm{Var}\left(e_n\left(1\right)|\,\mathcal{F}_n,\mathbf{x}_{n+1}\right)}}<\frac{y_{n+1}-\mathbf{x}'_{n+1}\hat{\boldsymbol{\beta}}}{\sqrt{\mathrm{Var}\left(e_n\left(1\right)|\,\mathcal{F}_n,\mathbf{x}_{n+1}\right)}}<\right.$$
$$\left.\frac{l_2-\mathbf{x}'_{n+1}\hat{\boldsymbol{\beta}}}{\sqrt{\mathrm{Var}\left(e_n\left(1\right)|\,\mathcal{F}_n,\mathbf{x}_{n+1}\right)}}\right|\mathcal{F}_n\right)=0.95.$$

Obtém-se assim o seguinte IC a 95% para y_{n+1}:

$$\mathbf{x}'_{n+1}\hat{\boldsymbol{\beta}}\pm1.96\sqrt{\mathbf{x}'_{n+1}\,\mathrm{Var}\left(\hat{\boldsymbol{\beta}}\right)\mathbf{x}_{n+1}+\sigma^2_{n+1,n}}.\qquad(8.21)$$

Para amostra grandes podemos continuar a usar a aproximação $\mathbf{x}'_{n+1}\hat{\boldsymbol{\beta}}\pm1.96\hat{\sigma}_n$ dado que $\mathbf{x}'_{n+1}\,\mathrm{Var}\left(\hat{\boldsymbol{\beta}}\right)\mathbf{x}_{n+1}$ é aproximadamente proporcional a $1/n$ e, portanto, tende para zero assimptoticamente (por outras palavras, é uma quantidade "pequena" quando comparada com $\sigma^2_{n+1,n}$).

8.11.3 Intervalos de Confiança para y e para a Volatilidade baseados emBoostrap.

Vimos até agora as seguintes questões:

- intervalos de confiança para y_{n+1};
- previsão de σ^2_t para os períodos $n+1,n+2,...$;

Estas questões são relativamente simples tratar. Já a obtenção de intervalos de confiança para y_{n+h}, $h>1$ e para σ^2_{n+h}, $h\geq1$ é problemática, pois não são conhecidas as distribuições de interesse. Estas questões resolvem-se de forma muito satisfatória recorrendo ao *bootstrap*.

Para exemplificar considere-se o modelo

Parte 2 – Capítulo 8. Modelação da heterocedasticidade condicionada | 391

$$\begin{cases} y_t = c + \phi y_{t-1} + u_t \\ u_t = \sigma_t \varepsilon_t \\ \sigma_t^2 = \omega + \alpha u_{t-1}^2 + \beta \sigma_{t-1}^2. \end{cases} \qquad (8.22)$$

onde ε tem distribuição desconhecida de média nula e variância um. O algoritmo é o seguinte:

(1) Estimar o modelo (8.22) e obter

$$\{\hat{\varepsilon}_t, t = 1, ..., n\}, \text{ onde } \hat{\varepsilon}_t = \frac{\hat{u}_t}{\hat{\sigma}_t}$$

$$\hat{\sigma}^2 = \frac{\hat{\omega}}{1 - \hat{\alpha} - \hat{\beta}}, \qquad \hat{\mu} = \frac{\hat{c}}{1 - \hat{\phi}}$$

$$\hat{\boldsymbol{\theta}} = \left(\hat{c}, \hat{\phi}, \hat{\omega}, \hat{\alpha}, \hat{\beta}\right)'$$

(2) Simular o modelo

$$\begin{cases} y_t^* = \hat{c} + \hat{\phi} y_{t-1}^* + u_t^* \\ u_t^* = \sigma_t^* \varepsilon_t^* \\ \sigma_t^{*2} = \hat{\omega} + \hat{\alpha} u_{t-1}^{*2} + \hat{\beta} \sigma_{t-1}^{*2} \end{cases} \qquad (8.23)$$

com os seguintes valores iniciais: $\sigma_0^{*2} = \hat{\sigma}^2$ e $y_0^* = \hat{\mu}$. Os valores de ε_t^* são retirados aleatoriamente com reposição do conjunto $\{\hat{\varepsilon}_1, ..., \hat{\varepsilon}_n\}$.

(3) Estimar o modelo (8.23) e obter as seguintes previsões:

$$\begin{cases} y_{n+h}^* = \hat{c}^* + \hat{\phi}^* y_{n+h-1}^* \\ \hat{\sigma}_{n+h}^{*2} = \hat{\omega}^* + \hat{\alpha}^* u_{n+h-1}^{*2} + \hat{\beta}^* \hat{\sigma}_{n+h-1}^{*2} \end{cases}$$

Note-se que $\hat{\boldsymbol{\theta}}^* = \left(\hat{c}^*, \hat{\phi}^*, \hat{\omega}^*, \hat{\alpha}^*, \hat{\beta}^*\right)'$ é o vector das estimativas obtidas no contexto do modelo simulado (8.23).

(4) Repetir os passos 2 e 3 B vezes. Com este procedimento obtêm-se as seguintes séries:

$$\left\{y_{n+j}^{*(1)}, y_{n+j}^{*(2)}, ..., y_{n+j}^{*(B)}\right\}, \qquad j = 1, ..., h,$$

$$\left\{\hat{\sigma}_{n+j}^{*2\,(1)}, \hat{\sigma}_{n+j}^{*2\,(2)}, ..., \hat{\sigma}_{n+j}^{*2\,(B)}\right\}, \qquad j = 1, ..., h.$$

392 | Modelação de Séries Temporais Financeiras

(5) Um intervalo de previsão a $(1 - \alpha)$ 100% para y_{n+j} é

$$\left[q_{\frac{\alpha}{2}}, q_{1-\frac{\alpha}{2}} \right]$$

onde $q_{\frac{\alpha}{2}}$ e $q_{1-\frac{\alpha}{2}}$ são os quantis empíricos da amostra $\left\{ y_{n+j}^{*(1)}, y_{n+j}^{*(2)}, ..., y_{n+j}^{*(B)} \right\}$.

(6) Um intervalo de previsão a $(1 - \alpha)$ 100% para σ_{n+j}^2 é

$$\left[q_{\frac{\alpha}{2}}, q_{1-\frac{\alpha}{2}} \right]$$

onde agora $q_{\frac{\alpha}{2}}$ e $q_{1-\frac{\alpha}{2}}$ são os quantis empíricos da amostra $\left\{ \hat{\sigma}_{n+j}^{*2\,(1)}, \hat{\sigma}_{n+j}^{*2\,(2)}, ..., \hat{\sigma}_{n+j}^{*2\,(B)} \right\}$.

Com o passo 3 incorpora-se a variabilidade do estimador de $\hat{\theta}$ na construção dos ICs (esta ideia é idêntica à que conduz a considerar o valor $x'_{n+1} \operatorname{Var}\left(\hat{\beta}\right) x_{n+1}$ na expressão 8.21). Para mais pormenores veja-se Pascuala et al. (2006).

8.12 Problema dos Erros de Especificação na Média Condicional

Considere o modelo

$$y_t = \mu_t + u_t, \qquad \mathrm{E}\left(u_t^2 \,\middle|\, \mathcal{F}_{t-1} \right) = \sigma^2 \text{ constante} \cdot$$

Em aplicações desconhece-se a verdadeira função μ_t. Suponha-se que se propõe (erradamente) para a média condicional a especificação $m_t \neq \mu_t$. Ou seja propõe-se

$$y_t = m_t + v_t,$$

onde v_t é tomada como a v.a. residual. Nestas condições pode existir um efeito ARCH espúrio.

Para exemplificar, suponha-se que o verdadeiro processo é

$$y_t = c + \phi y_{t-1} + u_t, \qquad u_t \text{ RB Gaussiano } N\left(0, \sigma^2\right)$$

Por erro de especificação supõe-se $m_t = c$. Nestas condições existe um efeito ARCH espúrio. O modelo considerado (erradamente) é

$$y_t = c + v_t, \qquad v_t = \phi y_{t-1} + u_t$$

onde v_t é tomada como a v.a. residual. Ora

$$
\begin{aligned}
v_t^2 &= (\phi y_{t-1} + u_t)^2 = \phi^2 y_{t-1}^2 + u_t^2 + 2\phi y_{t-1} u_t \\
&= \phi^2 (c + v_{t-1})^2 + u_t^2 + 2\phi y_{t-1} u_t \\
&= \phi^2 c^2 + \phi^2 2 c v_{t-1} + \phi^2 v_{t-1}^2 + u_t^2 + 2\phi y_{t-1} u_t.
\end{aligned}
$$

Tomando o valor esperado condicional e reagrupando os termos vem:

$$
\mathrm{E}\left(v_t^2 \mid \mathcal{F}_{t-1}\right) = c_1^* + c_2^* v_{t-1} + \phi^2 v_{t-1}^2.
$$

Significa que v_t exibe um efeito do tipo ARCH, apesar do modelo inicial ser condicionalmente homocedástico.

Considere-se agora um caso mais geral.

$$
\begin{aligned}
\text{Modelo Verdadeiro}: \quad & y_t = \mu_t + u_t, \\
\text{Modelo Especificado Incorrectamente}: \quad & y_t = m_t + v_t,
\end{aligned}
$$

com $m_t \neq \mu_t$. Tem-se $v_t = \mu_t - m_t + u_t$. Como μ_t e m_t pertencem a $\mathcal{F}_{t-1}$ e $\mathrm{E}\left(u_t \mid \mathcal{F}_{t-1}\right) = 0$ vem

$$
\begin{aligned}
\mathrm{E}\left(v_t^2 \mid \mathcal{F}_{t-1}\right) &= \mathrm{E}\left((\mu_t - m_t + u_t)^2 \mid \mathcal{F}_{t-1}\right) \\
&= \mathrm{E}\left((\mu_t - m_t)^2 + 2(\mu_t - m_t) u_t + u_t^2 \mid \mathcal{F}_{t-1}\right) \\
&= \mathrm{E}\left((\mu_t - m_t)^2 \mid \mathcal{F}_{t-1}\right) + \mathrm{E}\left(u_t^2 \mid \mathcal{F}_{t-1}\right).
\end{aligned}
$$

- Se $\mathrm{E}\left(u_t^2 \mid \mathcal{F}_{t-1}\right) = \sigma^2$ então a variância condicional de v_t, $\mathrm{E}\left(v_t^2 \mid \mathcal{F}_{t-1}\right)$, não é constante, pois $\mathrm{E}\left((\mu_t - m_t)^2 \mid \mathcal{F}_{t-1}\right)$ não é constante.
- Se $\mathrm{E}\left(u_t^2 \mid \mathcal{F}_{t-1}\right) = \sigma_t^2$ então a variância condicional associada ao modelo incorrecto $y_t = m_t + v_t$ será superior à verdadeira variância condicional σ_t^2. Com efeito,

$$
\mathrm{E}\left(v_t^2 \mid \mathcal{F}_{t-1}\right) = \mathrm{E}\left((\mu_t - m_t)^2 \mid \mathcal{F}_{t-1}\right) + \sigma_t^2.
$$

A conclusão deste ponto é óbvia: é importante especificar bem a média condicional.

Como nota final registe-se que, na prática, a média condicional que especificamos é $E\left(y_t | \mathcal{F}_{t-1}^*\right)$ onde $\mathcal{F}_{t-1}^*$ é o "nosso" conjunto de informação, necessariamente limitado, e não o conjunto de todos os acontecimentos $\omega \in \Omega$ que geram y no momento $t-1$. Como resultado a média condicional que especificamente envolve quase sempre erros de especificação. A existência do efeito ARCH pode dever-se ou acentua-se na presença desses erros de especificação. É interessante observar Engle (1982): "the ARCH regression model is an approximation to a more complex regression which has no-ARCH disturbances. The ARCH specification might then picking up the effect of variables omitted from the estimated model. The existence of an ARCH effect would be interpreted as evidence of misspecification".

8.13 Modelos Não Lineares na Média combinados com o GARCH

8.13.1 Modelo Limiar Autoregressivo com Heterocedasticidade Condicionada

O modelo TAR tal como foi apresentado na secção 7.4 não é apropriado para séries temporais financeiras, pois assume que a variância condicional é constante ao longo do tempo. Podemos, no entanto, generalizar o TAR de forma a acomodar heterocedasticidade condicionada. Se admitirmos o caso mais geral em que o padrão de heterocedasticidade se distingue consoante o regime, o modelo a considerar, com dois regimes e um desfasamento (veja-se Gospodinov, 2005) é

$$y_t = (\phi_{10} + \phi_{11}y_{t-1})\,\mathcal{I}_{\{q_{t-d} \leq \gamma\}} + (\phi_{20} + \phi_{21}y_{t-1})\,\mathcal{I}_{\{q_{t-d} > \gamma\}} + u_t.$$

onde $u_t = \sigma_t \varepsilon_t$ e $\{\varepsilon_t\}$ é uma sucessão de v.a. i.i.d. de média zero e variância um e

Parte 2 – Capítulo 8. Modelação da heterocedasticidade condicionada | 395

$$\sigma_t^2 = \left(\omega_1 + \alpha_1 u_{t-1}^2 + \beta_1 \sigma_{t-1}^2\right) \mathcal{I}_{\{q_{t-d} \leq \gamma\}} + \left(\omega_2 + \alpha_2 u_{t-1}^2 + \beta_2 \sigma_{t-1}^2\right) \mathcal{I}_{\{q_{t-d} > \gamma\}}.$$
$$(8.25)$$

Aborda-se a seguir a estimação do modelo. Suponha-se que ε é um ruído branco Gaussiano. Assim,

$$y_t | \mathcal{F}_{t-1} \sim N\left(\mu_t, \sigma_t^2\right)$$

onde $\mu_t = \left(\phi_{10} + \phi_{11} y_{t-1}\right) \mathcal{I}_{\{q_{t-d} \leq \gamma\}} + \left(\phi_{20} + \phi_{21} y_{t-1}\right) \mathcal{I}_{\{q_{t-d} > \gamma\}}$ e σ_t^2 é dado pela equação (8.25). Seja θ o vector de todos parâmetros do modelo com excepção de γ. A função log-verosimilhança vem

$$
\begin{aligned}
\log L_n\left(\theta, \gamma\right) &= \sum_{t=1}^{n} \log f\left(y_t | \mathcal{F}_{t-1}; \theta, \gamma\right) \\
\log f\left(y_t | \mathcal{I}_t; \theta, \gamma\right) &= -\frac{1}{2} \log\left(2\pi\right) - \frac{1}{2} \log \sigma_t^2\left(\theta, \gamma\right) - \frac{1}{2\sigma_t^2\left(\theta, \gamma\right)} \left(y_t - \mu_t\left(\theta, \gamma\right)\right)^2.
\end{aligned}
$$

O problema de optimização $\max_{\theta} \sum_{t=1}^{n} \log f\left(y_t | \mathcal{F}_{t-1}; \theta, \gamma\right)$ não é *standard*, pois a derivada de $\log L_n\left(\theta, \gamma\right)$ em ordem a γ não existe. O princípio do método de máxima verosimilhança mantém-se, todavia: é necessário maximizar a função em ordem aos parâmetros. A estimação dos parâmetros processa-se da seguinte forma:

(1) Escolha-se um valor para γ no conjunto $\tilde{\Gamma}$ (sobre o conjunto $\tilde{\Gamma}$ veja-se o ponto 7.4.5). Seja γ^* esse valor.

(2) Resolva-se o problema de optimização $\max_{\theta} \log L_n\left(\theta, \gamma^*\right)$ em ordem a θ; seja $\hat{\theta}_n\left(\gamma^*\right)$ o valor que maximiza $L_n\left(\theta, \gamma^*\right)$ (dado γ^*), i.e., $\hat{\theta}_n\left(\gamma^*\right) = \arg\max_{\theta} \log L_n\left(\theta, \gamma^*\right)$.

(3) Registe-se o valor de $\log L_n\left(\hat{\theta}_n\left(\gamma^*\right), \gamma^*\right)$.

(4) Repitam-se os passos 1-3 até se exaurir o conjunto $\tilde{\Gamma}$.

(5) A estimativa para γ é aquela que maximiza a função de verosimilhança; seja $\hat{\gamma}_n$ esse valor.

(6) A estimativa para θ é, naturalmente, $\hat{\theta}_n\left(\hat{\gamma}_n\right)$.

EXEMPLO 8.13.1. *Considere o retorno diário em percentagem,* $y_t = 100 \times \log\left(P_t / P_{t-1}\right)$, *associados ao índice NASDAQ, no período*

396 | Modelação de Séries Temporais Financeiras

Tabela 2: Resultados da estimação do modelo AR+GARCH

Parâmetro	Estimativa	Erro Padrão
c	0.0478	0.0075
ϕ	0.2332	0.0112
ω	0.0118	0.0015
α	0.1111	0.0073
β	0.8812	0.0074
Log-Veros.$= -11439.3$		

Tabela 3: Resultados da estimação do modelo SETAR+GARCH

Parâmetro	Estimativa	Erro Padrão
ϕ_{10}	-0.1718	0.0312
ϕ_{11}	0.0563	0.0310
ω_1	0.0233	0.0075
α_1	0.0982	0.0097
β_1	0.9776	0.0152
ϕ_{20}	0.0426	0.0099
ϕ_{21}	0.2384	0.0177
ω_2	0.0175	0.0024
α_2	0.0733	0.0073
β_2	0.8575	0.0093
Log-Veros.$= -11344.5$		

5-02-1971 a 13-10-2006 (9006 observações). Na tabela 2 apresentam-se os resultados da estimação do modelo AR(1)+GARCH(1,1).

De seguida, estimou-se o modelo SETAR (8.24)-(8.25), com $q_{t-d} = y_{t-1}$. Seguiram-se os seis passos do procedimento descrito atrás. Obteve-se $\hat{\gamma}_n = -0.356$ (trata-se do valor que maximiza a função de log-verosimilhança $\log L_n(\boldsymbol{\theta}, \gamma)$). A figura 8.17 mostra o valor de $\log L_n$ como função de γ (observe-se que $\hat{\gamma}_n = = -0.356$ maximiza $\log L_n$). Para o valor $\hat{\gamma}_n$ estimado, obtiveram-se os resultados que constam da tabela 3. O primeiro regime modela os retornos quando estes estão em queda, mais precisamente, quando o retorno anterior é inferior a –0.356%. A média marginal deste regime é –.1718/ (1 – .0563) = –.182%. Tendo em conta este valor, há tendência para o processo sair do regime 1, mantendo,

Figura 8.17: Valor da máximo da função log-Verosimilhança como função do parâmetro γ. Estimativa de $\gamma : -0.358316$

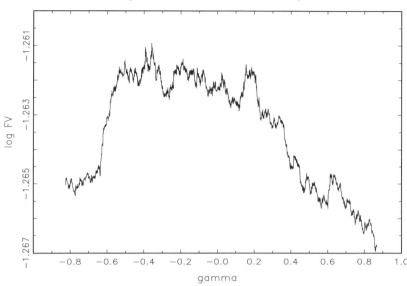

ainda assim, uma rendibilidade negativa. Talvez o dado mais significativo é a forte persistência da volatilidade neste regime, associada a valores altos de volatilidade ($w_1 > w_2$). Este resultado está de acordo com os factos estilizados habitualmente observados em dados financeiros, segundo os quais, a volatilidade tende a ser superior quando as cotações estão a descer. A volatilidade associada ao regime 1 pode ser identificada como a "má volatilidade", i.e., aquela que está ligada à queda dos preços.

8.13.2 Modelo Markov-Switching com Heterocedasticidade Condicionada

Vimos na secção 7.5 que a separação das dinâmicas do processo em estudo em dois ou mais regimes permite, na maior parte dos casos, obter diferentes valores para σ_i (veja-se o modelo (7.35)). Significa isto que os erros são heterocedásticos. No entanto, é possível ir um pouco mais longe se admitirmos, mesmo em

398 | Modelação de Séries Temporais Financeiras

cada regime, erros heterocedásticos. Em séries financeiras, o modelo (7.35) pode mostrar-se insuficiente para modelar a volatilidade típica das séries financeiras. O caminho está assim indicado: é necessário admitir, em cada regime, uma especificação dinâmica para a volatilidade. Entendeu-se inicialmente (e.g. Hamilton) que os modelos Markov-switching com efeitos GARCH eram intratáveis e impossíveis de serem estimados, devido à dependência da variância condicional de toda a trajectória passada (em última análise, a estrutura que se admitia para um Markov-Switching com N regimes obrigaria posteriormente a expandir o número de regimes para N^n sendo n o número de observações). Gray (1996) propôs um modelo que resolve a dependência da variância condicional de toda a trajectória passada.

O modelo MS+GARCH com dois regimes é

$$y_t = \begin{cases} c_1 + \phi_1 y_{t-1} + \sigma_{1t}\varepsilon_t & \text{se } S_t = 1 \\ c_2 + \phi_2 y_{t-2} + \sigma_{2t}\varepsilon_t & \text{se } S_t = 2 \end{cases}$$

onde σ_{it} seguem a representação sugerida por Gray (1996),

$$\sigma_{it}^2 = \omega_i + \alpha_i u_{t-1}^2 + \beta\sigma_{t-1}^2, \tag{8.26}$$

sendo

$$u_t = y_t - \mathrm{E}\left(y_t| \mathcal{F}_{t-1}\right), \qquad \sigma_t^2 = \mathrm{Var}\left(y_t| \mathcal{F}_{t-1}\right).$$

Pode mostrar-se que o problema da "dependência da variância condicional" surge quando se define σ_{it}^2 como função de $u_{i,t-1}$ (erro no período $t-1$ associado ao regime i) e de $\sigma_{i,t-1}^2$. A especificação (8.26) evita esse problema; observe-se que σ_{it}^2 depende u_{t-1} e σ_{t-1}^2.

Momentos de y

Determinem-se os momentos do processo. Seja $\mu_{it} = \mathrm{E}\left(y_t| \mathcal{F}_{t-1}, S_t = i\right)$. No contexto do modelo (7.35) tem-se:

$$\mathrm{E}\left(y_t| \mathcal{F}_{t-1}, S_t = 1\right) = c_1 + \phi_1 y_{t-1}, \qquad \mathrm{E}\left(y_t| \mathcal{F}_{t-1}, S_t = 2\right) = c_2 + \phi_2 y_{t-1}.$$

Tem-se

$$
\begin{aligned}
\mu_t &= \mathrm{E}\left(y_t|\mathcal{F}_{t-1}\right) \\
&= \mathrm{E}\left(y_t|\mathcal{F}_{t-1}, S_t = 1\right) P\left(S_t = 1|\mathcal{F}_{t-1}\right) \\
&\quad + \mathrm{E}\left(y_t|\mathcal{F}_{t-1}, S_t = 2\right) P\left(S_t = 2|\mathcal{F}_{t-1}\right) \\
&= \mu_{1t}p_{1t} + \mu_{2t}p_{1t}.
\end{aligned}
$$

$\mathrm{E}\left(y_t|\mathcal{F}_{t-1}\right)$ é, portanto, a média ponderada dos valores esperados condicionais dos regimes 1 e 2. Por outro lado,

$$
\begin{aligned}
\sigma_t^2 &= \mathrm{Var}\left(y_t|\mathcal{F}_{t-1}\right) = \mathrm{E}\left(y_t^2|\mathcal{F}_{t-1}\right) - \left(\mathrm{E}\left(y_t|\mathcal{F}_{t-1}\right)\right)^2 \\
&= \mathrm{E}\left(y_t^2|\mathcal{F}_{t-1}, S_t = 2\right) P\left(S_t = 1|\mathcal{F}_{t-1}\right) \\
&\quad + \mathrm{E}\left(y_t^2|\mathcal{F}_{t-1}, S_t = 2\right) P\left(S_t = 2|\mathcal{F}_{t-1}\right) - \mu_t^2 \\
&= \left(\mu_{1t}^2 + \sigma_{1t}^2\right) p_{1t} + \left(\mu_{2t}^2 + \sigma_{2t}^2\right) p_{2t} - \mu_t^2.
\end{aligned}
$$

8.A Estabilidade de EDF e a Estacionaridade (Caso modelo ARCH)

Apresenta-se uma abordagem alternativa para analisar a ESO. A ideia é tomar, num primeiro passo, os valores esperados marginais como função de t, e verificar depois em que condições esses valores esperados não dependem de t. Considere-se o ARCH(1). Como se sabe neste caso tem-se

$$
\underbrace{\mathrm{E}\left(u_t^2\right)}_{\eta_t} = \omega + \alpha_1 \underbrace{\mathrm{E}\left(u_{t-1}^2\right)}_{\eta_{t-1}}, \qquad \text{i.e.}
$$

$$
\eta_t = \omega + \alpha_1 \eta_{t-1}
$$

O ponto fixo da equação às diferenças finitas (EDF)[66], $\eta_t = \omega + \alpha_1 \eta_{t-1}$, é

$$
\frac{\omega}{1 - \alpha_1}.
$$

---

[66] Ver a definição de ponto fixo na secção 7.2.

Este ponto é assimptoticamente estável se $|\alpha_1| < 1$; além disso, se a condição inicial é $\frac{\omega}{1-\alpha_1}$ então $\eta_t = \frac{\omega}{1-\alpha_1}, \forall t$. Quando a condição inicial é $\eta_0 \neq \frac{\omega}{1-\alpha_1}$ pode-se provar que a solução da EDF $\eta_t = \omega + \alpha_1 \eta_{t-1}$ é

$$\eta_t = \omega \frac{\left(1 - \alpha_1^t\right)}{1 - \alpha_1} + \alpha_1^t \eta_0 \qquad \text{(Solução)}$$

Se $|\alpha_1| < 1 \Rightarrow$

$$\eta_t = \omega \frac{\left(1 - \alpha_1^t\right)}{1 - \alpha_1} + \alpha_1^t \eta_0 \rightarrow \frac{\omega}{1 - \alpha_1}$$

Se a condição inicial não é igual à solução de longo prazo, $\frac{\omega}{1-\alpha_1}$, o processo u_t é "assimptoticamente estacionário" (ou ESO se o processo teve início num passado remoto). Em suma, se $\alpha_1 < 1$ (por hipótese $\alpha_1 \geq 0$) (e a condição inicial for $\omega/\left(1 - \alpha_1\right)$) então

$$\mathrm{E}\left(u_t^2\right) = \frac{\omega}{1 - \alpha_1}, \forall t$$

e o processo u_t é ESO.

No caso ARCH(2), tem-se $\sigma_t^2 = \omega + \alpha_1 u_{t-1}^2 + \alpha_2 u_{t-2}^2, \omega > 0$, $\alpha_1 \geq 0, \alpha_2 \geq 0$. Assim,

$$\begin{aligned}
\mathrm{Var}\left(u_t\right) &= \mathrm{E}\left(u_t^2\right) = \mathrm{E}\left(\sigma_t^2\right) \\
&= \mathrm{E}\left(\omega + \alpha_1 u_{t-1}^2 + \alpha_2 u_{t-2}^2\right) = \omega + \alpha_1 \mathrm{E}\left(u_{t-1}^2\right) + \alpha_2 \mathrm{E}\left(u_{t-2}^2\right)
\end{aligned}$$

Donde

$$\underbrace{\mathrm{E}\left(u_t^2\right)}_{\eta_t} = \omega + \alpha_1 \underbrace{\mathrm{E}\left(u_{t-1}^2\right)}_{\eta_{t-1}} + \alpha_2 \underbrace{\mathrm{E}\left(u_{t-2}^2\right)}_{\eta_{t-2}}, \qquad \text{i.e.}$$

$$\eta_t = \omega + \alpha_1 \eta_{t-1} + \alpha_2 \eta_{t-2}$$

$$\left(1 - \alpha_1 L - \alpha_2 L^2\right) \eta_t = \omega$$

Parte 2 – Capítulo 8. Modelação da heterocedasticidade condicionada | 401

Pode-se provar que η_t converge se as raízes de $\left(1 - \alpha_1 L - \alpha_2 L^2\right)$ estiverem fora do circulo unitário, i.e.,

$$\alpha_1 + \alpha_2 < 1,\ \alpha_2 - \alpha_1 < 1,\ -1 < \alpha_2 < 1.$$

Como $\alpha_1 \geq 0, \alpha_2 \geq 0$, a única condição que precisamos de verificar é $\alpha_1 + \alpha_2 < 1$. Nestas condições, se $\eta_0 = \frac{\omega}{1-(\alpha_1+\alpha_2)}$ e $\alpha_1 + \alpha_2 < 1$ o processo u é ESO e

$$\mathrm{E}\left(u_t^2\right) = \omega + \alpha_1\,\mathrm{E}\left(u_t^2\right) + \alpha_2\,\mathrm{E}\left(u_t^2\right) \Rightarrow \mathrm{E}\left(u_t^2\right) = \frac{\omega}{1 - (\alpha_1 + \alpha_2)}.$$

Capítulo 9

Modelação da Heterocedasticidade Condicionada – Caso Multivariado

9.1 Introdução

Vimos no ponto 3.2.6 que muitas séries financeiras (por exemplo, índices bolsistas ou cotações de acções) apresentam co-movimentos de rendibilidade e volatilidade, isto é, quando a rendibilidade e a volatilidade de uma série aumenta (diminui), a rendibilidade e a volatilidade das outras tende, em geral, a aumentar (diminuir).

A estimação destes co-movimentos de rendibilidade e volatilidade deve ser naturalmente feita no quadro da estimação multivariada (por multivariada entendemos várias equações). Esta análise é relevante, por exemplo, no âmbito da selecção de *portfolios*, da gestão do risco, etc. Permite também discutir questões do tipo:

- como se transmite a volatilidade de um mercado aos demais mercados? qual a magnitude do impacto da volatilidade de um mercado sobre outro?
- os mercados globais influenciam a volatilidade de outros mercados (regionais ou nacionais) sem serem por eles influenciados (contagiados)?
- A volatilidade de um activo transmite-se a outro directamente (através da sua variância condicional) ou indirectamente (através das covariâncias condicionais)?

404 | Modelação de Séries Temporais Financeiras

- Como se comportam as correlações condicionais? São variáveis ao longo do tempo? Tendem a aumentar ou a diminuir em períodos de alta volatilidade e instabilidade dos mercados?

Para tratar estas questões vai considerar-se um modelo genérico, envolvendo m equações:

$$y_{1t} = \mu_{1t} + u_{1t},$$
$$\ldots$$
$$y_{mt} = \mu_{mt} + u_{mt}$$

onde $\mu_{it} := \mathrm{E}(y_{it}|\mathcal{F}_{t-1})$ para $i = 1, ..., m$. Para usarmos uma notação mais compacta, definam-se os seguintes vectores-coluna m dimensionais:

$$\mathbf{y}_t = \begin{pmatrix} y_{1t} \\ \vdots \\ y_{mt} \end{pmatrix}, \qquad \boldsymbol{\mu}_t = \begin{pmatrix} \mu_{1t} \\ \vdots \\ \mu_{mt} \end{pmatrix}, \qquad \mathbf{u}_t = \begin{pmatrix} u_{1t} \\ \vdots \\ u_{mt} \end{pmatrix}.$$

De forma compacta, o modelo pode representar-se na forma

$$\mathbf{y}_t = \boldsymbol{\mu}_t + \mathbf{u}_t.$$

A média condicional $\boldsymbol{\mu}_t$ não é aqui relevante, mas pode supor-se que $\mathbf{y}_t$ é bem modelado por um VARMA (vector ARMA, ou mesmo vector ARMAX). Tem-se um modelo de heterocedasticidade condicional multivariado se $\mathbf{u}_t$ é um processo multiplicativo do tipo,

$$\mathbf{u}_t = \mathbf{H}_t^{1/2} \boldsymbol{\varepsilon}_t$$

onde $\boldsymbol{\varepsilon}_t$ é um vector de v.a. i.i.d. (condicionalmente homocedástico) tal que

$$\mathrm{E}(\boldsymbol{\varepsilon}_t) = \mathbf{0}, \qquad \mathrm{Var}(\boldsymbol{\varepsilon}_t) = \mathbf{I}_m \text{ (matriz identidade de ordem } m)$$

e $\mathbf{H}_t$ é uma matriz quadrada de ordem m, simétrica, definida positiva e $\mathcal{F}_{t-1}$ mensurável ($\mathcal{F}_t$ é a σ-algebra gerada por $(\mathbf{y}_t, \mathbf{y}_{t-1}, ..)$).

Parte 2 – Capítulo 9. Modelação da heterocedasticidade condicionada | 405

A notação $\mathbf{H}_t^{1/2}$ merece alguns comentários. A menos que $\mathbf{H}_t$ seja uma matriz diagonal, $\mathbf{H}_t^{1/2}$ não representa naturalmente a raiz quadrada dos elementos de $\mathbf{H}_t$. $\mathbf{H}_t^{1/2}$ é uma matriz quadrada ordem m tal que $\mathbf{H}_t^{1/2}\left(\mathbf{H}_t^{1/2}\right)' = \mathbf{H}_t$. A matriz $\mathbf{H}_t^{1/2}$ pode ser obtida utilizando a factorização de Cholesky.

Dadas as hipóteses, tem-se

$$
\begin{aligned}
\mathrm{Var}\left(\mathbf{y}_t|\,\mathcal{F}_{t-1}\right) &= \mathrm{Var}\left(\mathbf{u}_t|\,\mathcal{F}_{t-1}\right) = \mathrm{E}\left(\mathbf{u}_t\mathbf{u}_t'|\,\mathcal{F}_{t-1}\right) \\
&= \mathbf{H}_t^{1/2}\underbrace{\mathrm{Var}\left(\boldsymbol{\varepsilon}_t|\,\mathcal{F}_{t-1}\right)}_{\mathrm{Var}(\boldsymbol{\varepsilon}_t)=\mathbf{I}_m}\left(\mathbf{H}_t^{1/2}\right)' = \mathbf{H}_t.
\end{aligned}
$$

9.2 Densidade e Verosimilhança

Para simplificar a exposição assuma-se normalidade dos erros: $\boldsymbol{\varepsilon}_t \sim N\left(\mathbf{0}, \mathbf{I}_m\right)$. Nestas circunstâncias, tem-se a seguinte relação:

$$
\boldsymbol{\varepsilon}_t \sim N\left(\mathbf{0}, \mathbf{I}_m\right) \Rightarrow \mathbf{u}_t|\,\mathcal{F}_{t-1} \sim N\left(\mathbf{0}, \mathbf{H}_t\right) \Rightarrow \mathbf{y}_t|\,\mathcal{F}_{t-1} \sim N\left(\boldsymbol{\mu}_t, \mathbf{H}_t\right).
$$

Assim, a densidade conjunta condicional de $\mathbf{y}_t$ é

$$
f\left(\mathbf{y}_t|\,\mathcal{F}_{t-1}\right) = (2\pi)^{-m/2}\,|\mathbf{H}_t|^{-1/2}\exp\left\{-\frac{1}{2}\left(\mathbf{y}_t - \boldsymbol{\mu}_t\right)'\mathbf{H}_t^{-1}\left(\mathbf{y}_t - \boldsymbol{\mu}_t\right)\right\}.
$$

A função log-verosimilhança é então

$$
\begin{aligned}
\log L_n\left(\boldsymbol{\theta}\right) &= \sum_{t=1}^{n}\log f\left(\mathbf{y}_t|\,\mathcal{F}_{t-1}\right) \\
&= -\frac{nm}{2}\log\left(2\pi\right) - \frac{1}{2}\sum_{t=1}^{n}\log|\mathbf{H}_t| - \frac{1}{2}\sum_{t=1}^{n}\left(\mathbf{y}_t - \boldsymbol{\mu}_t\right)'\mathbf{H}_t^{-1}\left(\mathbf{y}_t - \boldsymbol{\mu}_t\right) \\
&= -\frac{nm}{2}\log\left(2\pi\right) - \frac{1}{2}\sum_{t=1}^{n}\log|\mathbf{H}_t\left(\boldsymbol{\theta}\right)| \qquad\qquad (9.1) \\
&\quad -\frac{1}{2}\sum_{t=1}^{n}\left(\mathbf{y}_t - \boldsymbol{\mu}_t\left(\boldsymbol{\theta}\right)\right)'\mathbf{H}_t^{-1}\left(\boldsymbol{\theta}\right)\left(\mathbf{y}_t - \boldsymbol{\mu}_t\left(\boldsymbol{\theta}\right)\right)
\end{aligned}
$$

406 | Modelação de Séries Temporais Financeiras

(a última equação destaca a dependência face a θ). No caso univariado (i.e. $m = 1$), vem $\mathbf{H}_t = \sigma_t^2$ e $\log f(y_t | \mathcal{F}_{t-1})$ é dada pela equação (8.16).

Nesta fase é necessário definir uma hipótese sobre a estrutura de μ_t e de $\mathbf{H}_t$. A média condicional μ_t pode ser definida através de um VAR(1) (vector autoregressivo) ou VARMA(1,1) (vector ARMA), etc. Não abordaremos aqui a especificação da média condicional. Neste capítulo estamos interessados sobretudo na especificação de $\mathbf{H}_t$. Nos pontos seguintes discutiremos possíveis especificação para $\mathbf{H}_t$.

9.3 Modelo VECH (ou VEC)

É necessário, em primeiro lugar, introduzir o operador vech. Considere-se, por exemplo,

$$\mathbf{A} = \begin{pmatrix} \boxed{a_{11}} & a_{12} & a_{13} \\ \boxed{a_{21}} & \boxed{a_{22}} & a_{23} \\ \boxed{a_{31}} & \boxed{a_{32}} & \boxed{a_{33}} \end{pmatrix}.$$

O operador vech selecciona os elementos abaixo da diagonal principal (elementos dentro dos quadrados) e passa-os para um vector-coluna:

$$\text{vech}(\mathbf{A}) = \begin{pmatrix} a_{11} \\ a_{21} \\ a_{22} \\ a_{31} \\ a_{32} \\ a_{33} \end{pmatrix}.$$

Obviamente que não se perde informação com esta operação se $\mathbf{A}$ é uma matriz (real) simétrica, hipótese que doravante se assume, sempre que se empregar tal operador.

O modelo VECH (ou VEC) (Engle e Kroner, 1995) propõe uma estrutura GARCH(p,q) multivariada. No caso GARCH(1,1), a matriz $\mathbf{H}_t$ é tal que

Parte 2 – Capítulo 9. Modelação da heterocedasticidade condicionada | 407

$$\text{vech}\,(\mathbf{H}_t) = \mathbf{w} + \mathbf{A}_1\,\text{vech}\,\left(\mathbf{u}_{t-1}\mathbf{u}'_{t-1}\right) + \mathbf{B}_1\,\text{vech}\,(\mathbf{H}_{t-1}). \quad (9.2)$$

No caso $m = 2$ (processo bivariado) e GARCH(1,1) a expressão (9.2) toma a forma

$$\text{vech}\,(\mathbf{H}_t) = \begin{pmatrix} h_{11,t} \\ h_{12,t} \\ h_{22,t} \end{pmatrix} = \begin{pmatrix} w_{11} \\ w_{12} \\ w_{22} \end{pmatrix} + \begin{pmatrix} \alpha_{11} & \alpha_{12} & \alpha_{13} \\ \alpha_{21} & \alpha_{22} & \alpha_{23} \\ \alpha_{31} & \alpha_{32} & \alpha_{33} \end{pmatrix} \begin{pmatrix} u^2_{1,t-1} \\ u_{1,t-1}u_{2,t-1} \\ u^2_{2,t-1} \end{pmatrix}$$

$$+ \begin{pmatrix} \beta_{11} & \beta_{12} & \beta_{13} \\ \beta_{21} & \beta_{22} & \beta_{23} \\ \beta_{31} & \beta_{32} & \beta_{33} \end{pmatrix} \begin{pmatrix} h_{11,t-1} \\ h_{12,t-1} \\ h_{22,t-1} \end{pmatrix}$$

$(h_{11,t} := \sigma^2_{1t}, h_{t,22} := \sigma^2_{2t}, h_{12,t} := \sigma_{t12})$. Note-se, por exemplo, que a covariância condicionada $h_{12,t} := \text{E}\,(u_{1t}u_{2t}|\,\mathcal{F}_{t-1})$ é igual a

$$w_{12} + \alpha_{21}u^2_{1,t-1} + \alpha_{23}u^2_{2,t-1} + \alpha_{22}u_{1,t-1}u_{2,t-1} + \beta_{21}h_{11,t-1} + \beta_{22}h_{12,t-1} + \beta_{23}h_{22,t-1}$$
$$(9.3)$$

Como subproduto do método, obtêm-se as correlações condicionais entre os retornos[32]

$$\rho_{ij,t} = \frac{h_{ij,t}}{\sqrt{h_{ii,t}h_{jj,t}}}, \qquad i,j = 1, ..., m.$$

A condição de ESO no caso GARCH(1,1) é a seguinte: $\{\mathbf{u}_t\}$ é ESO se todos os valores próprios de $\mathbf{A}_1 + \mathbf{B}_1$ forem em módulo menores do que um (i.e., sse as raízes em λ de $|\mathbf{A}_1 + \mathbf{B}_1 - \lambda\mathbf{I}|$ forem em módulo menores do que um)[33]. Nestas condições:

$$\text{E}\,\left(\text{vech}\,\left(\mathbf{u}_t\mathbf{u}'_t\right)\right) = \text{E}\,(\text{vech}\,(\mathbf{H}_t)) = (\mathbf{I} - \mathbf{A}_1 - \mathbf{B}_1)^{-1}\,\mathbf{w}.$$

---

[32] É indiferente identificar $\rho_{ij,t}$ como as correlações condicionais entre os retornos ou entre os erros, pois, por definição, $\rho_{ij,t} = \text{Corr}\,(y_{it}, y_{jt}|\,\mathcal{F}_{t-1}) = \text{Corr}\,(u_{it}, u_{jt}|\,\mathcal{F}_{t-1})$. Já as correlações marginais não são necessariamente iguais, isto é, em geral, tem-se $\text{Corr}\,(y_{it}, y_{jt}) \neq \text{Corr}\,(u_{it}, u_{jt})$.

[33] Com efeito, pode-se provar que

$$\text{E}\,(\,\text{vech}\,(\mathbf{H}_t)|\,\mathcal{F}_0) = (\mathbf{I} + (\mathbf{A}_1 + \mathbf{B}_1) + ... + (\mathbf{A}_1 + \mathbf{B}_1)^{t-1})\,\mathbf{w} + (\mathbf{A}_1 + \mathbf{B}_1)^t\,\text{vech}\,(\mathbf{H}_1)$$

sendo $\text{vech}\,(\mathbf{H}_1) \in \mathcal{F}_0)$. Se $(\mathbf{A}_1 + \mathbf{B}_1)^t \to \mathbf{0}$ (quando $t \to \infty$) então $\text{E}\,(\,\text{vech}\,(\mathbf{H}_t)|\,\mathcal{F}_0)$ converge para o momento estacionário $\text{E}\,(\text{vech}\,(\mathbf{H}_t))$. Ora, $(\mathbf{A}_1 + \mathbf{B}_1)^t \to \mathbf{0}$ sse os valores próprios de $\mathbf{A}_1 + \mathbf{B}_1$ são em módulo menores do que 1.

Modelação de Séries Temporais Financeiras

Tabela 1: Número de parâmetros a estimar no VEC

m	$(m(m+1)/2)(1+(m(m+1)))$
2	21
3	78
4	210

A principal vantagem do modelo VEC é a sua grande flexibilidade, pois permite que todos os elementos de $\mathbf{H}_t$ dependam de todos os produtos cruzados de vech $\left(\mathbf{u}_{t-1}\mathbf{u}'_{t-1}\right)$ e de todos os elementos de $\mathbf{H}_{t-1}$. No entanto, as suas desvantagens superam largamente as suas vantagens. As duas principais desvantagens do modelo VEC são as seguintes:

- O número de parâmetros a estimar é excessivamente alto. No GARCH(1,1) multivariado com m equações, o número de parâmetros a estimar é $(m(m+1)/2)(1+(m(m+1)))$ (veja-se a tabela 1)[34].

- Por definição a matriz $\mathbf{H}_t$ deve ser definida positiva, mas não é fácil garantir isso a partir das matrizes $\mathbf{A}$ e $\mathbf{B}$. Se $\mathbf{H}_t$ não é definida positiva, é possível, por exemplo, obter coeficientes de correlação superiores a um e/ou variâncias negativas (i.e. $\rho_{ij,t} > 1$ ou $h_{t,ii} < 0$).

Estas duas desvantagens acabam por limitar, de facto, a aplicação do modelo. Mesmo no caso $m = 2$ têm-se 21 parâmetros (tabela 1). Estimar 21 parâmetros usando o OLS é fácil (desde que o número de graus de liberdade assim o permita). Mas estimar 21 parâmetros maximizando a função log-verosimilhança (9.1) é extremamente difícil. Frequentemente, implementa-se o modelo VEC impondo várias restrições de nulidade sobre $\mathbf{A}_1$ e $\mathbf{B}_1$, como podemos ver no exemplo seguinte.

---

[34] Com efeito, note-se que $\mathbf{A}_1$ e $\mathbf{B}_1$ são matrizes quadradas de ordem $m(m+1)/2$ e o vector $\mathbf{w}$ possui $m(m+1)/2$ elementos. Assim, o número total de elementos a estimar é $2(m(m+1)/2)^2 + m(m+1)/2 = (m(m+1)/2)(1+(m(m+1)))$.

Parte 2 – Capítulo 9. Modelação da heterocedasticidade condicionada | 409

EXEMPLO 9.3.1. *Existem efeitos de rendimento e de volatilidade do PSI20 que possam ser antecipados através do Dow Jones (DJ)? Seja y_{1t} e y_{2t} o retorno diário associado, respectivamente, aos índices, PSI20 e DJ. Para reduzir o número de parâmetros a estimar, as variáveis y_{1t} e y_{2t} foram previamente centradas (e, como consequência, os termos constantes das equações foram eliminados). Depois de vários ensaios, definiu-se o seguinte modelo*

$$\begin{pmatrix} y_{1t} \\ y_{2t} \end{pmatrix} = \begin{pmatrix} \phi_{11} & \phi_{12} \\ 0 & \phi_{22} \end{pmatrix} \begin{pmatrix} y_{1,t-1} \\ y_{2,t-1} \end{pmatrix} + \mathbf{H}^{1/2}\varepsilon_t$$

onde

$$\begin{aligned} \text{vech}\,(\mathbf{H}_t) &= \begin{pmatrix} h_{11,t} \\ h_{12,t} \\ h_{22,t} \end{pmatrix} = \begin{pmatrix} 0 \\ 0 \\ w_{22} \end{pmatrix} + \begin{pmatrix} \alpha_{11} & 0 & \alpha_{13} \\ 0 & 0 & 0 \\ 0 & 0 & \alpha_{33} \end{pmatrix} \begin{pmatrix} u_{1,t-1}^2 \\ u_{1,t-1}u_{2,t-1} \\ u_{2,t-1}^2 \end{pmatrix} \\ &+ \begin{pmatrix} \beta_{11} & 0 & 0 \\ 0 & 0 & 0 \\ 0 & 0 & \beta_{33} \end{pmatrix} \begin{pmatrix} h_{11,t-1} \\ h_{12,t-1} \\ h_{22,t-1} \end{pmatrix} + \begin{pmatrix} \gamma vol_{t-1} \\ 0 \\ 0 \end{pmatrix} \end{aligned}$$

(vol é uma medida do volume de transacções do mercado português). Todas as matrizes quadradas são triangulares superiores, porque se assume que o DJ influencia o PSI20 e não existem efeitos de feedback (o PSI20 não influencia o DJ). Usando os dados no período 31/12/92 a 15/03/99 (1496 observações) obteve-se,

$$\hat{y}_{1t} = \underset{(.028)}{.2343}y_{1t-1} + \underset{(.023)}{.1430}y_{2t-1}, \qquad \hat{y}_{2t} = \underset{(.023)}{.0753}y_{2t-1}$$

$$\hat{h}_{1t} = \underset{(.0466)}{.3132}\hat{u}_{1t-1}^2 + \underset{(.0151)}{.0466}\hat{u}_{2t-1}^2 + \underset{(.0459)}{.6053}\hat{h}_{1t-1} + \underset{(.0062)}{.0254}vol_{t-1}$$

$$\hat{h}_{2t} = \underset{(5.2\times10^{-7})}{1.25 \times 10^{-6}} + \underset{(.0195)}{.0903}\hat{u}_{2t-1}^2 + \underset{(.0227)}{.897}\hat{h}_{2t-1}, \qquad h_{12,t} = 0.$$

Assim,

$$\hat{\mathbf{A}}_1 = \begin{pmatrix} .3132 & 0 & .0466 \\ 0 & 0 & 0 \\ 0 & 0 & .0903 \end{pmatrix}, \qquad \hat{\mathbf{B}}_1 = \begin{pmatrix} .6053 & 0 & 0 \\ 0 & 0 & 0 \\ 0 & 0 & .897 \end{pmatrix}$$

Os valores próprios (estimados) da matriz $\hat{\mathbf{A}}_1+\hat{\mathbf{B}}_1$ são $\{0.987, 0.918, 0\}$ Conclui-se: (1) O comportamento do índice DJ afecta significativamente o comportamento do PSI20, quer em termos de rendimento quer em termos de volatilidade; (2) ganhos do DJ afectam favoravelmente o PSI20; (3) aumentos ou diminuições de volatilidade do DJ afectam no mesmo sentido o PSI20; (4) os valores próprios respeitam a condição de ESO (note-se, todavia, que estão sujeitos a variabilidade amostral). As conclusões (1)-(3) são válidas, naturalmente, no muito curto prazo (um, dois dias). As possibilidades de ganho são muito reduzidas, pois grande parte das variações dos índices não são explicadas (alta volatilidade). Como nota final registe--se que a hipótese $h_{12,t} = 0$ não é plausível, pois implica que as correlações condicionais são zero. Ora a literatura mostra que as correlações condicionais entre índices bolsistas é quase sempre significativa.

9.4 Modelo *Diagonal VECH*

Podem obter-se modelos VECH com menos parâmetros impondo que as matrizes $\mathbf{A}_1$ e $\mathbf{B}_1$ sejam diagonais. Por exemplo, no caso $m = 2$, vem

$$
\text{vech}\,(\mathbf{H}_t) \;=\; \begin{pmatrix} h_{11,t} \\ h_{12,t} \\ h_{22,t} \end{pmatrix} = \begin{pmatrix} w_{11} \\ w_{12} \\ w_{22} \end{pmatrix} + \begin{pmatrix} \alpha_{11} & 0 & 0 \\ 0 & \alpha_{22} & 0 \\ 0 & 0 & \alpha_{33} \end{pmatrix} \begin{pmatrix} u_{1,t-1}^2 \\ u_{1,t-1}u_{2,t-1} \\ u_{2,t-1}^2 \end{pmatrix}
$$
$$
+ \begin{pmatrix} \beta_{11} & 0 & 0 \\ 0 & \beta_{22} & 0 \\ 0 & 0 & \beta_{33} \end{pmatrix} \begin{pmatrix} h_{11,t-1} \\ h_{12,t-1} \\ h_{22,t-1} \end{pmatrix}
$$

(este princípio aplica-se naturalmente no caso de modelos multivariados GARCH(p,q)). Com matrizes $\mathbf{A}_1$ e $\mathbf{B}_1$ diagonais pode optar--se por escrever o modelo *diagonal VECH* na forma equivalente

$$
\mathbf{H}_t = \boldsymbol{\omega} + \mathbf{a}_1 \circ \mathbf{u}_{t-1}\mathbf{u}'_{t-1} + \mathbf{b}_1 \circ \mathbf{H}_{t-1}
$$

Parte 2 – Capítulo 9. Modelação da heterocedasticidade condicionada | 411

onde ω, $\mathbf{a}_1$ e $\mathbf{b}_1$ são matrizes simétricas de tipo $m \times m$ e "$\circ$" é o produto de Hadamard[35]. Por exemplo, no caso $m = 2$, o modelo anterior escreve-se

$$\begin{pmatrix} h_{11,t} & h_{12,t} \\ h_{12,t} & h_{22,t} \end{pmatrix}$$

$$= \begin{pmatrix} w_{11} & w_{12} \\ w_{12} & w_{22} \end{pmatrix} + \begin{pmatrix} a_{11} & a_{12} \\ a_{12} & a_{22} \end{pmatrix} \circ \begin{pmatrix} u_{1,t-1}^2 & u_{1,t-1}u_{2,t-1} \\ u_{1,t-1}u_{2,t-1} & u_{2,t-1}^2 \end{pmatrix} +$$

$$\begin{pmatrix} b_{11} & b_{12} \\ b_{12} & b_{22} \end{pmatrix} \circ \begin{pmatrix} h_{11,t-1} & h_{12,t-1} \\ h_{12,t-1} & h_{22,t-1} \end{pmatrix}$$

onde $a_{11} = \alpha_{11}$, $a_{12} = \alpha_{22}$, $a_{22} = \alpha_{33}$, etc. Note-se, portanto, que

$$\begin{aligned} h_{11,t} &= \omega_{11} + a_{11}u_{1,t-1}^2 + b_{11}h_{11,t-1} \\ h_{12,t} &= \omega_{12} + a_{12}u_{1,t-1}u_{2,t-1} + b_{12}h_{12,t-1} \\ h_{22,t} &= \omega_{22} + a_{22}u_{2,t-1}^2 + b_{22}h_{22,t-1}. \end{aligned}$$

A vantagem do modelo em análise face ao modelo VECH é a de reduzir o número de parâmetros a estimar. Num modelo multivariado GARCH(1,1) com m equações, o número total de parâmetros a estimar no modelo *Diagonal* VECH é de apenas $3m(m+1)/2$. Todavia, há uma desvantagem face ao VECH. Para ilustrar este ponto considere-se o caso $m = 2$. No modelo *Diagonal VECH* é fácil verificar que $h_{ii,t}$ só depende dos termos $u_{i,t-1}^2$ e $h_{ii,t-1}$, e $h_{12,t}$ só depende dos termos $u_{1,t-1}u_{2,t-1}$ e $h_{12,t-1}$. Desta forma, a especificação Diagonal VECH elimina a possibilidade de interacção entre as diferentes variâncias e covariâncias condicionais. Por outro lado, a matriz $\mathbf{H}_t$, por construção, não resulta definida positiva. Há várias formas de ultrapassar este último problema no âmbito da especificação *Diagonal VECH*. Uma possibilidade consiste em reespecificar o modelo na forma

---

[35] Dadas duas matrizes $\mathbf{A} = (a_{ij})_{m \times m}$ e $\mathbf{B} = (b_{ij})_{m \times m}$ o produto Hadamard define-se como $\mathbf{A} \circ \mathbf{B} = (a_{ij}b_{ij})_{m \times m}$. Por exemplo,

$$\begin{pmatrix} 1 & 2 \\ 3 & 4 \end{pmatrix} \circ \begin{pmatrix} 5 & 6 \\ 7 & 8 \end{pmatrix} = \begin{pmatrix} 5 & 12 \\ 21 & 32 \end{pmatrix}.$$

$$\mathbf{H}_t = \tilde{\omega}_1 \left(\tilde{\omega}_1\right)' + \tilde{\mathbf{a}}_1 \left(\tilde{\mathbf{a}}_1\right)' \circ \mathbf{u}_{t-1}\mathbf{u}_{t-1}' + \tilde{\mathbf{b}}_1 \left(\tilde{\mathbf{b}}_1\right)' \circ \mathbf{H}_{t-1}$$

com $\omega = \tilde{\omega}_1 \left(\tilde{\omega}_1\right)'$, $\mathbf{a}_1 = \tilde{\mathbf{a}}_1 \left(\tilde{\mathbf{a}}_1\right)'$ e $\mathbf{b}_1 = \tilde{\mathbf{b}}_1 \left(\tilde{\mathbf{b}}_1\right)'$ e $\tilde{\omega}_1$, $\tilde{\mathbf{a}}_1$ e $\tilde{\mathbf{b}}_1$ são matrizes quadradas de ordem m. As matrizes ω, $\mathbf{a}_1$ e $\mathbf{b}_1$ assim construídas implicam uma matriz $\mathbf{H}_t$ definida positiva. Esta forma de definir o modelo resulta claro com o seguinte exemplo univariado. Suponha-se que os parâmetros β_0 e β_1 do modelo $y_t = \beta_0 + \beta_1 x_t + u_t$ têm de ser positivos. Podemos impor essa restrição estimando $y_t = \tilde{\beta}_0^2 + \tilde{\beta}_1^2 x_t + u_t$ e assumindo que $\beta_0 = \tilde{\beta}_0^2$ e $\beta_1 = \tilde{\beta}_1^2$. Desta forma β_0 e β_1 vêm sempre positivos quaisquer que sejam os valores de $\tilde{\beta}_0$ e $\tilde{\beta}_1$. Em termos matriciais, o produto $\tilde{\mathbf{a}}_1 \left(\tilde{\mathbf{a}}_1\right)'$ resulta sempre numa matriz semidefinida positiva, e o produto de Hadamard $\tilde{\mathbf{a}}_1 \left(\tilde{\mathbf{a}}_1\right)' \circ \mathbf{u}_{t-1}\mathbf{u}_{t-1}' = \operatorname{diag}\left(\mathbf{u}_{t-1}\right) \tilde{\mathbf{a}}_1 \left(\tilde{\mathbf{a}}_1\right)' \operatorname{diag}\left(\mathbf{u}_{t-1}\right)$ é, por definição, uma matriz semidefinida positiva (ou definida positiva se $\tilde{\mathbf{a}}_1$ tiver característica m). Várias versões deste modelo são estimadas pelo *software* EVIEWS.

Um modelo ainda mais restritivo (mas que é usado com algum sucesso na modelação de sistemas com muitas equações) foi desenvolvido pela J.P. Morgan. Basicamente usa o princípio *exponentially weighted moving average* (EWMA) para captar a dinâmica das variâncias e covariâncias condicionais,

$$h_{ij,t} = (1 - \lambda) u_{i,t-1}u_{j,t-1} + \lambda h_{ij,t-1}.$$

O modelo EWMA, no caso $m = 2$, tem a seguinte representação VECH:

$$\begin{pmatrix} h_{11,t} \\ h_{12,t} \\ h_{22,t} \end{pmatrix} = \begin{pmatrix} 1 - \lambda & 0 & 0 \\ 0 & 1 - \lambda & 0 \\ 0 & 0 & 1 - \lambda \end{pmatrix} \begin{pmatrix} u_{1,t-1}^2 \\ u_{1,t-1}u_{2,t-1} \\ u_{2,t-1}^2 \end{pmatrix}$$
$$+ \begin{pmatrix} \lambda & 0 & 0 \\ 0 & \lambda & 0 \\ 0 & 0 & \lambda \end{pmatrix} \begin{pmatrix} h_{11,t-1} \\ h_{12,t-1} \\ h_{22,t-1} \end{pmatrix}.$$

Existe uma redução dramática do número de parâmetros a estimar (passamos para apenas 1, qualquer que seja o número de equações do modelo).

9.5 Modelo BEKK

O modelo BEKK (devido a Baba, Engle, Kroner e Kraft; veja-se Engle et al. 1993) assegura por construção que $\mathbf{H}_t$ é definida positiva. No caso mais simples BEEK(1,1), a matriz de variâncias-covariâncias condicionais é igual a

$$\mathbf{H}_t = \mathbf{W} + \mathbf{A}_1' \left(\mathbf{u}_{t-1} \mathbf{u}_{t-1}' \right) \mathbf{A}_1 + \mathbf{B}_1' \mathbf{H}_{t-1} \mathbf{B}_1$$

onde $\mathbf{W}$, $\mathbf{A}_1$ e $\mathbf{B}_1$ são matrizes de tipo $m \times m$ com $\mathbf{W}$ simétrica e definida positiva. $\mathbf{H}_t$ é definida positiva por construção pois $\mathbf{W}$ é definida positiva e os demais termos estão expressos como formas quadráticas definidas positivas. No caso $m = 2$ tem-se

$$
\begin{aligned}
\mathbf{H}_t \;=\; & \begin{pmatrix} w_{11} & w_{12} \\ w_{12} & w_{22} \end{pmatrix} + \\
& \begin{pmatrix} \alpha_{11} & \alpha_{12} \\ \alpha_{21} & \alpha_{22} \end{pmatrix}' \begin{pmatrix} u_{1,t-1}^2 & u_{1,t-1}u_{2,t-1} \\ u_{1,t-1}u_{2,t-1} & u_{2,t-1}^2 \end{pmatrix} \begin{pmatrix} \alpha_{11} & \alpha_{12} \\ \alpha_{21} & \alpha_{22} \end{pmatrix} \\
& + \begin{pmatrix} \beta_{11} & \beta_{12} \\ \beta_{21} & \beta_{22} \end{pmatrix}' \begin{pmatrix} h_{11,t-1} & h_{12,t-1} \\ h_{12,t-1} & h_{22,t-1} \end{pmatrix} \begin{pmatrix} \beta_{11} & \beta_{12} \\ \beta_{21} & \beta_{22} \end{pmatrix}.
\end{aligned}
$$

Depois de algumas contas, pode-se concluir, por exemplo, que:

$$
\begin{aligned}
h_{11,t} \;=\; & w_{11} + \alpha_{11}^2 u_{1,t-1}^2 + \alpha_{12}\alpha_{21}u_{2,t-1}^2 \\
& + \alpha_{11}\alpha_{12}u_{1,t-1}u_{2,t-1} + \alpha_{11}\alpha_{21}u_{1,t-1}u_{2,t-1} \\
& + \beta_{11}^2 h_{11,t-1} + \beta_{11}\beta_{12}h_{12,t-1} + \beta_{11}\beta_{21}h_{12,t-1} + \beta_{12}\beta_{21}h_{22,t-1}.
\end{aligned}
$$

Com o modelo BEKK há ainda uma redução de número de parâmetros a estimar: passam agora a existir $\left(m + 5m^2 \right)/2$. Na figura seguinte mostra-se uma simulação com dois activos.

9.6 Modelo de Correlações Condicionais Constantes

O modelo VEC sem restrições é (quase) impossível de ser implementado. O modelo BEKK envolve ainda muitos parâmetros e

Figura 9.1: Simulação do modelo BEKK ($m = 2$)

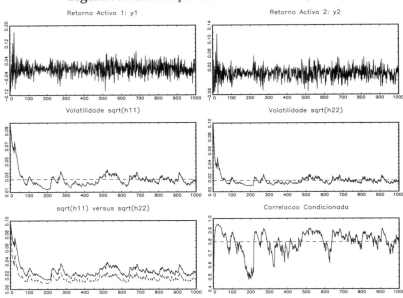

a maximização da função de verosimilhança é extremamente difícil para m moderadamente elevado. A hipótese de Bollerslev (1990) consiste em admitir correlações condicionais constantes (i.e. iguais às correlações marginais): $\rho_{ij,t} = \rho_{ij}$. Esta hipótese reduz significativamente o número de parâmetros a estimar. Tem-se

$$\rho_{ij} = \rho_{ij,t} = \frac{h_{ij,t}}{\sqrt{\sigma_{it}^2 \sigma_{jt}^2}} \Rightarrow h_{t,ij} = \rho_{ij}\sigma_{it}\sigma_{jt}.$$

Logo

$$\begin{aligned}
\mathbf{H}_t &= \begin{pmatrix} \sigma_{1t}^2 & \rho_{12}\sigma_{1t}\sigma_{2t} & \cdots & \rho_{1m}\sigma_{1t}\sigma_{mt} \\ \rho_{12}\sigma_{1t}\sigma_{2t} & \sigma_{2t}^2 & \cdots & \rho_{2m}\sigma_{2t}\sigma_{mt} \\ \vdots & \vdots & \ddots & \vdots \\ \rho_{1m}\sigma_{1t}\sigma_{mt} & \rho_{2m}\sigma_{2t}\sigma_{mt} & \cdots & \sigma_{mt}^2 \end{pmatrix} \\
&= \underbrace{\begin{pmatrix} \sigma_{1t} & 0 & \cdots & 0 \\ 0 & \sigma_{2t} & \cdots & 0 \\ \vdots & \vdots & \ddots & \vdots \\ 0 & 0 & \cdots & \sigma_{mt} \end{pmatrix}}_{\mathbf{D}_t} \underbrace{\begin{pmatrix} 1 & \rho_{12} & \cdots & \rho_{1m} \\ \rho_{12} & 1 & \cdots & \rho_{2m} \\ \vdots & \vdots & \ddots & \vdots \\ \rho_{1m} & \rho_{2m} & \cdots & 1 \end{pmatrix}}_{\mathbf{R}} \underbrace{\begin{pmatrix} \sigma_{1t} & 0 & \cdots & 0 \\ 0 & \sigma_{2t} & \cdots & 0 \\ \vdots & \vdots & \ddots & \vdots \\ 0 & 0 & \cdots & \sigma_{mt} \end{pmatrix}}_{\mathbf{D}_t} \\
&= \mathbf{D}_t \mathbf{R} \mathbf{D}_t.
\end{aligned}$$

Parte 2 – Capítulo 9. Modelação da heterocedasticidade condicionada | 415

Tabela 2: Número de parâmetros a estimar

m	VEC $(m(m+1)/2)(1+(m(m+1)))$	BEEK $\frac{m+5m^2}{2}$	Correl.Const. $3m + \frac{1}{2}m(m-1)$
2	21	11	7
3	78	24	12

Supondo que $\sigma_{it}^2 = \omega_i + \alpha_i u_{i,t-1}^2 + \beta_i \sigma_{i,t-1}^2$, cada elemento σ_{it}^2 envolve 3 parâmetros. Por outro lado, a matriz $\mathbf{R}$ envolve $m(m-1)/2$ parâmetros. Na tabela 2 comparam-se os modelos VEC, BEEK e de correlações constantes (na versão GARCH(1,1).

Não só o número de parâmetros a estimar é menor como também a maximização da função de log-verosimilhança é mais fácil. Retome-se a equação (9.1):

$$\log L_n(\boldsymbol{\theta}) = -\frac{nm}{2}\log(2\pi) - \frac{1}{2}\sum_{t=1}^{n}\log|\mathbf{H}_t| - \frac{1}{2}\sum_{t=1}^{n}(\mathbf{y}_t - \boldsymbol{\mu}_t)'\mathbf{H}_t^{-1}(\mathbf{y}_t - \boldsymbol{\mu}_t).$$

Pode-se simplificar esta expressão atendendo aos seguintes resultados:

$$\mathbf{H}_t = \mathbf{D}_t \mathbf{R} \mathbf{D}_t,$$

$$\log|\mathbf{H}_t| = \log|\mathbf{D}_t \mathbf{R} \mathbf{D}_t| = \log|\mathbf{D}_t| + \log|\mathbf{R}| + \log|\mathbf{D}_t| = 2\log|\mathbf{D}_t| + \log|\mathbf{R}|,$$

$$(\mathbf{y}_t - \boldsymbol{\mu}_t)'\mathbf{H}_t^{-1}(\mathbf{y}_t - \boldsymbol{\mu}_t) = (\mathbf{y}_t - \boldsymbol{\mu}_t)'\mathbf{D}_t^{-1}\mathbf{R}^{-1}\mathbf{D}_t^{-1}(\mathbf{y}_t - \boldsymbol{\mu}_t) = \mathbf{v}_t'\mathbf{R}^{-1}\mathbf{v}_t.$$

Observe-se que $\mathbf{v}_t$ representa o vector das variáveis aleatórias estandardizadas:

$$\mathbf{v}_t' = (\mathbf{y}_t - \boldsymbol{\mu}_t)'\mathbf{D}_t^{-1} = \left(\begin{array}{cccc} \frac{y_{1t}-\mu_{1t}}{\sigma_{1t}} & \frac{y_{2t}-\mu_{2t}}{\sigma_{2t}} & \cdots & \frac{y_{mt}-\mu_{mt}}{\sigma_{mt}} \end{array} \right).$$

Assim,

$$\log L_n(\boldsymbol{\theta}) = -\frac{nm}{2}\log(2\pi) - \sum_{t=1}^{n}\log|\mathbf{D}_t| - \frac{n}{2}\log|\mathbf{R}| - \frac{1}{2}\sum_{t=1}^{n}\mathbf{v}_t'\mathbf{R}^{-1}\mathbf{v}_t.$$

Podemos simplificar $L_n(\boldsymbol{\theta})$ se substituirmos $\mathbf{R}$ pela expressão que representa a solução da equação matricial $\partial \log L_n(\boldsymbol{\theta})/\partial \mathbf{R} = 0$. Pode-se provar que tal solução é

$$\mathbf{R} = \frac{\sum_{t=1}^{n} \mathbf{v}_t \mathbf{v}_t'}{n}.$$

A função log-verosimilhança que assim se obtém designa-se função log-verosimilhança concentrada:

$$\log L_n\left(\boldsymbol{\theta}\right) = const. - \sum_{t=1}^{n} \log |\mathbf{D}_t| - \frac{n}{2} \log \left| \frac{\sum_{t=1}^{n} \mathbf{v}_t \mathbf{v}_t'}{n} \right| - \frac{1}{2} \sum_{t=1}^{n} \mathbf{v}_t' \left(\frac{\sum_{t=1}^{n} \mathbf{v}_t' \mathbf{v}_t}{n} \right)^{-1} \mathbf{v}_t.$$

Sabendo $\log |\mathbf{D}_t| = \log\left(\sigma_{1t} + ... + \sigma_{mt}\right)$, e utilizando-se mais algumas propriedades elementares do cálculo matricial, a expressão da função log-verosimilhança pode ainda apresentar-se na forma simplificada:

$$\log L_n\left(\boldsymbol{\theta}\right) = const. - \sum_{t=1}^{n} \log\left(\sigma_{1t} + ... + \sigma_{mt}\right) - \frac{n}{2} \log \left| \sum_{t=1}^{n} \mathbf{v}_t \mathbf{v}_t' \right|.$$

Note-se que $\left| \sum_{t=1}^{n} \mathbf{v}_t \mathbf{v}_t' \right|$ é naturalmente o determinante de $\sum_{t=1}^{n} \mathbf{v}_t \mathbf{v}_t'$. Nos modelos VEC e BEEK, é necessário inverter a matriz $\mathbf{H}_t$ para cada t e para cada iteração do algoritmo de maximização. Esta dificuldade é superada com o presente modelo. A principal desvantagem do modelo em análise é o de assumir correlações condicionais constantes.

9.7. Modelo Triangular

9.7.1 Introdução e Formalização do Modelo

O modelo que designamos de triangular é inspirado em Christiansen (2007).

Em certas aplicações é admissível supor que a média de y_{1t} condicionada a $\mathcal{F}_{t-1}^{y_1} = \{y_{1,t-1}, y_{1,t-2}, ...\}$ não depende de $\mathcal{F}_{t-1}^{y_2} = \{y_{2,t-1}, y_{2,t-2}, ...\}$ i.e.,

$$\mathrm{E}\left(y_{1t} | \mathcal{F}_{t-1}^{y_1} \cup \mathcal{F}_{t-1}^{y_2}\right) = \mathrm{E}\left(y_{1t} | \mathcal{F}_{t-1}^{y_1}\right).$$

Parte 2 – Capítulo 9. Modelação da heterocedasticidade condicionada | 417

Diz-se, nestes casos, que y_2 não causa à Granger y_1. Para concretizar, suponha-se que y_{1t} é o retorno do NASDAQ e y_{2t} é o retorno do PSI20. Dadas as dimensões relativas dos mercados, não faz sentido, supor-se que y_1 (NASDAQ) dado todo o seu passado, possa ser influenciado pelos valores atrasados de y_2 (PSI20). Também em termos de volatilidade, idêntica conjectura pode ser estabelecida, i.e., a variância de y_{1t} condicionada em $\mathcal{F}_{t-1}^{y_1}$ não depende dos valores passados de y_2, $\mathcal{F}_{t-1}^{y_2}$. No entanto, y_2 (PSI20) dado $\mathcal{F}_{t-1}^{y_2}$ pode depender de $\mathcal{F}_{t-1}^{y_1}$ (valores passados do NASDAQ).

Para processos y_1 e y_2 com as características acima descritas, é possível definirem-se processos multivariados simplificados.

Para se ilustrar o modelo, considere-se o processo $\mathbf{y} = (y_1, y_2, y_3)$ e suponham-se as seguintes relações: $y_1 \rightarrowtail y_2 \rightarrowtail y_3$ onde "$y_1 \rightarrowtail y_2$" significa y_1 influencia y_2 dado $\mathcal{F}_{t-1}^{y_2}$ e y_2 não influencia y_1 dado $\mathcal{F}_{t-1}^{y_1}$. Suponha-se ainda que $\mathbf{y}$ segue um processo VAR(1) (vector autoregressivo de ordem 1). Sob a hipótese $y_1 \rightarrowtail y_2 \rightarrowtail y_3$ e VAR(1), o processo $\mathbf{y}$ tem a seguinte representação:

$$
\begin{pmatrix} y_{1t} \\ y_{2t} \\ y_{3t} \end{pmatrix} = \begin{pmatrix} c_1 \\ c_2 \\ c_3 \end{pmatrix} + \begin{pmatrix} \phi_{11} & 0 & 0 \\ \phi_{21} & \phi_{22} & 0 \\ \phi_{31} & \phi_{32} & \phi_{33} \end{pmatrix} \begin{pmatrix} y_{1,t-1} \\ y_{2,t-1} \\ y_{3,t-1} \end{pmatrix} + \begin{pmatrix} u_{1t} \\ u_{2t} \\ u_{3t} \end{pmatrix}.
$$

$$(9.5)$$

A matriz dos coeficientes autoregressivos é triangular, porque na média condicional $y_{1,t}$ apenas depende de $y_{1,t-1}$, y_{2t} depende de $y_{1,t-1}$ e $y_{2,t-1}$ e y_{3t} depende de $y_{1,t-1}$, $y_{2,t-1}$ e $y_{3,t-1}$.

Como definir a estrutura de dependências do segundo momento condicional, continuando a assumir a relação $y_1 \rightarrowtail y_2 \rightarrowtail y_3$? Uma forma simples e que facilita extraordinariamente a estimação do modelo, consiste em admitir que

$$
\begin{cases} u_{1t} = e_{1t} \\ u_{2t} = a e_{1t} + e_{2t} \\ u_{3t} = b e_{1t} + c e_{2t} + e_{3t} \end{cases} \Leftrightarrow \underbrace{\begin{pmatrix} u_{1t} \\ u_{2t} \\ u_{3t} \end{pmatrix}}_{\mathbf{u}_t} = \underbrace{\begin{pmatrix} 1 & 0 & 0 \\ a & 1 & 0 \\ b & c & 1 \end{pmatrix}}_{\boldsymbol{\Psi}} \underbrace{\begin{pmatrix} e_{1t} \\ e_{2t} \\ e_{3t} \end{pmatrix}}_{\mathbf{e}_t}
$$

418 | Modelação de Séries Temporais Financeiras

onde se admite que (e_{1t}, e_{2t}, e_{3t}) são independentes entre si, e $e_{it}|\mathcal{F}_{t-1} \sim N\left(0, \sigma_{it}^2\right)$, $\sigma_{it}^2 = \omega_i + \alpha_i e_{i,t-1}^2 + \beta_i \sigma_{i,t-1}^2$. Observe-se que u_{2t} depende de e_{2t} (efeitos idiossincrásicos) e ainda dos choques idiossincrásicos da primeira equação. Por seu turno, u_{3t} depende de e_{3t} (efeitos idiossincrásicos) e ainda dos choques idiossincrásicos da primeira e da segunda equação. A volatilidade que decorre dos efeitos não idiossincrásicos designa-se de *volatility spillover*.

A designação modelo triangular é agora óbvia: a equação matricial (9.5) representa-se na forma,

$$\mathbf{y}_t = \mathbf{c} + \boldsymbol{\Phi}\mathbf{y}_{t-1} + \boldsymbol{\Psi}\mathbf{e}_t \tag{9.6}$$

sendo $\boldsymbol{\Phi}$ e $\boldsymbol{\Psi}$ matrizes triangulares inferiores. Naturalmente que se perde a relação $y_1 \rightarrowtail y_2 \rightarrowtail y_3$ se as matrizes $\boldsymbol{\Phi}$ e $\boldsymbol{\Psi}$ não forem triangulares inferiores.

Dadas as hipóteses sobre o vector $\mathbf{e}_t$, defina-se

$$\boldsymbol{\Sigma}_t := \mathrm{Var}\left(\mathbf{e}_t | \mathcal{F}_{t-1}\right) = \begin{pmatrix} \sigma_{1,t}^2 & 0 & 0 \\ 0 & \sigma_{2,t}^2 & 0 \\ 0 & 0 & \sigma_{3,t}^2 \end{pmatrix}.$$

Tendo em conta $\sigma_{it}^2 = \omega_i + \alpha_i e_{i,t-1}^2 + \beta_i \sigma_{i,t-1}^2$ tem-se

$$\begin{aligned}
\boldsymbol{\Sigma}_t &= \begin{pmatrix} \omega_1 & 0 & 0 \\ 0 & \omega_2 & 0 \\ 0 & 0 & \omega_3 \end{pmatrix} + \begin{pmatrix} \alpha_1 e_{1,t-1}^2 & 0 & 0 \\ 0 & \alpha_2 e_{2,t-1}^2 & 0 \\ 0 & 0 & \alpha_3 e_{3,t-1}^2 \end{pmatrix} \\
&\quad + \begin{pmatrix} \beta_1 \sigma_{1,t-1}^2 & 0 & 0 \\ 0 & \beta_2 \sigma_{2,t-1}^2 & 0 \\ 0 & 0 & \beta_3 \sigma_{3,t-1}^2 \end{pmatrix} \\
&= \begin{pmatrix} \omega_1 & 0 & 0 \\ 0 & \omega_2 & 0 \\ 0 & 0 & \omega_3 \end{pmatrix} \\
&\quad + \underbrace{\begin{pmatrix} \alpha_1 & 0 & 0 \\ 0 & \alpha_2 & 0 \\ 0 & 0 & \alpha_3 \end{pmatrix}}_{\mathbf{A}} \circ \underbrace{\begin{pmatrix} e_{1,t-1}^2 & e_{1,t-1}e_{2,t-1} & e_{1,t-1}e_{3,t-1} \\ e_{1,t-1}e_{2,t-1} & e_{2,t-1}^2 & e_{2,t-1}e_{3,t-1} \\ e_{1,t-1}e_{3,t-1} & e_{2,t-1}e_{3,t-1} & e_{3,t-1}^2 \end{pmatrix}}_{\mathbf{e}_{t-1}\mathbf{e}_{t-1}'} \\
&\quad + \underbrace{\begin{pmatrix} \beta_1 & 0 & 0 \\ 0 & \beta_2 & 0 \\ 0 & 0 & \beta_3 \end{pmatrix}}_{\mathbf{B}} \circ \underbrace{\begin{pmatrix} \sigma_{1,t-1}^2 & 0 & 0 \\ 0 & \sigma_{2,t-1}^2 & 0 \\ 0 & 0 & \sigma_{3,t-1}^2 \end{pmatrix}}_{\boldsymbol{\Sigma}_{t-1}} \\
&= \mathbf{W} + \mathbf{A} \circ \mathbf{e}_{t-1}\mathbf{e}_{t-1}' + \mathbf{B} \circ \boldsymbol{\Sigma}_{t-1}
\end{aligned}$$

Parte 2 – Capítulo 9. Modelação da heterocedasticidade condicionada | 419

onde "∘" é o produto de Hadamard e $\mathbf{A}$ e $\mathbf{B}$ são matrizes diagonais, tendo como elementos genéricos α_i e β_i, respectivamente.

Para se estudar a relação entre $\mathrm{Var}\,(\mathbf{e}_t|\,\mathcal{F}_{t-1})\,(=\boldsymbol{\Sigma}_t)$ e $\mathrm{Var}\,(\mathbf{u}_t|\,\mathcal{F}_{t-1})\,(=\mathbf{H}_t)$ comece-se por observar que

$$
\begin{aligned}
\mathbf{u}_t &= \boldsymbol{\Psi}\mathbf{e}_t, \\
\mathbf{e}_t &= \boldsymbol{\Psi}^{-1}\mathbf{u}_t, \\
\mathbf{e}_t\mathbf{e}_t' &= \boldsymbol{\Psi}^{-1}\mathbf{u}_t\mathbf{u}_t'\left(\boldsymbol{\Psi}^{-1}\right)'.
\end{aligned}
$$

e, portanto,

$\mathbf{H}_t = \mathrm{Var}\,(\mathbf{u}_t|\,\mathcal{F}_{t-1}) = \mathrm{Var}\,(\boldsymbol{\Psi}\mathbf{e}_t|\,\mathcal{F}_{t-1}) = \boldsymbol{\Psi}\,\mathrm{Var}\,(\mathbf{e}_t|\,\mathcal{F}_{t-1})\,\boldsymbol{\Psi}' = \boldsymbol{\Psi}\boldsymbol{\Sigma}_t\boldsymbol{\Psi}'$.

Desta última relação (i.e., $\mathbf{H}_t = \boldsymbol{\Psi}\boldsymbol{\Sigma}_t\boldsymbol{\Psi}'$), sai $\boldsymbol{\Sigma}_t = \boldsymbol{\Psi}^{-1}\mathbf{H}_t\left(\boldsymbol{\Psi}^{-1}\right)'$. Em suma,

$$
\begin{aligned}
\mathbf{H}_t &= \boldsymbol{\Psi}\boldsymbol{\Sigma}_t\boldsymbol{\Psi}' \\
&= \boldsymbol{\Psi}\mathbf{W}\boldsymbol{\Psi}' + \boldsymbol{\Psi}\left(\mathbf{A}\circ\mathbf{e}_{t-1}\mathbf{e}_{t-1}'\right)\boldsymbol{\Psi}' + \boldsymbol{\Psi}\left(\mathbf{B}\circ\boldsymbol{\Sigma}_{t-1}\right)\boldsymbol{\Psi}' \\
&= \boldsymbol{\Psi}\mathbf{W}\boldsymbol{\Psi}' + \boldsymbol{\Psi}\left(\mathbf{A}\circ\boldsymbol{\Psi}^{-1}\mathbf{u}_{t-1}\mathbf{u}_{t-1}'\left(\boldsymbol{\Psi}^{-1}\right)'\right)\boldsymbol{\Psi}' \\
&\quad + \boldsymbol{\Psi}\left(\mathbf{B}\circ\boldsymbol{\Psi}^{-1}\mathbf{H}_{t-1}\left(\boldsymbol{\Psi}^{-1}\right)'\right)\boldsymbol{\Psi}'.
\end{aligned}
$$

Esta última relação escreve $\mathbf{H}_t$ como função dos termos $u_{i,t-1}u_{j,t-1}$ e $h_{ij,t-1}$. Expandindo a expressão anterior e depois de cálculos simples mas fastidiosos obtém-se, por exemplo,

$$
\begin{aligned}
h_{22,t} &= a^2\omega_1 + \omega_2 + a^2\left(\alpha_1 + \alpha_2\right)u_{1,t-1}^2 + \alpha_2 u_{2,t-1}^2 \\
&\quad -2a\alpha_2 u_{1,t-1}u_{2,t-1} + a^2\left(\beta_1 + \beta_2\right)h_{11,t-1} - 2a\beta_2 h_{12,t-1} + \beta_2 h_{22,t-1}
\end{aligned}
$$

(todas as expressões $h_{ij,t}$ podem ser assim obtidas).

É também interessante obter $\mathbf{H}_t$ como função das expressões $\sigma_{i,t}^2$:

$$
\begin{aligned}
\mathbf{H}_t &= \boldsymbol{\Psi}\boldsymbol{\Sigma}_t\boldsymbol{\Psi}' \\
&= \begin{pmatrix} 1 & 0 & 0 \\ a & 1 & 0 \\ b & c & 1 \end{pmatrix} \begin{pmatrix} \sigma_{1,t}^2 & 0 & 0 \\ 0 & \sigma_{2,t}^2 & 0 \\ 0 & 0 & \sigma_{3,t}^2 \end{pmatrix} \begin{pmatrix} 1 & a & b \\ 0 & 1 & c \\ 0 & 0 & 1 \end{pmatrix} \\
&= \begin{pmatrix} \sigma_{1,t}^2 & a\sigma_{1,t}^2 & b\sigma_{1,t}^2 \\ a\sigma_{1,t}^2 & a^2\sigma_{1,t}^2 + \sigma_{2,t}^2 & ab\sigma_{1,t}^2 + c\sigma_{2,t}^2 \\ b\sigma_{1,t}^2 & ab\sigma_{1,t}^2 + c\sigma_{2,t}^2 & b^2\sigma_{1,t}^2 + c^2\sigma_{2,t}^2 + \sigma_{3,t}^2 \end{pmatrix}. \quad (9.7)
\end{aligned}
$$

420 | Modelação de Séries Temporais Financeiras

A partir de (9.7), deduzem-se também os coeficientes de correlação condicionados:

$$\rho_{12,t} = \frac{a\sigma_{1,t}^2}{\sqrt{\sigma_{1,t}^2}\sqrt{a^2\sigma_{1,t}^2 + \sigma_{2,t}^2}} = \frac{a\sigma_{1,t}}{\sqrt{a^2\sigma_{1,t}^2 + \sigma_{2,t}^2}}$$

$$\rho_{13,t} = \frac{b\sigma_{1,t}^2}{\sqrt{\sigma_{1,t}^2}\sqrt{b^2\sigma_{1,t}^2 + c^2\sigma_{2,t}^2 + \sigma_{3,t}^2}} = \frac{b\sigma_{1,t}}{\sqrt{b^2\sigma_{1,t}^2 + c^2\sigma_{2,t}^2 + \sigma_{3,t}^2}}$$

$$\rho_{23,t} = \frac{ab\sigma_{1,t}^2 + c\sigma_{2,t}^2}{\sqrt{a^2\sigma_{1,t}^2 + \sigma_{2,t}^2}\sqrt{b^2\sigma_{1,t}^2 + c^2\sigma_{2,t}^2 + \sigma_{3,t}^2}}.$$

Os sinais dos coeficientes a, b e c são decisivos nos sinais dos coeficientes de correlação condicionados.

OBSERVAÇÃO 9.7.1. *Tendo em conta as relação* $\operatorname{Vec}(ABC) = (B' \otimes A)\operatorname{Vec}(C)$ *e* $\operatorname{Vec}(A \circ B) = \operatorname{diag}(\operatorname{Vec}(A))\operatorname{Vec}(B)$ *onde* $\otimes$ *é o produto de Kronecker e* diag *é definido como*

$$\operatorname{diag}\left(\begin{pmatrix} x_1 \\ x_2 \end{pmatrix}\right) = \begin{pmatrix} x_1 & 0 \\ 0 & x_2 \end{pmatrix},$$

é possível reescrever $\mathbf{H}_t$ *usando o operador* Vec. *Depois de algumas contas, obtém-se*

$$\operatorname{Vec}(\mathbf{H}_t) = \tilde{\mathbf{W}} + \tilde{\mathbf{A}}\operatorname{Vec}\left(\mathbf{u}_{t-1}\mathbf{u}_{t-1}'\right) + \tilde{\mathbf{B}}\operatorname{Vec}(\mathbf{H}_{t-1}) \qquad (9.8)$$

onde

$$\tilde{\mathbf{W}} = (\mathbf{\Psi} \otimes \mathbf{\Psi})\operatorname{Vec}(\mathbf{W}),$$
$$\tilde{\mathbf{A}} = (\mathbf{\Psi} \otimes \mathbf{\Psi})\operatorname{diag}(\operatorname{Vec}(\mathbf{A}))\left(\mathbf{\Psi}^{-1} \otimes \mathbf{\Psi}^{-1}\right),$$
$$\tilde{\mathbf{B}} = (\mathbf{\Psi} \otimes \mathbf{\Psi})\operatorname{diag}(\operatorname{Vec}(\mathbf{B}))\left(\mathbf{\Psi}^{-1} \otimes \mathbf{\Psi}^{-1}\right).$$

Como a equação (9.8) está basicamente na forma da equação (9.2) deduz-se que a condição de ESO do processo $\{\mathbf{u}_t\}$ *estabelece que todos os valores próprios de* $\tilde{\mathbf{A}} + \tilde{\mathbf{B}}$ *sejam, em módulo, menores do que um. Pode-se provar que os valores próprios de* $\tilde{\mathbf{A}} + \tilde{\mathbf{B}}$ *são* $\{0, \alpha_1 + \beta_1, \alpha_2 + \beta_3, \alpha_3 + \beta_3\}$.

Parte 2 – Capítulo 9. Modelação da heterocedasticidade condicionada | 421

Logo, dado $\alpha_i, \beta_i \geq 0$ *o processo é ESO sse* $\alpha_i + \beta_i < 1$, $i = 1, 2, 3$. *Conclui-se que a condição de segunda ordem coincide com a do processo* $\{\mathbf{e}_t\}$.

9.7.2 Estimação

Considere a representação $\mathbf{y}_t = \mathbf{c} + \mathbf{\Phi}\mathbf{y}_{t-1} + \mathbf{\Psi}\mathbf{e}_t$ (equação (9.6)), isto é,

$$y_{1t} = c_1 + \phi_{11}y_{1,t-1} + e_{1t} \tag{9.9}$$
$$y_{2t} = c_2 + \phi_{21}y_{1,t-1} + \phi_{22}y_{2,t-1} + ae_{1t} + e_{2t} \tag{9.10}$$
$$y_{3t} = c_3 + \phi_{31}y_{1,t-1} + \phi_{32}y_{2,t-1} + \phi_{33}y_{3,t-1} + be_{1t} + ce_{2t} + e_{3t} \tag{9.11}$$

onde $e_{it}|\mathcal{F}_{t-1} \sim N\left(0, \sigma_{it}^2\right)$, $\sigma_{it}^2 = \omega_i + \alpha_i e_{i,t-1}^2 + \beta_i \sigma_{i,t-1}^2$. A estimação do modelo pode ser conduzida da seguinte forma:

(1) Estimar a equação (9.9), pelo método da máxima verosimilhança, e obter os resíduos $\{\hat{e}_{1t}\}$.
(2) Substituir, na equação (9.10), e_{1t} por $\hat{e}_{1t}$ e estimar o modelo. Obter os resíduos $\{\hat{e}_{2t}\}$.
(3) Substituir, na equação (9.11), e_{1t} por $\hat{e}_{1t}$ e e_{2t} por $\{\hat{e}_{2t}\}$ e estimar o modelo.

Estuda-se a seguir a verosimilhança associada ao modelo em análise. A função log-verosimilhança é dada pela expressão (9.1). Tendo em conta a estrutura triangular do modelo é possível simplificar a log-verosimilhança e decompô-la em três parcelas, como se mostra a seguir. Observe-se, em primeiro lugar,

$$
\begin{aligned}
(\mathbf{y}_t - \boldsymbol{\mu}_t)' \mathbf{H}_t^{-1} (\mathbf{y}_t - \boldsymbol{\mu}_t) &= \mathbf{u}_t' \left(\mathbf{\Psi}'\right)^{-1} \mathbf{\Sigma}_t^{-1} \mathbf{\Psi}^{-1} \mathbf{u}_t \\
&= \frac{1}{\sigma_{1t}^2} u_{1t}^2 + \frac{1}{\sigma_{2t}^2} \left(u_{2t} - au_{1t}\right)^2 \\
&\quad + \frac{1}{\sigma_{3t}^2} \left(u_{3t} - (b - ac)u_{1t} - cu_{2t}\right)^2
\end{aligned}
$$

$$
\begin{aligned}
\log|\mathbf{H}_t| &= \log\left|\mathbf{\Psi}\mathbf{\Sigma}_t\mathbf{\Psi}'\right| = \log\left(|\mathbf{\Psi}|^2\,|\mathbf{\Sigma}_t|\right) \\
&= \log\left(|\mathbf{\Psi}|^2\right) + \log\left(|\mathbf{\Sigma}_t|\right) = \log\left(1\right) + \log\left(\sigma_{1t}^2\sigma_{2t}^2\sigma_{3t}^2\right) \\
&= \log\left(\sigma_{1t}^2\right) + \log\left(\sigma_{2t}^2\right) + \log\left(\sigma_{3t}^2\right)
\end{aligned}
$$

$$
(b-ac)\,u_{1t} - cu_{2t} = -be_{1t} - ce_{2t}.
$$

Tem-se assim,

$$
\begin{aligned}
\log L_n\left(\boldsymbol{\theta}\right) &= -\frac{nm}{2}\log\left(2\pi\right) - \frac{1}{2}\sum_{t=1}^{n}\log|\mathbf{H}_t| - \frac{1}{2}\sum_{t=1}^{n}\left(\mathbf{y}_t - \boldsymbol{\mu}_t\right)'\mathbf{H}_t^{-1}\left(\mathbf{y}_t - \boldsymbol{\mu}_t\right). \\
&= -\frac{nm}{2}\log\left(2\pi\right) - \frac{1}{2}\sum_{t=1}^{n}\left(\log\left(\sigma_{1t}^2\right) + \log\left(\sigma_{2t}^2\right) + \log\left(\sigma_{3t}^2\right)\right) \quad (9.12)
\end{aligned}
$$

$$
-\frac{1}{2}\sum_{t=1}^{n}\left(\frac{1}{\sigma_{1t}^2}u_{1t}^2 + \frac{1}{\sigma_{2t}^2}\left(u_{2t} - au_{1t}\right)^2\right) \quad (9.13)
$$

$$
+\frac{1}{\sigma_{3t}^2}\left(u_{3t} - (b-ac)\,u_{1t} - cu_{2t}\right)^2\bigg) \quad (9.14)
$$

$$
\begin{aligned}
&= -\frac{nm}{2}\log\left(2\pi\right) - \frac{1}{2}\sum_{t=1}^{n}\left(\log\left(\sigma_{1t}^2\right) + \log\left(\sigma_{2t}^2\right) + \log\left(\sigma_{3t}^2\right)\right) \\
&\quad -\frac{1}{2}\sum_{t=1}^{n}\left(\frac{1}{\sigma_{1t}^2}u_{1t}^2 + \frac{1}{\sigma_{2t}^2}\left(u_{2t} - ae_{1t}\right)^2 + \frac{1}{\sigma_{3t}^2}\left(u_{3t} - be_{1t} - ce_{2t}\right)^2\right) \\
&= -\frac{nm}{2}\log\left(2\pi\right) + \underbrace{\left(-\frac{1}{2}\sum_{t=1}^{n}\log\left(\sigma_{1t}^2\right) - \frac{1}{2}\sum_{t=1}^{n}\frac{1}{\sigma_{1t}^2}u_{1t}^2\right)}_{\log L_{n,1}}
\end{aligned}
$$

$$
+ \underbrace{\left(-\frac{1}{2}\sum_{t=1}^{n}\log\left(\sigma_{2t}^2\right) - \frac{1}{2}\sum_{t=1}^{n}\frac{1}{\sigma_{2t}^2}\left(u_{2t} - ae_{1t}\right)^2\right)}_{\log L_{n,2}}
$$

$$
\underbrace{\left(-\frac{1}{2}\sum_{t=1}^{n}\log\left(\sigma_{3t}^2\right) - \frac{1}{2}\sum_{t=1}^{n}\frac{1}{\sigma_{3t}^2}\left(u_{3t} - be_{1t} - ce_{2t}\right)^2\right)}_{\log L_{n,3}}
$$

$$
= \log L_{n,1} + \log L_{n,2} + \log L_{n,3}
$$

Parte 2 – Capítulo 9. Modelação da heterocedasticidade condicionada | 423

A decomposição $\log L_n\left(\boldsymbol{\theta}\right) = \log L_{n,1} + \log L_{n,2} + \log L_{n,3}$, mostra que a estimação pode ser feita consistentemente de acordo com os passos acima indicados. A primeira parcela, $\log L_{n,1}$, só depende do vector

$$\boldsymbol{\theta}_1 = (c_1, \phi_{11}, \omega_1, \alpha_1, \beta_1)'.$$

Estes parâmetros são estimados de forma consistente e eficiente maximizando (apenas) $\log L_{n,1}$ (trata-se, portanto, da estimação, pelos métodos habituais, da equação (9.9)). A segunda parcela, $\log L_{n,2}$ depende do vector,

$$\boldsymbol{\theta}_2 = (c_2, \phi_{21}, \phi_{22}, \omega_2, \alpha_2, \beta_2, a)'$$

e ainda de $\boldsymbol{\theta}_1$ através dos erros $\{e_{1t}\}$. A estimação de $\boldsymbol{\theta}_2$ através da maximização de $\log L_{n,2}$ pode ser feita de forma consistente, mas não eficiente, substituindo os erros $\{e_{1t}\}$ por $\{\hat{e}_{1t}\}$. A estimação é consistente pois $\{\hat{e}_{1t}\}$ baseiam-se no estimador consistente $\hat{\boldsymbol{\theta}}_1$, obtido no primeiro passo. Claro que a maximização de $\log L_{n,2}$ corresponde à estimação da equação (9.10), pelos métodos habituais ((com $\{\hat{e}_{1t}\}$ em lugar de $\{e_{1t}\}$). Este raciocínio aplica-se de forma análoga a $\log L_{n,3}$.

Como nota final, observe-se que a estimação do modelo pode ser totalmente eficiente se a maximização de $\log L_n$ for simultânea (confiram-se as equações (9.12)-(9.14)). Como se sabe, o problema da maximização de $\log L_n$ é, entre outros, o dos valores iniciais dos parâmetros a estimar. Este problema é mitigado no presente contexto: basta fornecer como valores iniciais as estimativas obtidas na estimação em três passos, acima apresentada.

9.7.3 Testes e Rácios de Variância

$$\begin{cases} u_{1t} = e_{1t} \\ u_{2t} = ae_{1t} + e_{2t} \\ u_{3t} = be_{1t} + ce_{2t} + e_{3t} \end{cases} , \qquad \begin{cases} h_{11,t} = \sigma_{1t}^2 \\ h_{22,t} = a^2\sigma_{1t}^2 + \sigma_{2t}^2 \\ h_{33,t} = b^2\sigma_{1t}^2 + c^2\sigma_{2t}^2 + \sigma_{3t}^2. \end{cases}$$

Considere-se novamente

424 | Modelação de Séries Temporais Financeiras

Observámos que u_{2t} depende de e_{2t} (efeitos idiossincrásicos) e ainda dos choques idiossincrásicos da primeira equação. Por seu turno, u_{3t} depende de e_{3t} (efeitos idiossincrásicos) e ainda dos choques idiossincrásicos da primeira e da segunda equação. Como referimos, a volatilidade que decorre dos efeitos não idiossincrásicos designa-se de *volatility spillover*. Desta forma, existem efeitos de *volatility spillover* do mercado 1 para o mercado 2 se $a \neq 0$ e dos mercados 1 e 2 para o mercado 3 se $b \neq 0$ e $c \neq 0$.

Pode-se ainda obter informação sobre a evolução da transmissão da volatilidade ao longo do tempo através de *rácios de volatilidade*. Seja $RV_t^{i,j}$ a proporção da variância do mercado j que é causada pelo efeito de *volatility spillover* do mercado i (efeito do mercado i para j, $i \mapsto j$). Tem-se

$$RV_t^{1,2} = \frac{a^2\sigma_{1t}^2}{h_{22,t}},$$

$$RV_t^{1,3} = \frac{b^2\sigma_{1t}^2}{h_{33,t}} \qquad RV_t^{2,3} = \frac{c^2\sigma_{2t}^2}{h_{33,t}}.$$

Por exemplo, $RV_t^{2,3}$ representa a proporção da variância condicional do mercado 3 que é causada pelo efeito *volatility spillover* do mercado 2.

9.7.4 Exemplo

Pinto (2010) analisou a transmissão de volatilidade do mercado Norte-Americano (US) para o mercado Europeu (EU) e, em particular, as repercussões destes dois mercados no mercado Português (PT), através de um modelo triangular. O período analisado foi 4 de Janeiro de 1993 a 4 de Setembro de 2009. As variáveis em análise são: r_{1t} – retorno do SP500, r_{2t} – retorno do DJ Euro 50 e r_{3t} – retorno do PSI 20. Nas figuras 9.2 a 9.4 apresentam-se os modelos estimados (na versão mais simples).

Parte 2 – Capítulo 9. Modelação da heterocedasticidade condicionada | 425

Figura 9.2: Estimação, primeiro passo – ver equação (9.9)

Dependent Variable: R1
Method: ML - ARCH
Sample (adjusted): 6/01/1993 4/09/2009
Included observations: 4055 after adjustments

Variable	Coefficient	Std. Error	z-Statistic	Prob.
C	0.052202	0.013247	3.940658	0.0001
R1(-1)	-0.017161	0.017808	-0.963644	0.3352
Variance Equation				
C	0.007049	0.001077	6.546092	0.0000
RESID(-1)^2	0.066257	0.004820	13.74617	0.0000
GARCH(-1)	0.929667	0.005114	181.7812	0.0000

Figura 9.3: Estimação, segundo passo – ver equação (9.10)

Dependent Variable: R2
Method: ML - ARCH
Sample (adjusted): 6/01/1993 4/09/2009
Included observations: 4055 after adjustments

Variable	Coefficient	Std. Error	z-Statistic	Prob.
C	0.052704	0.013123	4.016235	0.0001
R1(-1)	0.449084	0.019369	23.18547	0.0000
R2(-1)	-0.179191	0.015456	-11.59382	0.0000
RES1	0.552914	0.015972	34.61746	0.0000
Variance Equation				
C	0.009916	0.002944	3.367632	0.0008
RESID(-1)^2	0.068232	0.010502	6.497201	0.0000
GARCH(-1)	0.923938	0.010928	84.55149	0.0000

É fácil constatar que existe evidência estatística de efeitos de *volatility spillover* do mercado US para o mercado EU ($\hat{a} = 0.55291$ e rejeita-se a hipótese $a \neq 0$ com valor-p = 0 – ver figura 9.3) e dos mercados US e EU para o mercado PT ($\hat{b} = 0.233$, $\hat{c} = 0.4066$ e rejeitam-se as hipóteses $b \neq 0$ e $c \neq 0$ – ver figura 9.4).

426 | Modelação de Séries Temporais Financeiras

Figura 9.4: Estimação, terceiro passo – ver equação (9.11)

Dependent Variable: R3
Method: ML - ARCH
Sample (adjusted): 6/01/1993 4/09/2009
Included observations: 4055 after adjustments

Variable	Coefficient	Std. Error	z-Statistic	Prob.
C	0.043610	0.010837	4.024173	0.0001
R1(-1)	0.222423	0.010966	20.28223	0.0000
R2(-1)	-0.093210	0.012230	-7.621611	0.0000
R3(-1)	0.143101	0.016376	8.738563	0.0000
RES1	0.233364	0.007759	30.07544	0.0000
RES2	0.406663	0.008429	48.24352	0.0000
Variance Equation				
C	0.027709	0.002862	9.681126	0.0000
RESID(-1)^2	0.158430	0.009900	16.00381	0.0000
GARCH(-1)	0.815877	0.010650	76.60615	0.0000

Na figura 9.5 apresentam-se os coeficientes de correlação condicionados (valores médios mensais). Podem ser retiradas algumas conclusões:

- As correlações condicionadas entre os mercados US e EU e entre os mercados EU e PT são, em média, relativamente fortes.
- A correlação menos expressiva, mas significativa, é entre o mercado US e o mercado PT, embora se assista ao longo do período a um aumento dessa correlação.
- Tendo em conta que as correlações são positivas, os retornos tendem a flutuar na mesma direcção; por outro lado, verifica-se uma tendência de crescimento das correlações, ou seja, uma tendência crescente de interligação entre os diferentes mercados.
- Alguns dos valores mais altos dos coeficientes de correlação coincidem com algumas crises financeiras[36]. Este facto é particularmente notório com a crise do subprime de 2008.

---

[36] As principais crises financeiras no período em análise são as seguintes: Recessão do Japão, 1991; Crise do México, 1994/1995; Bolha Dot.com, 2000; Crise de 2001 (ataque às Twin Towers); Crise da Argentina, 2002; Crise do Subprime, 2007/2008.

Parte 2 – Capítulo 9. Modelação da heterocedasticidade condicionada | 427

Figura 9.5: Coeficientes de Correlação Condicional

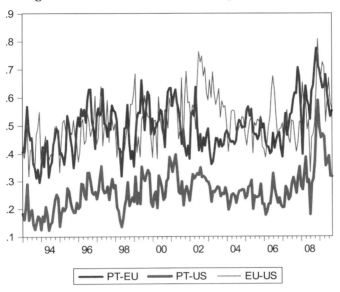

Na figura 9.6 analisa-se a transmissão da volatilidade dos mercados EU e US para o mercado PT através dos rácios de volatilidade. São considerados os seguintes rácios

$$RV\_US_t = RV_t^{1,3} = \frac{\hat{b}^2 \hat{\sigma}_{1t}^2}{\hat{h}_{33,t}},$$

$$RV\_EU_t = RV_t^{2,3} = \frac{\hat{c}^2 \hat{\sigma}_{2t}^2}{\hat{h}_{33,t}},$$

$$RV\_PT_t = 1 - RV\_US_t - RV\_EU_t.$$

Podem ser retiradas algumas conclusões:

- A volatilidade do mercado PT decorre em larga medida do seu próprio mercado (efeito idiossincrático), embora este efeito tenha a vindo a diminuir ao longo do tempo. Por outras palavras, o efeito de *volatilidade spillover* dos mercados EU e US sobre o mercado PT tem vindo a aumentar ao longo do tempo.

Figura 9.6: Rácios de Volatilidade

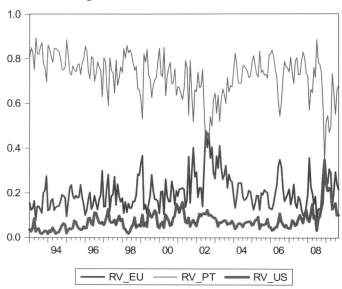

- O efeito de *volatilidade spillover* do mercado EU (para o mercado PT) é geralmente mais forte do que o do mercado US. No entanto, no período da crise do subprime, o mercado US transmitiu mais volatilidade ao mercado PT do que o mercado EU.
- Nos períodos de crise o efeito idiossincrático tende em geral a diminuir. Observe-se por exemplo, as crise de 2000 (das dot. com), de 2001 e de 2008.
- Verifica-se uma tendência de crescimento do rácio de volatilidade US para o mercado PT.

9.8 GARCH Ortogonal

À semelhança do modelo triangular, a principal vantagem do GARCH ortogonal é a de podermos estimar um GARCH multivariado através de GARCH's univariados.

Seja $\mathbf{y}_t = (y_{1t}, y_{2t}, ..., y_{mt})'$ o vector das observações no momento t ($t = 1, ..., n$). Se quisermos normalizar as variáveis consideramos

$$x_{it} = \frac{y_{it} - \mathrm{E}\,(y_{it})}{\sigma_i}.$$

(substituir $\mathrm{E}\,(y_{it})$ e σ_i pelos respectivos momentos da amostra, caso os parâmetros sejam desconhecidos). Logo $\mathrm{E}\,(x_{it}) = 0$ e $\mathrm{Var}\,(x_{it}) = 1$. Para simplificar suponha-se $\mathrm{E}\,(y_{it}) = 0$. Nestas condições podemos escrever

$$\mathbf{y}_t = \underbrace{\begin{pmatrix} \sigma_1 & 0 & \cdots & 0 \\ 0 & \sigma_2 & \cdots & 0 \\ \vdots & \vdots & \ddots & \vdots \\ 0 & 0 & \cdots & \sigma_m \end{pmatrix}}_{\Sigma} \underbrace{\begin{pmatrix} x_{1t} \\ x_{2t} \\ \vdots \\ x_{mt} \end{pmatrix}}_{x_t} = \Sigma \mathbf{x}_t.$$

Suponha-se que é possível encontrar matrizes $\mathbf{P}_t$ de tipo $m \times 1$ e $\mathbf{W}$ de tipo $m \times m$ nas seguintes condições:

$$\mathbf{x}_t = \mathbf{W}\mathbf{P}_t$$
$$\mathbf{P}_t\mathbf{P}_t' \text{ é diagonal.} \tag{9.15}$$

Suponha-se que $\mathbf{W}$ é não aleatório dado $\mathcal{F}_{t-1}$. Vem

$$
\begin{aligned}
\mathrm{Cov}\,(\mathbf{y}_t | \mathcal{F}_{t-1}) &= \mathrm{Cov}\,(\Sigma \mathbf{x}_t | \mathcal{F}_{t-1}) \\
&= \mathrm{E}\,\left(\Sigma \mathbf{x}_t \mathbf{x}_t' \Sigma \big| \mathcal{F}_{t-1}\right) \\
&= \Sigma\,\mathrm{E}\,\left(\mathbf{x}_t \mathbf{x}_t' \big| \mathcal{F}_{t-1}\right)\Sigma \\
&= \Sigma\,\mathrm{E}\,\left(\mathbf{W}\mathbf{P}_t\mathbf{P}_t'\mathbf{W}' \big| \mathcal{F}_{t-1}\right)\Sigma \\
&= \Sigma\mathbf{W}\,\mathrm{E}\,\left(\mathbf{P}_t\mathbf{P}_t' \big| \mathcal{F}_{t-1}\right)\mathbf{W}'\Sigma
\end{aligned}
$$

Tendo em conta (9.15) vem

430 | Modelação de Séries Temporais Financeiras

$$
\mathrm{E}\left(\mathbf{P}_t \mathbf{P}_t' \mid \mathcal{F}_{t-1}\right) = \begin{pmatrix} \mathrm{E}\left(P_{t1}^2 \mid \mathcal{F}_{t-1}\right) & 0 & \cdots & 0 \\ 0 & \mathrm{E}\left(P_{2t}^2 \mid \mathcal{F}_{t-1}\right) & \cdots & 0 \\ \vdots & \vdots & \ddots & \vdots \\ 0 & 0 & \cdots & \mathrm{E}\left(P_{mt}^2 \mid \mathcal{F}_{t-1}\right) \end{pmatrix}.
$$

Vantagem da especificação $\mathrm{Cov}\left(\mathbf{y}_t \mid \mathcal{F}_{t-1}\right) = \boldsymbol{\Sigma}\mathbf{W}\,\mathrm{E}\left(\mathbf{P}_t \mathbf{P}_t' \mid \mathcal{F}_{t-1}\right)\mathbf{W}'\boldsymbol{\Sigma}$? Supondo que se conhecem as matrizes $\boldsymbol{\Sigma}$ e $\mathbf{W}$, modelar $\mathrm{Cov}\left(\mathbf{y}_t \mid \mathcal{F}_{t-1}\right)$ equivale a modelar apenas as variâncias condicionais de P_{it}. Não temos que nos preocupar com a modelação das covariâncias condicionais! Além disso $\mathrm{Cov}\left(\mathbf{y}_t \mid \mathcal{F}_{t-1}\right)$ é definida positiva, por construção.

Obter a matriz W

Seja $\mathbf{X}$ a matriz das observações estandardizadas, $\mathbf{X} = (\mathbf{x}_{\bullet 1} \quad \mathbf{x}_{\bullet 2} \quad \cdots \quad \mathbf{x}_{\bullet m})$ de tipo $n \times m$ (por exemplo, $\mathbf{x}_{\bullet 1}$ representa o vector das observações estandardizadas da variável 1) e

$$
\hat{\mathbf{V}} = \frac{\mathbf{X}'\mathbf{X}}{n}.
$$

V é a matriz de correlações de y_t. Por exemplo, o elemento $(1, 2)$ de V é

$$
\begin{aligned}
\frac{\mathbf{x}_{\bullet 1}'\mathbf{x}_{\bullet 2}}{n} &= \frac{\sum_{t=1}^n x_{1t} x_{2t}}{n} = \frac{\sum_{t=1}^n \frac{y_{1t} - \mathrm{E}(y_{1t})}{\sigma_1} \frac{y_{2t} - \mathrm{E}(y_{2t})}{\sigma_2}}{n} \\
&= \frac{\frac{1}{n}\sum_{t=1}^n \left(y_{1t} - \mathrm{E}\left(y_{1t}\right)\right)\left(y_{2t} - \mathrm{E}\left(y_{2t}\right)\right)}{\sigma_1 \sigma_2}.
\end{aligned}
$$

Considerar

$$
\frac{\mathbf{x}_{\bullet 1}'\mathbf{x}_{\bullet 2}}{n} = \frac{\frac{1}{n}\sum_{t=1}^n \left(y_{1t} - \bar{y}_1\right)\left(y_{2t} - \bar{y}_2\right)}{\hat{\sigma}_1 \hat{\sigma}_2}
$$

se os momentos $\mathrm{E}\left(y_{1t}\right)$, $\mathrm{E}\left(y_{2t}\right)$, σ_1 e σ_2 forem desconhecidos.

Como se sabe, se $\mathbf{W}_{\bullet i}$ é vector próprio de V e λ_i é o valor próprio associado a $\mathbf{W}_{\bullet i}$ então

Parte 2 – Capítulo 9. Modelação da heterocedasticidade condicionada | 431

$$\hat{\mathbf{V}}\mathbf{W}_{\bullet i} = \lambda_i \mathbf{W}_{\bullet i}, \qquad i = 1, \dots, m$$

Compactamente

$$\hat{\mathbf{V}}\mathbf{W} = \mathbf{W}\boldsymbol{\Lambda}$$

onde $\mathbf{W} = (\mathbf{W}_{\bullet 1} \ \dots \ \mathbf{W}_{\bullet m})$ é a matriz dos vectores próprios associada a $\mathbf{V}$ e $\boldsymbol{\Lambda} = \mathrm{diag}\,(\lambda_1, \dots, \lambda_m)$. Note-se que $\mathbf{W}'\mathbf{W} = \mathbf{I}$ ($\hat{\mathbf{V}}$ é simétrica, logo é possível obter $\mathbf{W}$ tal que $\mathbf{W}'\mathbf{W} = \mathbf{I}$). Como

$$\mathbf{X} = \mathbf{P}\mathbf{W}' \Leftrightarrow \mathbf{P} = \mathbf{X}\left(\mathbf{W}'\right)^{-1} = \mathbf{X}\mathbf{W}$$

tem-se

$$\begin{aligned}
\mathbf{P}'\mathbf{P} &= \mathbf{W}'\mathbf{X}'\mathbf{X}\mathbf{W} \\
&= n\mathbf{W}'\hat{\mathbf{V}}\mathbf{W} \\
&= n\mathbf{W}'\mathbf{W}\boldsymbol{\Lambda} \\
&= n\boldsymbol{\Lambda}.
\end{aligned}$$

Portanto, se $\mathbf{W}$ é a matriz dos vectores próprios associada a $\mathbf{V}$ então $\mathbf{P}'\mathbf{P}$ é uma matriz diagonal.

Passos:

(1) Estandardizar $\mathbf{Y}$ e obter $\mathbf{X}$. Estimar

$$\boldsymbol{\Sigma} = \begin{pmatrix} \sigma_1 & 0 & \cdots & 0 \\ 0 & \sigma_2 & \cdots & 0 \\ \vdots & \vdots & \ddots & \vdots \\ 0 & 0 & \cdots & \sigma_m \end{pmatrix}, \qquad \sigma_i = \sqrt{\mathrm{Var}\,(y_{it})}$$

(2) Calcular $\hat{\mathbf{V}} = \mathbf{X}'\mathbf{X}/n$.

(3) Calcular os vector próprios ($\mathbf{W}$) de $\hat{\mathbf{V}}$.

(4) Obter $\mathbf{P} = \mathbf{X}\mathbf{W}$.

(5) Modelar separadamente as coluna de $\mathbf{P}$ através de um GARCH.

(6) Para cada t considerar

$$\mathrm{Cov}\,(\mathbf{y}_t|\,\mathcal{F}_{t-1}) = \boldsymbol{\Sigma}\mathbf{W}\,\mathrm{E}\left(\mathbf{P}_t\mathbf{P}_t'|\,\mathcal{F}_{t-1}\right)\mathbf{W}'\boldsymbol{\Sigma}.$$

Figura 9.7: Aplicação (rendabilidade do índice de mercado: NASDAQ; INDUSTRIAL, COMPUTER)

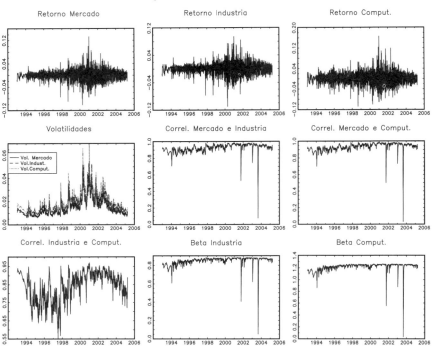

Modelação de Sistemas de Grande Dimensão

É possível reduzir a calculatória considerando apenas certos vectores de $P = XW$ – estes vectores designam-se de componentes principais. Para explicar esta ideia, considere-se

$$\frac{P'P}{n} = \Lambda \qquad (9.16)$$

Logo Λ pode ser considerado uma estimativa da matriz de variâncias-covariâncias de P. Como

$$P = \begin{pmatrix} P_{\bullet 1} & \ldots & P_{\bullet m} \end{pmatrix}$$

Parte 2 – Capítulo 9. Modelação da heterocedasticidade condicionada | 433

tem-se

$$
\mathbf{P}'\mathbf{P} = \begin{pmatrix}
\mathbf{P}'_{\bullet 1}\mathbf{P}_{\bullet 1} & 0 & \cdots & 0 \\
0 & \mathbf{P}'_{\bullet 2}\mathbf{P}_{\bullet 2} & \cdots & 0 \\
\vdots & \vdots & \ddots & \vdots \\
0 & 0 & \cdots & \mathbf{P}'_{\bullet m}\mathbf{P}_{\bullet m}
\end{pmatrix}
$$

e, atendendo a (9.16), conclui-se que a variância da componente principal i é igual a

$$
\frac{\mathbf{P}'_{\bullet i}\mathbf{P}_{\bullet i}}{n} = \lambda_i.
$$

Por outro lado, atendendo a $\mathbf{X} = \mathbf{P}\mathbf{W}'$, tem-se

$$
\frac{\mathbf{X}'\mathbf{X}}{n} = \frac{\mathbf{W}\mathbf{P}'\mathbf{P}\mathbf{W}'}{n} = \mathbf{W}\mathbf{\Lambda}\mathbf{W}'.
$$

Em suma, a proporção da variação total de $\mathbf{X}$ que é explicada pela i-ésima componente principal é $\lambda_i / \sum_{j=1}^{m} \lambda_i = \lambda_i / m$. Quanto maior for λ_i mais peso tem a i-ésima componente principal na explicação da variação total de $\mathbf{X}$. As componentes principais cujos valores próprios são muitos baixos podem ser descartados. Na prática procede-se assim:

- ordenam-se os valores próprios por ordem descendente, i.e. $\lambda_1 > \lambda_2 > ...$
- ordenam-se os vectores próprios de acordo com os valores próprios ordenados, i.e., a primeira coluna de $\mathbf{W}$, $\mathbf{W}_{\bullet 1}$ é o vector próprio associado a λ_1 a segunda coluna de $\mathbf{W}_{\bullet 2}$ é o vector próprio associado a λ_2, etc.

Em lugar de se trabalhar com $\mathbf{W}$ trabalha-se com uma submatriz de $\mathbf{W}$, seja $\mathbf{W}^*$ essa matriz, constituída pelas primeiras   colunas. Como resultado passa-se a ter apenas as k componentes principais mais significativas:

$$
\mathbf{P}^* = \mathbf{X}\mathbf{W}^*
$$

434 | Modelação de Séries Temporais Financeiras

que tem dimensão $n \times k$. Nestas circunstâncias é necessário modelar apenas estas k componentes principais. Assim,

$$\mathrm{Cov}\left(\mathbf{y}_t | \mathcal{F}_{t-1}\right) \approx \mathbf{\Sigma}\mathbf{W}^* \, \mathrm{E}\left(\mathbf{P}_t^*\left(\mathbf{P}_t^*\right)' | \mathcal{F}_{t-1}\right)\left(\mathbf{W}^*\right)' \mathbf{\Sigma}$$

e

$$\mathrm{E}\left(\mathbf{P}_t^*\left(\mathbf{P}_t^*\right)' | \mathcal{F}_{t-1}\right) = \begin{pmatrix} \mathrm{E}\left(P_{1t}^2 | \mathcal{F}_{t-1}\right) & 0 & \cdots & 0 \\ 0 & \mathrm{E}\left(P_{2t}^2 | \mathcal{F}_{t-1}\right) & \cdots & 0 \\ \vdots & \vdots & \ddots & \vdots \\ 0 & 0 & \cdots & \mathrm{E}\left(P_{tk}^2 | \mathcal{F}_{t-1}\right) \end{pmatrix}.$$

($\mathbf{P}_t^*$ é a linha t da matriz $\mathbf{P}^*$).

Passos:

(1) Estandardizar $\mathbf{Y}$ e obter $\mathbf{X}$. Estimar

$$\mathbf{\Sigma} = \begin{pmatrix} \sigma_1 & 0 & \cdots & 0 \\ 0 & \sigma_2 & \cdots & 0 \\ \vdots & \vdots & \ddots & \vdots \\ 0 & 0 & \cdots & \sigma_m \end{pmatrix},$$

(2) Calcular $\hat{\mathbf{V}} = \mathbf{X}'\mathbf{X}/n$.

(3) Calcular os valores próprios e vector próprios de $\hat{\mathbf{V}}$ (ordenam-se os valores próprios por ordem descendente , i.e. $\lambda_1 > \lambda_2 > \ldots$ e ordenam-se os vectores próprios de acordo com os valores próprios ordenados).

(3) A partir do passo 3 obter $\mathbf{W}^*$ e $\mathbf{P}^* = \mathbf{X}\mathbf{W}^*$.

(3) Modelar separadamente coluna de $\mathbf{P}^*$ através de um GARCH.

(3) Para cada t considerar

$$\mathrm{Cov}\left(\mathbf{y}_t | \mathcal{F}_{t-1}\right) \approx \mathbf{\Sigma}\mathbf{W}^* \, \mathrm{E}\left(\mathbf{P}_t^*\left(\mathbf{P}_t^*\right)' | \mathcal{F}_{t-1}\right)\left(\mathbf{W}^*\right)' \mathbf{\Sigma}.$$

9.9 Testes de Diagnóstico

Nos vários modelos, a hipótese de partida é $\mathbf{u}_t | \mathcal{F}_{t-1} \sim N\left(\mathbf{0}, \mathbf{H}_t\right)$ ou, de forma equivalente, $\mathbf{u}_t = \mathbf{H}_t^{1/2}\varepsilon_t$ onde $\varepsilon_t \sim N\left(\mathbf{0}, \mathbf{I}_m\right)$. Se o

Parte 2 – Capítulo 9. Modelação da heterocedasticidade condicionada | 435

modelo estiver correctamente especificado, $\{\varepsilon_t\}$ deve ser uma sucessão de vectores i.i.d., com matriz de variâncias-covariâncias (contemporânea) dada por $\mathbf{I}_m$. Naturalmente que ε_t é desconhecido, mas pode ser estimado da seguinte forma

$$\hat{\varepsilon}_t = \hat{\mathbf{H}}_t^{-1/2}\hat{\mathbf{u}}_t.$$

$\hat{\varepsilon}_t$ é o vector dos resíduos estandardizados (e $\hat{\mathbf{u}}_t$ é o vector dos resíduos). A matriz $\hat{\mathbf{H}}_t^{-1/2}$ pode obter-se a partir da decomposição Cholesky, seguindo os seguintes passos. 1) Dado $\hat{\mathbf{H}}_t$ obter uma matriz triangular $\hat{\mathbf{H}}_t^{1/2}$ usando a decomposição de Cholesky, i.e., obter uma matriz $\hat{\mathbf{H}}_t^{1/2}$ tal que $\hat{\mathbf{H}}_t = \hat{\mathbf{H}}_t^{1/2}\left(\hat{\mathbf{H}}_t^{1/2}\right)'$; 2) Inverter $\hat{\mathbf{H}}_t^{1/2}$. Por exemplo, considere-se um sistema de duas equações ($m = 2$)

$$\mathbf{H}_t = \begin{bmatrix} \sigma_{1t}^2 & \sigma_{12,t} \\ \sigma_{12,t} & \sigma_{2t}^2 \end{bmatrix} = \begin{bmatrix} \sigma_{1t}^2 & \rho_t\sigma_{1t}\sigma_{2t} \\ \rho_t\sigma_{1t}\sigma_{2t} & \sigma_{2t}^2 \end{bmatrix}.$$

A decomposição de Cholesky fornece

$$\mathbf{H}_t^{1/2} = \begin{bmatrix} \sigma_{1t} & 0 \\ \rho_t\sigma_{2t} & \sigma_{2t}\sqrt{1-\rho_t^2} \end{bmatrix}.$$

(verifique que o produto $\mathbf{H}_t^{1/2}\left(\mathbf{H}_t^{1/2}\right)'$ é $\mathbf{H}_t$). Assim,

$$\mathbf{H}_t^{-1/2} = \begin{bmatrix} \dfrac{1}{\sigma_{1t}} & 0 \\ -\dfrac{\rho_t}{\sigma_{1t}\sqrt{1-\rho_t^2}} & \dfrac{1}{\sigma_{2t}\sqrt{1-\rho_t^2}} \end{bmatrix}.$$

(Deixa-se como exercício mostrar que $\mathrm{E}\left(\varepsilon_t\right) = \mathbf{0}$ e $\mathrm{Var}\left(\varepsilon_t\right) =$ $= \mathrm{Var}\left(\mathbf{H}_t^{-1/2}\mathbf{u}_t\right) = \mathbf{I}_n$). Desta forma (continuando o exemplo) a expressão $\hat{\varepsilon}_t = \hat{\mathbf{H}}_t^{-1/2}\hat{\mathbf{u}}_t$ vale

$$\begin{bmatrix} \hat{\varepsilon}_{1t} \\ \hat{\varepsilon}_{2t} \end{bmatrix} = \begin{bmatrix} \dfrac{1}{\hat{\sigma}_{1t}} & 0 \\ -\dfrac{\hat{\rho}_t}{\hat{\sigma}_{1t}\sqrt{1-\hat{\rho}_t^2}} & \dfrac{1}{\hat{\sigma}_{2t}\sqrt{1-\hat{\rho}_t^2}} \end{bmatrix} \begin{bmatrix} \hat{u}_{1t} \\ \hat{u}_{2t} \end{bmatrix} = \begin{bmatrix} \dfrac{\hat{u}_{1t}}{\hat{\sigma}_{1t}} \\ \dfrac{\hat{u}_{2t}}{\hat{\sigma}_{2t}\sqrt{1-\hat{\rho}_t^2}} - \dfrac{\hat{u}_{1t}\hat{\rho}_t}{\hat{\sigma}_{1t}\sqrt{1-\hat{\rho}_t^2}} \end{bmatrix}.$$

Vários testes podem ser invocados. Para avaliar se os efeitos de heterocedasticidades estão convenientemente modelados, Engle

436 | Modelação de Séries Temporais Financeiras

(2002) sugere o seguinte procedimento. Primeiro passo: regressão de $\hat{\varepsilon}_{1t}^2$ sobre as seguintes variáveis (para além de um termo constante):

- resíduos quadráticos $\hat{\varepsilon}_{i,t-k}^2$ com $i = 1, ..., m$ e $k = 1, ..., L$ (L desfasamentos) e
- termos cruzados $\hat{\varepsilon}_{i,t-k}\hat{\varepsilon}_{j,t-k}$ com $i, j = 1, ..., m$ e $k = 1, ..., L$.

Por exemplo no caso $m = 2$ e $L = 1$ a regressão envolveria as seguintes variáveis:

$$\left(1, \hat{\varepsilon}_{1t-1}^2, \hat{\varepsilon}_{2t-1}^2, \hat{\varepsilon}_{1,t-1}\hat{\varepsilon}_{2,t-1}\right).$$

Segundo passo: teste F de nulidade de todos os parâmetros com excepção do termo independente. Se existir evidência estatística contra a hipótese nula, podemos suspeitar que a matriz $\mathbf{H}_t$ não foi convenientemente modelada. Nos passos seguintes repete-se o procedimento, tomando sucessivamente $\hat{\varepsilon}_{i,t}^2$ $i = 2, ..., m$ como variável dependente na regressão auxiliar.

Naturalmente é conveniente verificar também se $\hat{\varepsilon}_t$ é um ruído branco. O procedimento anterior pode ser repetido substituindo os resíduos estandardizados ao quadrado simplesmente pelos resíduos estandardizados e eliminando os termos cruzados.

PARTE 3

APLICAÇÕES

Capítulo 10

Eficiência do Mercado de Capitais

10.1 Introdução e Definições

O mercado de capitais diz-se eficiente se os preços dos produtos financeiros reflectirem toda a informação disponível. Quando é libertada uma informação relevante (por exemplo, um anúncio de distribuição de dividendos de valor superior ao esperado, um anúncio de fusões ou aquisições, etc.) num mercado eficiente os agentes reagem imediatamente comprando ou vendendo de acordo com a informação e os preços ajustam-se imediatamente.

Num mercado eficiente, supõe-se que os agentes interpretam correctamente a informação. Caso contrário o preço pode não se ajustar rapidamente e abrem-se oportunidades para a realização de rendibilidades anormais. Por exemplo, um investidor que compre imediatamente acções após a divulgação de uma boa notícia pode obter um retorno anormal se o preço de mercado se ajustar lentamente à informação disponível. Com efeito, bastará ao investidor vender as acções depois do preço se ajustar a um nível mais alto.

É difícil imaginar um mercado completamente eficiente em todos os períodos de tempo. Pode suceder que em certos momentos e face a determinadas notícias o mercado apresente ineficiências que podem ser exploradas. Faz também sentido admitir que existem mercados mais eficientes do que outros (mercados emergentes tendem a ser menos eficientes).

Modelação de Séries Temporais Financeiras

A eficiência dos mercados está intimamente relacionada com a informação disponível. Fama (1970) propôs três formas de eficiência consoante a natureza da informação disponível:

- um mercado é eficiente na forma fraca se os preços dos títulos reflectirem toda a informação sobre os preços passados; como consequência, as cotações passadas não podem ser utilizadas para obter rentabilidades anormais;
- um mercado é eficiente na forma semi-forte se os preços dos títulos reflectirem toda a informação disponível ao público; a informação disponível ao público inclui os preços passados, situação económica e financeira da empresa e, em geral, toda a informação não confidencial que o público em geral pode aceder;
- um mercado é eficiente na forma forte se os preços dos títulos reflectirem toda a informação disponível, pública e privada; a informação privada é conhecida apenas dos gestores da empresa.

A hipótese dos mercados eficientes admite que todas as informações relevantes estão disponíveis (a baixo custo) e que as cotações reflectem o conjunto dessas informações. Desta forma, não é possível com base na informação disponível, obter ganhos persistentes acima do retorno normal; se o mercado é ineficiente, os preços não traduzem o seu valor justo ou valor intrínseco e é possível obter rendibilidades anormais.

A questão que normalmente se coloca consiste em saber se é possível obter rendibilidades anormais de forma persistente utilizando uma estratégia de investimento. Uma forma para analisar esta questão consiste em comparar a rendibilidade que se obtém a partir de uma certa estratégia de investimento com a rendibilidade normal ou esperada deduzida em função de um modelo de equilíbrio como o CAPM ou APT. Outra metodologia baseia-se em saber se os retornos são ou não previsíveis. Esta análise pode ser conduzida a partir de um modelo do tipo

$$r_t = f(\mathbf{x}_{t-1}) + u_t$$

onde $\mathbf{x}_{t-1}$ é um vector de variáveis cujos valores são conhecidos no momento $t - 1$. Assim, r_t é previsível se $\mathbf{x}_{t-1}$ explicar r_t (por outras palavras, r_t é previsível se $\mathrm{E}(r_t|\mathcal{F}_{t-1}) \neq \mathrm{E}(r_t)$). O vector $\mathbf{x}_{t-1}$ pode incluir r_{t-1} ou *fundamental variables* como por exemplo, variáveis financeiras (*treasury bill rates, bonds returns, dividend yield* (dividendo por acção/cotação), *price-earning ratios* (cotação/lucro), etc.) ou variáveis macroeconómicas (produto, inflação, etc.).

10.2 Teste à Eficiência Fraca de Mercado

Analisa-se se é possível obter rendibilidades anormais de forma persistente utilizando uma estratégia de investimento baseada apenas nos preços passados.

Para simplificar admita-se que o *retorno normal*, $\mathrm{E}(r_t) = \mu > 0$ é constante. Se o mercado é eficiente então é indiferente usar ou não usar a informação disponível $\mathcal{F}_{t-1}$ para prever r_t e, desta forma tem-se

$$\mathrm{E}(r_t|\mathcal{F}_{t-1}) = \mathrm{E}(r_t). \tag{10.1}$$

Note-se que $\mathrm{E}(r_t)$ representa a previsão de r_t não baseada em qualquer informação específica, a não ser nas características gerais do processo. Pelo contrário, se

$$\mathrm{E}(r_t|\mathcal{F}_{t-1}) \neq \mathrm{E}(r_t)$$

então, a informação disponível $\mathcal{F}_{t-1}$ é relevante para prever os retornos futuros. Nestas circunstâncias, existe alguma informação sobre a tendência provável de r_t, e será possível, em princípio, obter rentabilidades anormais, usando a informação disponível $\mathcal{F}_{t-1}$.

A equação (10.1) pode ser violada de inúmeras formas. Por exemplo, r_t pode ser autocorrelacionado ou r_t pode ser uma função não linear de r_{t-1} (se r_t seguir um qualquer dos modelos discutidos anteriormente, como por exemplo, o modelo *Markov-Switching* ou o Limiar Autoregressivo, a equação (10.1) é violada). As regras de compra e venda baseadas na análise técnica baseiam-se também em relações não lineares entre os preços correntes e os seus valores passados, ou sejam, supõem que a igualdade (10.1) é violada.

Certos autores formalizam o modelo de mercado eficiente estabelecendo que o preço ou o logaritmo do preço é um passeio aleatório[37],

$$\log P_t = \log P_{t-1} + u_t$$

sendo $\{u_t\}$ um processo ruído branco ou, em termos mais gerais, uma diferença de martingala. Esta formalização implica (10.1) e ainda que $\log P_t$ é uma martingala,

$$\mathrm{E}\left(\log P_t \mid \mathcal{F}_{t-1}\right) = \log P_{t-1}.$$

Esta formalização é contra intuitiva pois assume que o valor esperado do retorno é zero ($\mathrm{E}\left(r_t\right) = 0$) e, portanto, que o prémio de risco é negativo. Todavia, se o retorno for convenientemente ajustado ao risco, a propriedade de martingala deve verificar-se (vejam-se as referências em Campbell et al., 1997, pág. 31).

Um modelo mais natural e compatível com (10.1) é o modelo de passeio aleatório com deriva (positiva),

$$\log P_t = c + \log P_{t-1} + u_t, \qquad c > 0.$$

Considerando $r_t = \log P_t - \log P_{t-1}$, o modelo de passeio aleatório com deriva é equivalente a $r_t = c + u_t$ e, portanto, $\mathrm{E}\left(r_r \mid \mathcal{F}_{t-1}\right) = \mathrm{E}\left(r_t\right) = c$.

---

[37] A rigor é um impossibilidade o preço ser um passeio aleatório,

$$P_t = P_{t-1} + u_t$$

uma vez que P_t, neste modelo, é não limitado em probabilidade. Isto significa que pode assumir valores negativos com probabilidade um quando t tende para ∞. De facto, prova-se que P_t visita os estados $-\infty$ e $+\infty$ infinitas vezes quando $t \to \infty$. Como os preços não podem ser negativos, por definição, o preço não pode ser um passeio aleatório.

10.2.1 Testes de Autocorrelação

Analise-se o exemplo seguinte.

EXEMPLO 10.2.1. *Suponha-se* $r_t = c + \phi r_{t-1} + u_t$, $|\phi| < 1$, *onde* u_t *é um ruído branco. Então*

$$E(r_t) = \frac{c}{1 - \phi}, \qquad E(r_t | \mathcal{F}_{t-1}) = c + \phi r_{t-1}$$

e a equação (10.1) é violada. Note-se também que r é autocorrelacionado.

Um teste à eficiência fraca dos mercados consiste, por exemplo, em ensaiar H_0: $\rho_1 = ... = \rho_m = 0$ através da estatística

$$Q = n(n+2) \sum_{k=1}^{m} \frac{1}{n-k} \hat{\rho}_k^2 \xrightarrow{d} \chi^2_{(m)}$$

A rejeição de H_0 pode sugerir ineficiência de mercado, mas não a implica necessariamente. Com efeito, pode suceder que a rejeição de H_0 se faça com coeficientes de autocorrelação demasiadamente baixos para oferecerem qualquer possibilidade de ganhos anormais, depois de deduzidos os custos transacção. Seria necessário investigar se a estrutura de autocorrelação detectada implicaria uma rendibilidade superior a um *portfolio* de referência. Por outro lado, a não rejeição de H_0 não implica aceitação da eficiência da forma fraca porque pode suceder que $E(r_t | \mathcal{F}_{t-1})$ seja uma função não linear de $\mathcal{F}_{t-1}$ com fraca dependência linear.

10.2.2 Regras de Compra e Venda e a Análise Técnica

Uma forma popular entre *traders and financial professionals* de definir regras de compra e venda assenta na chamada análise técnica. A análise técnica baseia-se num conjunto de indicadores estatísticos gerados pelo mercado, tais como preços e volume, visando estabelecer regras de compra e venda de activos cotados em bolsa[38]. A generalidade dos indicadores procura detectar tendências de subida ou descida das cotações. Analisam-se três regras de compra e venda (provavelmente as mais utilizadas e conhecidas, mas existem muitas outras regras) e discutem-se procedimentos econométricos destinados a aferir a qualidade das regras. A previsibilidade associada às regras de compra e venda não significa necessariamente ineficiência de mercado. Para argumentar que um mercado é ineficiente é necessário demonstrar que a regra de investimento seleccionada é superior a um *porfolio* de referência.

10.2.2.1 *Regra Média Móvel*

Seja

$$M_t\left(k\right) = \frac{P_t + P_{t-1} + \dots + P_{t-k+1}}{k}$$

uma média móvel (MM) de ordem k da variável P, no momento t. A estatística $M_t\left(k\right)$ fornece uma medida de tendência local de P. Quanto maior for k mais informação atrasada a média móvel contém e, também, mais alisada é a tendência. Pelo contrário, se k é baixo, a estatística $M_t\left(k\right)$ fornece apenas a tendência recente de P. Defina-se assim a MM de curto prazo, $M_t\left(c\right)$ onde c é uma valor baixo e a MM de longo prazo, $M_t\left(l\right)$ onde l é um valor alto. Tipicamente, para dados diários, c e l são escolhido nos intervalos, $1 \leq c \leq 5$ e $50 \leq l \leq 250$. Do confronto entre a MM de curto e longo prazo argumenta-se que é possível projectar uma tendência futura de P. Mais concretamente, se $M_t\left(c\right) > M_t\left(l\right)$, os preços mais recentes estão mais altos do que os preços mais antigos. Isto sugere que os

---

[38] A abordagem *fundamental analysis*, ao contrário, estabele regras de compra e venda com base em factores financeiros e económicos. Por exemplo, analisam-se variáveis financeiras (*treasury bill rates, bonds returns, dividend yield* (dividendo por acção/cotação), *price-earning ratios* (cotação/lucro), etc.) ou macroeconómicas (produto, inflação, etc.).

Parte 3 – Capítulo 10. Eficiência do mercado de capitais | 445

preços seguem uma tendência positiva. A regra prescreve uma compra para o período $t + 1$. Se as duas médias são aproximadamente iguais, a tendência futura sobre os preços não é clara, e neste caso não há lugar a compra ou venda. Esta regra pode ser melhorada, estabelecendo um sinal de compra ou venda apenas quando a diferença entre $M_t(c)$ e $M_t(l)$ for significativa, digamos acima de um certo limiar B (*bandwidth*). Assim, as regras de compra e venda para o dia $t + 1$, passariam a ser: comprar se $M_t(c) > M_t(l) + B$; vender se $M_t(c) < M_t(l) - B$ e não transaccionar se $|M_t(c) - M_t(l)| \leq B$.

Na figura 10.1 ilustra-se a regra média móvel ao NASDAQ *composite* (Jan-05 a Mar-06). Fixou-se $c = 10$ e $l = 50$. Em princípio deveriamos escolher um valor de c entre 1 e 5; todavia, a escolha $c = 10$ permite identificar melhor graficamente a média móvel $M_t(10)$ (com $c \leq 5$ a série $M_t(c)$ praticamente não se distingue, graficamente, de P).

10.2.2.2 *Regra Canal*

À semelhança da regra média móvel, também esta regra se baseia numa hipótese sobre a evolução futura da tendência dos preços. Antevê-se uma subida ou descida dos preços com base na comparação entre o valor actual do preço P_t e o valor mínimo ou máximo atingido pelos preços nos últimos L dias. Sejam,

$$
\begin{aligned}
m_{t-1} &= \min\left(P_{t-1}, P_{t-2}, ..., P_{t-L}\right), \\
M_{t-1} &= \max\left(P_{t-1}, P_{t-2}, ..., P_{t-L}\right)
\end{aligned}
$$

respectivamente os valores mínimo e máximo atingidos pelos preços nos últimos L dias. A ideia é a seguinte: se no dia t houve uma indicação de compra e P_t é significativamente superior a m_{t-1} então antevê-se uma tendência de crescimento dos preços e a indicação deve ser de compra; de igual forma, se no dia t houve uma indicação de venda e P_t é significativamente inferior a M_{t-1} então antevê-se uma tendência de queda dos preços e a indicação deve ser de venda. Diz-se que P_t é significativamente superior (inferior)

Figura 10.1 Regra Média Móvel – Aplicação ao NASDAQ *composite* Jan-05 a Mar-06

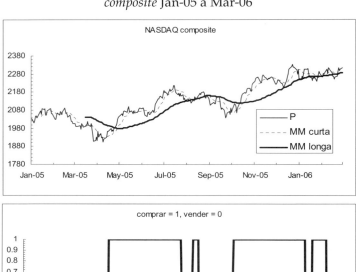

a M_{t-1} se $P_t > (1+B) M_{t-1}$ (respectivamente $P_t < (1+B) M_{t-1}$) e B é um parâmetro positivo (*bandwidth*), calibrado com base na experiência passada. Formalmente, as regras canal de compra e venda estão apresentadas na tabela 1.

Na figura 10.2 ilustra-se a regra canal ao NASDAQ *composite* (Jan-05 a Mar-06). Fixou-se $L = 50$ e $B = 0$.

10.2.2.3 *Regra Modelo ARMA*

Seja $\mu_{t+1,t}$ a previsão do retorno para o momento $t+1$ dado $\mathcal{F}_t$, baseado num certo modelo ARMA. Na tabela 2 definem-se

Tabela 1: Regras de Compra e Venda Baseadas no procedimento Canal

$\dfrac{t+1}{t}$	Comprar	Vender	Neutro
Comprar	$P_t > (1+B)\, m_{t-1}$	$P_t < (1-B)\, m_{t-1}$	outros casos
Vender	$P_t > (1+B)\, M_{t-1}$	$P_t < (1-B)\, M_{t-1}$	outros casos
Neutro	$P_t > (1+B)\, M_{t-1}$	$P_t < (1-B)\, m_{t-1}$	outros casos

Figura 10.2: Regra Canal – Aplicação ao NASDAQ *composite*
Jan-05 a Mar-06

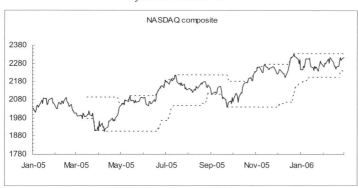

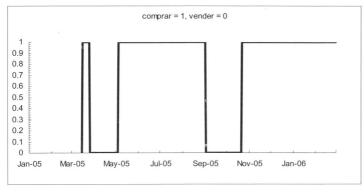

as regras de compra e venda. A posição (1,1) na tabela 2, estabelece o seguinte: se no período t houve uma indicação de compra e $\mu_{t+1,t} > 0$ então antecipa-se uma tendência de subida dos preços e a indicação é de compra para o período $t+1$. A posição (2,1) estabelece o seguinte: se no período t houve uma indicação de venda e $\mu_{t+1,t} < B$ então a indicação é de compra para o período $t+1$. O período $t+1$ é de compra apenas se a previsão do retorno for suficientemente alta, digamos, acima de $B > 0$. Se $\mu_{t+1,t} > 0$ mas $\mu_{t+1,t} < B$ entende-se que não existe indicação suficientemente clara de compra dado que no período anterior o dia foi de venda e, nestas circunstâncias, o dia é considerado neutro, isto é, não há lugar a venda ou compra. As demais células interpretam-se de forma similar.

O parâmetro B pode ser estimado com base na informação passada: selecciona-se o valor que maximiza o lucro.

10.2.2.4 *Medidas de Previsibilidade*

Embora as duas primeiras regras atrás apresentadas envolvam preços, as medidas de previsibilidade, por exigirem a aplicação do teorema do limite central e a lei dos grandes números, são construídas a partir dos retornos, dado que estes são (em princípio) processos estacionários.

Considere-se um certa regra de compra e venda e defina-se, C o conjunto dos índices t onde há um sinal de compra para o período seguinte, $t+1$ e V o conjunto dos índices t onde há um sinal de venda para o período seguinte, $t+1$. Por exemplo, se nos dias 3, 7 e 9 há sinais de compra para os respectivos períodos seguintes, e nos dias 6 e 11 há sinais de venda para os períodos seguintes então, $C = \{3, 7, 9\}$ e $V = \{6, 11\}$. Seja n_C o cardinal de C, n_V o cardinal de V (no exemplo dado $n_C = 3$ e $n_V = 2$),

$$\bar{r}_C = \frac{1}{n_C} \sum_{t \in C} r_{t+1}$$

a média empírica dos retornos em que houve um sinal de compra e

$$\bar{r}_V = \frac{1}{n_V} \sum_{t \in V} r_{t+1}$$

a média empírica dos retornos em que houve um sinal de venda.

Tabela 2: Regras de Compra e Venda Baseadas num ARMA

$t+1$ t	Comprar	Vender	Neutro
Comprar	$\mu_{t+1,t} > 0$	$\mu_{t+1,t} < -B$	outros casos
Vender	$\mu_{t+1,t} > B$	$\mu_{t+1,t} < 0$	outros casos
Neutro	$\mu_{t+1,t} > B$	$\mu_{t+1,t} < -B$	outros casos

Se a regra de compra e venda é *informativa* então

$$E\left(r_{t+1}|\, t \in C\right) \neq E\left(r_{t+1}|\, t \in V\right)$$

i.e., o valor esperado dos retornos depende da informação de compra ou venda e, por isso, os dois valores esperados são diferentes. Se, pelo contrário, $E\left(r_{t+1}|\, t \in C\right) = E\left(r_{t+1}|\, t \in V\right)$ então o comportamento dos retornos no período $t+1$ não reflecte a expectativa de subida ou descida dos preços, dada pela regra de compra e venda.

Numa regra informativa devemos esperar $E\left(r_{t+1}|\, t \in C\right) > E\left(r_{t+1}|\, t \in V\right)$ i.e., o sinal de compra (venda) está associado a uma expectativa de subida (descida) sustentada dos preços.

Temos várias formas de testar se uma regra de compra e venda é informativa. Uma possibilidade consiste em realizar o teste diferença de média. Admitindo que os retornos são i.i.d., tem-se que, sob a hipótese nula, H_0: $E\left(r_{t+1}|\, t \in C\right) = E\left(r_{t+1}|\, t \in V\right)$ a estatística

$$z = \frac{\bar{r}_C - \bar{r}_V}{\sqrt{\frac{\hat{\sigma}_C^2}{n_C} + \frac{\hat{\sigma}_V^2}{n_V}}} \tag{10.2}$$

tem distribuição assimptótica $N\left(0,1\right)$.

Um teste preferível que não exige independência dos retornos e pode acomodar autocorrelação e heterocedasticidade dos erros consiste na análise da significância do parâmetro β_1 na regressão

$$r_t = \beta_0 + \beta_1 \mathcal{I}_{t-1,C} + \beta_2 \mathcal{I}_{t-1,N} + u_t \tag{10.3}$$

450 | Modelação de Séries Temporais Financeiras

(com erros padrão robustos) onde $\mathcal{I}_{t,C}$ e $\mathcal{I}_{t,N}$ são variáveis *dummies*; $\mathcal{I}_{t,C}$ assume o valor 1 quando no período t houve uma indicação de compra e $\mathcal{I}_{t,N}$ que assume o valor 1 quando no período t houve uma indicação neutra. O chamado grupo base consiste na indicação de venda. Da equação (10.3) tem-se

$$\mathrm{E}\,(r_{t+1}|\,t \in C) = \beta_0 + \beta_1, \qquad \mathrm{E}\,(r_{t+1}|\,t \in V) = \beta_0$$

e, portanto, se $\beta_1 = 0$ então $\mathrm{E}\,(r_{t+1}|\,t \in C) = \mathrm{E}\,(r_{t+1}|\,t \in V)$. Pelo contrário, se $\beta_1 > 0$ então $\mathrm{E}\,(r_{t+1}|\,t \in C) > \mathrm{E}\,(r_{t+1}|\,t \in V)$. Deve-se então realizar o ensaio $H_0 : \beta_1 = 0$ vs. $H_1 : \beta > 0$.

10.3 Teste à Eficiência Semi-Forte de Mercado

Analisa-se se é possível obter rendibilidades anormais de forma persistente utilizando uma estratégia de investimento baseada nos preços passados e na informação pública disponível.

Seja $\mathcal{I}_t = \mathcal{F}_t \cup \mathcal{F}_t^X$ onde $\mathcal{F}_t^X$ é o conjunto de toda a informação pública disponível, como por exemplo, balanços, relatórios da empresa, notícias divulgados pela empresa, etc. Se o mercado é eficiente no sentido semi-forte então é indiferente usar ou não usar a informação disponível $\mathcal{I}_{t-1}$ para prever r_t e, desta forma tem-se

$$\mathrm{E}\,(r_t|\mathcal{I}_{t-1}) = \mathrm{E}\,(r_t)$$

Pelo contrário, se

$$\mathrm{E}\,(r_t|\mathcal{I}_{t-1}) \neq \mathrm{E}\,(r_t)$$

então, a informação disponível $\mathcal{I}_t$ é relevante para prever os retornos futuros. Nestas circunstâncias, existe alguma informação sobre a tendência provável de r_t, e será possível, em princípio, obter rentabilidades anormais, usando a informação disponível $\mathcal{I}_t$.

Existem inúmeros procedimentos e conjuntos de informação $\mathcal{I}_t$ usados para testar a eficiência (semi-forte) de mercado. A literatura tem estudado (entre muitos outros) os seguintes tópicos:

Parte 3 – Capítulo 10. Eficiência do mercado de capitais | 451

- Efeito do tamanho da empresa. A questão é: apresentarão as empresas pequenas, em termos da sua capitalização de mercado, rendibilidades médias superiores às empresas grandes, com nível de risco semelhante?
- Reacção do mercado à chegada de informação. Este tópico é importante na análise da eficiência e é analisado em detalhe na secção 10.3.1.
- Valor de mercado versus valor contabilístico. Entende-se que um valor de mercado baixo face ao valor contabilístico pode indicar, em certas circunstâncias, que as acções estão subavaliadas.
- Rácio preço/lucro ou *price-earnings ratio* (P/E). Valores baixos significam que as acções da empresa em análise são transaccionados a um preço relativamente baixo face ao valor dos lucros e, portanto, a cotação da empresa poderá estar barata;
- Impacto de outras variáveis financeiras como por exemplo, taxas de juro de obrigações de tesouro, dividendos por acção (*dividend yield*), etc.
- Impacto de variáveis económicas, como por exemplo, produto, inflação, etc.
- Impacto de outras anomalias mercado, como por exemplo, efeito dos dias da semana, efeito de fim-de-semana, fim de ano, etc. (efeitos de calendário – algumas destes tópicos foram já abordados na secção 3.1.6).

Se o objectivo é analisar a eficiência do mercado (e, de certa forma a previsibilidade dos retornos) com base na variável x (e.g. taxa de juro) a variável x deverá entrar no modelo de regressão com um ou mais desfasamentos. Só assim é possível testar a previsibilidade de r. O modelo seria assim do tipo

$$r_t = c + \beta x_{t-1} + u_t.$$

Pode até suceder que o modelo $r_t = c + \beta x_t + u_t$ (com x_t e não com x_{t-1}) produza um ajustamento superior; mas neste caso o modelo

452 | Modelação de Séries Temporais Financeiras

não pode testar a previsibilidade de r com base em x. Para se obterem rendibilidades anormais com base num modelo de previsão é necessário saber, com alguma antecipação, a tendência futura dos preços (e daí x entrar desfasado no modelo).

10.3.1 Reacção do Mercado à Chegada de Informação

Se o mercado é totalmente eficiente os activos respondem imediatamente à chegada de informação relevante ao mercado. A informação relevante poderá ser informação específica sobre a empresa, como por exemplo, o anúncio de lucros ou dividendos, o anúncio de fusões e aquisições, etc. Poderá também ser o anúncio de medidas de política económica ou outros eventos que tenham impacto sobre a rendibilidades dos activos financeiros.

A questão é, portanto, óbvia: trata-se de identificar as informações similares relevantes e verificar se na vizinhança da data da divulgação da notícia as rendibilidades apresentaram um comportamento anormal.

Para simplificar divida-se o estudo do impacto da chegada da informação sobre as rendibilidades em duas áreas: A) impacto de notícias similares sobre um conjunto de empresas e B) impacto de notícias similares sobre uma empresa específica. No caso A) começa-se por recolher uma amostra de N empresas que estiveram expostas a anúncios não antecipados e observam-se as rendibilidades anormais na vizinhança das datas dos anúncios. A rendibilidade anormal, ra do activo i no período t é

$$ra_{t,i} = r_{t,i} - \text{rendibilidade esperada do activo } i \text{ no momento } t.$$

sendo $r_{t,i}$ o retorno do activo i no momento t. Como avaliar a rendibilidade esperada do activo i no momento t? A abordagem habitual consiste em tomar um modelo de equilíbrio como o CAPM ou a APT. Tomando o CAPM vem

$$ra_{t,i} = r_{t,i} - \left(\hat{\alpha}_i + \hat{\beta}_i r_{m,t} \right)$$

onde $r_{m,t}$ é a rendibilidade do mercado no momento t. Sejam

$$\overline{ra}_t = \frac{\sum_{i=1}^{N} ra_{t,i}}{N}, \qquad s_t^2 = \frac{\sum_{i=1}^{N} (ra_{t,i} - \overline{ra}_t)^2}{N-1},$$

respectivamente, a média e a variância empírica seccional das rendibilidades anormais das empresas na data t. Estas estatísticas podem ser calculadas para qualquer t, mas tem sobretudo interesse analisar $\overline{ra}_t$ e s_t^2 para t numa vizinhança do anúncio. Convencionando que o anúncio ocorre na data 0 e fixando uma janela temporal de d períodos para antes e depois do anúncio, $\overline{ra}_t$ e s_t^2 podem ser calculadas para $t = -d, ..., -1, 0, 1, ...d$.

Suponha-se que é divulgada uma notícia boa, como por exemplo, um anúncio de dividendos acima do esperado. Se as rendibilidades anormais se concentram em $t = 0$ não podemos rejeitar a hipótese de o mercado ser eficiente. Pelo contrário, se existirem rendibilidades anormais apenas para $t > 0$ poderão existir indícios de ineficiência, sobretudo se t é medido em dias. Em geral é preferível usarem-se dados intra-diários, por exemplo, períodos de 5, 10 ou 15 minutos.

É possível aprofundar a análise construindo uma sucessão $\{\overline{ra}_t\}$ para todas as observações disponíveis (e não apenas na vizinhança da data do anúncio). Com este procedimento é possível comparar $\overline{ra}_t$ nos períodos vizinhos e não vizinhos do anúncio, por exemplo, analisando a significância de β_2 na regressão,

$$\overline{ra}_t = \beta_0 + \beta_1 \mathcal{I}_{0,t} + \beta_2 \mathcal{I}_{1,t} + u_t.$$

onde $\mathcal{I}_{0,t}$ e $\mathcal{I}_{1,t}$ são variáveis *dummies*. $\mathcal{I}_{0,t}$ assume o valor 1 quando t corresponde à data de anúncio e $\mathcal{I}_{1,t}$ assume o valor 1 quando t corresponde a uma data imediatamente a seguir à data de anúncio . Se β_2 é significante então é possível que o mercado seja ineficiente (ou não totalmente eficiente). Se, pelo contrário, apenas β_1 é significante então o impacto do anúncio concentra-se no período do anúncio e não há razões para rejeitar a hipótese de eficiência. A análise poderá ser mais fina, adicionando-se mais variáveis *dummies*.

Se o objectivo é avaliar o impacto de notícias similares sobre uma empresa específica – caso B) – o procedimento mais simples consiste em formular a equação de regressão

$$r_t = \beta_0 + \beta_1 \mathcal{I}_{0,t} + \beta_2 \mathcal{I}_{1,t} + \beta_3 r_{m,t} + u_t. \qquad (10.4)$$

A introdução da variável $r_{m,t}$ é importante porque permite isolar o efeito do anúncio do efeito de mercado. Com efeito, suponha-se que o anúncio tem impacto sobre a rendibilidade do mercado. Como a rendibilidade do mercado está correlacionado com a rendibilidade da acção em análise, o anúncio acaba por influenciar a rendibilidade da acção através do comportamento global do mercado. Um modelo de regressão sem a variável $r_{m,t}$ não permite isolar o efeito do anúncio sobre a empresa. Por exemplo, neste modelo mais reduzido, se o parâmetro β_2 vem diferente de zero não se sabe se $\beta_2 \neq 0$ se deve ao efeito retardado do anúncio sobre a empresa ou ao efeito do mercado sobre a empresa induzido pelo anúncio. Pode haver outra razão para introduzir $r_{m,t}$. Suponha-se que os anúncios coincidem com movimentos de alta do mercado. Se $r_{m,t}$ não está no modelo os anúncios não podem distinguir-se dos movimentos de alta.

Capítulo 11

Selecção de Portfolios

Vai analisar-se o problema da determinação dos pesos óptimos de uma carteira constituída por m activos com risco e um activo sem risco por parte de um investidor individual. Os resultados principais devem-se a Markowitz (prémio Nobel 1990), James Tobin (prémio Nobel 1981) e William Sharpe (prémio Nobel 1990). O objectivo deste capítulo consiste em apresentar a teoria básica e ilustrar o problema da determinação dos pesos óptimos a partir de momentos marginais e condicionais da distribuição dos retornos.

Os modelos de heterocedastiocidade multivariada são particularmente úteis quando os pesos óptimos se baseiam em momentos condicionais.

11.1 Portfolio Baseado em Momentos Marginais

Assumem-se as seguintes hipóteses:

(1) Os retornos seguem uma distribuição marginal normal multivariada.
(2) As correlações entre os retornos são fixas ao longo do tempo.
(3) O investidor é racional, tem aversão ao risco, usa toda a informação disponível e procura o máximo lucro, para um determinado nível de risco.

(4) Não existem custos de transacção.

(5) O investidor é *price taker*, isto é, não tem capacidade de influenciar os preços.

(6) O investidor pode emprestar e pedir emprestado sem restrições.

(7) Todos os activos podem ser convenientemente fraccionados.

11.1.1 Todos os Activos Envolvem Risco

Para além das hipóteses anteriores suponha-se que não existe o activo sem risco, i.e., todos os activos envolvem risco.

Estabeleça-se a seguinte notação:

- vector dos retornos: $\mathbf{r}_t = (R_{1t}, ..., R_{mt})'$;
- vector do valor esperado dos retornos: $\boldsymbol{\mu} = (\mathrm{E}(R_{1t}), ..., \mathrm{E}(R_{mt}))'$;
- matriz das variâncias-covariâncias dos retornos: $\mathrm{Var}(\mathbf{r}_t) = \mathbf{H}$;
- vector dos pesos da carteira: $\boldsymbol{\omega} = (\omega_1, ..., \omega_m)'$;
- retorno do portfolio: $R_{pt} = \sum_{i=1}^m \omega_i R_{it} = \boldsymbol{\omega}'\mathbf{r}_t$
- valor esperado do portfolio: $\mathrm{E}(R_{pt}) = \mathrm{E}(\boldsymbol{\omega}'\mathbf{r}_t) = \boldsymbol{\omega}'\boldsymbol{\mu}$
- Variância do portfolio $\sigma_p^2 = \mathrm{Var}(R_{pt}) = \mathrm{Var}(\boldsymbol{\omega}'\mathbf{r}_t) = \boldsymbol{\omega}'\mathrm{Var}(\mathbf{r}_t)\boldsymbol{\omega} = \boldsymbol{\omega}'\mathbf{H}\boldsymbol{\omega}$.

Naturalmente que $\sum_{i=1}^m \omega_i = 1 \Leftrightarrow \boldsymbol{\omega}'\mathbf{1} = 1$ onde $\mathbf{1}$ (a negrito) representa um vector-coluna de 1's. Para simplificar, assume-se que todos os activos envolvem risco e que alguns pesos ω_i (mas não todos) podem ser negativos. Na teoria financeira um peso pode ser negativo quando há lugar a uma venda a descoberto ou *short selling*[39]. Esta hipótese simplifica o problema de optimização.

---

[39] Venda a descoberto ocorre quando se vende um activo financeiro ou derivado que não se possui, esperando que o preço caia para depois comprá-lo e lucrar na transação. O mecanismo é o seguinte: o agente A pede (digamos) uma acção a B e promete-lhe todo o rendimento subjacente ao título. A vende imedia-

Em condições normais, qualquer investidor procura dois objectivos antagónicos: maximizar o lucro (ou valor do retorno) e minimizar o risco. Os objectivos são contraditórios porque, em geral, os activos com maior (menor) retorno (em média) são os que possuem maior (menor) variabilidade. Para conciliar estes objectivos, pode-se, por exemplo, (i) fixar um valor para o retorno esperado do *portfolio* e, para esse valor, procurar os activos com a menor variabilidade possível; ou (ii) fixar um valor para o risco do portfolio (variância) e, depois, procurar os activos com o maior retorno esperado possível.

Suponha-se que se opta pelo procedimento (i). O problema de optimização é então

$$\begin{cases} \min_{\omega_i} \text{Var}\,(R_{pt}) \\ \text{s.a } \text{E}\,(R_{pt}) = \mu_p \text{ e } \sum_{i=1}^m \omega_i = 1 \end{cases} \Leftrightarrow \begin{cases} \min_{\omega_i} \boldsymbol{\omega}'\mathbf{H}\boldsymbol{\omega} \\ \text{s.a } \boldsymbol{\omega}'\boldsymbol{\mu} = \mu_p \text{ e } \boldsymbol{\omega}'\mathbf{1} = 1 \end{cases} (11.1)$$

Considere-se a função Lagrangeana,

$$L\,(\boldsymbol{\omega}) = \boldsymbol{\omega}'\mathbf{H}\boldsymbol{\omega} + \lambda_1\left(\mu_p - \boldsymbol{\omega}'\boldsymbol{\mu}\right) + \lambda_2\left(1 - \boldsymbol{\omega}'\mathbf{1}\right)$$

(λ_1 e λ_2 são os multiplicadores de Lagrange). Resolvendo o sistema, que se obtém a partir das condições de primeira ordem ($\partial L/\partial\boldsymbol{\omega} = \mathbf{0}$, $\boldsymbol{\omega}'\boldsymbol{\mu} = \mu_p$ e $\boldsymbol{\omega}'\mathbf{1} = 1$), e notando que L é uma função convexa[40], obtém-se a solução do problema de optimização:

$$\boldsymbol{\omega}^* = \boldsymbol{\omega}^*\left(\mu_p\right) = \mathbf{g} + \mu_p\mathbf{h} \qquad (11.2)$$

onde

$$\mathbf{g} = \frac{\beta}{\delta}\mathbf{H}^{-1}\mathbf{1} - \frac{\alpha}{\delta}\mathbf{H}^{-1}\boldsymbol{\mu}, \qquad \mathbf{h} = \frac{\gamma}{\delta}\mathbf{H}^{-1}\boldsymbol{\mu} - \frac{\alpha}{\delta}\mathbf{H}^{-1}\mathbf{1},$$

$$\alpha = \boldsymbol{\mu}'\mathbf{H}^{-1}\mathbf{1}, \qquad \beta = \boldsymbol{\mu}'\mathbf{H}^{-1}\boldsymbol{\mu}, \qquad \gamma = \mathbf{1}'\mathbf{H}^{-1}\mathbf{1}, \qquad \delta = \beta\gamma - \alpha^2,$$

$$\mathbf{1} = (1, 1, ..., 1)'.$$

---

tamente a acção a C; mais tarde, A compra no mercado a acção para a devolver a B. Se o preço da acção cair, esta operação é vantajosa para A.

[40] A função $\boldsymbol{\omega}'\mathbf{H}\boldsymbol{\omega}$ é estritamente convexa se $\mathbf{H}$ for uma matriz definida positiva (hipótese pacífica). As funções $\lambda_1\left(\mu_p - \boldsymbol{\omega}'\boldsymbol{\mu}\right)$ e $\lambda_2\left(1 - \boldsymbol{\omega}'\mathbf{1}\right)$ são convexas por serem lineares (funções lineares são, por definição, côncavas e convexas).

458 | Modelação de Séries Temporais Financeiras

A expressão $\boldsymbol{\omega}^* \left(\mu_p \right)$ mostra que os pesos óptimos dependem de μ_p (fosse definido outro valor para μ_p, e os pesos óptimos seriam outros).

Resulta que a variância mínima associada ao retorno μ_p é

$$\sigma_p^2 = \mathbf{V}_p \left(\mu_p \right) = \boldsymbol{\omega}^{*\prime} \mathbf{H} \boldsymbol{\omega}^*.$$

O problema (ii) é equivalente ao problema (i) no seguinte sentido. Suponha-se que se fixa $\mathbf{V}_p \left(\mu_p \right)$ como restrição e se procura maximizar o retorno, i.e.

$$\begin{cases} \max_{\omega_i} \mathrm{E} \left(R_{pt} \right) \\ \text{s.a } \mathrm{Var} \left(R_{pt} \right) = \mathbf{V}_p \left(\mu_p \right) \text{ e } \sum_{i=1}^m \omega_i = 1. \end{cases}$$

Então, pode-se provar, a solução deste problema optimização é precisamente μ_p. Desta forma basta estudar o problema formulado na equação (11.1).

Na prática os valores esperados $\boldsymbol{\mu}$ e $\mathbf{H}$ são desconhecidos. É necessário estimá-los a partir dos valores observados. Supondo que $\{\mathbf{r}_t\}$ é um processo estacionário fracamente dependente, $\boldsymbol{\mu}$ e $\mathbf{H}$ podem ser estimados usando os seguintes estimadores consistentes:

$$\hat{\boldsymbol{\mu}} = \begin{pmatrix} \bar{r}_1 \\ \vdots \\ \bar{r}_m \end{pmatrix}, \qquad \hat{\mathbf{H}} = \left[\hat{h}_{ij} \right]_{i,j=1,\dots,m}$$

onde $\hat{h}_{ij}$ é o elemento (i, j) da matriz $\hat{\mathbf{H}}$ dado por

$$\hat{h}_{ij} = \frac{1}{n} \sum_{t=1}^n \left(r_{it} - \bar{r}_i \right) \left(r_{jt} - \bar{r}_j \right).$$

EXEMPLO 11.1.1. *Considere-se um portfolio constituído pelas acções A1, A2 e A3. Vai ser tomada uma decisão de investimento no valor de 1 milhão de Euros. A questão é: quanto comprar de cada um desses activos? Com base em observações diárias suponha-se que se obtém[41]:*

---

[41] Estimativas baseadas nos retornos dos índices SP500, DowJones e PSI20, no período 04/01/1993-04/09/2009.

Parte 3 – Capítulo 11. Selecção de portfolios | 459

$$\hat{\mu} = \begin{pmatrix} 5.22 \\ 6.05 \\ 5.98 \end{pmatrix} \qquad \hat{\mathbf{H}} = \begin{pmatrix} 1.549 & 0.9534 & 0.465 \\ 0.9534 & 2.093 & 1.0416 \\ 0.465 & 1.0416 & 1.265 \end{pmatrix}.$$

As rendibilidades estão anualizadas e em percentagem. Suponha-se que se pretende obter um retorno esperado do portfolio de $\mu_p = 5.85$. Usando a expressão (11.2) obtém-se

$$\hat{\omega}^* (5.85) = \hat{\mathbf{g}} + \mu_p \hat{\mathbf{h}} = \begin{pmatrix} 0.176 \\ 0.104 \\ 0.720 \end{pmatrix}.$$

Desta forma, a variância mínima do portfolio associado à rendibilidade 5.85 é

$$\begin{aligned}
\mathbf{V}_{pt} (5.85) &= \hat{\omega}^{*\prime} \mathbf{H} \hat{\omega}^* \\
&= \begin{pmatrix} 0.176 & 0.104 & 0.72 \end{pmatrix} \begin{pmatrix} 1.549 & 0.9534 & 0.465 \\ 0.9534 & 2.093 & 1.0416 \\ 0.465 & 1.0416 & 1.265 \end{pmatrix} \begin{pmatrix} 0.176 \\ 0.104 \\ 0.720 \end{pmatrix} \\
&= 1.03.
\end{aligned}$$

O vector de pesos óptimos associado à combinação $(\sigma_p, \mu_p) = (\sqrt{1.03}, 5.85)$ diz-nos que a composição do portfolio deve ser de 17.6% de A1, 10.4% de A2 e 72% de A3.

No exemplo anterior o investidor pode estar interessado em analisar outras combinações de retorno versus risco (mínimo). Desta forma, podemos fixar outros valores para μ_p e, assim, obter as correspondentes variâncias mínimas do portfolio. No exemplo anterior, μ_p pode variar entre 5.22 e 6.05. Faça-se uma grelha de valores para μ_p por exemplo, escrevam-se 100 valores equidistantes para μ_p no intervalo $[5.22; 6.05]$ e obtenham-se as correspondentes variâncias mínimas:

μ_p	$V_p (\mu_p)$
$\vdots$	$\vdots$
5.85	1.03
$\vdots$	$\vdots$
6.05	1.32

460 | Modelação de Séries Temporais Financeiras

O gráfico definido pelos pares ordenados $\left(\sqrt{V_p\left(\mu_p\right)}, \mu_p\right)$ onde μ_p é maior ou igual ao retorno associado à variância mínima de todos os portfolios designa-se por fronteira eficiente. Na figura 11.1 traçam--se todos os pontos $\left(\sqrt{V_p\left(\mu_p\right)}, \mu_p\right)$. O ponto A representa o par ordenado $\left(\sqrt{V_p\left(\mu_{\min}\right)}, \mu_{\min}\right)$ onde $V_p\left(\mu_{\min}\right)$ é o valor da variância mínima de todos os portfolios e $\mu_{\min}$ é o retorno esperado associado (também mínimo). A fronteira eficiente é dada pelo segmento AB. O ponto C não faz parte da fronteira eficiente, pois existe um ponto D com igual variância mas retorno esperado superior. Assim, só os pontos sobre a curva AB são relevantes para o investidor e, por isso, no gráfico definido pelos pares ordenados $\left(\sqrt{V_p\left(\mu_p\right)}, \mu_p\right)$ só interessam os pontos onde μ_p é maior ou igual ao valor da ordenada do ponto A. O investidor deve agora decidir qual o par $\left(\sqrt{V_p\left(\mu_p\right)}, \mu_p\right)$ sobre a curva AB que mais lhe interessa, tendo em conta a sua maior ou menor aversão ao risco. Se for avesso ao risco tenderá a escolher um par $\left(\sqrt{V_p\left(\mu_p\right)}, \mu_p\right)$ mais próximo do ponto A; se tiver maior apetência pelo risco tenderá a escolher uma solução mais próxima do ponto B. Continuando o exemplo anterior, suponha-se que a combinação preferida do investidor é $(\sigma_p, \mu_p) = (\sqrt{1.03}, 5.85)$. Tendo em conta que o vector de pesos é $\omega = (0.176, 0.104, 0.72)'$, o investimento de 1 milhão de Euros seria então alocado da seguinte forma: 176000 Euros em A1, 104000 em A2 e 720000 em A3.

A fronteira eficiente dada pelo segmento AB é uma função não linear. Esta conclusão é imediata tendo em conta a representação paramétrica da função:

$$\left(\sqrt{V_p\left(\mu_p\right)}, \mu_p\right) = \left(\sqrt{\left(\mathbf{g}+\mu_p\mathbf{h}\right)'\mathbf{H}\left(\mathbf{g}+\mu_p\mathbf{h}\right)}, \mu_p\right) = \left(\sqrt{c_0 + c_1\mu_p + c_2\mu_p^2}, \mu_p\right).$$

Se $c_0 = c_1 = 0$ a função seria linear.

Como determinar analiticamente o valor da variância mínima de todos os portfolios eficientes? Trata-se, afinal, de determinar as coordenadas do ponto $A = (\sqrt{V_p\left(\mu_{\min}\right)}, \mu_{\min})$ da figura 11.1. Para o efeito resolve-se o problema de optimização livre

Figura 11.1: Fronteira Eficiente: Curva AB

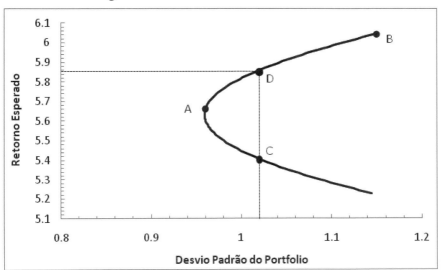

$$\frac{dV_p(\mu_p)}{d\mu_p} = \frac{d(\omega^{*\prime}H\omega^*)}{d\mu_p} = 0,$$

cuja solução é

$$\mu_{\min} = -\frac{g'Hh}{h'Hg}.$$

Inserindo este valor em $V_p()$ obtém-se

$$V_p(\mu_{\min}) = g'Hg - \frac{(g'Hh)^2}{h'Hh}$$

Aplicando estas fórmula aos valores do exemplo anterior obtém-se $\mu_{\min} = 5.63$ e $V_p(\mu_{\min}) = 0.919$.

462 | Modelação de Séries Temporais Financeiras

11.1.2 Modelo com Activo Sem Risco

O porfolio inclui agora o activo sem risco (por exemplo, obrigações e os títulos do Tesouro[42]). Tem rendibilidade certa μ_f (e, por isso, tem variância e covariâncias nulas com os demais activos). A rendibilidade do portfolio é agora $\omega'\mu + (1 - \omega'1)\mu_f$. O problema de optimização passa a ser

$$\begin{cases} \min_{\omega_i} \omega'\mathbf{H}\omega \\ \text{s.a } \omega'\mu + (1 - \omega'1)\mu_f = \mu_p. \end{cases}$$

Note-se que os pesos $\omega'1$, $(1 - \omega'1)$, somam um. A matriz $\mathbf{H}$ mantém-se naturalmente inalterada e, por isso, a função objectivo é a mesma. Apenas as restrições são modificadas. Pode-se provar que a solução é

$$\omega^* \left(\mu_p\right) = c \left(\mu_p\right) \bar{\omega},$$

$$c \left(\mu_p\right) = \frac{\mu_p - \mu_f}{\left(\mu - \mu_f 1\right)' \mathbf{H}^{-1} \left(\mu - \mu_f 1\right)}, \qquad \bar{\omega} = \mathbf{H}^{-1} \left(\mu - \mu_f 1\right).$$

Resulta que a variância mínima associada ao retorno μ_p é

$$\mathbf{V}_p \left(\mu_p\right) = \omega^{*'}\mathbf{H}\omega^* = \left(c \left(\mu_p\right) \bar{\omega}\right)' \mathbf{H}c \left(\mu_p\right) \bar{\omega} = c \left(\mu_p\right)^2 \bar{\omega}'\mathbf{H}\bar{\omega}.$$

Nesta formulação a composição da carteira dos activos com risco é fixa, dado μ_f qualquer que seja o valor μ_p. Com efeito, ω^* é proporcional a $\bar{\omega}$ e a constante de proporcionalidade é $c \left(\mu_p\right)$. Por exemplo, suponha-se que se tem dois activos com risco e $\bar{\omega} = (0.3, 0.6)'$. Então dado o valor de μ_f, o número de acções do activo 2 é sempre o dobro do activo 1, qualquer que seja o valor que queiramos para a rendibilidade do portfolio.

---

[42] Naturalmente, em condições normais, o estado não entra em falência. Não há portanto risco de incumprimento. Mas é preciso notar que as obrigações e os títulos do Tesouro têm o risco da taxa de juro (risco da taxa de juro subir e do preço dos títulos descer).

A observação anterior sugere que o valor do portfolio pode ser dado como uma combinação linear de um portfolio constituído apenas por activos de risco e o activo sem risco. Este portfolio, constituído apenas por activos de risco, designa-se por *tangency portfolio*. Os pesos deste portfolio não poderão ser exactamente dados por $\bar{\omega}$ dado que os pesos $\bar{\omega}'_i s$ não somam um. Assim defina-se

$$\boldsymbol{\omega}_T = \frac{\bar{\omega}}{\sum_{i=1}^{m} \bar{\omega}_i} = \frac{\bar{\omega}}{\bar{\omega}'\mathbf{1}}.$$

Note-se agora que a soma dos pesos do vector $\boldsymbol{\omega}_T$ somam um e $\bar{\omega} = \boldsymbol{\omega}_T \, \bar{\omega}'\mathbf{1}$. Podemos assim escrever

$$\boldsymbol{\omega}^* = c\left(\mu_p\right)\bar{\omega} = c\left(\mu_p\right)\bar{\omega}'\mathbf{1}\boldsymbol{\omega}_T = a\boldsymbol{\omega}_T, \qquad a = c\left(\mu_p\right)\bar{\omega}'\mathbf{1}.$$

O retorno do portfolio pode ser escrito como uma combinação linear entre o retorno do *tangency portfolio*, μ_T e o retorno do activo sem risco, μ_f:

$$\mu_p = \boldsymbol{\omega}^{*\prime}\boldsymbol{\mu} + \left(1 - \boldsymbol{\omega}^{*\prime}\mathbf{1}\right)\mu_f = a\boldsymbol{\omega}'_T\boldsymbol{\mu} + (1-a)\mu_f = a\mu_T + (1-a)\mu_f.$$

Por seu lado a variância do portfolio pode também ser escrita em função de $\boldsymbol{\omega}_T$:

$$\mathbf{V}_p\left(\mu_p\right) = \boldsymbol{\omega}^{*\prime}\mathbf{H}\boldsymbol{\omega}^* = a\boldsymbol{\omega}'_T\mathbf{H}a\boldsymbol{\omega}_T = a^2\boldsymbol{\omega}'_T\mathbf{H}\boldsymbol{\omega}_T = a^2\sigma_T^2$$

e o desvio padrão do portfolio $\sigma_p = a\sigma_T$

A fronteira eficiente é linear no espaço $\left(\sigma_p, \mu_p\right)$. Com efeito, usando algumas expressões já deduzidas, tem-se

$$\left(\sigma_p, \mu_p\right) = \left(a\sigma_T, a\mu_T + (1-a)\mu_f\right).$$

Esta representação paramétrica da fronteira eficiente permite deduzir

$$\sigma_p = a\sigma_T \Rightarrow a = \frac{\sigma_p}{\sigma_T}$$

e, substituindo o valor de a em $\mu_p = a\mu_T + (1-a)\mu_f$, resulta que a fronteira eficiente no espaço $\left(\sigma_p, \mu_p\right)$ é dada pela recta (na forma reduzida)

$$\mu_p = \mu_f + s\sigma_p, \qquad s = \frac{\mu_T - \mu_f}{\sigma_T}.$$

Figura 11.2: Fronteira Eficiente de um Portfolio com Activo Sem Risco (Recta)

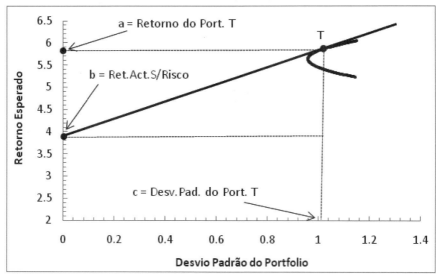

Na figura 11.2 a fronteira eficiente é representada pela recta bT, i.e. $\mu_p = \mu_f + s\sigma_p$. O declive da recta é $s = (a - b)/c$ na figura a representa μ_T, b representa μ_f e c representa σ_T. O valor s é designado por rácio de Sharpe.

11.2 Portfolio Baseado em Momentos Condicionais

O problema de optimização de um portfolio baseado nos dois primeiros momentos marginais da distribuição dos retornos implica que a decisão de investimento se mantém fixa ao longo do tempo, pois se o processo dos retornos é estacionário, como se admite na fase da estimação dos parâmetros, os momentos $\text{Var}(R_{pt})$ e $\text{E}(R_{pt})$ são constantes ao longo tempo e, por isso, a solução óptima é sempre a mesma, quaisquer que sejam as condições de mercado. Naturalmente, nenhum gestor de fundos segue esta estratégia de investimento, mesmo que as suas decisões se baseiem nos princípios do

Parte 3 – Capítulo 11. Selecção de portfolios | 465

portfolio definido no ponto precedente. Na prática podem estimar $\hat{\mu}$ e $\hat{H}$ usando médias móveis ou alisamentos exponenciais para desprezarem a informação antiga e actualizarem os parâmetros μ e H com informação mais recente. Desta forma os peso ω_i podem variar ao longo do tempo, e as decisões de investimento podem ajustar-se de acordo com as condições de mercado. Mas a percepção de que as condições de mercado se alteram ao longo do tempo exige uma abordagem diferente.

Uma decisão de investimento tomada no momento $t - 1$, resulta da avaliação das condições de mercado e, em geral, da informação disponível no momento $t - 1$. Esta decisão tomada no período $t - 1$ pode naturalmente alterar-se no momento t, se as condições de mercado e a informação disponível em t se alterarem também. Desta forma, a selecção dos activos deve basear-se em momentos condicionais e não em momentos marginais. Recorde-se que as melhores previsões dos retornos e da volatilidade para o período t, dada toda a informação disponível até ao momento $t - 1$, são dadas pelos dois primeiros momentos condicionais. A determinação dos pesos óptimos usando momentos condicionais assenta na ideia de que o portfolio pode ajustar-se continuamente ao longo do tempo em função das condições de mercado. Esta abordagem tem ainda a vantagem de contornar as críticas que se fazem às duas primeiras hipóteses definidas na secção anterior (os retornos seguem uma distribuição marginal normal multivariada, e as correlações entre os retornos são fixas ao longo do tempo). Como se sabe, no quadro de um modelo baseado em momentos condicionais variáveis, não só a distribuição marginal não é (em condições muito gerais) normal, como também as correlações (condicionais) podem ser variáveis ao longo do tempo.

Na formulação que a seguir apresentaremos, a decisão de investimento é tomada no momento $t - 1$, baseada numa suposição sobre o comportamento dos retornos esperados e do risco envolvido no momento t. Na verdade as perdas ou ganhos que eventualmente ocorram vão concretizar-se no momento t. É por esta razão que os momentos condicionais envolvem variáveis aleatórias no momento t, dada a informação disponível em $t - 1$.

466 | Modelação de Séries Temporais Financeiras

Estabeleça-se a seguinte notação:

- vector do valor esperado condicional dos retornos:
$$\boldsymbol{\mu}_t = \left(\mathrm{E}\left(R_{1t}|\, \mathcal{F}_{t-1} \right), ..., \mathrm{E}\left(R_{mt}|\, \mathcal{F}_{t-1} \right) \right)';$$
- matriz das variâncias-covariâncias condicionais dos retornos: $\mathrm{Var}\left(\mathbf{r}_t|\, \mathcal{F}_{t-1} \right) = \mathbf{H}_t$;
- vector dos pesos da carteira no momento t:
$$\boldsymbol{\omega}_t = \left(\omega_{1t}, ..., \omega_{mt} \right)';$$
- retorno do portfolio:
$$R_{pt} = \sum_{i=1}^{m} \omega_{it} R_{it} = \boldsymbol{\omega}_t' \mathbf{r}_t;$$
- valor esperado condicional do portfolio:
$$\mathrm{E}\left(R_{pt}|\, \mathcal{F}_{t-1} \right) = \mathrm{E}\left(\boldsymbol{\omega}_t' \mathbf{r}_t|\, \mathcal{F}_{t-1} \right) = \boldsymbol{\omega}_t' \boldsymbol{\mu}_t;$$
- Variância condicional do portfolio
$$\begin{aligned} \mathbf{V}_{pt} &= \mathrm{Var}\left(R_{pt}|\, \mathcal{F}_{t-1} \right) = \mathrm{Var}\left(\boldsymbol{\omega}_t' \mathbf{r}_t|\, \mathcal{F}_{t-1} \right) \\ &= \boldsymbol{\omega}_t' \mathrm{Var}\left(\mathbf{r}_t|\, \mathcal{F}_{t-1} \right) \boldsymbol{\omega}_t = \boldsymbol{\omega}_t' \mathbf{H}_t \boldsymbol{\omega}_t. \end{aligned}$$

Os principais resultados foram já obtidos nos pontos precedentes. Substituindo os momentos marginais pelos momentos condicionais têm-se os seguintes resultados:

- Pesos óptimos de um portfolio sem o activo sem risco, dado um determinado nível de retorno $\mu_{p,t}$:
$$\boldsymbol{\omega}_t^* = \boldsymbol{\omega}_t^* \left(\mu_{p,t} \right) = \mathbf{g}_t + \mu_{p,t} \mathbf{h}_t$$
- onde

$$\mathbf{g}_t = \frac{\beta_t}{\delta_t} \mathbf{H}_t^{-1} \mathbf{1} - \frac{\alpha_t}{\delta_t} \mathbf{H}_t^{-1} \boldsymbol{\mu}, \qquad \mathbf{h}_t = \frac{\gamma_t}{\delta_t} \mathbf{H}_t^{-1} \boldsymbol{\mu}_t - \frac{\alpha_t}{\delta_t} \mathbf{H}_t^{-1} \mathbf{1}$$
$$\alpha_t = \boldsymbol{\mu}_t' \mathbf{H}_t^{-1} \mathbf{1}, \qquad \beta_t = \boldsymbol{\mu}_t' \mathbf{H}_t^{-1} \boldsymbol{\mu}_t, \qquad \gamma_t = \mathbf{1}_t' \mathbf{H}_t^{-1} \mathbf{1}, \qquad \delta_t = \beta_t \gamma_t - \alpha_t^2,$$
$$\mathbf{1} = \left(1, 1, ..., 1 \right)'.$$

- Pesos óptimos de um portfolio com o activo sem risco, dado um determinado nível de retorno $\mu_{p,t}$:

$$\boldsymbol{\omega}^* \left(\mu_{p,t} \right) = c \left(\mu_{p,t} \right) \bar{\boldsymbol{\omega}}_t,$$

$$c \left(\mu_p \right) = \frac{\mu_{p,t} - \mu_f}{\left(\boldsymbol{\mu}_t - \mu_f \mathbf{1} \right)' \mathbf{H}_t^{-1} \left(\boldsymbol{\mu}_t - \mu_f \mathbf{1} \right)}, \qquad \bar{\boldsymbol{\omega}}_t = \mathbf{H}_t^{-1} \left(\boldsymbol{\mu}_t - \mu_f \mathbf{1} \right).$$

- A fronteira eficiente no espaço (σ_p, μ_p) com o activo sem risco é

$$\mu_{p,t} = \mu_f + s_t \sigma_{p,t}, \qquad s_t = \frac{\mu_{T,t} - \mu_f}{\sigma_{T,t}}.$$

Este rácio de Sharpe depende de t, pois, em última análise, depende de $\boldsymbol{\mu}_t$ e $\mathbf{H}_t$.

Se o horizonte do investimento fosse h períodos e admitíssemos que não haveria lugar a alterações do portfolio durante o período do investimento, os momentos condicionais relevantes passariam a ser

$$\mathrm{E} \left(\mathbf{r}_{t+h} | \mathcal{F}_t \right), \quad \mathrm{Var} \left(\mathbf{r}_{t+h} | \mathcal{F}_t \right).$$

Quando o horizonte de previsão é elevado, os momentos condicionais são, em condições ergódicas, aproximadamente iguais aos momentos marginais.

Naturalmente os valores esperados condicionais $\boldsymbol{\mu}_t$ e $\mathbf{H}_t$ são desconhecidos. É necessário estimá-los, por exemplo, a partir de um modelo GARCH multivariado.

Capítulo 12

Risco de Mercado e o Valor em Risco

12.1 Introdução

Em resposta aos desastres financeiros ocorridos no passado recente, a gestão do risco sofreu uma revolução nos últimos anos. O valor em risco ou *Value at Risk* (VaR) iniciou essa revolução e tem ganho reconhecimento como medida fundamental na análise e na gestão do risco de mercado das instituições financeiras. Presentemente, muitas instituições reportam medidas de risco relacionadas com o VaR para o público em geral e, em certos casos, também para agências reguladoras. Por exemplo, os bancos comerciais estão sujeitos a requisitos mínimos de capital para cobrirem o seu risco de crédito e de mercado. O Acordo Basiléia II estabelece taxas de segurança baseadas em modelos VaR.

A literatura financeira enumera vários tipos de risco, como por exemplo, risco de mercado, risco de crédito, risco de liquidez, risco operacional (associado ao risco de fraude, erros de transacção e de apreçamento, etc.) e risco sistémico (associado, por exemplo, a situações de incumprimento devido a reacções em cadeia). Neste capítulo aborda-se o risco de mercado, isto é, o risco associado às variações (inesperadas) de preços e taxas e algumas metodologias de mensuração desse risco.

Para introduzir o VaR é instrutivo, em primeiro lugar, pensar-se em análise de cenários. Neste tipo de análise, formulam-se vários resultados possíveis de acordo com a informação disponível

470 | Modelação de Séries Temporais Financeiras

e, quando tal é possível, atribuem-se probabilidades aos diversos cenários. Em geral, dá-se especial atenção aos piores cenários pois são estes que maior impacto têm sobre o funcionamento normal da organização.

Para avaliar os piores cenários, podemos começar por formular a questão: "Qual é a perda máxima que a organização pode sofrer num certo período de tempo?". A resposta não é particularmente informativa, pois a perda máxima significa perder tudo (com probabilidade praticamente nula). Se reformularmos ligeiramente a questão, obtemos a medida VaR: "Quanto é que podemos perder com probabilidade $\alpha > 0$ num certo período de tempo?". Impõe-se que α seja não nulo mas razoavelmente pequeno com vista a avaliar os eventos que embora raros podem ocorrer e afectar o funcionamento normal da organização. VaR é portanto a perda que pode ocorrer num lapso de tempo determinado, com certa probabilidade α, supondo que o *portfolio* não é gerido durante o período de análise. Em termos probabilísticos, o VaR é o quantil de ordem α (em módulo)[43] da distribuição teórica de ganhos e perdas. Para concretizar, seja $\Delta V_{n+h} := V_{n+h} - V_n$ a variação do valor do capital investido não gerido durante o horizonte de risco de h dias. Por exemplo, considere-se a compra de 200,000 acções[44] de um título no período n, ao preço de $P_n = 5$ Euros. O investimento é de $V_n = 5 \times 200,000 = 1,000,000$ Euros. Suponha-se que no momento $n+h$ o preço do título passa para $P_{n+h} = 5.5$ Euros. A variação do capital é de $\Delta V_{n+h} = 1,100,000 - 1,000,000 = 100,000$. O retorno (em tempo discreto) é $R_{n+h} = (P_{n+h} - P_n)/P_n = 0.1$. É importante notar que o retorno pode também ser obtido através da expressão $R_{n+h} = \Delta V_{n+h}/V_n$.[45] Pode supor-se que V_t é observado no período

---

[43] O quantil de ordem $\alpha < 0.05$ da distribuição de ganhos e perdas é um valor negativo. Para que o VaR represente efectivamente uma perda, considera-se esse quantil em valor absoluto.

[44] Seguimos a notação anglo-saxónica: a vírgula separa os milhares.

[45] Este facto é relevante, pelo seguinte. Como iremos ver mais à frente uma das abordagens possíveis ao VaR consiste em modelar parametricamente o processo $\{\Delta V_t\}$. Ora este processo é quase sempre não estacionário. Para confirmar este facto, veja-se a figura 6.9., no ponto 6.3.2., onde se exibe uma trajectória típi-

Parte 3 – Capítulo 12. Risco de mercado e o valor em risco | 471

$t = 1, 2, ..., n$, mas não em $n+1, n+2, ...$ Os valores que V vier a assumir no período $n+1, n+2, ..., n+h$ dizem respeito ao período de investimento e, portanto, V_{n+h}, é desconhecido para $h \geq 1$.

O VaR a $100\alpha\%$ baseado na distribuição marginal de ganhos e perdas é o valor VaR tal que

$$P\left(\Delta V_{n+h} < -VaR\right) = \alpha.$$

Por seu turno, o VaR a $100\alpha\%$ baseado na distribuição condicional é o valor VaR tal que

$$P\left(\Delta V_{n+h} < -VaR|\, \mathcal{F}_n\right) = \alpha.$$

O VaR (condicional) é uma medida que depende explicitamente de n, h e α e, portanto, pode ser escrita como $VaR_{n,n+h,\alpha}$. A estimação do VaR envolve princípios e procedimentos até certo ponto similares com a da previsão de ΔV_{n+h}. Em ambos os casos, a lei de probabilidades relevante é a distribuição condicional de ΔV_{n+h} dado $\mathcal{F}_n$, i.e., $f\left(\cdot |\, \mathcal{F}_n\right)$. Com efeito, o previsor óptimo para ΔV_{n+h} dado $\mathcal{F}_n$ (de acordo com o critério do EQM) corresponde ao primeiro momento da distribuição $f\left(\cdot |\, \mathcal{F}_n\right)$, i.e., $\mathrm{E}\left(\Delta V_{n+h}|\, \mathcal{F}_n\right)$. Por seu turno, o $VaR_{n,n+h,\alpha}$ é o quantil de ordem α da distribuição de $f\left(\cdot |\, \mathcal{F}_n\right)$. Em ambos os casos, as quantidades de interesse são parâmetros da distribuição $f\left(\cdot |\, \mathcal{F}_n\right)$.

Uma vantagem do VaR é a de poder agregar numa única medida diferentes tipos de risco. Pelo contrário, as medidas tradicionais de risco não são agregáveis. Revejam-se algumas medidas tradicionais de risco.

O risco associado com uma obrigação do tesouro é o risco da taxa de juro e a medida tradicional deste risco é a *duração* (medida de volatilidade do preço da obrigação face a variações da taxa de rendimento até à maturidade). O principal risco associado com obrigações emitidas por entidades particulares é o risco de incumprimento (*default risk*), o qual pode ser medido através de um sistema de *rakings*, disponibilizados em vários casos por agências de

---

ca de ΔV_t. Desta forma, usando a relação $R_{n+h} = \Delta V_{n+h}/V_n$ pode-se modelar ΔV_{n+h} via retornos, que é geralmente um processo estacionário.

crédito. Para *portfolios* de acções o risco é normalmente avaliado através da volatilidade do *portfolio*, que é função das volatilidades individuais e das correlações entre os diferentes activos. O risco de taxa de câmbio tipicamente inclui *spreads* e volatilidades das taxas de câmbio. Os risco associados a *swaps* e opções também está sujeito a um tratamento especial.

Em geral, as medidas tradicionais de risco não podem ser agregadas numa única medida (por exemplo, a duração de uma obrigação não pode ser comparada com a volatilidade de um *portfolio*). Pelo contrário, uma das grandes vantagens da metodologia VaR é a de poder agregar diferentes tipos de risco numa única intuitiva medida de risco.

Para simplificar admite-se inicialmente que o *portfolio* é constituído por apenas um activo.

12.2 Abordagem Não Paramétrica

Seja

$$\Delta V_{n+1} = \frac{\Delta V_{n+1}}{V_n} V_n = R_{n+1} V_n$$

variação do capital ao fim de um período. Por definição tem-se

$$P\left(\Delta V_{n+1} < -VaR_{n,n+1,\alpha} \mid \mathcal{F}_n\right) = \alpha$$

ou, equivalentemente,

$$P\left(R_{n+1}V_n < -VaR_{n,n+1,\alpha} \mid \mathcal{F}_n\right) = \alpha,$$

$$P\left(R_{n+1} < -\frac{VaR_{n,n+1,\alpha}}{V_n} \middle| \mathcal{F}_n\right) = \alpha,$$

$$P\left(R_{n+1} < q_\alpha^R \mid \mathcal{F}_n\right) = \alpha.$$

Resulta $VaR_{n,n+1,\alpha} = -q_\alpha^R V_n$ onde q_α^R é o quantil de ordem α da distribuição de R_{n+1} dado $\mathcal{F}_n$.

Se assumirmos

$$P\left(R_{n+1} < q_\alpha^R \mid \mathcal{F}_n\right) = P\left(R_{n+1} < q_\alpha^R\right)$$

o VaR pode ser estimado a partir da expressão

$$\widehat{VaR}_{n,n+1,\alpha} = -\tilde{q}_\alpha^R V_n$$

onde $\tilde{q}_\alpha^R$ é o quantil empírico de ordem α da série de retornos $\{R_t\}$[46]. Observe-se que nenhuma hipótese é estabelecida sobre a distribuição (marginal) dos retornos – daí a designação de abordagem não paramétrica.

No caso $h > 1$ considera-se

$$\Delta V_{n+h} = \frac{\Delta V_{n+h}}{V_n} V_n = R_{n+h}\left(h\right) V_n .$$

Para determinar $VaR_{n,n+h,\alpha}$ resolve-se a expressão

$$P\left(\Delta V_{n+h} < -VaR_{n,n+h,\alpha} \mid \mathcal{F}_n\right) = \alpha$$

em ordem a $VaR_{n,n+h,\alpha}$ ou, equivalentemente, resolve-se a expressão

$$
\begin{aligned}
P\left(R_{n+h}\left(h\right) V_n < -VaR_{n,n+h,\alpha} \mid \mathcal{F}_n\right) &= \alpha \\
P\left(R_{n+h}\left(h\right) < -\frac{VaR_{n,n+h,\alpha}}{V_n} \,\middle|\, \mathcal{F}_n\right) &= \alpha \\
P\left(R_{n+h}\left(h\right) < q_\alpha^R \mid \mathcal{F}_n\right) &= \alpha
\end{aligned}
$$

em ordem a q_α^R e obtém-se depois $VaR_{n,n+1,\alpha} = -q_\alpha^R V_n$. Se assumirmos

$$P\left(R_{n+h}\left(h\right) < q_\alpha \mid \mathcal{F}_n\right) = P\left(R_{n+h}\left(h\right) < q_\alpha\right)$$

o VaR pode ser estimado a partir da expressão

$$\widehat{VaR}_{n,n+h,\alpha} = -\tilde{q}_\alpha^R V_n$$

---

[46] Na literatura existem diferentes fórmulas para calcular o quantil empírico de ordem α. Usaremos a seguinte convenção: o quantil empírico $\tilde{q}_\alpha^R$ corresponde à estatística de ordem $[n\alpha]$, sendo $[x]$ o inteiro de x. Por exemplo, na amostra de dimensão $n = 6$, $\{1, 4, 2, 7, 15, 0\}$, as estatísticas de ordem são: $y_{(1)} = 0$, $y_{(2)} = 1$, $y_{(3)} = 2$, $y_{(4)} = 4$, $y_{(5)} = 7$, $y_{(6)} = 15$. O quantil de ordem $\alpha = 0.9$ é a estatística de ordem $[0.9 \times 6] = 5$, isto é, $y_{(5)} = 7$.

474 | Modelação de Séries Temporais Financeiras

onde $\tilde{q}_\alpha^R$ é o quantil empírico de ordem α da série de retornos $\{R_{n+h}(h), n = 1, 2, ...\}$.

Naturalmente, o VaR pode ser obtido a partir directamente da distribuição empírica das variações de capital $\{\Delta V_{n+h}, n = 1, 2, ...\}$. Neste caso viria $\widehat{VaR}_{n,n+h,\alpha} = -\tilde{q}_\alpha^{\Delta V}$ onde $\tilde{q}_\alpha^{\Delta V}$ é o quantil empírico de ordem α da série $\{\Delta V_{n+h}, n = 1, 2, ...\}$.

Se a análise incide sobre um *portfolio* linear, na construção da série histórica dos retornos

$$R_{p,t} = \omega_1 R_{1,t} + \omega_2 R_{2,t} + ... + \omega_n R_{n,t},$$

onde ω_i são os pesos do capital investido no activo i ($\sum_{i=1}^n \omega_i = 1$), os pesos devem permanecer fixos durante todo o período histórico.

A abordagem não paramétrica embora tenha a vantagem de ser simples, sofre dos seguinte problemas:

- Embora a distribuição não esteja especificada (por isso mesmo é que o procedimento se designa por não paramétrico) assume-se (incorrectamente) que a distribuição relevante para obter o VaR é a distribuição marginal de R_{n+h} e não a distribuição condicional. Mas o VaR está associado a uma previsão dos retornos dada (obviamente) a informação disponível $\mathcal{F}_n$ e, por isso, é a distribuição condicional que nos interessa. Assim, mesmo que no período n se registe, por exemplo, alta volatilidade e perdas acentuadas, essa informação é negligenciada para obter o VaR.

- Quando α é muito baixo por exemplo $\alpha = 0.01$ ou inferior o estimador $\tilde{q}_\alpha^R$ é muito impreciso. A justificação teórica é dada pelo seguinte resultado assimptótico. Suponha-se que $\{X_t, t = 1, ..., n\}$ é uma sucessão de variáveis i.i.d. com função distribuição F e função densidade de probabilidade f e seja $q_\alpha = \inf \{x : F(x) \geq \alpha\}$. O quantil empírico $\tilde{q}_\alpha$ (isto, é a estatística de ordem $[n\alpha]$) tem distribuição assimptótica dada por

$$\sqrt{n}(\tilde{q}_\alpha - q_\alpha) \xrightarrow{d} N\left(0, \frac{\alpha(1-\alpha)}{(f(q_\alpha))^2}\right).$$

A variância assimptótica de $\tilde{q}_\alpha$ "explode" quando a fdp no ponto valor q_α, $f(q_\alpha)$, é aproximadamente zero. Isto sucede quando q_α é um valor extremo (i.e., muito afastado do centro da distribuição), isto é, quando α é um valor muito baixo, perto de zero, (ou muito alto, perto de 1). Em suma, a variância do quantil empírico é alta nas abas e baixa no centro da distribuição.

- Até onde coligir os dados? Considerar todo o passado disponível? Ou só o passado recente? Esta questão é mais relevante neste procedimento do que em outros, pois a metodologia exposta atribui o mesmo peso a todas as observações. Normalmente considera-se o passado recente pois dados muito antigos podem não reflectir a dinâmica do processo no presente e no futuro imediato (será relevante atribuir importância ao *crash* de 1929-31 para obter o VaR num futuro próximo?). Por outro lado, também não convém definir janelas de observações muitas curtas pois a eficiência do estimador do quantil de ordem α pode ser severamente afectada, sobretudo quando α é muito baixo. Vários estudos indicam como razoável considerar-se os últimos dois ou três anos de observações.

12.3 Abordagem Paramétrica

Considere-se novamente a expressão para o caso $h = 1$:

$$\Delta V_{n+1} = \frac{\Delta V_{n+1}}{V_n} V_n = R_{n+1} V_n \simeq r_{n+1} V_n.$$

Esta expressão mostra que a distribuição condicional de $r_{n+1} V_n$ apenas depende da distribuição de r_{n+1} (no momento n, V_n é conhecido). Podemos assim concentrar-nos apenas sobre a distribuição de r_{n+1}. Assuma-se $r_{n+1} | \mathcal{F}_n \sim D\left(\mu_{n+1}, \sigma_{n+1}^2\right)$ onde D é uma distribuição qualquer de média μ_n e variância σ_n^2. Tem-se

476 | Modelação de Séries Temporais Financeiras

$$P\left(\Delta V_{n+1} < -VaR_{n,n+1,\alpha}\mid \mathcal{F}_n\right) = \alpha$$

$$P\left(r_{n+1} < -\frac{VaR_{n,n+1,\alpha}}{V_n}\ \middle|\ \mathcal{F}_n\right) = \alpha.$$

Estandardizando r_{n+1} isto é, considerando

$$Z_{n+1} = \frac{r_{n+1} - \mu_{n+1}}{\sigma_{n+1}}$$

vem

$$P\left(Z_{n+1} < \frac{-\frac{VaR_{n,n+1,\alpha}}{V_n} - \mu_{n+1}}{\sigma_{n+1}}\ \middle|\ \mathcal{F}_n\right) = \alpha \qquad (12.1)$$

$$\frac{-\frac{VaR}{V_n} - \mu_{n+1}}{\sigma_{n+1}} = q_\alpha^Z \Rightarrow$$

$$\boxed{VaR_{n,n+1,\alpha} = -\left(\mu_{n+1} + q_\alpha^Z \sigma_{n+1}\right) V_n} \qquad (12.2)$$

(q_α^Z é o quantil de ordem α da distribuição da variável Z_{n+1}).

No caso $h > 1$ tem-se

$$
\begin{aligned}
\Delta V_{n+h} &= \frac{\Delta V_{n+h}}{V_n} V_n \\
&\approx \left(r_{n+1} + r_{n+2} + \ldots + r_{n+h}\right) V_n, \quad r_{n+i} = \log\left(P_{n+i}/P_{n+i-1}\right) \\
&= r_{n+h}\left(h\right) V_n.
\end{aligned}
$$

Não é por mero acaso que se passa de ΔV_{n+h} para $r_{n+h}(h) V_n$. A ideia é obter a distribuição de ΔV_{n+h} a partir da distribuição de $r_{n+h}(h)$. Claro que, formalmente, ΔV_{n+h} é igual a $R_{n+h}(h) V_n$ (onde $R_{n+h}(h)$ são os retornos discretos multi-períodos). O problema com esta relação decorre do facto da distribuição de $R_{n+h}(h)$ ser geralmente difícil de tratar.

Para determinar $VaR_{n,n+h,\alpha}$ considera-se

$$
\begin{aligned}
P\left(r_{n+h}(h) V_n < -VaR_{n,n+h,\alpha}\mid \mathcal{F}_n\right) &= \alpha \\
P\left(r_{n+h}(h) < -\frac{VaR_{n,n+h,\alpha}}{V_n}\ \middle|\ \mathcal{F}_n\right) &= \alpha
\end{aligned}
$$

e, estandardizando[47] $r_{n+h}(h)$, i.e.,

$$Z_{n+h} = \frac{r_{n+h}(h) - \mathrm{E}(r_{n+h}(h)|\mathcal{F}_n)}{\sqrt{\mathrm{Var}(r_{n+h}|\mathcal{F}_n)}}$$

vem

$$P\left(Z_{n+h} < \left.\frac{-\frac{VaR_{n,n+h,\alpha}}{V_n} - \mathrm{E}(r_{n+h}(h)|\mathcal{F}_n)}{\sqrt{\mathrm{Var}(r_{n+h}|\mathcal{F}_n)}}\right| \mathcal{F}_n\right) = \alpha.$$

Conclui-se

$$\frac{-\frac{VaR_{n,n+h,\alpha}}{V_n} - \mathrm{E}(r_{n+h}(h)|\mathcal{F}_n)}{\sqrt{\mathrm{Var}(r_{n+h}(h)|\mathcal{F}_n)}} = q_\alpha^Z \ \Rightarrow$$

$$\boxed{VaR_{n,n+h,\alpha} = -\left(\mathrm{E}(r_{n+h}(h)|\mathcal{F}_n) + q_\alpha^Z \sqrt{\mathrm{Var}(r_{n+h}(h)|\mathcal{F}_n)}\right) V_n}$$

$$(12.3)$$

Estas fórmulas gerais serão agora adaptadas a casos mais simples.

12.13.1 Modelo Gaussiano Simples

O caso mais simples consiste em assumir

$$r_t = \mu + u_t, \tag{12.4}$$

onde $\{u_t\}$ é um ruído branco Gaussiano, $u_t \sim N(0, \sigma^2)$. Assim, $r_{n+1} \sim N(\mu, \sigma^2)$. No caso $h = 1$, tem-se, pela fórmula (12.2)

$$VaR_{n,n+1,\alpha} = -\left(\mu + q_\alpha^Z \sigma\right) V_n$$

onde q_α^Z é o quantil de ordem α da distribuição $N(0, 1)$ (observe-se que a variável Z_{n+1} na expressão (12.1) tem distribuição $N(0, 1)$).

---

[47] Admitindo que faz sentido a estandardização.

478 | Modelação de Séries Temporais Financeiras

No caso $h > 1$ é necessário deduzir-se a distribuição condicional de $r_{n+h}(h)$. Como, por hipótese, $r_{n+h}(h)$ não depende $\mathcal{F}_n$, a distribuição condicional coincide com a distribuição marginal. Pelas propriedades habituais da distribuição normal vem $r_{n+h}(h) = r_{n+1} + r_{n+2} + ... + r_{n+h} \sim N\left(h\mu, h\sigma^2\right)$. Assim,

$$
\begin{aligned}
\mathrm{E}\left(r_{n+h}(h)\mid \mathcal{F}_n\right) &= \mathrm{E}\left(r_{n+h}(h)\right) = h\mu \\
\mathrm{Var}\left(r_{n+h}(h)\mid \mathcal{F}_n\right) &= \mathrm{Var}\left(r_{n+h}(h)\right) = h\sigma^2
\end{aligned}
$$

e, portanto, pela aplicação da fórmula (12.3), vem

$$
VaR_{n,n+h,\alpha} = -\left(h\mu + \sqrt{h}\sigma q_\alpha^Z\right) V_n.
$$

Se $\mu = 0$ deduz-se $VaR_{n,n+h,\alpha} = \sqrt{h} VaR_{n,n+1,\alpha}$

12.13.2 Modelo RiskMetrics

As hipóteses de normalidade e variância condicional constante, assumidas no modelo anterior, são, como se sabe, bastante limitativas. Um modelo relativamente simples, mas assumindo variância condicional não constante corresponde ao modelo RiskMetrics desenvolvido pela J.P. Morgan para o cálculo do VaR. A metodologia baseia-se no modelo EWMA (equação (8.7)):

$$
r_t = \sigma_t \varepsilon_t, \qquad \sigma_t^2 = (1 - \lambda) r_{t-1}^2 + \lambda \sigma_{t-1}^2
$$

onde $\{\varepsilon_t\}$ é um ruído branco de média nula e variância 1. O modelo assenta na hipótese IGARCH(1,1) com termo constante nulo, $\omega = 0$, e média condicional nula, $\mu_t = 0$. Para obter $VaR_{n,n+h,\alpha}$ aplica-se uma vez mais a fórmula (12.3). Para o efeito estude-se a distribuição condicional de $r_{n+h}(h)$. Comece-se por verificar que

$$
\mathrm{E}\left(r_{n+i}\mid \mathcal{F}_n\right) = 0, \qquad \mathrm{E}\left(\sigma_{n+i}^2\mid \mathcal{F}_n\right) = \sigma_n^2
$$

(Ver previsão IGARCH, ponto 8.11.1).

Logo, tendo em conta que $\mathrm{E}\left(r_t r_{t+i}\right) = 0$, vem

$$
\begin{aligned}
\mathrm{E}\left(r_{n+h}\left(h\right)|\,\mathcal{F}_n\right) &= 0 \\
\mathrm{Var}\left(r_{n+h}\left(h\right)|\,\mathcal{F}_n\right) &= \mathrm{Var}\left(r_{n+1}+...+r_{n+h}|\,\mathcal{F}_n\right) \\
&= \mathrm{Var}\left(r_{n+1}|\,\mathcal{F}_n\right)+...+\mathrm{Var}\left(r_{n+h}|\,\mathcal{F}_n\right) \\
&= \mathrm{E}\left(\sigma_{n+1}^2|\,\mathcal{F}_n\right)+...+\mathrm{E}\left(\sigma_{n+h}^2|\,\mathcal{F}_n\right) \\
&= h\sigma_n^2.
\end{aligned}
$$

São conhecidos os dois primeiros momentos. Falta conhecer-se a lei de probabilidade de $r_{n+h}\left(h\right)$. Assuma-se que $r_{n+h}\left(h\right)|\,\mathcal{F}_n$ tem distribuição aproximadamente normal[48]

$$
r_{n+h}\left(h\right)|\,\mathcal{F}_n \overset{a}{\sim} N\left(\mathrm{E}\left(r_{n+h}\left(h\right)|\,\mathcal{F}_n\right),\mathrm{Var}\left(r_{n+h}\left(h\right)|\,\mathcal{F}_n\right)\right).
$$

Pela fórmula (12.3) vem

$$
VaR_{n,n+h,\alpha} = -\left(q_\alpha^Z\sqrt{h}\sigma_n\right)V_n
$$

onde q_α^Z é o quantil de ordem α da distribuição $N\left(0,1\right)$.

---

[48] A distribuição de $r_{n+h}\left(h\right)|\,\mathcal{F}_n$ é geralmente desconhecida. Mesmo no caso em que $r_{n+1}|\,\mathcal{F}_n$ tem distribuição normal, $r_{n+i}|\,\mathcal{F}_n$ para $i=2,3,...$ não tem distribuição normal. Relembre-se que, sob certas condições, a distribuição de $r_{n+i}|\,\mathcal{F}_n$ quando $i\to+\infty$ converge para a distribuição marginal que geralmente é diferente da distribuição condicional. Pode-se mostrar que a função de distribuição de $r_{n+h}\left(h\right)|\,\mathcal{F}_n$ é

$$
F_{n,h}\left(x\right)=\int_{r_n(h)\leq x} f\left(r_{n+h}\left(h\right)|\,\mathcal{F}_{n+h-1}\right)\prod_{i=1}^{h-1} f\left(r_{n+i}|\,\mathcal{F}_{n+i-1}\right)dr_{n+1}...dr_{n+h}.
$$

Esta expressão só é conhecida no caso $h=1$. Para $h>1$ a expressão anterior é intratável. Neste caso a fdp $r_{n+h}\left(h\right)|\,\mathcal{F}_n$ pode considerar-se desconhecida (Tsay (2001), cap. 7 conclui erradamente que $\varepsilon_n\sim$ Normal $\Rightarrow r_{n+h}\left(h\right)|\,\mathcal{F}_n\sim$ Normal). Apesar destas observações, podemos assumir

$$
r_{n+h}\left(h\right)|\,\mathcal{F}_n \approx N\left(\mathrm{E}\left(r_{n+h}\left(h\right)|\,\mathcal{F}_n\right),\mathrm{Var}\left(r_{n+h}\left(h\right)|\,\mathcal{F}_n\right)\right)
$$

por duas razões:
- se $h=1$ e $\varepsilon\sim N\left(0,1\right)$, $r_{n+h}\left(h\right)|\,\mathcal{F}_n$ terá certamente distribuição normal. A distribuição de $r_{n+h}\left(h\right)|\,\mathcal{F}_n$ no caso $h=2$ ou $h=3$ não deverá, em princípio, afastar-se muito da distribuição normal;
- com h alto e supondo r estacionário e fracamente dependente, pode-se invocar o teorema do limite central. Com efeito $r_{n+h}\left(h\right)|\,\mathcal{F}_n/\sqrt{\mathrm{Var}\left(r_{n+h}\left(h\right)|\,\mathcal{F}_n\right)}$ é uma soma normalizada que, sob certas condições, converge em distribuição para $Z\sim N\left(0,1\right)$.

480 | Modelação de Séries Temporais Financeiras

Naturalmente outras distribuições podem ser consideradas. Note-se finalmente $VaR_{n,n+h,\alpha} = \sqrt{h}VaR_{n,n+1,\alpha}$.

12.3.3 Modelo ARMA-GARCH

Assuma-se agora

$$\begin{aligned}\phi_p(L)\,r_t &= \mu + \theta_q(L)\,u_t \\ u_t &= \sigma_t\varepsilon_t, \qquad u_t \sim \text{GARCH}.\end{aligned}$$

Tal como no caso anterior, temos de obter a distribuição de $r_{n+h}(h)|\,\mathcal{F}_n$. Tem-se

$$\text{E}\left(r_{n+h}(h)|\,\mathcal{F}_n\right) = \mu_{n+1,n} + \ldots + \mu_{n+h,n}$$

onde $\mu_{n+i,n} = \text{E}\left(r_{n+i}|\,\mathcal{F}_n\right)$ é a previsão de r para o momento $n+i$ dada a informação disponível no momento n. Para obter $\text{Var}\left(r_{n+h}(h)|\,\mathcal{F}_n\right)$ comece-se por observar que

$$\begin{aligned}\text{Var}\left(r_{n+h}(h)|\,\mathcal{F}_n\right) &= \text{E}\left(\left(r_{n+1} + \ldots + r_{n+h} - \left(\mu_{n+1,n} + \ldots + \mu_{n+h,n}\right)\right)^2 \middle| \mathcal{F}_n\right) \\ &= \text{E}\left(\left(e_n(1) + \ldots + e_n(h)\right)^2 \middle| \mathcal{F}_n\right)\end{aligned} \qquad (12.5)$$

Vimos no ponto 6.6.4 que

$$e_n(h) = \psi_0 u_{n+h} + \psi_1 u_{n+h-1} + \ldots + \psi_{h-1} u_{n+1} = \sum_{j=0}^{h-1} \psi_j u_{n+h-j}.$$

Como

$$\begin{aligned}e_n(1) &= u_{n+1}, \\ e_n(2) &= u_{n+2} + \psi_1 u_{n+1}, \\ &\ldots, \\ e_n(h) &= u_{n+h} + \psi_1 u_{n+h-1} + \ldots + \psi_{h-1} u_{n+1}\end{aligned}$$

resulta

$$
\begin{aligned}
e_n(1) + \ldots + e_n(h) &= u_{n+1} + (u_{n+2} + \psi_1 u_{n+1}) + \ldots + \sum_{j=0}^{h-1} \psi_j u_{n+h-j} \\
&= u_{n+h} + (1 + \psi_1) u_{n+h-1} + \ldots + \left(\sum_{j=0}^{h-1} \psi_j \right) u_{n+1}.
\end{aligned}
$$

Como $\{u_t\}$ é um RB vem

$$
\begin{aligned}
\mathrm{Var}\left(r_{n+h}(h) \middle| \mathcal{F}_n \right) &= \mathrm{E}\left((e_n(1) + \ldots + e_n(h))^2 \middle| \mathcal{F}_n \right) \\
&= \mathrm{Var}\left(u_{n+h} \middle| \mathcal{F}_n \right) + (1 + \psi_1)^2 \mathrm{Var}\left(u_{n+h-1} \middle| \mathcal{F}_n \right) \\
&\quad + \ldots + \left(\sum_{j=0}^{h-1} \psi_j \right)^2 \mathrm{Var}\left(u_{n+1} \middle| \mathcal{F}_n \right). \qquad (12.6)
\end{aligned}
$$

Falta conhecer-se a lei de probabilidade de $r_{n+h}(h)$. Sob a hipótese

$$
r_{n+h}(h) \middle| \mathcal{F}_n \overset{a}{\sim} N\left(\mathrm{E}\left(r_{n+h}(h) \middle| \mathcal{F}_n \right), \mathrm{Var}\left(r_{n+h}(h) \middle| \mathcal{F}_n \right) \right)
$$

e atendendo à fórmula (12.3) vem

$$
VaR_{n,n+h,\alpha} = - \left(\mathrm{E}\left(r_{n+h}(h) \middle| \mathcal{F}_n \right) + q_\alpha^Z \sqrt{\mathrm{Var}\left(r_{n+h}(h) \middle| \mathcal{F}_n \right)} \right) V_n
$$

onde $\mathrm{E}\left(r_{n+h}(h) \middle| \mathcal{F}_n \right)$ e $\mathrm{Var}\left(r_{n+h}(h) \middle| \mathcal{F}_n \right)$ são dados pelas expressões (12.5) e (12.6).

EXEMPLO 12.3.1. *Considere-se o modelo*

$$
r_t = \sigma_t \varepsilon_t, \qquad \sigma_t^2 = \omega + \alpha_1 r_{t-1}^2 + \beta_1 \sigma_{t-1}^2.
$$

Tendo em conta que

$$
\sigma_{n+k,n}^2 = \frac{\omega}{1 - \alpha_1 - \beta_1} + (\alpha_1 + \beta_1)^{k-1} \left(\alpha_1 r_n^2 + \beta_1 \sigma_n^2 \right),
$$

resulta

$$\begin{aligned}
&\mathrm{Var}\left(r_{n+h}\left(h\right)|\,\mathcal{F}_n\right) \\
=\;&\mathrm{Var}\left(u_{n+h}|\,\mathcal{F}_n\right)+\mathrm{Var}\left(u_{n+h-1}|\,\mathcal{F}_n\right)+\ldots+\mathrm{Var}\left(u_{n+1}|\,\mathcal{F}_n\right) \\
=\;&\sum_{k=1}^{h}\sigma_{n+k,n}^2 \\
=\;&\sum_{k=1}^{h}\left(\frac{\omega}{1-\alpha_1-\beta_1}+\left(\alpha_1+\beta_1\right)^{k-1}\left(\alpha_1 r_n^2+\beta_1\sigma_n^2\right)\right) \\
=\;&\frac{1}{1-\alpha_1-\beta_1}\left(h\omega-\left(\alpha_1 r_n^2+\beta_1\sigma_n^2\right)\left(\left(\alpha_1+\beta_1\right)^h-1\right)\right).
\end{aligned}$$

Tem-se

$$r_{n+h}\left(h\right)|\,\mathcal{F}_n\sim N\left(0,\mathrm{Var}\left(r_{n+h}\left(h\right)|\,\mathcal{F}_n\right)\right)$$

e

$$\begin{aligned}
&VaR_{n,n+h,\alpha} \\
=\;&-\left(q_\alpha^Z\sqrt{\frac{1}{1-\alpha_1-\beta_1}\left(h\omega-\left(\alpha_1 r_n^2+\beta_1\sigma_n^2\right)\left(\left(\alpha_1+\beta_1\right)^h-1\right)\right)}\right)V_n.
\end{aligned}$$

EXEMPLO 12.3.2. *Na tabela seguinte apresentam-se os resultados da estimação GARCH dos retornos do Dow Jones (28317 observações diárias).*

Dependent Variable: retornos do Dow JOnes
Method: ML - ARCH
Included observations: 28317 after adjusting endpoints

	Coefficient	Std. Error	z-Statistic	Prob.
C	0.000416	4.54E-05	9.155216	0.0000
Variance Equation				
C	1.17E-06	5.17E-08	22.67097	0.0000
ARCH(1)	0.085080	0.001263	67.38911	0.0000
GARCH(1)	0.905903	0.001542	587.6203	0.0000
R-squared	-0.000450	Mean dependent var		0.000188
Adjusted R-squared	-0.000556	S.D. dependent var		0.010753
S.E. of regression	0.010756	Akaike info criterion		-6.640694
Sum squared resid	3.275823	Schwarz criterion		-6.639529
Log likelihood	94026.27	Durbin-Watson stat		1.921149

Sabe-se que $r_n = -0.0101$, $\hat{\sigma}_n^2 = 0.00014$.

Dado que o modelo envolve um termo constante c, o $VaR_{n,n+h,\alpha}$ estimado, supondo $V_n = 1$, corresponde à expressão

$$-\hat{c}h + q_\alpha^Z \sqrt{\frac{1}{1 - \hat{\alpha}_1 - \hat{\beta}_1} \left(h\hat{\omega} - \left(\hat{\alpha}_1 \hat{u}_n^2 + \hat{\beta}_1 \sigma_n^2 \right) \left(\left(\hat{\alpha}_1 + \hat{\beta}_1 \right)^h - 1 \right) \right)}$$

onde $\hat{u}_n = r_n - \hat{c} = -0.0101 - 0.000416 = -.01051$. Na figura 12.1 representa-se o VaR para $\alpha = 0.01$ e para $\alpha = 0.05$ em função de h.

EXEMPLO 12.3.3. *Considere-se o modelo*

$$r_t = c + \phi r_{t-1} + u_t, \qquad u_t = \sigma_t \varepsilon_t \tag{12.8}$$

$$\sigma_t^2 = \omega + \gamma u_{t-1}^2 \mathcal{I}_{\{u_{t-1} < 0\}} + \beta \sigma_{t-1}^2. \tag{12.9}$$

Tem-se,

$$\mathrm{E}\left(r_{n+h}\left(h \right) | \mathcal{F}_n \right) = \mu_{n+1,n} + ... + \mu_{n+h,n}.$$

Tendo em conta a estrutura AR(1), vem pela equação (6.17),

$$\mu_{n+h,n} = c\frac{1 - \phi^h}{1 - \phi} + \phi^h y_n.$$

Assim,

$$\begin{aligned}
\mathrm{E}\left(r_{n+h}\left(h \right) | \mathcal{F}_n \right) &= \left(c\frac{1 - \phi^1}{1 - \phi} + \phi^1 y_n \right) + ... + \left(c\frac{1 - \phi^h}{1 - \phi} + \phi^h y_n \right) \\
&= \frac{y_n \left(-1 + \phi \right) \phi \left(-1 + \phi^h \right) + c \left(h \left(1 - \phi \right) + \phi \left(-1 + \phi^h \right) \right)}{\left(-1 + \phi \right)^2}
\end{aligned}$$

Por outro lado, para calcular $\mathrm{Var}\left(r_{n+h}\left(h \right) | \mathcal{F}_n \right)$ é necessário obter ψ_i (confira-se (12.6)). Como se sabe, ψ_j são os coeficientes que resultam da equação $\psi\left(L \right) = \phi_p^{-1}\left(L \right) \theta\left(L \right)$ (veja-se a equação (6.20)). No caso

Figura 12.1: Value at Risk como função de h.
$VaR_{n+h,n,0.01}$ traço grosso; $VaR_{n+h,n,0.05}$ traço fino.

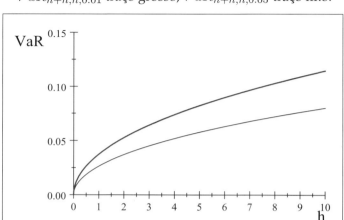

AR(1) facilmente se conclui que $\psi(L) = 1 + \phi L + ... + \phi^k L^k + ...$, pelo que $\psi_i = \phi^i$. A aplicação da fórmula (12.6) envolve também $\text{Var}(u_{n+h}|\mathcal{F}_n) := \sigma^2_{n+h,n}$ que é necessário estabelecer. Para o modelo definido em (12.9) tem-se,

$$\sigma^2_{n+1,n} = \omega + \gamma u_n^2 \mathcal{I}_{\{u_n<0\}} + \beta \sigma_n^2$$
$$\sigma^2_{n+2,n} = \omega + (\gamma/2 + \beta) \sigma^2_{n+1,n}$$
$$...$$
$$\sigma^2_{n+h,n} = \omega + \beta_* \sigma^2_{n+h-1,n}, \qquad \beta_* = \gamma/2 + \beta.$$

Resolvendo iterativamente $\sigma^2_{n+h,n}$ como função de $\sigma^2_{n+1,n}$ facilmente se conclui que

$$\sigma^2_{n+h,n} = \frac{\omega}{1-\beta_*} + \beta_*^{h-1}\left(\sigma^2_{n+1,n} - \frac{\omega}{1-\beta_*}\right).$$

A equação (12.6), para o modelo em análise, escreve-se agora da seguinte forma

$$\text{Var}(r_{n+h}(h)|\mathcal{F}_n) = \sum_{k=1}^{h}\left(\left(\sum_{j=0}^{h-k}\phi^j\right)^2 \left(\frac{\omega}{1-\beta_*} + \beta_*^{h-1}\left(\sigma^2_{n+1,n} - \frac{\omega}{1-\beta_*}\right)\right)\right).$$

O valor de $\mathrm{Var}\left(r_{n+h}\left(h\right)|\mathcal{F}_n\right)$, *dado pelo programa Mathematica, é igual a*

$$-\frac{1}{\left(-1+\phi\right)^2\left(-1+\beta_*\right)}\left(h\omega+\frac{\phi\left(-1+\phi^h\right)\left(-2-\phi+\phi^{1+h}\right)}{-1+\phi^2}\right.$$

$$+\sigma^2_{n+1,n}\left(1-\beta_*^h\right)+\frac{\omega\left(1-\beta_*^h\right)}{-1+\beta_*}+\left(\omega+\sigma^2_{n+1,n}\left(\beta_*-1\right)\right)\times$$

$$\times\left.\left(\frac{\phi^{2+2h}\left(\left(\frac{\beta_*}{\phi^2}\right)^h-1\right)}{\phi^2-\beta_*}-2\frac{\phi^{1+h}\left(\left(\frac{\beta_*}{\phi}\right)^h-1\right)}{\phi-\beta_*}\right)\right).$$

12.4 Generalização: *Portfolio* com m Activos

Obtenha-se agora o VaR supondo que o *portfolio* é constituído por m acções. Para simplificar assuma-se que

$$\mathbf{r}_t=\left(R_{1t},...,R_{mt}\right)'|\,\mathcal{F}_{t-1}\sim\mathbf{N}\left(\boldsymbol{\mu}_t,\mathbf{H}_t\right)$$

onde $\boldsymbol{\mu}_t:=\mathrm{E}\left(\mathbf{r}_t|\,\mathcal{F}_{t-1}\right)$ e $\mathrm{Var}\left(\mathbf{r}_t|\,\mathcal{F}_{t-1}\right):=\mathbf{H}_t$. No momento n o *portfolio* vale V_n, por exemplo, uma alocação de 1 milhão de Euros no título 1 e 2 milhões no título 2, traduz-se por um investimento no valor de $V_n=3$ milhões, sendo $\omega_1=1/3$ desse valor investido no título 1 e $\omega_2=2/3$ investido no título 2. A obtenção do VaR é similar ao do caso de um *portfolio* com apenas 1 activo:

$$P\left(\Delta V_{n+1}<-VaR_{n,n+1,\alpha}|\,\mathcal{F}_n\right)=\alpha$$

$$P\left(\frac{\Delta V_{n+1}}{V_n}V_n<-VaR_{n,n+1,\alpha}\,\middle|\,\mathcal{F}_n\right)=\alpha$$

$$P\left(R_{p,n+1}<-\frac{VaR_{n,n+1,\alpha}}{V_n}\,\middle|\,\mathcal{F}_n\right)=\alpha.$$

Estandardizando $R_{p,n+1}$ isto é, considerando

$$Z_{n+1}=\frac{R_{p,n+1}-\mathrm{E}\left(R_{p,n+1}|\,\mathcal{F}_n\right)}{\sqrt{\mathrm{Var}\left(R_{p,n+1}|\,\mathcal{F}_n\right)}}$$

486 | Modelação de Séries Temporais Financeiras

vem

$$P\left(Z_{n+1} < \frac{-\frac{VaR_{n,n+1,\alpha}}{V_n} - \mathrm{E}\left(R_{p,n+1}|\,\mathcal{F}_n\right)}{\sqrt{\mathrm{Var}\left(R_{p,n+1}|\,\mathcal{F}_n\right)}}\,\middle|\,\mathcal{F}_n\right) = \alpha$$

$$\frac{-\frac{VaR_{n,n+1,\alpha}}{V_n} - \mathrm{E}\left(R_{p,n+1}|\,\mathcal{F}_n\right)}{\sqrt{\mathrm{Var}\left(R_{p,n+1}|\,\mathcal{F}_n\right)}} = q_\alpha^Z$$

$$\Rightarrow VaR_{n,n+1,\alpha} = -\left(\mathrm{E}\left(R_{p,n+1}|\,\mathcal{F}_n\right) + q_\alpha^Z \sqrt{\mathrm{Var}\left(R_{p,n+1}|\,\mathcal{F}_n\right)}\right) V_n$$

Tendo em conta que $R_{p,n+1} = \sum_{i=1}^{m} \omega_i R_{i,n+1} = \boldsymbol{\omega}'\mathbf{r}_{n+1}$ tem-se $R_{p,n+1} = \mathrm{E}\left(R_{p,n+1}|\,\mathcal{F}_n\right) = \boldsymbol{\omega}'\boldsymbol{\mu}_{n+1}$ e $\mathrm{Var}\left(R_{p,n+1}|\,\mathcal{F}_n\right) = \boldsymbol{\omega}'\mathbf{H}_{n+1}\boldsymbol{\omega}$ e, finalmente

$$\boxed{VaR_{n,n+1,\alpha} = -\left(\boldsymbol{\omega}'\boldsymbol{\mu}_{n+1} + q_\alpha^Z \sqrt{\boldsymbol{\omega}'\mathbf{H}_{n+1}\boldsymbol{\omega}}\right) V_n}$$

onde q_α^Z é o quantil de ordem α da distribuição $Z_{n+1}|\,\mathcal{F}_n$.

EXEMPLO 12.4.1. *Considere-se um* portfolio, *no momento n, constituído por de 1 milhão de Euros no título 1 e 2 milhões no título 2. Admita-se a seguinte distribuição*

$$\left(\begin{array}{c} R_{1,n+1} \\ R_{2,n+1} \end{array}\right)\middle|\,\mathcal{F}_n \sim N\left(\left(\begin{array}{c} 0 \\ 0 \end{array}\right), \left(\begin{array}{cc} 0.01 & 0.002 \\ 0.002 & 0.005 \end{array}\right)\right).$$

Tem-se para $\alpha = 0.05$

$$VaR_{n,n+1,\alpha} = 1.645\sqrt{\left(\begin{array}{cc} 1/3 & 2/3 \end{array}\right)\left(\begin{array}{cc} 0.01 & 0.002 \\ 0.002 & 0.005 \end{array}\right)\left(\begin{array}{c} 1/3 \\ 2/3 \end{array}\right)}\times 3 = 0.32 \text{ milhões.}$$

O valor em risco com uma probabilidade de 0.05 para um horizonte temporal de h = 1 período é de cerca de 0.32 milhões de euros.

Se considerássemos os dois activos separadamente teríamos:

$$\begin{aligned} VaR \text{ do título 1} &= 1.645\sqrt{0.01} \times 1 = 0.164 \\ VaR \text{ do título 2} &= 1.645\sqrt{0.005} \times 2 = 0.232. \end{aligned}$$

Observa-se que a soma dos VaR individuais, $0.164 + 0.232 = 0.396$ *é maior do que o VaR do* portfolio.

12.5 Abordagem pela Teoria dos valores Extremos

A teoria dos valores extremos é um ramo da estatística que se preocupa essencialmente com o comportamento probabilístico dos valores extremos da amostra e, portanto, centra a sua análise nas caudas da distribuição. Esta análise é importante em todos os fenómenos em que a ocorrência de valores muitos altos e muitos baixos é relevante, como por exemplo, ocorrência de cheias, furacões, recordes desportivos, etc. A teoria dos valores extremos tem também sido aplicada na actividade seguradora e, mais recentemente, nas área das finanças, no cálculo do VaR.

Recorde-se a abordagem não paramétrica. Vimos que o VaR pode estimado a partir da expressão

$$\widehat{VaR}_{n,n+1,\alpha} = -\tilde{q}_{\alpha}^{r} V_n \qquad (12.10)$$

onde $\tilde{q}_{\alpha}^{r}$ é o quantil empírico de ordem α da série de retornos $\{R_t\}$ (também poderia ser a partir de $\{r_t\}$). Como referimos no ponto 12.2, a estimativa $\tilde{q}_{\alpha}$ é muito imprecisa quando α é muito baixo (ou muito alto). Como iremos ver a teoria dos valores extremos tem uma resposta para este problema. O objectivo deste ponto é obter uma estimativa para q_a via teoria dos valores extremos.

12.5.1 Introdução à Teoria e Estimação. VaR Marginal

A teoria dos valores extremos trata habitualmente os eventos extremos que ocorrem na aba direita da distribuição. Seguiremos esta lógica na introdução e, depois, por analogia, focaremos a aba esquerda que é a relevante para o cálculo do VaR. O leitor poderá consultar o livro de Franke et. al (2008) para mais pormenores sobre a teoria.

488 | Modelação de Séries Temporais Financeiras

Seja $\{y_t; i = 1, 2, ..., n\}$ uma sucessão de v.a. i.i.d. e $M_n = \max\{y_1, y_2, ..., y_n\}$ o máximo da amostra. Pode-se provar que se existirem constantes normalizadoras $c_n > 0$, $d_n \in \mathbb{R}$ e uma distribuição não degenerada H (isto é, que não atribui toda a massa de probabilidade a um único ponto) tal que $c_n^{-1}(M_n - d_n) \xrightarrow{d} H$, então H é da forma

$$H_\xi(x) = \exp\left\{-(1 + \xi x)^{-1/\xi}\right\}, \qquad 1 + \xi x > 0, \ \xi \neq 0.$$

Nestas circunstâncias, para n suficientemente grande, tem-se $P\left(c_n^{-1}(M_n - d_n) \leq x\right) \simeq H_\xi(x)$ (ou, $P(M_n \leq x) \simeq H_\xi\left(\frac{x-\lambda}{\delta}\right)$ para algum $\lambda \in \mathbb{R}$ e $\delta > 0$). O caso $\xi = 0$ deve ser interpretado no seguinte sentido: $H_0(x) = \lim_{\xi \to 0} H_\xi(x) = e^{-e^{-x}}$. H é designado na literatura por *Generalised Extreme Value distribution* (GEV).

Quando o resultado anterior se verifica para a v.a. y, com função de distribuição F e distribuição limite H, diz-se que F pertence ao *domínio máximo de atracção* da distribuição H e, neste caso, escreve-se $F \in \mathcal{D}_M(H)$.

A metodologia de estimação que iremos apresentar, intitulada POT (*peaks-over-threshold*), assenta na seguinte proposição:

PROPOSIÇÃO 12.5.1. *Suponha-se que $\{y_t\}$ é uma sucessão de v.a. com função de distribuição F. Então as seguintes proposições são equivalentes: 1) $F \in \mathcal{D}_M(H)$; 2) para alguma função $\beta : \mathbb{R}^+ \to \mathbb{R}^+$,*

$$\lim_{u \uparrow x_F} \sup_{0 < x < x_F - u} \left| F_u(x) - G_{\xi, \beta(u)}(x) \right| = 0 \qquad (12.11)$$

onde

$$x_F \equiv \sup\{x \in \mathbb{R} : F(x) < 1\} \leq \infty$$
$$F_u(x) = P(y - u \leq x \,|\, y > u)$$
$$G_{\xi, \beta}(x) = \begin{cases} 1 - \left(1 + \xi \frac{x}{\beta}\right)^{-1/\xi}, & 1 + \xi \frac{x}{\beta} > 0, \ x > 0 \quad se \ \xi \neq 0 \\ 1 - e^{-x}, & x \geq 0 \qquad\qquad\qquad\quad se \ \xi = 0. \end{cases}$$

$G_{\xi,\beta}$ é a função de distribuição generalizada de Pareto e $F_u(x)$ é a designada *excess distribuition function*. A equação (12.11) basicamente estabelece que (na classe das funções F tais que $F \in \mathcal{D}_M(H)$), para valores altos de u, F_u é aproximadamente igual a $G_{\xi,\beta}$ e, portanto, uma estimativa para F_u pode basear-se em $G_{\xi,\beta}$ (sempre que u é relativamente alto). Tendo em conta que, por definição,

$$1 - F_u(x) = P(y - u \geq x \mid y > u) = \frac{1 - F(x + u)}{1 - F(u)}$$

segue-se (considerando o primeiro e o terceiro termo da expressão anterior)

$$1 - F(x + u) = (1 - F(u))(1 - F_u(x))$$

ou (fazendo a substituição de $x + u$ por x, passando agora x a ser definido por $x > u$),

$$1 - F(x) = (1 - F(u))(1 - F_u(x - u)), \qquad u < x < \infty. \quad (12.12)$$

Esta relação juntamente com (12.11) constitui o essencial do método que se expõe para a estimação do VaR. Como F e consequentemente F_u são funções desconhecidas, a expressão do lado direito de (12.12) pode ser estimada por

$$\left(1 - \hat{F}(u)\right)\left(1 - \hat{F}_u(x - u)\right)$$

onde,

$$1 - \hat{F}(u) = \frac{1}{n} \sum_{j=1}^{n} \mathcal{I}_{\{y_j > u\}} = \frac{N(u)}{n}, \qquad \hat{F}_u(x - u) = \hat{G}_{\hat{\xi},\hat{\beta}}(x - u).$$

A estimativa do lado direito de (12.12) é

$$\left(1 - \hat{F}(u)\right)\left(1 - \hat{F}_u(x - u)\right) =$$

$$\frac{N(u)}{n}\left(1 - \hat{G}_{\hat{\xi},\hat{\beta}}(x - u)\right) = \frac{N(u)}{n}\left(1 + \hat{\xi}\frac{x - u}{\hat{\beta}}\right)^{-1/\hat{\xi}}.$$

490 | Modelação de Séries Temporais Financeiras

Substitua-se na expressão (12.12), x por q_δ:

$$1 - F(q_\delta) = \frac{N(u)}{n}\left(1 + \hat{\xi}\frac{\hat{q}_\delta - u}{\hat{\beta}}\right)^{-1/\hat{\xi}}$$

$$1 - \delta = \frac{N(u)}{n}\left(1 + \hat{\xi}\frac{\hat{q}_\delta - u}{\hat{\beta}}\right)^{-1/\hat{\xi}}.$$

Resolvendo esta equação para q_δ obtém-se

$$\hat{q}_\delta = u + \frac{\hat{\beta}}{\hat{\xi}}\left(\left(\frac{n}{N(u)}(1 - \delta)\right)^{-\hat{\xi}} - 1\right). \qquad (12.14)$$

Se δ não for um valor muito alto (perto de 1) podemos usar para estimativa de $\tilde{q}_\delta$ a estatística de ordem $[n\delta]$. Vimos, no entanto, que se δ for um valor muito alto a variância assimptótica deste quantil empírico aproxima-se de mais infinito. Nestas circunstâncias, a teoria dos valor extremos tem uma solução que consiste em estimar q_δ pela expressão (12.14).

Existem ainda três questões por analisar: 1) Como estimar ξ e β?; 2) como escolher u? e 3) como obter o VaR?

Estimação de ξ e β

Sejam $y^{(1)}, y^{(2)}, ..., y^{(n)}$ as estatísticas de ordem tais que

$$y^{(1)} \geq y^{(2)} \geq ... \geq y^{(N(u))} \geq ... \geq y^{(n)}$$

e $Y_i = y^{(i)} - u$ (nota: $y^{(1)}$ é o valor máximo, $y^{(2)}$ é o segundo valor mais alto etc.; relembra-se o leitor que usámos $y_{(1)}$ para o mínimo, $y_{(2)}$ para o segundo mais baixo, etc. Resulta da notação que $y^{(1)} = y_{(n)}$, $y^{(n)} = y_{(1)}$, etc.). Para estimar ξ e β dado que $N(u) = m$ é fixo, assume-se que $Y_1, Y_2, ..., Y_m$ é uma sucessão de v.a. i.i.d. com distribuição $G_{\xi,\beta}(y)$ ($\xi > 0$). Logo, a função log-verosimilhança é

$$\log L_m(\xi, \beta | Y_1, Y_2, ..., Y_m, N(u) = m) = -m\log\beta - \left(1 + \frac{1}{\xi}\right)\sum_{j=1}^{m}\log\left(1 + \frac{\xi}{\beta}Y_j\right).$$

$$(12.15)$$

Os estimadores de máxima verosimilhança $\hat{\xi}$ e $\hat{\beta}$ obtém-se a partir da maximização de $\log L_m$. Pode-se provar que, para $\xi > -1/2$ e $m \to \infty$

$$\sqrt{m} \left(\begin{array}{c} \hat{\xi} - \xi \\ \frac{\hat{\beta}}{\beta} - 1 \end{array} \right) \xrightarrow{d} N \left(\left(\begin{array}{c} 0 \\ 0 \end{array} \right), \left(\begin{array}{cc} (1+\xi)^2 & -(1+\xi) \\ -(1+\xi) & 2(1+\xi) \end{array} \right)^{-1} \right).$$

Como escolher u?

Quando u é muito alto o valor de $N(u)$ é baixo (significa que o número de observações efectivamente usadas na estimação é baixo) e a variância do estimador tende a ser alta. Quando u é baixo, a aproximação para $F_u(x)$, usando a distribuição $G_{\xi,\beta}(x)$ tenderá a ser pobre e, como consequência o estimador $\hat{q}_\delta$ pode vir fortemente enviesado.

Para ajudar na escolha de u considera-se o seguinte resultado: se $Z \sim G_{\xi,\beta}$ e $0 \leq \xi < 1$ então *the average excess function* é linear:

$$e(u) = \mathrm{E}(Z - u \mid Z > u) = \frac{\beta}{1+\xi} + \frac{\xi}{1+\xi} u, \qquad u \geq 0, \ 0 \leq \xi < 1.$$

Este resultado sugere seleccionar o limiar u de forma que a função estimada para $e(u)$, $e_n(v)$, para os valores $v \geq u$ seja (aproximadamente) linear. Pode-se provar que

$$e_n(u) = \frac{1}{N(u)} \sum_{j=1}^{n} \max\{(y_j - u), 0\}.$$

Para verificar se $e_n(v)$ é (aproximadamente) linear pode-se analisar no plano o gráfico dos pontos $(y_{(k)}, e_n(y_{(k)}))$ onde $y_{(1)}, y_{(2)}, ..., y_{(n)}$ são as estatísticas de ordem tais que

$$y_{(1)} \leq y_{(2)} \leq \cdots \leq y_{(n)}.$$

Devido à alta variabilidade de $e_n(y_{(k)})$ quando k alto, recomenda-se a eliminação desses pontos na análise gráfica.

492 | Modelação de Séries Temporais Financeiras

Como obter o VaR?

Como focámos a cauda direita da distribuição (e a que interessa é a esquerda) assume-se $y_t = -r_t$. Assim, se $\hat{q}_\delta$ é o quantil de ordem δ associada à variável y, então $\hat{q}_\alpha^r = -\hat{q}_\delta$ com $\alpha = 1 - \delta$, é o quantil de ordem α associado à variável r. Pela equação (12.10), uma estimativa para o VaR é

$$VaR = -\hat{q}_\alpha^r V_n = \hat{q}_\delta V_n, \qquad \delta = 1 - \alpha.$$

Para obter o VaR a $\alpha 100\%$ pode-se seguir os seguintes passos:

(1) Definir $y_t = -r_t$;
(2) Definir $\delta = 1 - \alpha$;
(3) Seleccionar u;
(4) Obter $\left(\hat{\xi}, \hat{\beta}\right)$, maximizando (12.15);
(5) Calcular $\hat{q}_\delta$ usando a equação (12.14);
(6) Obter o $VaR = \hat{q}_\delta V_n$

12.5.2 VaR Condicional

O ponto anterior assentou na hipótese de $\{r_t\}$ ser uma sucessão de v.a. i.i.d. Esta hipótese é irrealista. O VaR calculado sob esta hipótese não reflecte a volatilidade corrente no momento n (seria de esperar que o VaR aumentasse quando no momento n a volatilidade é alta). McNeil e Frey (2000) propõem uma abordagem condicional do VaR no âmbito da teoria dos valores extremos. A ideia assenta no modelo ARMA-GARCH $r_t = \mu_t + \sigma_t \varepsilon_t$. Se o modelo estiver bem especificado será de esperar que ε_t se comporte aproximadamente como uma sucessão de v.a. i.i.d. Como os resultados principais da teoria dos valores extremos se aplicam a sequências i.i.d., é preferível aplicá-los à sucessão $\{\varepsilon_t\}$ do que directamente a $\{r_t\}$, pois esta sucessão não é geralmente i.i.d., devido à presença de volatilidade não constante.

Seja $\hat{q}_\alpha^\varepsilon$ o quantil da distribuição de ε_t obtido seguindo a metodologia do ponto anterior. Tem-se assim,

$$P\left(\varepsilon_{n+1} < q_\alpha^\varepsilon \mid \mathcal{F}_n\right) = \alpha$$

$$P\left(\frac{r_{n+1} - \mu_{n+1}}{\sigma_{n+1}} < q_\alpha^\varepsilon \mid \mathcal{F}_n\right) = \alpha$$

$$P\left(r_{n+1} < \mu_{n+1} + q_\alpha^\varepsilon \sigma_{n+1} \mid \mathcal{F}_n\right) = \alpha.$$

Em suma, uma vez apurado $\hat{q}_\alpha^\varepsilon$ o quantil da distribuição condicional de r_{n+1} vem igual a

$$q_\alpha^r = \mu_{n+1} + q_\alpha^\varepsilon \sigma_{n+1}.$$

Como $\{\varepsilon_t\}$ não é observado, toma-se

$$\hat{\varepsilon}_t = \frac{r_t - \hat{\mu}_t}{\hat{\sigma}_t}$$

onde $\hat{\mu}_t$ e $\hat{\sigma}_t$ são estimativas da média e da variância condicional baseadas em estimadores consistentes. Finalmente,

$$\hat{q}_\alpha^r = \hat{\mu}_{n+1} + \hat{q}_\alpha^{\hat{\varepsilon}} \hat{\sigma}_{n+1}.$$

12.6 Avaliação do VaR (*Backtesting*)

Neste ponto avalia-se a qualidade da estimativa proposta para o VaR. Esta avaliação é importante por várias razões. As empresas (sobretudo bancos) que usam o VaR são pressionadas interna e externamente (por directores, auditores, reguladores, investidores) para produzirem VaR precisos. Um VaR preciso é fundamental na gestão e controle do risco e na alocação de capital. Por essa razão é essencial que a empresa teste regularmente as suas medidas de risco, na linha das recomendações adoptadas em acordo internacionais. Por outro lado, embora a definição de VaR seja muito precisa e objectiva, existem diferentes métodos de estimação do VaR, que produzem diferentes estimativas (algumas bastante díspares); por isso, é importante identificar a melhor abordagem para o problema concreto em análise.

494 | Modelação de Séries Temporais Financeiras

Christoffersen e Diebold (2000) analisam a qualidade e a precisão dos intervalos de confiança produzidos para uma certa série. Parte da metodologia pode ser adaptada na análise da qualidade do VaR. Seja $\widehat{VaR}_{t,t-1,\alpha}$ uma estimativa para o VaR a $\alpha100\%$ para o período t baseado na informação $t-1$. Sendo este VaR construído no período $t-1$ não se sabe, antecipadamente, se no período t se tem ou não $\Delta V_t < -\widehat{VaR}_{t,t-1,\alpha}$. Intuitivamente, é natural esperar que a desigualdade $\Delta V_t < -\widehat{VaR}_{t,t-1,\alpha}$, com t a variar, ocorra $\alpha100\%$ das vezes. Considere-se o evento aleatório,

$$I_t = \begin{cases} 1 & \text{se } \Delta V_t < -VaR_{t,t-1,\alpha} \text{ ou } r_t < -\frac{VaR_{t,t-1,\alpha}}{V_{t-1}} \\ 0 & \text{no caso contrário.} \end{cases}$$

Diz-se que a previsão do VaR produz uma cobertura marginal correcta (*correct uncondicional coverage*) se

$$P(I_t = 1) = \alpha \Leftrightarrow \mathrm{E}(I_t) = \alpha.$$

Se esta condição se verifica então em $\alpha100\%$ dos casos deverá observar-se $\Delta V_t < -VaR_{t,t-1,\alpha}$. É exactamente este raciocínio que se estabelece *a priori* quando se procura definir o VaR a $\alpha100\%$. Interessa depois saber se, na prática, essa desigualdade se verifica efectivamente em $\alpha100\%$ das vezes. Esta condição é, naturalmente, necessária mas não suficiente para identificar uma medida VaR como apropriada. Suponha-se, como habitualmente nas séries financeiras, que se tem o fenómeno de *volatility clustering*. Momentos de alta (baixa) volatilidade são seguidos por momentos de alta (baixa) volatilidade. Nestas circunstâncias, o VaR deve ser alto nos momentos de alta volatilidade e baixo nos momentos de baixa volatilidade. Se o $VaR_{t,t-1,\alpha}$ não reflecte o fenómeno de *volatility clustering* (nem em termos gerais as propriedades da distribuição condicional) então o VaR tenderá a falhar como medida de risco em períodos consecutivos. Um VaR assim definido traz a seguinte implicação sobre $\{I_t\}$: em momentos de alta volatilidade os $1's$ tendem a repetir-se (por exemplo, $I_t = 1$, $I_{t+1} = 1$, $I_{t+2} = 1$, etc.), pois tenderá a observar-se em períodos seguidos $\Delta V_t < -VaR_{t,t-1,\alpha}$ e, em momentos de baixa volatilidade, uma repetição de $0's$. Ou seja a sucessão I_t tenderá a apresentar dependência temporal (será autocorrelacionada). Mesmo neste caso, de autocorrelação de I_t, poderá ter-se $\mathrm{E}\,(I_t) = \alpha$. Por esta razão a cobertura marginal embora necessária não é suficiente para identificar o VaR como uma medida precisa.

Diz-se que a previsão do VaR produz uma cobertura condicional correcta (*correct condicional coverage*) se

$$P\,(I_t = 1|\,\mathcal{F}_{t-1}) = \alpha \Leftrightarrow \mathrm{E}\,(I_t|\,\mathcal{F}_{t-1}) = \alpha.$$

Esta condição implica ausência de autocorrelação, pois, tendo em conta a lei do valor esperado iterado,

$$
\begin{aligned}
&\mathrm{Cov}\,(I_t, I_{t-k}) \\
=\ &\mathrm{E}\,(I_t I_{t-k}) - \mathrm{E}\,(I_t)\,\mathrm{E}\,(I_{t-k}) \\
=\ &\mathrm{E}\,(I_{t-k}\,\mathrm{E}\,(I_t|\,\mathcal{F}_{t-k})) - \mathrm{E}\,(\mathrm{E}\,(I|\,\mathcal{F}_{t-1}))\,\mathrm{E}\,(\mathrm{E}\,(I_{t-k}|\,\mathcal{F}_{t-k-1})) \\
=\ &\mathrm{E}\,(I_{t-k}\,\mathrm{E}\,(\mathrm{E}\,(I_t|\,\mathcal{F}_{t-1})|\,\mathcal{F}_{t-k})) - \mathrm{E}\,(\mathrm{E}\,(I|\,\mathcal{F}_{t-1}))\,\mathrm{E}\,(\mathrm{E}\,(I_{t-k}|\,\mathcal{F}_{t-k-1})) \\
=\ &\mathrm{E}\,(I_{t-k}\,\mathrm{E}\,(\alpha|\,\mathcal{F}_{t-k})) - \mathrm{E}\,(\alpha)\,\mathrm{E}\,(\alpha) = \alpha\,\mathrm{E}\,(I_{t-k}) - \alpha^2 = 0.
\end{aligned}
$$

Existem várias formas de testar a cobertura marginal e condicional. Por exemplo, se $\{I_t\}$ é uma sucessão de v.a. i.i.d. e $\mathrm{E}\,(I_t) = \alpha$, então ambas as coberturas são válidas. Outra possibilidade consiste em analisar somente a cobertura condicional pois, pela lei do valor esperado iterado, tem-se, com vimos atrás,

$$\mathrm{E}\,(I_t|\,\mathcal{F}_{t-1}) = \alpha \Rightarrow \mathrm{E}\,(I_t) = \mathrm{E}\,(\mathrm{E}\,(I_t|\,\mathcal{F}_{t-1})) = \mathrm{E}\,(\alpha) = \alpha.$$

Analise-se o teste de independência de I_t. Uma possibilidade neste sentido baseia-se no *runs test*. Procede-se da seguinte forma. Seja X o número sequências seguidas de 1's ou 0's (X é o número de *runs*)[49]. Por exemplo, na sucessão $\{0, 0, 1, 1, 1, 0, 0, 0, 0, 1, 0\}$ temos $X = 5$. Sejam n_0 e n_1 o número de zeros e uns, respectivamente, e $n = n_0 + n_1$ a dimensão da amostra. O número X fornece infor-

---

[49] O número máximo que X pode assumir é

$$
\max X = \left\{
\begin{array}{ll}
2\min\{n_0, n_1\} & \text{se } n_0 = n_1 \\
2\min\{n_0, n_1\} + 1 & \text{se } n_0 \neq n_1.
\end{array}
\right.
$$

496 | Modelação de Séries Temporais Financeiras

mação sobre se a amostra é aleatória ou não. Se ocorrem poucas sequências de $1's$ ou $0's$, como no exemplo,

$$\{0,0,0,0,0,0,0,0,0,1,1,1,1,1,1,1\}, \qquad (X=2)$$

há indicação de dependência temporal na sucessão. Se ocorrem demasiadas sequências, como no exemplo,

$$\{1,0,1,0,1,0,1,0,1,0,1,0,1\} \qquad (X=13)$$

também podemos suspeitar algum tipo de dependência temporal (flutuações cíclicas de período curto). Sob a hipótese, H_0: $\{I_t\}$ é uma sucessão de v.a. independentes, a distribuição de X dado n_0 e n_1 é conhecida. Quando $n_0 > 20$ ou $n_1 > 20$ é mais conveniente usar-se o resultado assimptótico. Sob H_0 tem-se

$$Z = \frac{X - \mathrm{E}(X)}{\sqrt{\mathrm{Var}(X)}} \xrightarrow{d} N(0,1)$$

onde

$$\begin{aligned} \mathrm{E}(X) &= \frac{2n_0 n_1}{n} + 1 \\ \mathrm{Var}(X) &= \frac{2n_0 n_1 (2n_0 n_1 - n)}{n^2 (n-1)}. \end{aligned}$$

O teste é bilateral (afastamento à hipótese nula pode dever-se quando X é alto ou baixo). Rejeita-se H_0 se a probabilidade $2P(Z > |z_{obs}|)$ estiver abaixo do nível de significância fixado.

Se a hipótese H_0 não pode ser rejeitada pelos dados, pode-se assumir que $\{I_t\}$ é uma sucessão de v.a. i.i.d. com distribuição de Bernoulli de parâmetro $\mathrm{E}(I_t)$. Interessa agora investigar a cobertura marginal, i.e. se $\mathrm{E}(I_t)$ coincide com α. Seja $S_n = \sum_{i=1}^{n} I_i = n_1$ a soma dos $1's$ que, como se sabe, tem distribuição Binomial de parâmetros $(n, \mathrm{E}(I_t))$. Sob a hipótese

$$H_0: \mathrm{E}(I_t) = \alpha$$

a estatística de teste (rácio de verosimilhanças)

$$RV = -2\log\frac{L\left(\alpha\mid H_0\right)}{L\left(\hat{\alpha}\right)} = -2\log\frac{\alpha^{n_1}\left(1-\alpha\right)^{n_0}}{\hat{\alpha}^{n_1}\left(1-\hat{\alpha}\right)^{n_0}}$$

tem distribuição assimptótica $\chi^2_{(1)}$. $\hat{\alpha}$ é o estimador de máxima vero-similhança, n_1/n e α é a probabilidade previamente fixada para o VaR (por exemplo, $\alpha = 0.01$ ou $\alpha = 0.05$).

EXEMPLO 12.6.1. *Suponha-se que numa amostra de 800 observações foi calculado o VaR a 5% ($\alpha = 0.05$). Observou-se $n_0 = 750$, $n_1 = 50$, $X = 90$ (na amostra a desigualdade $\Delta V_t < -VaR_{t,t-1,\alpha}$ verificou-se 50 vezes). Haverá razões para pensar que o VaR a 5% é inapropriado? Considere-se primeiro a hipótese, H_0: $\{I_t\}$ é uma sucessão de v.a. independentes. Tem-se:*

$$z_{obs} = \frac{90 - \left(\frac{2n_0 n_1}{n} + 1\right)}{\sqrt{\frac{2n_0 n_1(2n_0 n_1 - n)}{n^2(n-1)}}} = \frac{90 - 94.75}{3.298} = -1.43.$$

Como o valor-p $2P\left(Z > 1.43\right) \simeq 0.15$ é relativamente alto não se rejeita H_0. Considere-se agora H_0: $\mathrm{E}\left(I_t\right) = 0.05$. Tem-se $\hat{\alpha} = n_1/n = 0.0625$ e

$$RV_{obs} = -2\log\frac{0.05^{n_1}\left(1-0.05\right)^{n_0}}{\hat{\alpha}^{n_1}\left(1-\hat{\alpha}\right)^{n_0}} = 2.447.$$

Como o valor-p $P\left(\chi^2_{(1)} > 2.477\right) \simeq 0.118$ é relativamente alto não se rejeita H_0.

Assim, existe evidência de que o VaR estimado é uma medida adequada.

Se I_t segue uma cadeia de Markov (em tempo discreto, com espaço de estado $\{0,1\}$), o teste *run* pode apresentar baixa potência[50], isto é, se o usamos o teste *run* quando I_t segue uma cadeia de Markov, a probabilidade de rejeitar independência pode ser baixa.

---

[50] A potência de um teste é a probabilidade de rejeitar H_0 dado que H_1 é verdadeira.

498 | Modelação de Séries Temporais Financeiras

Suponha-se que I_t segue uma cadeia de Markov com a seguinte matriz de probabilidades de transição

$$\mathbf{P} = \begin{pmatrix} 1 - p_{01} & p_{01} \\ 1 - p_{11} & p_{11} \end{pmatrix}$$

onde $p_{ij} = P(I_t = j | I_{t-1} = i)$. Só no caso muito particular $p_{01} = p_{11}$, $\{I_t\}$ é uma sucessão de v.a. i.i.d. (com distribuição de Bernoulli). Com efeito, sob a hipótese de independência,

$$p_{01} = P(I_t = 1 | I_{t-1} = 0) = P(I_t = 1 | I_{t-1} = 1) = p_{11}$$

ou seja, a probabilidade de $I_t = 1$ não depende do valor assumido por I no período anterior (e, pode provar, também não depende da história passada de I). Nesta condições I_t é não autocorrelacionado[51]. Imagine-se, pelo contrário, a seguinte matriz de probabilidades,

$$\begin{pmatrix} 0.8 & 0.2 \\ 0.1 & 0.9 \end{pmatrix}.$$

Calcule-se a probabilidade de $I_t = 1$. Se $I_{t-1} = 1$ a probabilidade de $I_t = 1$ é 0.9, mas se $I_{t-1} = 0$ a probabilidade de I passar para o estado 1 é de apenas 0.2. Observa-se, portanto, forte dependência temporal na sucessão I_t.

Para ensaiar independência, a hipótese nula mantém-se no essencial como no teste *runs test*, H_0: $\{I_t\}$ é uma sucessão de v.a. independentes ou seja H_0: $p_{01} = p_{11}$. Para a avaliarmos o rácio de verosimilhanças é necessário obter-se, em primeiro lugar, a função de verosimilhança associada a sucessão $\{I_1, ..., I_n\}$; facilmente se conclui que

$$L(p_{ij}) = (1 - p_{01})^{n_{00}} \, p_{01}^{n_{01}} \, (1 - p_{11})^{n_{10}} \, p_{11}^{n_{11}},$$

onde n_{ij} é o número de vezes em que I passou de i para j. As estimativas de máxima verosimilhança de p_{ij} obtêm-se facilmente a partir de $L(p_{ij})$,

---

[51] Pode-se provar que $\text{Corr}(I_t, I_{t-1}) = p_{11} - p_{01}$. Logo se $p_{11} = p_{01}$ a correlação entre I_t e I_{t-1} é nula. Nestas condições pode-se também provar que $\text{Corr}(I_t, I_{t-k}) = 0$ para $k \in \mathbb{N}$.

$$\hat{p}_{01} = n_{01}/n_0, \qquad \hat{p}_{11} = n_{11}/n_1.$$

Por outro lado, sob H_0: $p_{01} = p_{11}$ (substitua-se p_{01} e p_{11} por p_1)

$$RV = -2\log\frac{L\left(p_{ij}\mid H_0\right)}{L\left(\hat{p}_{ij}\right)} = -2\log\frac{(1-\hat{p}_1)^{n_{00}+n_{10}}\,\hat{p}_1^{n_{01}+n_{11}}}{(1-\hat{p}_{01})^{n_{00}}\,\hat{p}_{01}^{n_{01}}\,(1-\hat{p}_{11})^{n_{10}}\,\hat{p}_{11}^{n_{11}}} \xrightarrow{d} \chi^2_{(1)}$$

onde $\hat{p}_1 = (n_{01} + n_{11})/n$. Uma variante interessante deste teste consiste em tomar como hipótese nula H_0: $p_{01} = p_{11} = \alpha$ (não só se testa a independência como também a cobertura marginal, $E\left(I_t\right) = \alpha$). Com se têm agora duas restrições impostas em H_0 ($p_{01} = p_{11}, p_{01} = \alpha$), a estatística de teste é

$$RV = -2\log\frac{(1-\alpha)^{n_{00}+n_{10}}\,\alpha^{n_{01}+n_{11}}}{(1-\hat{p}_{01})^{n_{00}}\,\hat{p}_{01}^{n_{01}}\,(1-\hat{p}_{11})^{n_{10}}\,\hat{p}_{11}^{n_{11}}} \xrightarrow{d} \chi^2_{(2)}.$$

A vantagem deste teste do ponto de vista prático é clara: de uma vez só, ensaia-se a cobertura marginal e condicional.

Estes testes, baseados no modelo da cadeia de Markov sofrem no entanto de uma limitação: baseiam-se em dependências de primeira ordem. Ora, pode suceder que I_t dado I_{t-1} dependa ainda de I_{t-2}. Neste caso, os testes baseados no modelo da cadeia de Markov, podem perder bastante potência.

Clements e Taylor (2003) generalizam a abordagem anterior. A hipótese $E\left(I_t\mid \mathcal{F}_{t-1}\right) = \alpha$ sugere que I_t dado $\mathcal{F}_{t-1}$ apenas depende de uma constante, α. Assim, se I_t depende de alguma variável $\mathcal{F}_{t-1}$ mensurável, a hipótese $E\left(I_t\mid \mathcal{F}_{t-1}\right) = \alpha$ deve ser rejeitada. Para testar a possibilidade de I_t depender de alguma variável $\mathcal{F}_{t-1}$ mensurável, uma possibilidade consiste em fazer uma regressão de I_t sobre as variáveis definidas em $\mathcal{F}_{t-1}$ (como por exemplo, $I_{t-1}, I_{t-2}, ...,$ variáveis *dummy* reportadas a $t-1, t-2$, etc., retornos, etc.),

$$I_t = \alpha_0 + \sum_{i=1}^{k} \alpha_i I_{t-i} + \mathbf{x}'_{t-1}\boldsymbol{\beta} + u_t$$

onde $\mathbf{x}'_{t-1}$ é um vector $1 \times m$ de variáveis $\mathcal{F}_{t-1}$ mensuráveis (que de alguma forma podem estar parcialmente correlacionadas com

$I_t)$ e β é um vector de parâmetros $m \times 1$. A hipótese de correcta cobertura marginal e condicional envolve o ensaio $H_0 : \alpha_1 = 0, ..., \alpha_k = 0, \beta = 0, \alpha_0 = \alpha$. Naturalmente a estatística F pode ser usada. Tendo em conta a natureza da variável I, em princípio seria mais apropriado uma regressão binária. No entanto, Sarma et al. (2003) refere que na presença de forte assimetria dos dados (mais de 95% ou 99% dos dados são 0's ou 1's) a regressão binária envolve problemas técnicos. Para grande amostras o estimador OLS é apropriado.

Bibliografia

1. Basrak, B., R. Davis e T. Mikosch (2002). Regular variation of GARCH processes. *Stochastic Processes and their Applications* 99(1), pp. 95-115.
2. Bauwens, L., A. Preminger e J. Rombouts (2006). Regime switching GARCH models. Département des Sciences Economiques Working Paper 2006-6.
3. Bollerslev, T. (1986). Generalized Autoregressive Conditional Heteroskedasticity. *Journal of Econometrics* 31(3), pp. 307-327.
4. Bollerslev, T. (1988). A Capital Asset Pricing Model with Time-Varying Covariances. *Journal of Political Economy* 96 (1), pp. 116-131.
5. Bollerslev, T. (1990). Modeling the Coherence in Short-run Nominal Exchange Rates: A Multivariate Generalized ARCH Model. *The Review of Economics and Statistics* 72(3), pp. 498-505.
6. Bougerol, P., N. Picard (1992). Stationarity of GARCH processes and some nonnegative time series. *Journal of Econometrics* 52, 115-127.
7. Brandt, A. (1986). The stochastic equation $Y_{n+1} = A_n Y_n + B_n$ with stationary coefficients. Advanced in Applied Probability 18, pp. 211-220.
8. Christiansen, C. (2007). Volatility-Spillover Effects in European Bond Markets. *European Financial Management*, 13 (5), pp. 923-948.
9. Christoffersen, P. e F. Diebold (2000). How Relevant is Volatility Forecasting for Financial Risk Management? *Review of Economics and Statistics* 82(1), pp. 12-22.
10. Clark, P., (1973), A Subordinated Stochastic Process Model with Finite Variance for Speculative Process, *Econometrica* 41.
11. Clements, M. e N. Taylor (2003). Evaluating prediction intervals for high-frequency data. *Journal of Applied Econometrics* 18, pp. 445-456.
12. Davies, (1987). Hypothesis testing when a nuisance parameter is present only under the alternative. *Biometrika* 74, pp. 33-43.
13. Dimson E., P. Marsh e M. Staunton (2002). *Triumph of the Optimists:101 Years of Global Investment Returns*, Princeton University Press.

14. Engle R. (1982). Autoregressive Conditional Heteroscedasticity with Estimates of the Variance of United Kingdom Inflation. *Econometrica* 50 pp. 987-1007.
15. Engle R. (2001). Financial Econometrics – a New Discipline with new Methods. *Journal of Econometrics* 100, pp. 53-56.
16. Engle, R. (2002). Dynamic Conditional Correlation: A Simple Class of Multivariate Generalized Autoregressive Conditional Heteroskedasticity Models. *Journal of Business & Economic Statistics*, 20(3), pp. 339-50.
17. Fama, E. (1970). Efficient Capital Markets: A Review of Theory and Empirical Work. *Journal of Finance* 25 (2), pp. 383-417.
18. Engle R. e K. Kroner (1995). Multivariate Simultaneous Generalized ARCH. *Econometric Theory* 11, pp. 122-150.
19. Fan, J. e Q. Yao (2005), *Nonlinear Time Series*, Springer Series in Statistics, New York.
20. Franke, J., W. Hardle e C. Hafner (2008). *Statistics of Financial Markets: An Introduction*, 2ª ed., Springer, Berlin Heidelberg New-York.
21. Franses, P. e van Dijk, D. (2000). *Nonlinear Time Series Models in Empirical Finance*, Cambridge University Press, Cambridge.
22. Garcia, R. e P. Perron (1996). An analysis of the real interest rate under regime shifts. *Review of Economics and Statistics* 78, pp. 111-25.
23. Gospodinov, N. (2005). Testing For Threshold Nonlinearity in Short--Term Interest Rates. *Journal of Financial Econometrics*, 3(3), pp. 344-371.
24. Gouriéroux C., Monfort A., (1995a), Statistics and Econometric Models, Vol. I, Cambridge University Press.
25. Gouriéroux C., Monfort A., (1995b), Statistics and Econometric Models, Vol. II, Cambridge University Press.
26. Gouriéroux C., Monfort A., (1996), Simulation-Based Econometric Methods, Core Lectures, Oxford.
27. Gray, S., (1996). Modeling the Conditional Distribution of Interest Rates as a Regime-Switching Process. *Journal of Financial Economics*, 42(1), pp. 27-62.
28. Groeneveld, R.A. e G. Meeden (1984). Measuring skewness and kurtosis. *The Statistician*, 33, pp. 391-399.
29. Hansen B. (1997). Inference in TAR Models. *Studies in Nonlinear Dynamics & Econometrics*, 2(1).
30. Hansen B. (1997). Inference in TAR Models. *Studies in Nonlinear Dynamics & Econometrics*, 2(1).
31. Kearns, P. e A. Pagan (1997). Estimating the Density Tail Index for Financial Time Series. *Review of Economics and Statistics* 79, pp. 171-175.

32. Kelly W. and A. Peterson (1991). *Difference Equations: An Introduction with Applications*. Academic Press, New York.
33. Lamoureaux G., Lastrapes C., (1990). Persistence in Variance, Structural Changes, and GARCH Model, *Journal of Business and Economic Statistics* 8.
34. Lundbergh, S. e T. Teräsvirta (2002). Evaluating GARCH models. *Journal of Econometrics* 110(2), pp. 417-435 .
35. McNeil, A. e R. Frey (2000). Estimation of Tail-Related Risk Measures for Heteroscedastic Financial Time Series: an Extreme Value Approach. *Journal of Empirical Finance* 7, pp. 271-300.
36. Mokkadem, A. (1985). Le Modèle Non Linéaire AR(1) Général. Ergodicité et Ergodicité Géometrique. *Comptes Rendues Academie Scientifique Paris* 301(I), pp. 889-892.
37. Morgan J., (1996). *RiskMetrics Technical Document, Part II: Statistics of Financial MarketReturns*, 4th edition, New York.
38. Murteira, B. (1990). *Probabilidades e Estatística*, Vol. I e II. Mc Graw-Hill.
39. Murteira, B., D. Muller, K. Turkman (1993). *Análise de Sucessões Cronológicas*, McGraw-Hill, Lisboa.
40. Nelson, D. (1990). Stationarity and persistence in the GARCH(1,1) model. *Econometric Theory* 6, pp. 318-334.
41. Nicolau, J. (2004). Equações Diferenciais & Equações às Diferenças, Texto de Apoio nº 28, CEMAPRE-ISEG/UTL.
42. Nicolau, J. (2008). Processos Estocásticos Aplicados às Finanças. *Boletim Da Sociedade Portuguesa de Estatística*, pp. 35-42.
43. Pascuala L., J. Romob e E. Ruiz (2006). Bootstrap Prediction for Returns and Volatilities in GARCH models. *Computational Statistics & Data Analysis*, 50(9), pp. 2293-2312.
44. Pinto, S. (2010), *Transmissão de Volatilidade nos Mercados Financeiros durante Períodos de Crises*, Tese de Mestrado em Matemática Financeira, ISEG/UTL.
45. Stelzer, R. (2009). On Markov-Switching Arma Processes? Stationarity, Existence of Moments, and Geometric Ergodicity. *Econometric Theory*, 25(1), pp. 43-62.
46. Taylor S., (1994), Modeling Stochastic Volatility: A Review and Comparative Study, *Mathematical Finance*4, 183-204.
47. Taylor, H. e S. Karlin (1984). *An Introduction to Stochastic Modeling*. Academic Press, New York.
48. Taylor S. (1986). *Modelling Financial Time Series*, John Wiley & Sons.

504 | Modelação de Séries Temporais Financeiras

49. Taylor S. (2005). *Asset Price Dynamics, Volatility, and Prediction*, Princeton University Press.
50. Tong H. (1990). *Non-Linear Time Series – A Dynamical System Approach*, Oxford Statistical Science Series, 6.
51. Wooldridge, J. (1994). Estimation and Inference for Dependent Processes, in *Handbook of Econometrics*, Vol. 4 , pp. 2641-2700., edited by Engle R.F. and McFadden D.L. Elsevier Science B.V. , Amsterdam.